Maßgeschneiderte Psychotherapien

MASSGESCHNEIDERTE PSYCHOTHERAPIEN

Herausgegeben von

PROF. DR. ARNOLD P. GOLDSTEIN
und PROF. DR. NORMAN STEIN
Syracuse University, Syracuse, New York

Autorisierte Übersetzung von

Wolfgang Pauls und Richard Peel
Heidelberg

Mit 1 Abbildung und 21 Tabellen

DR. DIETRICH STEINKOPFF VERLAG
DARMSTADT 1980

ARNOLD P. GOLDSTEIN (Ph. D., Pennsylvania State University) ist Professor für Psychologie an der Syracuse University, Syracuse, New York. Er hat mehrere Bücher über Verhaltensmodifikation verfaßt, darunter *„Therapist-Patient Expectancies in Psychotherapy", „Structured Learning Therapy", „The Lonely Teacher"* sowie einen der früheren Bände in der „Pergamon General Psychology Series": *„Psychotherapeutic Attraction"*.

Dr. *Goldstein* hat mehr als 40 Aufsätze über Personal- und Managementschulung und Verhaltensmodifikation geschrieben.

NORMAN STEIN (Ph. D., Pennsylvania State University) ist Assistenzprofessor für Psychologie an der Syracuse University. Er hat zahlreiche Aufsätze auf dem Gebiet des Lernens und der Konditionierung in Fachzeitschriften veröffentlicht.

Titel der amerikanischen Originalausgabe

PRESCRIPTIVE PSYCHOTHERAPIES

By

ARNOLD P. GOLDSTEIN and NORMAN STEIN

Syracuse University

New York - Toronto - Oxford - Sydney - Frankfurt - Paris

CIP-Kurztitelaufnahme der Deutschen Bibliothek

Massgeschneiderte Psychotherapien / hrsg. von Arnold P. Goldstein u. Norman Stein. Autoris. Übers. von Wolfgang Pauls u. Richard Peel. - Darmstadt: Steinkopff, 1980.

Einheitssacht.: Prescriptive psychotherapies <dt.>

ISBN-13:978-3-7985-0497-4 e-ISBN-13:978-3-642-85301-2

DOI: 10.1007/978-3-642-85301-2

NE: Goldstein, Arnold P. [Hrsg.]; EST

Aus liebevoller Zuneigung für Cindy,
die ein ganz außergewöhnlicher Mensch ist
und
In Liebe und Verehrung für Judy

Vorwort

Dieses Buch wendet sich sowohl an Kliniker als auch an Forscher, die sich mit der Anwendung und Wirksamkeit von Psychotherapie befassen. Kurz gesagt: Wir sind der Ansicht, daß psychotherapeutische Behandlung viel häufiger mißlingt – sei es nun ganz oder teilweise – als notwendig wäre. Wir behaupten, wenn man die Behandlung mehr als ein *,Maßschneidern'* begreift und dementsprechend durchführt, kann das zu einer bedeutsamen Korrektur dieser häufigen Mißerfolge führen.

In ihrer Anfangszeit suchte die Psychotherapieforschung Antworten auf so globale Fragen wie: „Funktioniert das?" oder „Ist die Behandlung A besser als die Behandlung B?". Auch wenn sie positiv beantwortet wurden, ergaben sich aus solchen umfassenden Fragen wenige oder keine Informationen darüber, wie man die Erfolgsrate der untersuchten Behandlungsmethoden anheben könnte oder für wen welche Behandlungsmethode am angemessensten wäre. Die zweite Phase der Psychotherapieforschung, die Prozeßphase, untersuchte zwar die ‚Innereien' der Psychotherapie – aber nicht viel mehr. Der ‚Erfolg' von Psychotherapie wurde allgemein vorausgesetzt und die untersuchten Prozeßvariablen wurden meist nicht auf die Folgen der Therapie bezogen. In ihrer dritten und bislang fortschrittlichsten Phase, der Phase der ‚ergebnisorientierten Prozeßstudien', fing die Psychotherapieforschung an, die Klienten-*, Therapeuten- und Behandlungsvariablen, die in bezug auf den Erfolg der therapeutischen Ergebnisse von Bedeutung sind, genauer auszuloten und umfassender zu identifizieren. Diese aktiven Bestandteile der Therapie – die Eigenschaften der Teilnehmer, die angebotene Behandlungsmethode und die erzielten Ergebnisse – bilden die Bausteine für das Thema dieses Buches. Wir befassen uns hier nicht mit den obengenannten überholten Fragen nach den Ergebnissen, sondern mit der Frage: Welcher Typ von Therapeut wird mit welchem Kliententyp bei Anwendung welcher Behandlungsmethode welche Ergebnisse erzielen? Dieser Ansatz, der sich auf die Interaktion Klient × Therapeut × Behandlungsmethode bezieht, ist der Kern einer Orientierung, in deren Mittelpunkt das Maßschneidern steht. Er wird in Teil I und II dieses Buches vertieft; seine diagnostischen und therapeutischen Implikationen werden ebenso untersucht werden wie seine Bedeutung für die Forschung; es wird auch die Frage berücksichtigt werden, wie die Forschung über maßgeschneiderte Psychotherapie am optimalsten durchgeführt werden kann, um Informationen über die Art von Maßschneiderung liefern zu können, die zu mehr erfolgreichen Behandlungsergebnissen führen kann.

Aber der Klient von heute kann nicht auf die Antworten von morgen warten. Wir müssen ihm das beste bieten, das wir gegenwärtig haben. Die heutige Forschung liefert schon ansatzweise maßgeschneiderte psychotherapeutische Ansätze – im Teil III werden sie dargestellt: Wir haben relevante Forschung auf dem Gebiet der Psychotherapie und Psychopathologie unter die Lupe genommen und im Teil III die entsprechenden Ergebnisse zusammengefaßt, um daraus die derzeit besten maßgeschneiderten Psychotherapien abzuleiten.

---

* Wir haben – über alle Beiträge dieses Bandes hinweg – den amerikanischen Begriff „patient" mit „Klient" übersetzt, um uns gegen das sog. Medizinische Modell abzugrenzen. Nur in den Fällen, wo im Original nicht im Zusammenhang mit „Psychotherapie" von „patient" die Rede ist, sondern ausdrücklich von medizinisch Behandelten gesprochen wird, haben wir uns für die Übersetzung „Patient" entschieden. (Anm. d. Übers.)

Wir hoffen, daß der Wert dieser maßgeschneiderten Therapien und unser Schema für die Entwicklung von noch angemesseneren Kombinationen von Klienten, Therapeuten und ‚Techniken' andere anregen möge, maßgeschneiderte Ansätze anzuwenden, um auf diese Weise zu einem gewissen Grad spürbar dazu beizutragen, daß die Klienten von heute und morgen erfolgreicher behandelt werden können.

Wir möchten nicht versäumen, an dieser Stelle auf die hilfreiche Unterstützung durch *John Healy* hinzuweisen, der einen Teil des Materials für dieses Buch gesammelt hat, und wir möchten *Patricia Prindaville* für ihre wertvolle Kritik und ihre Anregungen danken.

Arnold P. Goldstein
Norman Stein

Inhalt

TEIL III: KLINISCHE MASSCHNEIDERUNGEN

TEIL I:
EINFÜHRUNG

Einführung

Die Einsicht in das Wesen der Psychotherapie in ihren verschiedenen zeitgenössischen Formen hat seit ihren offiziellen Anfängen vor weniger als hundert Jahren bedeutende Fortschritte gemacht. Wir sind zunehmend in der Lage, aktive von passiven Bestandteilen der Therapie zu unterscheiden. Dimensionen des Therapeuten, des Klienten und der Behandlungsmethode, die für das Endergebnis der Behandlung von Bedeutung sind, sind mehr und mehr unterscheidbar geworden von irrelevanten Dimensionen. Die Kriterien für erfolgreiche Behandlungsergebnisse werden mit wachsendem klinischen Feingefühl und Mithilfe methodischer Verfeinerung definiert und/bzw. gemessen. Verschiedene Gebiete des psychologischen Wissens werden nach ihrer Relevanz für die Psychotherapie befragt. Forschungspläne, die heutzutage für die Untersuchung von psychotherapeutischen Phänomenen verwendet werden, sind (im Vergleich zu früher) sowohl eleganter als auch mehr auf Nützlichkeit ausgerichtet. Aber der *klinische* Nutzen der Fortschritte solcher Untersuchungen ist bis heute gering. Während man zwar von mehreren neueren Forschungsansätzen im Laufe der Zeit möglicherweise doch noch erhoffen kann, daß sie die Forschung für die Praxis nutzbar machen könnten, ist ein solcher Erfolg für jene Forschung bereits deutlich erkennbar, die sich – wenn auch auffällig selten genutzt – mit dem Aspekt des Maßschneiderns in der Psychotherapie beschäftigt. Die Forscher haben sich zu wenig in Richtung auf die Begriffsbildung in bezug auf das Konstruieren und Erproben verschiedener Kombinationen der Konstellation Therapeut × Klient × Behandlungsmethode orientiert, die die Behandlungsergebnisse verbessern könnten. Sie haben kaum angefangen, Fragen zu stellen, geschweige denn zu beantworten, die sich an die richtige Frage in bezug auf die Therapieergebnisse annähern: Bei welchen Behandlungsmethoden, die von welchen Therapeuten bei welchen Klienten angewendet werden, können bei welchen spezifischen Problemen welche Ergebnisse vorausgesagt werden?

Viele Kliniker sind daran genauso schuld. Auch sie haben den Fortschritt der therapeutischen Praxis durch massive Vernachlässigung des Aspekts des Maßschneiderns aufgehalten. Statt dessen hat das vorgeherrscht, was wir an anderer Stelle als die „Annahme der einzig wahren Erleuchtung" beschrieben haben (*Goldstein,* 1969). Diese Annahme ist im Grunde ein „Standpunkt des Anti-Maßschneiderns", eine Art „Konfektionismus", der – ohne Beweise dafür zu haben – davon ausgeht, daß der eigene bevorzugte Therapieansatz in gleicher Weise bei den meisten oder allen Typen von zukünftigen Klienten anwendbar sein wird. Es handelt sich dabei um eine Orientierung, bei der die Diagnose eine abgelöste Aktivität darstellt; d. h. diagnostische Verfahren werden durchgeführt und es werden kurzgefaßte Aussagen gemacht, aber die Behandlungen werden im Grunde unabhängig von diesen diagnostischen Informationen in die Wege geleitet. Wir behaupten, daß Psychotherapie optimal verstanden und angewendet werden kann, wenn sie als Maßschneidern begriffen wird. Wir betonen mit Nachdruck, daß Behandlungsmethoden so konzipiert werden sollten, daß sie die Diagnose im weitesten Sinne des Wortes mit einschließen, daß die Kombination Therapeut × Klient × Behandlungsmethode optimalisiert wird oder, allgemeiner ausgedrückt, daß sowohl Forscher als auch Praktiker sich mehr und mehr in Richtung einer individualisierteren, differentielleren, mehr auf den Klienten ausgerichteten und auf ihn abgestimmten Strategie orientieren, und zwar sowohl im Hinblick auf die wissenschaftliche Erforschung als auch auf die praktische Anwendung von psychotherapeutischen Methoden.*)

1. Psychotherapien versus Psychotherapie

Wie oben erwähnt, hat die „Annahme der einzig wahren Erleuchtung" große Teile unserer Reflexionen über die Durchführung und Konzipierung von Psychotherapie beherrscht. Angeregt durch die Eindimensionalität oder ‚Unimethodologie' vieler klinischer Ausbildungszentren und unterstützt durch das Bedürfnis des Praktikers nach einem konsistenten theoretischen Rahmen, an dem er seine Verfahrensweisen ‚aufhängen' kann, ist ein einziger therapeutischer Ansatz das, was die meisten Praktiker im Grunde kennen und ausüben, auf das sie sich festgelegt haben und das sie offen verfechten. Obwohl eine solche einseitige Orientierung für jene Klienten, bei denen sich eine jeweilige Behandlungsmethode als geeignet erwiesen hat, therapeutisch gesehen von Vorteil sein kann, regen sich Bedenken, wenn sie bei anderen angewendet wird, auf die sie entweder keine oder negative Auswirkungen hat. Ein gekonnter Eklektizismus ist sowohl schwierig zu entwickeln als auch durchzuführen. Wir sprechen hier von einem Eklektizismus therapeutischer Techniken, Verfahren und Mittel und nicht von bloßer eklektischer Theorienbildung und begrifflicher Systematisierung. Ein „technischer Eklektizismus" (z. B. *Lazarus,* 1967) schließt die formelle Anerkennung eines einzigen Systems auf der Ebene von Postulaten und Theorien nicht aus. Das Versäumnis, diese Tatsache anzuerkennen, hat viel dazu beigetragen, dem Mythos von der „einzig wahren Erleuchtung" Auftrieb zu geben und ihn zu verbreiten, und das hat zu extremen Positionen, Polemiken und Protesten geführt, mit denen man „Andersgläubige" zu nichts als seinen Feinden macht. Spezifische therapeutische Techniken, die dazu dienen, psychotherapeutische Systeme voneinander zu unterscheiden, sind nicht unvermeidliche oder einzig mögliche Schlußfolgerungen aus diesen theoretischen Systemen, gleichgültig, aus welcher Schule sie stammen, „. . . denn die gleiche Theorie kann mehrere verschiedene Techniken nahelegen, und eine einzige Technik (kann) aus vielen Theorien abgeleitet werden" (*London,* 1964, S. 32). *Weitzmann* (1967) hat das treffend veranschaulicht, indem er *Wolpe*s systematische Desensibilisierung terminologisch so analysierte, daß sie mit den theoretischen Systemen von *Freud, Jung* und *Sullivan* vereinbar wurde. Er argumentiert zum Beispiel vom *Freudschen* Standpunkt aus, daß man die therapeutischen Effekte der systematischen Desensibilisierung verstehen kann, indem man sie zurückführt auf die Konfrontation des Ich mit angsterregenden Impulsen in Momenten, in denen seine Aufmerksamkeit auf hierarchisch angeordnete Vorstellungen sowie auf die realitätsorientierte Bindung von Gefühlsbesetzungen gerichtet ist, die eine Folge der Angsthemmung sind, wenn der Klient sich in einem Zustand der tiefen Muskelentspannung befindet. In den Augen eines Anhängers *Sullivan*s verhindert die systematische Desensibilisierung auf ähnliche Weise die Entstehung von Angst und die Trübung

*) Hauptthema dieses Buches wird die Steigerung der Anwendung maßgeschneiderter individueller Psychotherapie sein. Dies ist ein wichtiges, jedoch bisher vernachlässigtes Ziel in der klinischen Arbeit. Ein zweites und noch erstrebenswerteres Ziel wäre die maßgeschneiderte Synthese von der individuell jeweils am geeignetsten erscheinenden aller verfügbaren Psychotherapien und anderen Behandlungsmethoden. Wir werden uns im vorliegenden Buch nicht mit einer solchen Synthese von Ansätzen befassen, weil wir der Meinung sind, daß eine befriedigende maßgeschneiderte Anwendung einer einzigen Methode (individuelle Psychotherapie) ihrer Anwendung in Kombination mit anderen Methoden vorausgehen muß. Dem Leser, der sich mit dem Thema der maßgeschneiderten Synthese von Methoden beschäftigen möchte, empfehlen wir, folgende Aufsätze durchzusehen, die sich mit der Interaktion von individueller Psychotherapie mit medikamentöser Therapie (*Uhlenhuth* u. a., 1969), Gruppentherapie (*Guttmacher* und *Birk,* 1971), Physiotherapie (*Alexander,* 1966), Ernährungstherapie (*Stuart,* 1971), ‚Klinikatmosphäre' (*Kellam* u. a., 1967) und nicht-spezifischen Therapieeffekten (*Ludwig,* 1968) befassen.

des Bewußtseins, die das abwehrende parataxische Denken aufrechterhalten. So stellt die systematische Desensibilisierung die Bedingungen für das Aufkommen vernunftgemäßer, syntaktischer Denkprozesse her.

Es gibt noch eine Menge anderer Beispiele in der Literatur, in denen die Technik der systematischen Desensibilisierung – die ursprünglich innerhalb des Rahmens der Konditionierungstheorie Pawlows formuliert, verfeinert und popularisiert wurde – in ‚kognitiven' Psychologien (z. B. *Brown,* 1967; *Wilkins,* 1971) begrifflich neu gefaßt und integriert wurde. Dabei ist von Bedeutung, daß solche Neuformulierungen der Effekte der systematischen Desensibilisierung über bloße Rhetorik und Wiederholungen hinausgehen können, indem sie Änderungen sowohl auf der Verfahrensebene als auch auf theoretischer Ebene anregen und vorschlagen (z. B. *D'Zurilla* und *Goldfried,* 1971; *Goldfried,* 1971; *Wilkins,* 1971; *Wilson* und *Davison,* 1969). Wir schließen uns dem Standpunkt von *Weitzmann* (1976) an, daß

> „die Konsequenzen, die die Anerkennung einer eventuellen Nützlichkeit der systematischen Desensibilisierung für einen Psychotherapeuten hat, sich ohne weiteres ausmalen lassen. Man kann versuchsweise die Daten anerkennen, die die Effektivität dieser Technik aufzeigen und die kontraindizierten Folgen abstreiten. Man kann die Methode einsetzen, um seinen Klienten zu helfen. Wenn die Verwendung dieser Technik anerkannt ist, und wenn zugelassen wird, daß ihre Implikationen mit einer bestehenden analytischen oder sonstigen Orientierung interagieren, entstehen Möglichkeiten, die, obwohl sie den Verhaltenstherapeuten völlig fremd sind, zu technischer und theoretischer Entwicklung führen können ... Darüber hinaus regen dynamische Standpunkte auch mögliche technische Innovationen im Desensibilisierungsverfahren selbst an, auf die ein Verhaltenstherapeut, der von der Lerntheorie fest überzeugt ist, kaum kommen würde" (S. 310–311).

Wichtige Fortschritte und Innovationen in der Theorie und Technik der Psychotherapie (z. B. Problemlösen, Selbstkontrolle und Selbststeuerung, Veränderungskontrolle (convert control), Biofeedback haben sich zum Teil dann ereignet, wenn ein therapeutisches Verfahren mit nachweislicher Effektivität untersucht, erklärt und weiterentwickelt worden ist – und zwar von einer anderen theoretischen Orientierung aus als der, von der aus man ursprünglich die jeweilige Methode verstand. Wir unterstützen mit Nachdruck die Bemühungen von Klinikern, anhand ihrer eigenen theoretischen Standpunkte die empirisch belegten Effekte von therapeutischen Verfahren, die von anderen und oft gegensätzlichen Positionen aus abgeleitet wurden, zu erklären und damit offen zu bleiben für sich ergebende Anpassungen, die sowohl auf der Verfahrens- als auch auf der theoretischen Ebene ratsam erscheinen und die eine dauernde Rückkopplung zwischen der Technologie der therapeutischen Veränderung und den wissenschaftlichen Theorien, die den Prozeß der Veränderung erklären, aufrechterhalten.

Vielleicht ist es für einen professionellen Helfer genauso schwierig zu wissen, wann der eigene Ansatz für einen bestimmten Klienten nicht geeignet ist, wie es schwierig ist, eine eklektische Therapie gekonnt durchzuführen. Mit Sicherheit ist jedoch der für einen bestimmten Klienten effektivste therapeutische Ansatz ebensowenig für andere Klienten wie für jeden Augenblick im Laufe der eigenen Behandlung am optimalsten. So gesehen scheint das oben Gesagte eine Binsenwahrheit zu sein, ein Standpunkt, dem wenige widersprechen würden. Die ‚Philosophien' der verschiedenen Schulen und die Bedürfnisse der Praktiker schwächen jedoch typischerweise den Ansatz des Maßschneiderns ab, der uns am geeignetsten erscheint. Statt dessen herrscht weitestgehend vor, was *Kiesler* (1966) überzeugend als den „Mythos von der Gleichförmigkeit des Klienten" beschrieben hat – und eh und je werden Behandlungen durchgeführt, ohne genügend Rücksicht auf die Möglichkeit der Voraussage des Behandlungserfolgs zu nehmen. *Heller* (1965) hat bemerkt, daß unser Gebiet Präzisionsgewehre braucht, nicht therapeutische Schrotflinten. Wir möchten in ähnlichem Sinne betonen, daß wir Psychotherapien brauchen, nicht Psychotherapeuten; daß wir des weiteren Psychotherapien brauchen, die dem Klienten angemessen sind, die ihm passen – das heißt, maßgeschneiderte Psychotherapien.

2. Spezifische Bestandteile des therapeutischen Handelns

Obwohl wir nicht beabsichtigen, die Analogie zwischen unserem jetzigen Ansatz und der pharmakologischen Terminologie allzu sehr zu strapazieren, wird es von Nutzen sein zu untersuchen, welche Bestandteile des psychotherapeutischen Handelns wirksam und welche unwirksam sind und zwischen spezifisch und unspezifisch wirksamen zu unterscheiden. Diese Untersuchung der ‚Einzelteile' von erfolgreichen Psychotherapien wird es uns später ermöglichen, über (a) die Grundbedingungen für das Maßschneidern, (b) den Vorgang des Maßschneiderns und seine Anwendung und (c) das Prüfen des Maßschneiderns und seine Verbesserung besser reflektieren zu können.

Die Forschung über die Ergebnisse psychotherapeutischen Handelns hat drei Phasen durchlaufen. Die erste war die Phase der globalen Ergebnisse. Man verglich die Behandlungsmethoden zwar in Hinblick auf ihre Gesamteffektivität, das führte aber kaum oder gar nicht zu Informationen, die innerhalb und zwischen den therapeutischen Ansätzen, die – global gesehen – effektiv erschienen, den therapeutischen Weizen von der Spreu trennbar machten. Der geringe Nutzen solcher Forschung für die klinische Praxis (in Hinblick auf die Verbesserung der klinischen Brauchbarkeit von Psychotherapie) führte weg von Untersuchungen der globalen Ergebnisse, hin zu Untersuchungen des psychotherapeutischen Prozesses. Obwohl diese strategische Umorientierung einen Schritt in Richtung auf das Maßschneidern darstellte (da Klient, Therapeut und Variablen der Behandlung mehr in den Mittelpunkt rückten), war man bei der Flucht aus der Beschäftigung mit dem globalen Ergebnis zu weit gegangen. Zweck und Mittel wurden durcheinandergebracht. Die Dimensionen des Klienten, des Therapeuten und der Behandlung wurden vorwiegend unabhängig von ihren Folgen für die Veränderungen des Klienten erforscht. *Astin* (1961) hat diese Phase mit Recht als eine Zeit beschrieben, in der eine funktionelle Autonomie der Psychotherapieforschung vorherrschte. Es war eine Periode, die zwar die Psychotherapieforschung zu einem ‚am Zwischenmenschlichen reichen Laboratorium' werden ließ, in der aber der Klient und seine Interessen irgendwie im Wesentlichen verlorengingen.

Schließlich hat sich eine dritte, ergebnisorientierte Forschungsstrategie entwickelt, die heute maßgeblich ist. Man kann sie als die Untersuchung von Prozeßvariablen beschreiben, die sich auf das Ergebnis beziehen. Therapeuten-, Klienten- und Behandlungsdimensionen bleiben die Ziele der Untersuchung, sie werden aber jetzt mehr und mehr auf systematische Weise auf ein breites Spektrum auf Ergebniskriterien bezogen. Eine Forschungsstrategie, die auf die Entdeckung, Entwicklung und Verwendung maßgeschneiderter Therapien ausgerichtet ist, stimmt mit dieser aktuellen Auffassung von Ergebnisforschung völlig überein. Eine solche ergebnisorientierte Prozeßforschung kann tatsächlich als eine notwendige Vorbedingung zu Forschungsansätzen auf dem Gebiet des Maßschneiderns angesehen werden. Sie versucht die Bestandteile des therapeutischen Handelns (Klient, Therapeut, Therapie) zu identifizieren, die dann nachfolgende Untersuchungen auf dem Gebiet des Maßschneiderns optimal miteinander zu kombinieren versuchen.

Untersuchungen von Prozeßvariablen, die für das Ergebnis relevant sind, haben zusammen mit parallelen Fortschritten in der psychotherapeutischen Theorie zur Identifikation einer Zahl von potentiell aktiven Bestandteilen des therapeutischen Handelns geführt. Wir haben diese Prozesse *potentiell* aktive Bestandteile genannt, weil nur selten Maßschneidern zu ihrer Entdeckung führte, obschon sie alle häufig in bezug auf ein oder mehrere Kriterien in Zusammenhang mit positiven Ergebnissen identifiziert wurden. Die meisten Forschungsergebnisse, die den therapeutischen Einfluß der folgenden Bestandteile bestätigen (*Bergin* und *Strupp,* 1972), sind prä-maßgeschneidert in dem Sinne, daß sie auf die Wirksamkeit (Potenz) der gegebenen therapeutischen Prozesse hinweisen, sich jedoch kaum auf ihre selektive Wirkung beziehen – d. h. sie identifizieren kaum, bei welchen Typen von Klienten die gegebenen Therapien ihre typischen Auswirkungen haben: (a) Gegenkonditionierung, (b) Löschung, (c) kognitives Lernen, (d) Belohnung und Bestrafung, (e) ‚Übertragung' und Generalisierung, (f) Imitation und Identifikation, (g) Überzeugen, (h) Empathie, (i)

Wärme und (j) Interpretation. Selbstverständlich ist weitere Arbeit vonnöten in Richtung auf das Ziel einer fortdauernden Entwicklung unseres Verständnisses von potentiell aktiven Bestandteilen des therapeutischen Handelns. Zusätzliche Bestandteile müssen identifiziert werden, ihre individuellen und kombinierten Auswirkungen müssen umrissen werden, die Typen von Klienten, für die jeder Prozeß jeweils am geeignetsten ist, müssen spezifiziert werden, und die Therapeutentypen, die am effektivsten mit jeweiligen Methoden arbeiten können, müssen bestimmt werden. Das heißt, in dieser Phase des Prä-Maßschneiderns in der Psychotherapieforschung (in bezug auf Klienten-, Therapeuten- und Behandlungsdimensionen) müssen die aktiven und die inaktiven Momente identifiziert, untersucht und maximal verstanden werden.

Auch wenn die meisten methodischen Schwierigkeiten, die kennzeichnend sind für die Psychotherapieforschung, sich in Luft auflösen würden, würden andere Schwierigkeiten bestehenbleiben, die die Aufgabe der Identifikation der Bestandteile von Effekten therapeutischer Maßschneiderungen – d. h. die Identifikation der potentiell aktiven Bestandteile – behindern würden. Um eine therapeutische Maßschneiderung für einen gegebenen Klienten zu entwickeln und von ihr Gebrauch zu machen, braucht man nicht nur Informationen im Hinblick darauf, welche Prozesse oder Bestandteile ‚aktiv' sind oder sein können, sondern auch darüber, welche *spezifischen* Bestandteile aktiv sind oder sein können. Potentiell aktive Bestandteile des therapeutischen Handelns, wenn sie einmal von den typisch inaktiven unterschieden worden sind, können weiter danach unterschieden werden, ob sie spezifisch oder unspezifisch sind. Darauf aufbauend könnte dann die therapeutische Entwicklung jeder Kategorie von Bestandteilen maximiert werden. Spezifische aktive Bestandteile beziehen sich auf solche Aspekte eines therapeutischen Ansatzes, die ihn von anderen Ansätzen unterscheiden und die zum Teil für die Effektivität dieses Ansatzes verantwortlich zu sein scheinen. Hierzu gehören die Kombination von Entspannung und vorgestellter Annäherung an angsterregende Objekte in der Desensibilisierungstherapie, nichtentspannte und intensive Beschäftigung mit angsterregenden Objekten, wie sie für die kathartischischen Techniken (implosive therapy) charakteristisch ist, die freie Assoziation in der Psychoanalyse, Rollenumkehrung im Psychodrama usw. Von Befürwortern jeder dieser Techniken ist ausdrücklich erklärt worden, daß sie für jeweils einen gegebenen therapeutischen Ansatz ‚zentral' therapeutisch wirksam und ‚einzigartig' seien. Trotzdem, aus Gründen, die die „Annahme der einzig wahren Erleuchtung" einschließen, sich aber sicher nicht darauf beschränken, ist die Gültigkeit solcher Ansprüche in bezug auf spezifische aktive Bestandteile bis jetzt nur zum Teil bestätigt worden.

3. Nichtspezifische Bestandteile des therapeutischen Handelns

Psychotherapieforscher und -theoretiker haben in bezug auf die Identifizierung von nichtspezifischen aktiven Bestandteilen schon einigen Fortschritt gemacht. Im Gegensatz zu den spezifischen aktiven Bestandteilen, die nur bei bestimmten Ansätzen vorkommen, verweisen nichtspezifische Bestandteile auf solche aktiven Bestandteile des therapeutischen Handelns, die den Eindruck erwecken, als wären sie den meisten oder allen Psychotherapien gemein. Als solch einen Bestandteil kann man die kommunikativen Fähigkeiten des Therapeuten auffassen. Er kann „. . . ein geübter, erfahrener Gesprächspartner" sein, „zu dessen spezialisierten Fähigkeiten Feingefühl für die emotionalen Schattierungen der Mitteilungen des Klienten ebenso gehört wie die Befähigung, selektiv zuhören zu können, die Geschicklichkeit, den Klienten zu ermutigen, das Gespräch anzufangen und fortzuführen, die Gewandtheit, den Klienten zu bestimmten Themen zu führen, das Vermögen, sowohl das Schweigen des Klienten zuzulassen als auch das eigene Schweigen als Kommunikationsmittel zu verwenden" (*Schofield,* 1964, S. 106).

Ein zweiter nichtspezifischer aktiver Bestandteil des therapeutischen Handelns kann die im Vergleich zum Klienten überlegene oder machtvolle Stellung des Therapeuten sein; vor allem während der frühen Stadien der Therapie (*Schofield,* 1964). Status und Statur des Therapeuten werden durch eine Vielfalt von Bedingungen zu immer mehr Bedeutsamkeit gesteigert. Diese Bedingungen sind in allen Psychotherapien wirksam (*Haley,* 1963). Klienten suchen Hilfe bei einem sozial autorisierten Heilkundigen, und ihre Not bringt sie dazu, ihn als eine Person mit bedeutender Macht und bedeutendem Status zu sehen. Während der ersten Gespräche kann der Klient noch stärker in Hinblick auf seine Rolle als der Schwächere geprägt werden, als er eh schon ist, wenn von ihm verlangt wird, mit einer Person über seine Unzulänglichkeiten, sein Gekränktsein und seine Schmerzen, seine Mißerfolge und seine Symptome zu sprechen, deren offenkundiges Verhalten angemessen, kompetent und selbstsicher erscheint. Weiterhin bestimmt der Therapeut während dieser ersten Sitzungen größtenteils die Regeln der Behandlung, die Art des Kontraktes, die Art und Weise, wie sich der Klient verhalten soll (z. B. freie Assoziation, Traumberichte, Muskelentspannung usw.) und die Höhe des Honorars. Den Hintergrund dazu bilden die beruflichen Trophäen und persönlichen Gegenstände (z. B. Titel, Diplome, Urkunden, Einrichtungsgegenstände usw.), die die überlegene Stellung des Therapeuten zusätzlich untermauern.

Wir können auch das ‚asoziale und nichtengagierte' Wesen des Verhaltens des Therapeuten als einen wichtigen nichtspezifischen aktiven Bestandteil betrachten, der die Grundlage bildet für positive Fortschritte in den meisten Psychotherapien.
Beier (1966) hat folgende Sichtweise vorgeschlagen:

> „Die Einzigartigkeit der Psychotherapiestunde liegt in der Tatsache begründet, daß der Therapeut ein soziales menschliches Wesen ist, das auf die Konventionen unserer Sprache reagieren und deshalb notwendigerweise auf den Klienten eingehen wird. Er ist auch ausgebildet worden, sich selbst zu betrachten, sich selbst als Instrument zu gebrauchen und aus seiner Beziehung zu und seiner Beschäftigung mit dem Klienten zu erfahren, was diesem fehlt. Anstatt aus einer gefühlsmäßigen Einstellung heraus zu handeln, die ihn im Gespräch mit dem Klienten nur ‚ihn selbst' sein ließe, und damit dessen gegenwärtige Erfahrungen lediglich verstärken würde, kann er sich von den Erwartungen des Klienten freimachen . . . Es ist diese unerwartete Reaktion des Therapeuten, die Anteilnahme am Klienten, welche anstelle einer auf sich selbst bezogenen und nur von sich ausgehenden Aktivität eine Veränderung in der Erfahrung des Klienten zuwegebringen hilft" (S. 247).

Solch nützliches Sich-Freimachen und die ‚asozialen' Reaktionen seitens des Therapeuten kann sowohl als Verbalisierungen emotionaler Inhalte angesehen werden (spezifisch klientenzentrierter aktiver Bestandteil), wie auch als Interpretationen von unbewußten Inhalten und Bedeutungen (spezifisch psychoanalytischer aktiver Bestandteil), als Identifizierungen bisher nicht artikulierter Annahmen (spezifisch rational-emotiver aktiver Bestandteil), oder als Anweisungen, seine Muskeln zu entspannen und sich angsterregende Situationen vorzustellen (spezifisch aktiver Bestandteil der systematischen Desensibilisierung). Von diesem Standpunkt ausgehend, kann man spezifische aktive Bestandteile, die aus verschiedenen therapeutischen Schulen stammen, begrifflich als Belege für einen gemeinsamen nichtspezifischen aktiven therapeutischen Bestandteil auffassen.

Während die kommunikativen Mittel, die der Therapie nützen, weil sie nicht der Alltagskommunikation entsprechen und somit quasi asozial sind, sich von Psychotherapie zu Psychotherapie systematisch unterscheiden, können sie als wesentliche nichtspezifische aktive Bestandteile aller Psychotherapien anerkannt werden.

Ein weiterer nichtspezifischer aktiver, auf den Klienten bezogener Bestandteil ist das Hervorrufen positiver Erwartungen in bezug auf Veränderungen, indem Vertrauen in den Psychotherapeuten geweckt wird (*Frank,* 1961; *Goldstein,* 1962). Sogar in der systematischen Desensibilisierung, für die eine Reihe von spezifischen aktiven Bestandteilen vorläufig als identifiziert angesehen werden kann, wird das Therapieergebnis zusätzlich durch den Effekt von positiven Erwartungen determiniert (*Marcia* u. a., 1969). „Aufgrund eines immer höheren Bildungsgrades der Öffentlichkeit bringen Klienten den Therapeuten immer häufiger die Bereitschaft entgegen, sich helfen zu lassen und zeigen ein wenig Vertrauen in den Prozeß der Therapie" (*Schofield,* 1964, S. 108). Neuere Ergebnisse lassen vermuten, daß das Vertrauen der Klienten nicht blind ist, sondern eher auf Wissen basiert, daß sie genaue Erwartungen haben in bezug auf die Behandlung, von der sie meinen, daß sie den größten Nutzen für sie haben könnte (*Devine* und *Fernald,* 1973). Nicht nur die Erwartungen des Klienten, sondern auch die des Psychotherapeuten können als ein aktiver nichtspezifischer Bestandteil angesehen werden.

Der weit und breit bekannteste nichtspezifische aktive Bestandteil, der in der Literatur zur Psychotherapie diskutiert wird, bezieht sich auf die menschliche Beziehung zwischen Therapeut und Klient. Im Gegensatz zu anderen sozialen Beziehungen ist die therapeutische Beziehung eingeschränkt und kontrolliert. Wann sie vorkommt, wo sie vorkommt, wie oft sie vorkommt, ihre potentielle Dauer und, bis zu einem gewissen Grad, was in ihr geschehen wird, kann alles vorher festgestellt werden. Laut *Schofield* (1964) „. . . bildet diese Tatsache der festgelegten Kontrollen in bezug darauf, was der Klient machen wird oder nicht machen wird, und was er von dem Therapeuten verlangen könnte, das wohl charakteristischte Merkmal der therapeutischen Beziehung. Dieses Merkmal einer kontrollierten Beziehung findet sich in fast allen psychotherapeutischen Methoden wieder" (S. 109). In jeder Therapiemethode bilden die Aufrichtigkeit, Ehrlichkeit, Anteilnahme, zweckgebundene Entschlossenheit und Vertraulichkeit der Beziehung zwischen Therapeut und Klient den Katalysator, damit neues soziales und persönliches Lernen stattfinden kann.

Therapeutische nichtspezifische Bestandteile sind relevant in bezug auf die allgemeinen Zielsetzungen und Ergebnisse, die verschiedene der psychotherapeutischen Intervention gemeinsam haben. Die Unterscheidung von *Parloff* (1967) zwischen vorgeschalteten (mediating) und endgültigen Zielen der psychotherapeutischen Behandlung kann von Nutzen sein, um die nichtspezifischen Effekte der Psychotherapie zu verstehen. Vorgeschaltete Ziele sind von Klienten erlernbare Veränderungen, die von einer bestimmten psychotherapeutischen Schule als notwendig erachtet werden, damit man den Verlauf der Behandlung als positiv betrachten kann. Sie sind nichts anderes als die Effekte, die durch die spezifischen aktiven Bestandteile dieser Therapie hervorgerufen werden (z. B. Überwindung der Übertragungsneurose, verändernde Selbstbilder, Löschung von unangepaßter Angst und emotionalen Gewohnheiten usw.). Endgültige Ziele sind hingegen Wertureile darüber, was als letztendlich wünschenswert erachtet wird, damit die endgültigen Ergebnisse der Therapie als effektiv betrachtet werden können.

> „Es gibt genügend Beweise dafür, daß Festsetzungen der vorgeschalteten Ziele je nach Therapeut, Schule, Bewertung der Bedürfnisse des Klienten, Vorstellungen von psychischer Gesundheit und ethischen Werten sehr unterschiedlich sein können; indessen gibt es eine tragfähige Basis für die Spekulation, daß es relativ wenig Unterschied in bezug auf die endgültigen Veränderungsziele gibt. Vorhandene Unterschiede in bezug auf die endgültigen Ziele scheinen sich nicht auf die Art der Veränderungen zu beziehen, sondern vielmehr auf ihre Dauerhaftigkeit und ihr Ausmaß" (*Parloff,* 1967, S. 16).

Die meisten Schulen der Psychotherapie sehen die Verringerung von Psychopathologie (Symptomatologie) als ein erwünschtes Ergebnis an. *Hobbs* (1962) hat das so ausgedrückt: Der Klient bekommt Gelegenheit, „. . . neue und angemessenere Reaktionen zu den Symbolen zu erlernen, die in ihm das hervorrufen, was wir neurotisches Verhalten nennen" (S. 744). In ähnlicher Weise werden, wie *Harper* (1959) bemerkt, die Ursachen für übermäßige Besorgtheit, Schuld und innere Unruhe, die anfangs dem Klienten von zentraler Wichtigkeit erscheinen, als weniger wichtig und als unnötig angesehen. Zumindest betrachtet der Klient seine Furcht und seine Ängste mit etwas mehr Abstand und empfindet zukünftige Ängste als weniger bedrohlich, sie beanspruchen weniger seine Aufmerksamkeit.

Zusätzlich zu der Verringerung der Ursachen von Beschwerden arbeiten die meisten Psychotherapien in Richtung auf eine Verbesserung des individuellen und sozialen Funktionierens des Klienten. Der Klient lernt, hauptsächlich durch die nichtspezifischen Beziehungsfaktoren, enge Beziehungen zu haben, ohne dabei verletzt zu werden; er lernt, daß offene, ehrliche zwischenmenschliche Begegnungen möglich sind, in denen er sich offenbaren kann; er lernt von einer rationaleren und anpassungsfähigeren Person (vom Therapeuten) realistischere Verhaltensweisen, um mit den

Problemen des täglichen Lebens fertigzuwerden; und er erwirbt auf typische Weise eine Reihe neuer Annahmen, Konstrukte, Werte, Überzeugungen oder Mythen vom Therapeuten, die funktional besser mit der sozialen Wirklichkeit übereinstimmen. Auf diese Weise bekommen die Klienten in Form von verbesserten außen- (zwischen-)menschlichen und inneren (Selbst-)Beziehungen größere Sensibilität in Hinblick auf die Wahrnehmumg und das Erleben von neuen Quellen der Lebensfreude.

Da es eine unserer Absichten ist, die Wichtigkeit zu betonen, die der Identifikation von aktiven therapeutischen Bestandteilen – gleichgültig, ob spezifischen oder unspezifischen – zukommt, um ihre Verwendung im Sinne des Maßschneiderns zu fördern, unterstützen und ermutigen wir mit Nachdruck die verschiedenen Richtungen, in denen viele Wissenschaftler forschen, und die zum Erkennen dieser Bestandteile geführt haben und weiter führen können. Es muß aber festgestellt werden, daß ein solcher Fortschritt im Prä-Maßschneidern weiterhin durch die Tatsache abgeschwächt wird, daß die spezifischen Bestandteile einer Person die nichtspezifischen Bestandteile einer anderen Person sind. Zum Beispiel liegt ein Klient in der Psychoanalyse auf der Couch, teilt seinem Analytiker (wochenlang) Gedanken und Gefühle mit, die er bisher noch nie jemand (auch sich selber nicht) gegenüber ausgesprochen hat, und erhält ruhige und zustimmende Reaktionen von seiten des Analytikers anstelle der gefürchteten Kritik. Als was kann man diese Folge von Ereignissen bezeichnen? Oder, unter dem Aspekt des Maßschneiderns betrachtet, wie soll man diese Folge von Ereignissen nennen, damit man ihre therapeutische Wirkung bei bestimmten Klienten steigern kann? Sollen wir sie, wie der Analytiker das tun würde, vorwiegend als unspezifisch beschreiben und somit hauptsächlich Beziehungskonstrukte betonen? Oder kommen wir zu einer größeren Annäherung an den spezifischen Bestandteil, den eine andere Person darstellt, und bringt es uns damit einen größeren therapeutischen Erkenntnisgewinn, wenn wir solche Ereignisse als eine Art ‚unsystematische Densensibilisierung' auffassen?

Wenn der Therapeut, der die Desensibilisierung vornimmt und der mehrere Sitzungen damit verbracht hat, Informationen zu sammeln, um eine Hierarchie aufzustellen, seinem Klienten auf verschiedene Weisen mitteilt, daß er (der Therapeut) mit hoher Wahrscheinlichkeit ein günstiges Ergebnis erwartet, daß er eine Reihe von Verfahren beherrscht, die sich bei anderen Klienten als wertvoll erwiesen haben und so weiter, wie sollen wir dann die späteren positiven Ergebnisse dieser Therapie erklären? Nur unter Bezugnahme auf spezifische Bestandteile oder, wie es im Hinblick auf das Verhältnis von Klient und Therapeut vielleicht sinnvoller wäre, unter Bezugnahme auf Erwartungen oder andere placeboähnliche Konstrukte? All diese Probleme können wir nicht lösen, wir können nur mit Nachdruck darauf hinweisen, daß solche Fragen gestellt und empirisch beantwortet werden müssen.

Es ist durchaus möglich, die spezifischen und nichtspezifischen Bestandteile für die anerkannten Therapierichtungen neu zu formulieren und neu zu bestimmen; dazu sind lediglich Veränderungen im theoretischen Verständnis der jeweiligen Behandlungsmethode erforderlich. Zum Beispiel hat *Goldfried* (1971) kürzlich eine Interpretation der systematischen Desensibilisierung vorgelegt, die den vermittelnden Charakter der aktiven Bestandteile betont. In Gegensatz zu *Wolpe*s (1958) Formulierung der reziproken Hemmung, die als ursächlich für die Effekte des Desensibilisierungsvorgangs angesehen werden, schlägt *Goldfried* vor, daß erfolgreiche Desensibilisierung als ein Verfahren der Selbstkontrolle aufgefaßt werden sollte, das dem Klienten generell die Fähigkeit vermittelt, seine Angst zu verringern. Die spezifischen aktiven Bestandteile, die von diesem theoretischen Rahmen abgeleitet werden, sind andere als die in *Wolpes* Auffassung von Desensibilisierung und weisen auf einige mögliche Veränderungen innerhalb der Behandlungsmethode hin. Zum Beispiel werden – in der traditionellen Form der Densensibilisierung – Items, die sich auf ein bestimmtes Thema beziehen, in eine hierarchische Rangfolge von Situationen gebracht, die von Situationen, die nur geringe Angst erzeugen, bis zu Situationen reichen, die starke Angst hervorrufen. Die Darbietung einer Hierarchie angstbezogener Items zu einem ausgewähltem Thema ist – innerhalb des theoretischen Rahmens von *Wolpe* – ein spezifischer aktiver Bestandteil. Im Gegensatz dazu kann man, ausgehend vom Standpunkt des Vermittlungscharakters der Bestandteile, behaupten, daß das Hervorrufen eines stärkeren Erlebens von Angst den spezifischen aktiven Bestandteil darstellt, und zwar unabhängig von der inhaltlichen Bedeutung der Reize, die die Spannung erzeugen. Weiterhin hält *Wolpe* es in bezug auf eine erfolgreiche Desensibilisierung für nötig, daß das Vorstellen von spannungserzeugenden Situationen sofort abgebrochen wird und durch konzentrierte Gedanken und Versuche, die Muskulatur zu entspannen, ersetzt wird.

Dies Vorherrschen der Entspannung gegenüber den Angstgefühlen wird von *Wolpe* als ein weiterer spezifischer aktiver Bestandteil der Desensibilisierungstherapie angesehen. Vom Standpunkt des Vermittlungscharakters der Bestandteile aus gesehen, erscheinen das Aufrechthalten der angsterregenden Vorstellung und das Lernen, seine Intensität zu kontrollieren und zu verringern, wirklichkeitsnäher, und zwar als konkreter Versuch des Klienten, seine Probleme effektiv zu bewältigen. Deshalb wird der Vorgang, ständig vorgestellten angsterregenden Situationen ausgesetzt zu sein und anschließend Entspannung und imaginierte Problembewältigung zu erleben, als ein alternativer spezifischer aktiver Bestandteil der systematischen Desensibilisierung betrachtet.

Wir möchten hier behaupten, daß die Arbeit innerhalb der Richtung der Forschung, in der wir uns schon zu bewegen scheinen, und die darauf abzielt, maßgeschneiderte Psychotherapien zu entwickeln und anzuwenden, mit bedeutend mehr Aktivität in Angriff genommen werden muß. Diese Forschung ist durch die empirische Unterscheidung von aktiven und inaktiven therapeutischen Bestandteilen gekennzeichnet; für bestimmte Behandlungsmethoden kommt noch die Unterscheidung von aktiven spezifischen und aktiven nichtspezifischen Bestandteilen hinzu. Nur wenn es uns gelingt, solche Bestandteile mit Erfolg zu identifizieren, können wir Therapien entwickeln, die optimalen Erfolg ermöglichen; das heißt, nur dann können wir die *selektive* Wirkung dieser Bestandteile erforschen: Mit welchem Kliententyp ist welche Kombination von Bestandteilen aktiv? Doch die Identifikation von aktiven therapeutischen Bestandteilen ist nur ein Teil der Voraussetzungen für maßgeschneiderte Psychotherapien. Wir müssen nicht nur eine Reihe von potentiell aktiven Verfahren als Angebot in unserer ‚psychotherapeutischen Apotheke' haben, wir müssen auch geeignete Verfahren vorweisen können, um zu identifizieren und zu beschreiben, wer die Empfänger und Verteiler von Behandlungen sein werden. Das heißt, bevor wir versuchen (vor dem Maßschneidern), Behandlungen, Klienten und Therapeuten miteinander zu kombinieren, müssen wir nicht nur die Behandlungsmethoden kennen, die potentiell wertvoll sind, sondern auch Sprach- oder Klassifikationssysteme entwickeln, die relevant sind für den Vorgang des Maßschneiderns. Sprachen oder Systeme, die auf relevantere Weise Klienten und Therapeuten beschreiben können. Wir müssen Modelle für das Maßschneidern selbst entwickeln.

4. Kriterien für das Maßschneidern – Der Klient

Will man Klienten in Hinblick auf das Maßschneidern der Behandlung beschreiben, so hat man dazu begrifflich verschiedene Möglichkeiten. Ein medizinisches Modell legt sofort die Psychodiagnose als einen geeigneten deskriptiven Ansatz nahe. Leider muß man in der Psychodiagnose, wie sie üblicherweise durchgeführt wird, oft eine Aktivität erkennen, die größtenteils irrelevant für die Behandlung ist. Immer weiter werden – in Verbeugung vor dem medizinischen Modell – diagnostische Verfahren und Formulierungen angewendet, und nur sehr wenige derer, die in der Praxis damit arbeiten, fragen sich: „Diagnose wofür?" Therapeuten lassen Diagnosen erstellen, legen die sich daraus ergebenden Berichte ordnungsgemäß zu den Akten und bieten in den meisten Fällen dann doch das an, was in ihrem therapeutischen Repertoire dominiert – unabhängig von der Psychodiagnose.

Diagnostiker, Therapeuten und Forscher, die sich mit den beiden Prozessen Diagnose und Therapie beschäftigen, haben sehr wenig dazu beigetragen, die beiden in ein sinnvolles Verhältnis zueinander zu bringen. Aber einige wenige Anfänge in dieser Richtung sind doch schon zu verzeichnen. Innerhalb der verhaltenstherapeutischen Schulen gibt es ein zunehmendes Interesse an Verhaltensklassifikationen, -analysen oder -diagnosen, die als Vorbedingungen für Auswahl und Durchführung der Behandlung gelten können und als solche zur eigentlichen Therapie hinführen (*Goldfried* und *Pomeranz*, 1968; *Kanfer* und *Saslow*, 1969). Eine genauso strenge Bewertung des diagnostischen Elements ist in bezug auf die Auswahl und Durchführung der introspektiven oder existentiellen Therapien bislang viel weniger sichtbar geworden.

Trotz allem verwenden Therapeuten – zusätzlich zu ihren eigenen Theorien – *dennoch* Verfahren, die Kriterien von Maßschneiderung aufweisen. Wenn sie üblicherweise Psychodiagnosen nicht berücksichtigen, was verwenden sie dann? *Sanua* (1966) behauptet, und wir haben Belege dafür gefunden, die mit seiner Behauptung übereinstimmen (*Goldstein*, 1973), daß die Schichtzugehörigkeit des Klienten ein häufiger – wenn auch impliziter – Orientierungspunkt für das Maßschneidern ist. Zum Beispiel tendiert man in den Vereinigten Staaten wie auch anderswo sehr viel stärker dazu, den Unterschicht-Klienten eine direktivere, konkretere und kürzere Psychotherapie anzubieten, als ihren ‚Leidensgenossen' aus der Mittelschicht. Dem Klienten aus der Unterschicht wird auch häufig ein wenig erfahrener Therapeut ‚verschrieben'. Ebenso wie andere Psychologen haben wir uns an anderem Ort mit Fragen beschäftigt, die die (Un-)Angemessenheit solcher Formen von ‚Maßschneiderungen' betreffen (*Goldstein*, 1973). Wir möchten hier nur die Tatsache hervorheben, daß die Schichtzugehörigkeit ein sehr häufig verwendetes Kriterium bei der Wahl der Behandlungsmethoden darstellt. Das kulturelle Milieu, die Rasse, das Alter und das Geschlecht des zukünftigen Klienten scheinen zusätzliche, oft implizit verwendete Kriterien zu sein, auf denen die Verteiler von Behandlungen ihre ‚maßgeschneiderten' Entscheidungen basieren.

Über die Bereiche des Diagnostisch-Psychotherapeutischen und des Soziokulturellen hinaus, scheint es sowohl eine Reihe von überdauernden Persönlichkeitsmerkmalen als auch von vorübergehenden Zustandskriterien (state determinants) zu geben, die Einfluß auf das Behandlungsangebot haben, das dem Klienten gemacht wird. Zu den Persönlichkeitsmerkmalen zählen wir solche Prädispositionen oder Eigenschaften, die als relativ stabile und dauerhafte Aspekte des Verhaltens eines Individuums gelten. Die potentielle Nützlichkeit dieser trait-Variablen des Klienten als ein differentielles Voraussagekriterium für psychotherapeutischen Erfolg ist durch *DiLoreto* (1971) nachgewiesen worden. Diese Untersuchung verglich zwischen den relativen Effektivitäten von systematischer Desensibilisierungs-, rational-emotiver und klientenzentrierter Gruppenpsychotherapie bei Introvertierten und Extravertierten, die aufgrund von sozialen Ängsten um Behandlung nachgesucht hatten. Im Hinblick auf die Beziehung zwischen der Art der Behandlung und den trait-Variablen Introversion/Extraversion wurde gefunden, daß die klientenzentrierte Therapie in bezug auf Angstverminderung bei Extravertierten im Vergleich zu Introvertierten etwa zweieinhalbmal wirksamer war. Im Gegensatz dazu war die rational-emotive Therapie dreimal so effektiv bei der Verringerung von Angst bei Introvertierten, als bei Extravertierten. Interessant ist, daß es im Behandlungserfolg keine verläßlich nachweisbaren Unterschiede zwischen den Introvertierten und Extravertierten gab, die mit systematischer Desensibilisierung behandelt worden waren; im übrigen erwies sich diese Form der Behandlung als die wirksamste. Diese Ergebnisse weisen auf die Möglichkeit hin, daß bei ‚ausgesprochen maßgeschneiderten' bzw. optimalen Behandlungsmethoden der Einfluß der trait-Faktoren, die für das positive Ergebnis der Therapie relevant sind, auf ein Minimum herabgedrückt werden kann. Im Gegensatz dazu können trait-Faktoren bei ‚schwächeren' bzw. nicht-optimalen Formen der Behandlung eine vorherrschende und entscheidende Rolle bei der Determination der Therapieergebnisse spielen.

Wir glauben, daß es mindestens noch zwei andere Klientenvariablen gibt, die die Wahl des Behandlungsangebots mitbestimmen. Über beide wird wenig diskutiert und geschrieben. Die eine ist die physische Attraktivität des Klienten. Die andere die spezifische Art der Situation, in der sich Klient und ‚Maßschneider' befinden. Wir möchten behaupten, daß Maßschneiderungen, die Methoden jeweils als für die Behandlung der jungen, attraktiven Frau, des älteren unattraktiven Mannes oder des fettleibigen Jugendlichen usw. angemessen auswählen, auf Arten und Weisen variieren, die es noch zu untersuchen gilt. Und weiter möchten wir behaupten, daß ein (stationärer) Patient, der in einem staatlichen Krankenhaus neu angekommen ist, oft eine andere ‚Maßschneiderung' erhalten wird, als der *gleiche* Patient, der in einer der vielen anderen Typen von Behandlungssituationen vorstellig wird – und vielleicht ist dieser Unterschied sogar bei der Ambulanz des gleichen Krankenhauses nicht ausgeschlossen! Des weiteren haben *Braginsky, Braginsky* und *Ring* (1969) und *Kelly, Farina* und *Mosher* (1971) nachgewiesen, daß Patienten bzw. Klienten es sehr wohl verstehen, auf effektive Weise gewisse Eindrücke von sich selbst zu vermitteln, daß sie fähig sind, bewußt mit bestimmten Graden von Pathologie, Liebenswürdigkeit und psychischer Gesundheit zu manipulieren und sie professionellen Klinikern zu vermitteln, deren Entscheidungen durch diese Variablen beeinflußt werden können.

Sogar die Entwicklungen neuer Theorien und Techniken der Psychotherapie können von den Klienten her verstanden werden, für die sie speziell erarbeitet wurden. Neue Ansätze wenden sich auf typische Weise an bisher unbehandelte Gruppen von potentiellen Klienten, für deren Bedürfnisse, Eigenschaften und Konsumwünsche sie maßgeschneidert sind (*Lyons,* 1973). Die klassische Psychoanalyse ging auf den psychologisch eingeengten, mit Schuldkomplexen beladenen europäischen Freiberufler der Mittelschicht ein; die Ich- und Charakteranalyse wurde so entwickelt, daß sie sich dem Interesse an Unabhängigkeit, Lebensstil und Identitätsbildung des Amerikaners Anfang des 20. Jahrhunderts anpassen konnte; Neo-Analytiker wandten sich den entfremdeten und deprimierten Frauen dieses Landes zu; die klientenzentrierte Therapie widerspiegelte den Optimismus, den Freiheitsdrang und die Erfolgsorientiertheit ihrer universitären Klienten; die rational-emotive Therapie lehrte passiven und zu wirkungsvollen Handlungen unfähigen Stadtbewohnern, wie sie mit ihrer unterdrückenden und anspannenden Unwelt auf assertive Weise fertig werden können; und die Verhaltensmodifikation reagierte auf die Bedürfnisse des chronisch psychisch Kranken mit einer Technologie, deren Ziel es ist, grundlegende Fähigkeiten zur Selbsthilfe und soziale Kompetenzen zu erlernen.

Wir kritisieren keines dieser Kriterien bezüglich der Art, in der sie sich auf die Entscheidungen für das Maßschneidern der Behandlung beziehen. Jede kann in der Tat für die genannten Zwecke sinnvoll sein – ihre Anwendung muß jedoch *explizit* geschehen. Es ist vernünftig, verschiedene Behandlungsmethoden für Personen zu konzipieren, die aus verschiedenen sozialen Schichten kommen oder die sich in Hinblick auf bestimmte trait- oder Zustandseigenschaften unterscheiden. Jedoch müssen für solche Unterschiede und ihre Relevanz für die Behandlung explizite Hypothesen formuliert werden; und solche Unterschiede müssen systematisch erforscht werden, um die entsprechenden Therapien dann entweder aufrechtzuerhalten und einzusetzen, oder um sie zurückzuweisen und so dazu beizutragen, daß sie als soziologische oder psychologische Mythen ad acta gelegt werden. Wie wir später ausführen werden, geht dies über die Ebene der ‚Validierung' von Kriterien für das Maßschneidern bei einzelnen Klienten hinaus in Richtung auf ihre kombinative Verwendung, wie sie *Magaro* (1969) in Hinblick auf die soziale Schicht des Klienten und das Niveau seines prämorbiden Funktionierens befürwortet. Wir stimmen im wesentlichen mit *Blocher* (1968) darin überein, daß Diagnose und Psychotherapie im Idealfall reziproke kontigente Prozesse darstellen und daß, soweit von maßgeschneiderten Psychotherapien die Rede ist, die Fortschritte des einen die Fortschritte des anderen bedingen.

5. Grundlagen des Maßschneiderns – Der Therapeut

Wir erwähnten vorhin, daß die nutzbringendste Art und Weise, die Frage nach dem Therapieergebnis zu formulieren – und zwar sowohl in bezug auf die klinische Praxis als auch bezüglich der Forschung – folgende ist: Bei welchen Behandlungsmethoden die von welchen Therapeuten bei welchen Klienten angewendet werden, können bei welchen spezifischen Problemen welche Ergebnisse vorausgesagt werden? Probleme, die relevant sind in bezug auf die Prä-Maßschneiderungs-Bestandteile der Behandlungsmethode und des Klienten, sind oben angesprochen worden.

Neben diesen hat der Therapeut selbst eine ebenso große Bedeutung für die optimale therapeutische Maßschneiderung. Wie *Kiesler* (1966) bemerkte, haben wir uns in unserer Arbeit an dem Mythos der Gleichförmigkeit und Einheitlichkeit aller Therapeuten orientiert – d. h. an der Auffassung, die so tut, als ob Psychotherapeuten allgemein gleichwertig wären und daß es deshalb bei der Bewertung von Behandlungsmethoden wenig ausmache, wer die Therapeuten waren. Daß in Forschungsberichten so selten detaillierte Spezifizierungen der betreffenden Therapeuten vorkommen, bezeugt, wie weit verbreitet dieser Mythos der Einheitlichkeit ist. Aber, wie *Bergin* und *Strupp* (1972) behaupten, gibt es Grund zu der Annahme, daß Therapeuten weit davon entfernt sind, austauschbar zu sein. Sie unterscheiden sich in Hinblick auf ihre Präferenzen für Theorien und Verfahren, ihr Alter, ihre Rasse, ihr Geschlecht und hinsichtlich solcher Dimensionen wie professionell vs. nicht-professionell, A-vs. B-Typen (A-B type) usw. Viele dieser Eigenschaften, die in neueren aufs Therapieergebnis bezogenen Prozeßstudien untersucht werden, sind als relevant für das Ergebnis erkannt worden. Deutlich ist, daß sie in der Triade Behandlung-Klient-Therapeut, die für optimales Maßschneidern unerläßlich ist, ihren Platz verdienen.

6. Der Vorgang des Maßschneiderns

Andere Autoren und wir haben also vorgeschlagen, daß therapeutische Maßschneiderungen, die die Qualität des Ergebnisses therapeutischen Handelns steigern, die für einen bestimmten Klienten optimale Auswahl und Kombination von Eigenschaften des Klienten, des Therapeuten und der Behandlung darstellen. In Hinblick auf den Vorgang des Maßschneiderns sind verschiedene Methoden vorgeschlagen und verwendet worden.

6.1. Versuch und Irrtum

Woody (1971) bemerkt mit Recht, daß ein großer Teil des gegenwärtigen psychotherapeutischen Maßschneiderns auf der Basis von Versuch und Irrtum, d. h. durch Ausprobieren geschieht. Obwohl eine solche Strategie als der primitivste und unergiebigste Ansatz zur Maßschneiderung angesehen werden kann, ist sie jeder nicht-maßgeschneiderten Strategie, die auf der Annahme der einzig wahren Erleuchtung beruht, in Hinblick auf ihre Fähigkeit, verbesserte therapeutische Ergebnisse zustande zu bringen, deutlich überlegen. Maßschneidern durch Ausprobieren verlangt einen gewissen Grad an Offenheit und Eklektizismus bezüglich therapeutischer Verfahrensweisen, aber es schenkt der empirischen Forschung, die ja dem optimalen Maßschneidern zur Verfügung steht, keine Beachtung. Tatsächlich ist der Versuch-und-Irrtums-Maßschneider sein eigener Orientierungspunkt; ein Zustand, der sehr wahrscheinlich nicht die Fähigkeit unseres Berufsstandes erhöhen wird, effektive maßgeschneiderte Therapien zu formulieren und anzuwenden.

In der Praxis ist Maßschneiderung, die sich an Versuch und Irrtum orientiert, nicht selten auch in anderer Hinsicht unzureichend. Der Begriff „Versuch und Irrtum" konnotiert eine versuchsweise Handlung (den Versuch), dessen Folgen objektiv registriert werden können. Sollte der Versuch nicht gelingen (also ein Irrtum sein), dann fungiert dieses Mißlingen als Feedback: Es legt nahe, daß (a) der erste Versuch nicht ständig wiederholt werden sollte und (b) wie man zukünftige Versuche so gestalten kann, daß sie der Erreichung des Zieles näherkommen. Tatsächlich ist es jedoch so, daß der Irrtum, also das Mißlingen des Versuchs, häufig nicht beachtet oder falsch wahrgenommen wird, so daß der erste Versuch stets von neuem wiederholt wird. Faßt man diesen Vorgang mehr in den Begriffen unseres jetzigen Themas, so kann man sagen, daß eine einmal maßgeschneiderte Psychotherapie immer wieder angeboten wird, obwohl entweder entkräftende Nachweise ihrer Effektivität oder, was wahrscheinlicher ist, überhaupt kein Hinweis auf ein positives Ergebnis vorliegt. Das liegt an der Tendenz zur funktionellen Autonomie, die auf unserem Gebiet nicht selten zu beobachten ist: die Tendenz, Hypothesen mit Schlußfolgerungen zu verwechseln. Das Gravierende an diesem Mangel an Feedback besteht nicht nur in der Wiederholung von mangelhaften psychotherapeutischen Maßschneiderungen, sondern auch in ihrer fortgesetzten Verbreitung und Anwendung. *Reisman* (1971) bemerkt: *Freud* war

> „. . . äußerst genau bei der Formulierung von Kriterien für die Anwendung der Psychoanalyse. Er betrachtete seine Methode als die Methode par excellence zur Behandlung von Hysterien und Zwangsneurosen. In bezug auf andere Störungen war er jedoch weniger begeistert als seine Anhänger und Schüler. . . . Indessen birgt jede Begrenzung zugleich eine Versuchung in sich: Sobald die Grenzen der Psychotherapie gezogen waren, wurden sie auf ihre Unverletzbarkeit geprüft . . . Vielleicht wurden die Anforderungen an Eigenschaften, die ein Klient mitbringen sollte, um für die Psychotherapie geeignet zu sein, allzu voreilig durchlöchert, so daß sie als sinnvolle Forderungen zusammenbrachen" (S. 63–68).

6.2. Teilmaßschneiderungen

Die Annahme der einzig wahren Erleuchtung wird nicht leicht aufgegeben. Viele ihrer Anhänger, die sehen, daß bestimmte Arten von Klienten trotz ihrer Teilnahme an der angebotenen Therapie keine Besserung zeigen, bleiben trotzdem dabei, daß die von ihnen bevorzugte Therapie die einzig wahre sei; entweder muß der Klient der Behandlungsmethode angepaßt werden, oder der Klient eignet sich nicht für diese Behandlungsart. Im Extremfall kann der Therapeut den Klienten als ‚nichttherapierbar' bezeichnen. Freud, wiederum im Gegensatz zu vielen seiner Anhänger und Schüler, nahm den Standpunkt ein, daß „. . . psychologische Theorien über Therapie zu dem Punkt gelangen müssen, von wo aus es möglich sein wird, jene Therapie auszuwählen, die für einen Klienten geeignet ist, und nicht jenen Klienten auszuwählen, der für eine Therapie geeignet ist (*Rapaport,* 1959, S. 144). Allerdings schießt dieser Vorschlag über das Ziel hinaus, wenn man Forschungsergebnisse berücksichtigt, die darauf hinweisen, daß relativ geringfügige und kurzfristige Interventionen, die dazu dienen, die Bereitschaft des Klienten zu erhöhen, an der Therapie mitzuwirken, manchmal die Wirksamkeit des Maßschneiderns von psychotherapeutischen Behandlungen steigern können. In diesen Fällen wird die ‚Eignung' eines Klienten für eine bestimmte Behandlungsmethode durch spezifische Verfahren hergestellt, die explizit darauf ausgerichtet sind, den Klienten so zu verändern, daß seine Empfänglichkeit für die Behandlung maximal gesteigert wird. Die Psychotherapieforschungsgruppe um *John Hopkins (Hoehn-Saric* u. a., 1964), deren Arbeiten auf dem Sozialisationsinterview von *Orne* und *Wender* (1968) basieren, paßten den Klienten der Therapie an, indem sie ihn an einem Rollen-Induktions-Interview (Role Induction Interview) teilnehmen ließen. Dabei handelt es sich um eine Sitzung, in der wahrscheinliche Widerstände des Klienten, Rollenverpflichtungen und -erwartungen des Klienten und des Therapeuten sowie Ereignisse und Schwierigkeiten, die in der Therapie häufig auftauchen, beschrieben, untersucht und vorweggenommen werden. Die positive Relevanz dieses Verfahrens in bezug auf das therapeutische Ergebnis ist auch von anderen Forschern berichtet worden (*Sloane* u. a., 1970; *Strupp* und *Bloxom,* 1971).

Unsere eigenen Untersuchungen, die darauf hinarbeiten, die ‚Attraktivität der Psychotherapie' für widerstrebende und halbwiderstrebende Klienten zu steigern, liefern ein zweites Beispiel dafür, wie man dem Klienten der (unveränderten) Behandlungsmethode anpassen kann. Bei diesen Untersuchungen (*Goldstein,* 1971) wurden Methoden aus sozialpsychologischen Laboratorien, mit denen die Erhöhung der Attraktivität von Individuen erforscht wird, auf therapeutische Kontexte extrapoliert und daraufhin untersucht, inwieweit man sie dazu gebrauchen kann, Beziehungen positiv zu beeinflussen. Die hier verwendeten Verfahren umfassen verschiedene strukturierende Interventionen, Manipulationen des Status des Therapeuten und des Status des Klienten in seiner

Rolle als Therapiebewerber, Modellernen, Matching, die Verwendung von Konformitätszwang sowie Kombinationen aus diesen und verwandten Verfahren. Techniken zur Erhöhung der Attraktivität erwiesen sich, genauso wie die Rolleninduktion, als wirksam in bezug auf teilmaßgeschneiderte Strategien. Da es besonders relevant für das Thema dieses Buches ist, das sich ja mit differentiellen Behandlungsmethoden beschäftigt, möchten wir auf folgendes hinweisen: Während sich fast alle Verfahren bei unseren verschiedenen Stichproben von Klienten aus der Mittelschicht bezüglich der Attraktivitätssteigerung als erfolgreich herausstellten, erzielten die gleichen Verfahren bei Klienten mit einem niedrigen sozioökonomischen Status kaum Erfolge.

6.3. Ausgehandelte Maßschneiderungen

Teilmaßschneiderungen und Maßschneiderungen auf der Basis von Versuch und Irrtum bürden dem Therapeuten die volle Verantwortung für die Herstellung der Maßschneiderung auf. *Blocher* (1968) schlägt vor, und wir schließen uns dem ausdrücklich an, daß beide, Therapeut und Klient, sich gezielt am Prozeß der Herstellung der Maßschneiderung beteiligen. Annäherungen an solcherart ausgehandelte Maßschneiderungen gibt es schon bei solchen therapeutischen Ansätzen, die einen Therapievertrag (*Homme* u. a., 1970; *Kanfer* und *Phillips,* 1970; *Sulzer,* 1962), gegenseitige Abstimmung der Rollenerwartungen von Therapeut und Klient (*Goldstein,* 1962; *Lennard* und *Bernstein,* 1960) und Probesitzungen vor der eigentlichen Therapie (*Bach,* 1954) verwenden. Wir möchten diese Überlegungen noch weiterführen und befürworten einen vollständigen und umfangreichen Austausch über die Vorlieben und Wahlmöglichkeiten zwischen Therapeut und Klient. Wie nützlich für das Therapieergebnis eine aktiv mitbestimmende Beteiligung des Klienten bei der Herstellung von Maßschneiderungen sein kann, wird durch eine Untersuchung von *Devine* und *Fernald* (1973) treffend veranschaulicht, bei der Klienten, die dem von ihnen am meisten bevorzugten Behandlungsansatz zugeteilt wurden, signifikant mehr Veränderungen aufwiesen als jene, die zufällig dem gleichen Angebot an Behandlungsmethoden zugeteilt wurden, oder die man einem von ihnen nicht bevorzugten Ansatz zuwies.

6.4. Maßschneiderung von neuen Behandlungsverfahren

Anstatt bereits bestehende Therapieansätze auszuprobieren, wie das beim Maßschneidern nach Versuch und Irrtum der Fall ist, oder anstatt Klienten vorhandene Methoden entweder auswählen zu lassen (ausgehandelte Maßschneiderungen), oder anstatt sie anzupassen (Teilmaßschneiderungen), können wir auf vorteilhafte Weise vorhandene Informationen über Behandlungsmethoden, Klienten und Therapeuten verwenden, um neue maßgeschneiderte Psychotherapien herzustellen. Wir erwähnten vorhin, daß unser eigener Versuch, dem Unterschichtklienten (verbale, introspektive) Behandlungsverfahren anzupassen, im großen und ganzen fehlschlug. Wir wandten uns daraufhin einer Strategie der Maßschneiderung einer ‚neuen Behandlungsmethode' zu und überlegten uns, wie wir einen Behandlungsansatz konstruieren könnten, der solchen Klienten angemessen ist. Nach intensiver Beschäftigung mit entwicklungspsychologischen und soziologischen Forschungsergebnissen über schichtspezifische Erziehungsstile, Persönlichkeitsentwicklung, Sprachcodes, Psychopathologie und typischen Verhaltensweisen zur Streßverminderung (stress-reducing styles) behaupten wir, daß eine Behandlungsmethode, die auf den typischen Klienten aus der Unterschicht abgestimmt wäre, eine verhaltensorientierte Kurztherapie wäre, die autoritär durchgeführt werden müßte, die Training zur Anpassung an konkreten Beispielen und durch Rollenübernahme einbezöge und die besonderen Wert auf die Entwicklung und Verstärkung einer Reihe von sozialen und individuellen Fähigkeiten legte, die das Individuum befähigen, den Problemen des Lebens gewachsen zu sein. Wir haben diese Eigenschaft der Behandlung in einen Ansatz eingebracht, den wir Strukturierte Lerntherapie (Structured Learning Therapy) nennen. Er setzt sich aus folgenden Bestandteilen zusammen: Modellernen, Rollenspiel, soziale Verstärkung und generalisierende Übungen (transfer training). Den Klienten wird eine hierarchisch geordnete Serie von Videobändern oder Filmen vorgeführt, die eine Reihe von effektiven Ausführungen der Verhaltensweisen zeigen, mit denen sie Schwierigkeiten haben. Ihnen wird ausführlich Gelegenheit gegeben, und sie werden hinreichend ermutigt und angeleitet, diese Verhaltensweisen zu üben (Rollenspiel). Wenn ihr Verhalten im Rollenspiel sich zunehmend dem des Modells annähert, bekommen sie Zustimmung, Lob oder Belohnung (soziale Verstärkung). Diese Verfahren werden auf eine Weise durchgeführt, die Generalisierungen von der Behandlungssituation auf die Wirklichkeit erlaubt, wodurch eine größtmögliche Steigerung des Behandlungserfolgs gewährleistet werden kann (generalisierende Übungen). Die bisherigen empirischen Untersuchungen der Strukturierten Lerntherapie erbrachten konsistente, wenn auch erst in den Anfängen stehende Nachweise ihres Nutzens als Maßschneiderung für Klienten der unteren Schichten (*Goldstein*, 1973).

Über ihren Nutzen als ein Beispiel einer neuen maßgeschneiderten Therapie hinaus, weist die Entwicklung der Strukturierten Lerntherapie auf zwei zusätzliche Aspekte hin, die für die Herstellung von Maßschneiderungen relevant sind. *Grinker* (1969) befürwortet die Verwendung eines interdisziplinären Forschugnsansatzes bei der Entwicklung von psychotherapeutischen Maßschneiderungen. Auf eine Art, die an die Geschichte vom Blinden erinnert, der einen Elefanten beschreibt, betont er, daß wir über den Rand unserer bevorzugten Annahmen hinaussehen und mit Kollegen zusammenarbeiten müssen, die andere Präferenzen haben als wir; nur so könnten wir den Klienten und seine therapeutischen Bedürfnisse unverfälscht wahrnehmen. In dieser Hinsicht tun nicht nur die Analytiker und die Psychopharmakologen gut daran zusammenzuarbeiten, wie es Grinker vorschlägt; wir möchten hinzufügen, daß eine Zusammenarbeit in Sachen Maßschneiderung zwischen den verschiedenen Disziplinen *innerhalb* der Psychologie, die sich mit Verhaltensmodifikation befassen, für die Erreichung positiver Ergebnisse in der Psychotherapie nützlich sein kann und auch bereits gewesen ist.

Wir berichteten vorhin kurz von unseren anfänglichen Erfolgen bei der Entwicklung einer maßgeschneiderten Psychotherapie für den Klienten aus der Unterschicht. ‚Unterschicht' ist jedoch nur *eine* Grundlage für Maßschneiderungen, und gewiß verdeckt sie genauso viele Unterschiede zwischen den Klienten, wie sie erhellend herausstellt. Wir müssen deshalb solche Erfolge in der Maßschneiderung als provisorisch und vorläufig betrachten. Unsere Bemühungen müssen sich auf die Entwicklung von immer differentielleren und individuelleren Behandlungsansätzen konzentrieren. Um das zu verwirklichen, müssen wir uns zweckdienlicherweise nach einem stufenweisen Prozeß der Entwicklung von Maßschneiderungen richten.

6.5. Stufenweise Entwicklung von Maßschneiderungen

Bergin und *Strupp* (1972) befürworten eine Strategie der stufenweisen Entwicklung von Maßschneiderungen, bei der partielle oder vorläufige Maßschneiderungen so wiederholt, miteinander kombiniert und empirisch überprüft werden, daß es möglich wird festzustellen, ob der Anteil an der Ergebnisvarianz, der erklärt werden kann, wie erwartet zunimmt. *Klett* und *Moseley* (1963) setzen sich für eine ähnliche stufenweise Strategie ein. Sie schlagen einen Prozeß der Entwicklung von Maßschneiderungen vor, in dem (a) aktive Bestandteile der Behandlung identifiziert werden, (b) ihre Bedeutung für die Ergebnisvarianz festgestellt wird, (c) diese Bestandteile zu neuen Kombinationen zusammengestellt werden und (d) die neuen Kombinationen angewendet, ausgewertet, neu gewichtet werden usw. *Magaro* (1969) hat einen Plan zur Maßschneiderung entworfen, nach dem sowohl die soziale Schicht als auch das Maß des Funktionierens der prämorbiden Persönlichkeit bei der Auswahl der Behandlungsverfahren und des verwendeten Personals miteinbezogen werden. Würden wir unsere Empfehlungen bezüglich der Art (des Berufs) des Personals hinzufügen, würden wir eine stufenweise progressive Strategie der Entwicklung von Maßschneiderungen durchführen. Und wir würden in dieser Richtung noch mehr Fortschritte machen, wenn wir zusätzlich die Auffassung von *McLachlan* (1972) überprüften und bestätigten, daß das Behandlungspersonal sich auf derselben ‚begrifflichen Ebene' (Conceptual Level) bewegen müsse wie die Klienten, die es behandelt.

Bei der stufenweise progressiven Entwicklung und Auswertung solcher therapeutischen Maßschneiderungen ist es von größter Wichtigkeit, daß Konzeptionen und Validierungen sowohl ‚falscher positiver' als auch ‚falscher negativer' Maßschneiderungen vermieden werden. Falsche positive Maßschneiderungen – solche, die effektiv erscheinen, es aber nicht sind – können entstehen, wenn spezifische aktive Bestandteile nicht von unspezifischen unterschieden werden. Die Urschreitherapie kann den Anschein erwecken, sie ‚funktioniere' und wird deshalb verordnet, obwohl eine tiefergehende Untersuchung möglicherweise gezeigt hätte, daß es richtiger wäre, die beobachteten Veränderungen des Klienten ‚nur' solchen nichtspezifischen Effekten wie der Beziehung, der Erwartung oder der Zuwendung zuzuschreiben. Falsche positive Maßschneiderungen können auch durch die bedürfnisbedingte Verwechslung von Hypothese und Schlußfolgerung verursacht werden, wenn das Festhalten an der eigenen Theorie dazu führt, daß man sich über das Beweismaterial hinwegsetzt.

Zu falschen negativen Maßschneiderungen, die nicht wirksam zu sein scheinen, es aber dennoch sind, kann es ohne weiteres kommen, wenn an einem der Gleichheitsmythen, wie sie *Kiesler* (1966) beschrieben hat, festgehalten wird. Die Annahme, daß alle Klienten der eigenen Stichprobe gleich oder praktisch auswechselbar seien, kann – und tut es wohl auch – den Blick versperren für Hinweise darauf, für welche Untergruppen innerhalb dieser Stichprobe die Behandlung effektiv ist. Ähnliche Probleme gibt es auch in bezug auf Stichproben von Therapeuten. Eine Voraussetzung für die Vermeidung von falschen negativen Maßschneiderungen sind Gruppen von Klienten und Therapeuten, die auf jenen Dimensionen Homogenität aufweisen, welche für die Maßschneiderung von Therapie relevant sind. Unbestimmte Kriterien für die Feststellung des Ergebnisses sowie das Versäumnis, Quantität und Qualität der erwarteten Veränderung von vornherein zu spezifizieren, sind andere mögliche Ursachen für die Bestätigung von falschen negativen Maßschneiderungen.

6.6. Ebenen der Maßschneiderung – Eine Forschungshierarchie

Es ist unbedingt notwendig, daß viel mehr als bisher prozeß- und ergebnisbezogene Forschung in Hinblick auf die Identifizierung von therapeutischen Bestandteilen betrieben wird, und daß viel mehr Untersuchungen über den therapeutischen Effekt von Maßschneiderungen mit ausgewählten Kombinationen dieser Bestandteile durchgeführt werden. Um die Erforschung dieser Bereiche der Maßschneiderung voranzubringen, möchten wir ein Schema bzw. eine Hierarchie vorschlagen, das/die heuristisch eingesetzt werden kann, um die notwendige Erforschung des Maßschneiderns zu beschreiben und durchführbar zu machen. Dieses Schema ordnet auf hierarchische Weise die Arten der Untersuchungen nach der Zahl und der Art der systematisch untersuchten oder differenzierten Variablen der Maßschneiderung.

Auf der untersten Ebene der Differenzierung von Maßschneiderungen, bei der nichtdifferentiellen Maßschneiderung, wird eine Behandlungsmethode (Typ 1 A) *oder* eine bestimmte Art von Psychotherapeut (Typ 1 B) für einen Kliententyp spezifiziert. Solche Maßschneiderungen sind entweder Ausdruck von Behauptungen oder aber Beweise dafür, daß eine bestimmte Art therapeutischen Verfahrens oder eine bestimmte Art von Therapeut für einen bestimmten Kliententyp therapeutisch im positiven Sinne wirksam ist. Zum Beispiel sind die Behauptung von *Wolman* (1966)

Maßgeschneiderte Psychotherapien: Eine Forschungshierarchie

1. Ebene: Nichtdifferentiell

Typ 1 A: Psychotherapie A für Klienten X

Typ 1 B: Psychotherapeut 1 für Klienten X

2. Ebene: Unidifferentiell

Typ 2 A: Psychotherapie A vs. Psychotherapie B für Klienten X

Typ 2 B: Psychotherapeut 1 vs. Psychotherapeut 2 für Klienten X

Typ 2 C: Psychotherapie A für Klienten X vs. Klienten Y

3. Ebene: Bidifferentiell

Typ 3 A: Psychotherapie A vs. Psychotherapie B für Klienten X vs. Klienten Y

Typ 3 B: Psychotherapeut 1 vs. Psychotherapeut 2 für Klienten X vs. Klienten Y

4. Ebene: Tridifferentiell

Typ 4 A: Psychotherapie A vs. Psychotherapie B für Klienten X vs. Klienten Y mit Psychotherapeut 1 vs. Psychotherapeut 2

über die Nützlichkeit von Interaktionsverfahren bei schizophrenen Patienten und der Nachweis von *Atthowe* und *Krasner* (1968), daß Verfahren der kontingenten Verstärkung bei ähnlichen Klienten erfolgreich sei, nichtdifferentielle Maßschneiderungen des Typs 1 A. Beide Untersuchungen versuchen weder Vergleiche mit anderen Arten von Behandlungsmethoden anzustellen, noch die Wirksamkeit der von ihnen befürworteten Verfahren bei anderen Typen von Klienten zu überprüfen. Weiter werden in beiden Fällen die Eigenschaften der Therapeuten weder variiert noch vollständig spezifiziert. Es handelt sich hier um offene Behauptungen (*Wolman*) oder empirische Beweise (*Atthowe* und *Krasner*), die besagen, daß die Psychotherapie A für die Klienten X ‚funktioniere'. Solche Arbeiten kommen in der psychotherapeutischen Fachliteratur sehr häufig vor.
Statt der Beschreibung des Klienten mit dem Begriffsinventar der Psychopathologie (siehe oben), können Eigenschaften wie Alter, sozioökonomischer Status, sowie eine ganze Reihe anderer demografischer Variablen, Persönlichkeits- und Verhaltenseigenschaften verwendet werden.

Ein zweiter Typ einer nichtdifferentiellen Maßschneiderung (Typ 1 B) versäumt es auf ähnliche Weise, irgendeinen der drei Bestandteile der Maßschneiderung (Therapie, Klient oder Therapeut) zu variieren. Eine bestimmte Art von Therapeut wird für eine bestimmte Art von Klienten als optimal festgestellt und empfohlen. Kontrastierende oder ungeeignete Typen von Therapeuten werden nicht angegeben, es wird nicht differenziert in bezug auf Klienten, für die der spezifizierte Therapeut als ungeeignet betrachtet wird, und es wird keine Beschreibung der Behandlungsverfahren damit verbunden. *Brodys* (1970) Beschreibung *Freuds* als Personifikation einer therapeutischen Methode und die Arbeit von *McMahon* und *Shore* (1968) über das Verhalten von Therapeuten gegenüber Klienten mit niedrigem Einkommen sind Beispiele nichtdifferentieller Maßschneiderung des Typs 1 B. Darüber hinaus machen diese beiden Arbeiten in anschaulicher Weise deutlich, wie diese Art nichtdifferentiellen Maßschneiderns in der Fachliteratur dargestellt wird. Die Arbeit von *Brody* kann man als ein Beispiel für ‚Maßschneiderung durch Jüngerschaft' ansehen – d. h. wie der ‚Meister' handelt oder wie er gehandelt hat, so hat man – das ist doch selbstverständlich – auch zu handeln. *McMahon* und *Shore* stellen, im Gegensatz dazu, die Maßschneiderung über ein ‚negatives Beispiel' her. Indem festgestellt wird, welche Eigenschaften und Verhaltensweisen des Therapeuten für einen bestimmten Klienten *un*geeignet sind, wird das Gegenteil als maßgeschneidert impliziert.

Nichtdifferentielle Maßschneiderungen grenzen nur ab bzw. differenzieren nur in einem negativen Sinne, sie sind aber trotzdem für Zwecke der Maßschneiderung wertvoller als jene völlig nichtmaßgeschneiderten Standpunkte der einzig wahren Erleuchtung, wonach die Psychotherapie A nicht nur für einen bestimmten Kliententyp ‚funktioniert', sondern für alle oder – zumindest – die meisten. Geht man von einem stufenweisen, am Baukastenprinzip orientierten Ansatz der Herstellung von Maßschneiderungen aus, dann stellt die nichtdifferentielle Maßschneiderung den ersten Schritt dar. Aber unsere Wissenschaft der Psychotherapieforschung und unsere Kunstfertigkeit in der psychotherapeutischen Praxis verlangen beide nach solideren Fundamenten. In bezug auf die Maßschneiderung müssen differenzierte Fragen gestellt werden.

Auf der Ebene der unidifferentiellen Forschung werden etwas heuristischere Fragen der Maßschneiderung formuliert und beantwortet. Im Gegensatz zur nichtdifferentiellen Maßschneiderung (bei der zum Beispiel eine Therapie als nützlich für einen bestimmten Kliententyp angesehen wird) erbringt die unidifferentielle Maßschneiderung wichtige zusätzliche Informationen. Beim Typ 2 A wird uns über die Feststellung hinaus, daß eine Psychotherapie für einen bestimmten Typ von Klienten effektiv ist, für die Population dieser Klienten auch mitgeteilt, welche Psychotherapie oder welche Psychotherapien offensichtlich *nicht* effektiv ist bzw. sind. *Feinsilver* und *Gunderson* (1972) liefern solch unidifferentielle Information in ihrem Sammelreferat zur Forschung im Bereich der Psychotherapie der Schizophrenie. *Schill* und seine Mitarbeiter (1974) leisten – auf äußerst rigorose Weise – dasselbe für Personen, die Angst haben, in der Öffentlichkeit zu reden.

Die unidifferentielle Maßschneiderung des Typs 2 B konzentriert sich auf das, was der Therapeut einbringt. Über die nichtdifferentielle Information hinaus, daß Therapeuten mit großem Einfühlungsvermögen (*Truax,* 1963) und Therapeuten des Typs B (*McNair* u. a., 1962) typischerweise für die Behandlung von neurotischen Klienten besonders geeignet sind, wird uns der in Hinblick auf die Maßschneiderung wichtige Hinweis zuteil, daß Therapeuten mit geringem Einfühlungsvermögen und Therapeuten des Typs A hier häufig versagen.

Bei einem dritten Typ einer unidifferentiellen Studie zur Maßschneiderung, dem Typ 2 C, wird die angebotene Behandlung konstant gehalten, während die Kliententypen, die die Behandlung erfahren, systematisch variiert werden. *MacCulloch* und *Feldman* (1967) haben eine entsprechende Untersuchung durchgeführt, die sich mit drei Untergruppen von homosexuellen Klienten beschäftigt; *Cole, Branch* und *Allison* (1962) verfahren auf ähnliche Weise bei Klienten, die sich in Hinblick auf ihre soziale Schicht voneinander unterscheiden.

Bei der Erforschung von bidifferentiellen Maßschneiderungen werden zwei der drei Komponenten, die für das therapeutische Ergebnis relevant sind (Therapie, Therapeut und Klient), systematisch variiert. Zum Beispiel verglichen *Weinman, Gelbart, Wallace* und *Post* (1972) drei Behandlungsmethoden für Gruppen von Schizophrenen, die sich in bezug auf ihr Alter unterschieden. *Love, Kaswan* und *Bugental* (1972) variierten auf ähnliche Weise Behandlungen nach dem sozioökonomischen Status. Es wird für den Leser interessant sein, diese beiden bidifferentiellen Studien jeweils mit den unidifferentiellen Ansätzen von *Feinsilver* und *Gunderson* (1972) und *Cole, Branch* und *Allison* (1962) zu vergleichen; die letzteren befaßten sich mit ähnlichen Populationen, aber eine experimentelle Variation fand nicht statt. Dabei wird ganz deutlich, daß die zusätzliche Information in bezug auf Maßschneiderung, wie sie durch die Verschiebung von der unidifferentiellen auf die bidifferentielle Forschungsebene erbracht wird, sowohl für die Forschung als auch für die Praxis von großer Bedeutung ist. *Feinsilver* und *Gunderson* berichten von Behandlungsmethoden, die bei Gruppen von Klienten, die als „Schizophrene' bezeichnet werden, angewendet bzw. nicht angewendet werden sollten; dagegen stellen *Weinman* und seine Mitarbeiter fest, daß unsere Maßschneiderung u. a. wahrscheinlich auch mit dem Alter des schizophrenen Klienten variieren muß. Mit Recht berichten *Cole, Branch* und *Allison,* daß die in ihrer Untersuchung angewandten Behandlungsmethoden bei Klienten bestimmter sozialer Schichten wirksam sind und bei anderen nicht; daß das jedoch nicht problematisch zu sein braucht, machen *Love, Kaswan* und *Bugental* deutlich: Wir können differentielle Behandlungen je nach sozialer Schicht anbieten.

Ähnlich klinisch nützliche Informationen werden durch bidifferentielle Forschungen des Typs 3 B erbracht. *Yamamoto, James, Bloombaum* und *Hatten* (1967) berichten, daß die Rasse des Klienten in Abhängigkeit von der ethnischen Herkunft des Therapeuten das Behandlungsergebnis beeinflussen kann. *McLachlan* (1972), der auf einem ganz anderen Gebiet bidifferentiell vorgeht, weist nach, daß es in Hinblick auf das Ergebnis wichtig ist, daß Klient und Therapeut in ihren Vorstellungen von Psychotherapie und ihrem sprachlichen Niveau zusammenpassen. Wir begrüßen diese Bemühungen im Bereich der bidifferentiellen Forschung. Es handelt sich um wichtige Beiträge zur klinischen Forschung und Praxis überhaupt. Jedoch sind diese Untersuchungen kostspielig – sie verlangen viel Aufwand an Zeit und Geld. Die Kosten, Schwierigkeiten und potentiellen Erfolge von faktorieller Psychotherapieforschung nehmen stark zu, wenn wir uns der nächsten Ebene der Untersuchungen, d. h. der Interaktion der Variablen Behandlungen × Klienten × Therapeuten, zuwenden.

Tridifferentielle Forschung zur Maßschneiderung, *die unseres Wissens bisher noch nicht stattgefunden hat,* ist der experimentelle Versuch, die fundamentale Frage der Maßschneiderung zu beantworten: Welche Behandlungsmethode für welchen Klienten durch welchen Therapeuten? Ergebnisse zur Frage der tridifferentiellen Maßschneiderung erhalten wir am besten durch tridifferentielle Forschung, und solche Forschung muß mit Nachdruck unterstützt werden. Eine Annäherung an Ergebnisse zur Frage der tridifferentiellen Maßschneiderung kann man durch sorgfältig aufeinander abgestimmte Untersuchungsprojekte in einem vorwiegend aus bidifferentiellen Studien bestehenden Forschungsprogramm erhalten. Einige bereits durchgeführte Untersuchungen, die, technisch gesehen, bidifferentiell aufgebaut waren, stellen eine Annäherung an die Beantwortung von Fragen zur tridifferentiellen Maßschneiderung auf einer *Post-hoc*-Basis dar. Bei der Untersuchung von *DiLoreto* (1971) wurden drei Behandlungsmethoden (systematische Desensibilisierung, rational-emotive und klientenzentrierte Therapie) in bezug auf zwei Typen von Klienten (ängstliche Introvertierte und ängstliche Extravertierte) hinsichtlich ihrer Effektivität miteinander verglichen. Eigenschaftsdimensionen der Therapeuten wurden nicht variiert; infolgedessen wurden auch keine spezifischen Effekte bezüglich des Therapeuten an sich oder bezüglich der Interaktion mit anderen Faktoren vorhergesagt. *Post-hoc*-Analysen zeigten jedoch, daß bestimmte Therapeuten in der Behandlung jeweils eines der beiden Typen von Klienten in der Tat effektiver waren als ihre Kollegen. Die Variation von Therapeutendimensionen hätte ein noch komplexeres und kostspieligeres experimentelles Design verlangt, als das bereits bewundernswert ehrgeizige Projekt, das *DiLoreto* durchführte. Nichtsdestoweniger hat die nicht erfolgte Variation bzw. sonstige Manipulation von Dimensionen, die den Therapeuten betreffen, in dieser Untersuchung die Informationen zur Maßschneiderung, die sie enthält, bedeutend eingeschränkt.

Drei andere Annäherungen an tridifferentielle Maßschneiderungen sollen hier noch kurz erwähnt werden. Wie bei der Untersuchung von *DiLoreto* (1971), wurden bei den folgenden Untersuchungen nur zwei der drei Dimensionen, die für eine optimale Maßschneiderung notwendig sind, variiert. Mit jeder Studie wurde jedoch versucht, einer tridifferentiellen Maßschneiderung nahe zu kommen, indem für die dritte Variable eine *Post-hoc*-Analyse durchgeführt wurde. *Stephens* und *Astrup* (1965) analysierten rückwirkend die Variablen Behandlungsmethode (Insulin-Koma-Therapie vs. keine Insulin-Koma-Therapie), Klient (Schizophrene vs. reaktiv Schizophrene) und Therapeut (Typ A vs. Typ B). *Blumberg* (1972) manipulierte die Variablen Behandlungsmethode (Psychotherapie mit direktivem Charakter vs. nondirektive Psychotherapie) und Klient (hochgradig dogmatisch vs. kaum dogmatisch) und wählte auf sorgfältige Weise solche Therapeuten aus, die sich in ihrem ganzen Lebensstil eher als Führer oder eher als Geführte begriffen. *Miller, Barrett, Hampe* und *Noble* (1972) verglichen systematische Desensibilisierung und traditionelle verbale Psychotherapie miteinander; beide Methoden wurden jeweils von einem erfahrenen und von einem unerfahrenen Psychotherapeuten durchgeführt. Ihre *Post-hoc*-Analyse ergab, daß zusätzlich zu den manipulierten Variablen Behandlungsmethode und Therapeut das Alter der Klienten in

Hinblick auf den therapeutischen Erfolg relevant war. In keiner dieser Studien wurden alle drei Dimensionen der Maßschneiderung manipuliert. Folglich wurden auch in keiner von ihnen die Interaktionen zwischen den drei Variablen überprüft; und so kamen auch keine tridifferentiellen Maßschneiderungen dabei heraus. Solche Maßschneiderungen, das sei nochmals betont, sind aber sozusagen das entscheidende Sprungbrett in Richtung auf die Erzielung effektiver und andauernder psychotherapeutischer Ergebnisse. Mehrere unserer Kollegen aus den Bereichen der klinischen Forschung und Praxis befürworten – wie die Aufsätze im nächsten Abschnitt dieses Buches zeigen werden – auch eine allgemeine Orientierung in Richtung auf Maßschneiderung, und zwar insbesondere tridifferentielle Forschung in der Psychotherapie. Wir versuchen, uns in diesem Buch ihrem Standpunkt anzuschließen und ihn weiterzuentwickeln. Wir möchten diese Anmerkungen in der Hoffnung darauf abschließen, daß Psychotherapie-Forscher eine solche ‚Philosophie' der Empirie in die Tat umsetzen mögen, und daß sie damit die potentielle ‚Maßgeschneidertheit' der psychotherapeutischen Praxis verbessern werden.

Teil II:
DIE ENTWICKLUNG VON PSYCHOTHERAPEUTISCHEN MASSCHNEIDERUNGEN

1. Kommentar: Auffassungen über Maßschneiderungen

Wir haben unsere eigenen Ansichten über die Bedeutung und die Entwicklung von maßgeschneiderten Therapien vorgetragen. Wir haben auch ein System vorgeschlagen, nach dem Untersuchungen sowohl begrifflich eingeordnet als auch durchgeführt werden können, und das möglicherweise nach und nach zur Entwicklung immer effektiverer psychotherapeutischer Maßschneiderungen beitragen könnte. Im Teil II möchten wir nun relevanten Ansichten anderer zu diesem Thema Gehör verschaffen. Die Themenbereiche, die für den Prozeß der Maßschneiderung Bedeutung haben, sind zahlreich und weitgefächert; ihnen gebührt unsere reflektierte Aufmerksamkeit.

Die Funktion der Diagnose, definiert man sie in einem allgemeinen Sinne, kann und soll eine zentrale Stellung bei der Entwicklung und Anwendung von maßgeschneiderten Psychotherapien haben – ganz im Gegensatz zur häufigen Vernachlässigung ihrer Bedeutung für die Behandlung. Bei dem Aufsatz von *Breger* handelt es sich um eine gedankenreich spezifizierende Darlegung dieser Aufgabe. Er schlägt vor, die Anwendung von routinemäßigen und allgemein verwendeten Testverfahren vor der Behandlung einzuschränken und befürwortet statt dessen eine Verlagerung in Richtung auf selektivere Testverfahren, die spezifische Fragen in bezug auf die Behandlung beantworten sollen. Er plädiert auf überlegte und vernünftige Weise für psychologisches Testen, das sich für eine Maßschneiderung als *nützlich* erweist. *Goldfried* und *Pomeranz* vertreten die gleiche Auffassung. Sie sind der Ansicht, daß die Diagnose auf die Identifizierung spezifischer Therapieziele bzw. -ergebnisse ausgerichtet sein und die geeignetsten Behandlungsverfahren für diese Ziele auswählen müsse. Nach ihrer Meinung sollen Diagnose und Behandlung sich gegenseitig bedingen. *Woody* tritt noch konsequenter für diese der Maßschneiderung angemessene Einstellung ein. Seiner Ansicht nach *bestimmt* die Diagnose die Behandlung – ein Standpunkt, dem wir uneingeschränkt beipflichten. Nach seiner ‚psychobehavioralen' Orientierung führt die Diagnose zu einer Sammlung von Informationen über die Vorgeschichte des Klienten, wobei Verstärkungen und Kontingenzen im Bereich des sozialen Lernens im Vordergrund stehen; die Diagnose ist somit ein Mittel, das dazu geeignet ist, für einen *bestimmten* Klienten einen bestehenden Behandlungsansatz auszuwählen. *Woody* hat diese Art der Maßschneiderung vorläufig in einem Schema festgehalten, wo sie nach und nach aufgrund ihrer beobachtbaren Auswirkungen revidiert werden kann. Die Verwendung von diagnostischen Informationen, die zur Herstellung von Maßschneiderungen beitragen, läßt sich ohne weiteres mit dem Ansatz der Verhaltensmodifikation vereinbaren und müßte, theoretisch gesehen, auch für ein psychodynamisch-medizinisches Modell geeignet sein. Wie vorhin erwähnt wurde, hat das bislang jedoch nicht stattgefunden: Diagnose und Behandlung werden weitgehend unabhängig voneinander durchgeführt. *Schlesinger* hat jedoch überzeugend nachgewiesen, daß das nicht der Fall zu sein braucht. Ausgehend von einem psychodynamischen Standpunkt befüwortet er auch eine Spezifizierung im diagnostischen Vorgang, und zwar sowohl in Hinblick auf Einzelheiten als auch in bezug auf die Behandlung. Am Beispiel der unterstützenden und expressiven Behandlungsansätze macht er deutlich, wie die Diagnose auf logische Weise die Behandlung bestimmen *kann.*

Das Hauptthema der folgenden vier Aufsätze ist, wie gesagt, die Diagnose. Im Vordergrund steht der therapeutische Nutzen, der wahrscheinlich durch die Anwendung der diagnostischen Daten im Rahmen der Maßschneiderung erzielt werden kann. Die ersten drei Aufsätze, die sich mehr mit der Psychotherapie als mit der vorangehenden Diagnose beschäftigen, stimmen in allen wesentlichen Fragen miteinander überein. *Magaro,* der die wichtigste Schlußfolgerung dieses Buches vorwegnimmt, befürwortet die Entwicklung von psychotherapeutischen Maßschneiderungen, die die Variablen Therapie, Therapeut und Klient zusammen reflektieren und optimal miteinander kombinieren. Darüber hinaus sind seine anschaulichen Beispiele anregend und zukunftsweisend, sie haben schon ihren empirischen Wert als im höchsten Grade effektive klinische Maßschneiderungen bewiesen. *Lazarus,* der seinem Glauben an einen angemessenen therapeutischen Eklektizismus Ausdruck verleiht, fordert vernünftigerweise eine ‚personalistische Psychotherapie', die die Behandlung auf die Klienten zuschneidert. Ebenso wie *Woody* befürwortet er ständige Offenheit und Flexibilität von seiten des Therapeuten – die auf den Klienten abgestimmte Maßschneiderung soll jederzeit und so oft wie möglich verändert werden. Der Standpunkt von *Jacobson, Strickler* und *Morley* stellt eine weitere Bestätigung unserer Ansichten dar. Sie unterscheiden zwischen allgemeinen individuellen Vorgehensweisen bei der Lösung von streßhaften Krisen. Die allgemeinen Vorgehensweisen beziehen sich auf die Reizsituationen, d. h. auf den Typ des Streßfaktors (z. B. der Tod eines geliebten Menschen, berufliches oder eheliches Versagen usw.); die Auswahl und Durchführung der Behandlung eines Klienten ist vorwiegend durch solche Faktoren und weniger durch die individuelle Dynamik des Klienten bestimmt. Im Gegensatz dazu nimmt die individuelle Vorgehensweise die zwischenmenschliche und psychodynamische Welt des Klienten, der sich in einer Krise befindet, als Ausgangspunkt für die weitere Planung der Behandlung. Obschon diese Dichothomie etwas zu vereinfacht erscheint, ist sie dennoch sinnvoll, vor allem, weil sich bei den Autoren bereits Ansätze in Richtung auf Maßschneiderung finden lassen, wenn sie spezifizieren, wann einer der beiden Typen der Behandlung am vorteilhaftesten angewendet werden kann.

Betrachtet man die psychotherapeutische Maßschneiderung, so scheint auf der theoretischen Ebene Übereinstimmung zu herrschen, während auf der praktischen Ebene die Ansichten auseinandergehen. Wie können wir das Ziel der Maßschneiderung verwirklichen? Wie kann man feststellen, welche psychotherapeutischen Maßschneiderungen angemessener sind? Der Ansatz von *Paul* stellt einen Kontext her, in den die grundlegenden Antworten auf diese Fragen eingeordnet werden können. Er beschäftigt sich auf umfassende und klare Weise mit den Hauptthemen der Forschung über das Ergebnis von Psychotherapien, mit Problemen von Versuchsplänen, mit Kriterienproblemen, der Auswahl von Variablen usw. *Pokorny* und *Klett* liefern weitere Beiträge zu der Darstellung von *Paul,* indem sie sich auf differenziertere Weise mit einer großen Zahl von zentralen methodischen Problemen befassen, die für die Planung von Maßschneiderungen von Bedeutung sind. Beide Aufsätze spezifizieren und explizieren unsere Ansicht, daß die Ergebnisse von Prozeßstudien die anfänglich genannten Bestandteile hervorbringen werden, aus denen wirksame Maßschneiderungen bestehen. In den beiden Aufsätzen von *Kiesler,* die wir mit aufgenommen haben, wird beschrieben, wie solche Bestandteile optimal miteinander zu verbinden sind und wie solche Maßschneiderungen empirisch validiert werden können. Die Kritik am Mythos von der Uniformität und das Einbeziehen von Untersuchungen, die die Entwicklung von Maßschneiderung betreffen, in sein Gittermodell, stellen wesentliche methodische Schritte dar in Richtung auf die Aufgaben der Entwicklung und Überprüfung von Maßschneiderungen.

Die nachfolgenden Aufsätze geben eine ganze Reihe von Themen und Standpunkten wieder, die relevant sind für die empirische Entwicklung und klinische Anwendung von maßgeschneiderten Psychotherapien. In Hinblick auf den restlichen Teil dieses Buches, in dem gegenwärtig brauchbare klinische Maßschneiderungen dargestellt und gründlich analysiert werden, besteht ihre Aufgabe darin, vorzubereiten und zu informieren.

2. Überlegungen zur Diagnostik

2.1. Psychologisches Testen: Hinweise für Forschung und Behandlung*)

Louis Breger

Psychologisches Testen ist lange Zeit die einzige Fachrichtung des Klinischen Psychologen gewesen, eine Tatsache, die aus der Geschichte dieses Gebietes zu verstehen ist. Neuere Entwicklungen haben eine Reihe von Widersprüchen zwischen den Annahmen, die aus dieser traditionellen Gewichtung resultieren, ans Licht gebracht. Zum Beispiel berichtet *Meehl* (1960), daß nur 17 % der Psychotherapeuten (N = 168; die Befragten gehörten einem „breiten Spektrum von Orientierungen" an) davon überzeugt sind, daß die Vorinformationen, die das Testen ergibt, einen gewissen Nutzen für sie haben. Obwohl diese Veränderung in der Gewichtung und Wertschätzung zuerst auf der Ebene der therapeutischen Praxis erfolgte, hat die vor kurzem stattgefundene Tagung für Klinische Psychologie (*Hoch, Ross* und *Winder,* 1966) deutlich werden lassen, daß in Ausbildungsprogrammen im Unterrichtsbereich und in der klinischen Praxis ebenfalls eine Neubewertung der Rolle des psychologischen Testens stattfindet. In dieser und in anderer Hinsicht scheint es deutlich zu sein, daß Widersprüche vorhanden sind zwischen der traditionellen Auffassung vom Testen und der gegenwärtigen Praxis. Eine Untersuchung der Vorgeschichte dieser Widersprüche und der damit verbundenen Probleme könnte es uns ermöglichen, uns von bestimmten veralteten Annahmen und Verfahrensweisen zu befreien.

Das Testen sollte sich nach zwei Richtungen orientieren: Erstens in Hinblick auf die praktische Frage, was wir mit Menschen und ihren Problemen anfangen sollen – man könnte das als Behandlung im weitesten Sinne des Wortes bezeichnen –, und zweitens in Richtung auf das Verständnis des Wesens der Probleme und Auswirkungen von Therapie – eine Aufgabe, die man Forschung oder theroretische Einsicht nennen könnte. Die traditionellen Modelle des Testens sind an die Begriffe von Diagnose und Selektion gebunden, beide werden sich wahrscheinlich zum größten Teil als ungeeignet für die Daten erweisen, mit denen der Klinische Psychologe heutzutage konfrontiert wird, und insbesonders mit denen er in Zukunft konfrontiert sein wird. Ein großer Teil der traditionellen Forschung im Bereich des Testens (z. B. die unzähligen *Rorschach*-Untersuchungen oder die immense Literatur über Intelligenztests, die sich mit Kontroversen wie der über die Konstanz des IQ und ähnlichem befaßt) hat nicht zu entscheidenden Fortschritten im theroretischen Verständnis geführt. Um es vorwegzunehmen: Es wird in diesem Aufsatz behauptet, daß die Diagnose, die im Rahmen des klinisch-therapeutischen Interviews vorgenommen wird, für jene große Gruppe von Personen, die Persönlichkeits-‚Diagnosen' unterzogen wird, ein angemesseneres Modell für die Praxis darstellt. Wenden wir uns zunächst jener Rechtfertigung des Testens zu, die besagt, das Testen sei ein wesentlicher Bestandteil der ‚Rolle' des Klinischen Psychologen.

---

*) Aus: *Journal of Consulting and Clinical Psychology,* (1968) **32,** 176–181. Copyright: American Psychological Association, 1968. Genehmigter Nachdruck.

2.1.1. Das Testen als Bestandteil der beruflichen Rolle des Psychologen

Darüber zu entscheiden, wie man am besten Menschen helfen kann, kann eine sehr streßhafte Angelegenheit sein, vor allem wenn der Stand der Kenntnisse über Menschen, Probleme und Behandlungsmethoden noch weit davon entfernt ist, vollständig zu sein. Von Klinischen Psychologen wird jedoch, ebenso wie von ihren Kollegen in den Bereichen der Psychiatrie und der Sozialarbeit, erwartet, daß sie als Experten auftreten im Umgang mit den Personen und Problemen, mit denen sie in der Psychiatrie, in Polikliniken, Beratungsstellen usw. konfrontiert werden. Da es kaum irgend jemandem möglich ist, ständig alles zu hinterfragen, was seine tagtägliche Arbeit betrifft, reagieren Psychologen und andere auf diesen streßhaften Zustand, indem sie auf irgendeine allgemein definierte Rolle zurückgreifen, die ihnen vorschreibt, auf welchen Gebieten sie Experten seien, welche Art von Handlungen sie verrichten, was für eine Sprache sie sprechen, wie sie ihre Beziehungen zu ihren Berufskollegen gestalten sollen und ähnliches mehr. Das ist unvermeidlich, obwohl der Druck, der dadurch entsteht, wahrscheinlich in Situationen, in denen es unsicher ist, wie man sich verhalten sollte (wie man Klienten ‚behandelt') und wer sich am optimalsten verhalten kann, noch größer wird. In dieser Hinsicht läßt sich beobachten, daß Psychiater auf bestimmte historisch determinierte Aspekte der Rolle des Arztes zurückgreifen. (Ärzte behandeln Kranke – also sind sie es, die die ‚Geisteskranken' behandeln müssen; die Ärzte tragen letztlich die Verantwortung – also müssen sie die Station oder das ‚psychiatrische Team' beaufsichtigen.) Wie wir sehen, verlassen sich Klinische Psychologen in ähnlicher Weise auf bestimmte historisch vorgegebene Rolleneigenschaften, um ihre Tätigkeit und die Gebiete, auf denen sie fachlich qualifiziert sind, gegenüber ihren Berufskollegen abzugrenzen.

Diesbezüglich wird das psychologische Testen besonders wichtig, weil es ein Gebiet ist, auf dem der Psychologe zweifellos der Experte ist – ganz im Gegensatz zu solchen Tätigkeiten, wie das Durchführen von Interviews, wo er sich mit Psychiatern, Sozialarbeitern und anderen messen muß. So kommt dem Testen eine Schlüsselfunktion bei der Definition der Rolle des Klinischen Psychologen zu, indem es ihm in einem klar umrissenen Gebiet mit eigenem Jargon, spezifischer Forschungsliteratur und besonderen Privilegien ein Gefühl der fachlichen Qualifikation und Kompetenz gibt.

Sicher verwenden nicht alle, bzw. werden nicht einmal die meisten Klinischen Psychologen das psychologische Testen nur als Rationalisierung verwenden, um ihren niedrigeren Status zu vertuschen, oder um Sicherheit zu gewinnen, indem sie sich auf eine Reihe von klar definierten Routineverfahren verlassen. Aber in einem gewissen Grad sind diese Motive dennoch für die Tätigkeit vieler Klinischer Psychologen von Bedeutung. Doch wesentlicher ist hier die Feststellung, daß die Berücksichtigung von Aspekten der beruflichen Rolle als Rechtfertigung für die Durchführung von psychologischen Tests ungeeignet ist. Zu sagen, Psychologen sollen testen, weil das ihrer beruflichen Rolle entspricht, hat wenig Sinn; das wäre, als würde man verlangen, Friseure sollten ihrer (historischen) Berufsrolle gemäß Leute zur Ader lassen, oder Psychiater sollten Lobotomien vornehmen, weil es Ausdruck ihrer Rolle sei. Es handelt sich hier offenkundig um eine Argumentationsweise, die verwendet werden kann, um jede bestehende Handlungsweise, egal wie ungeeignet oder schädlich sie ist, in alle Ewigkeit festzuschreiben. Psychologisches Testen muß, wie jedes andere Verfahren auch, nach der Angemessenheit der ihm zugrunde liegenden Annahmen, seiner Nützlichkeit für Personen, die um Behandlung nachsuchen, und seinem Beitrag für den eigentlichen Prozeß der Entscheidung in bezug auf Klienten, Probleme und Behandlungsmethoden, bewertet werden. Es ist für den Psychologen sinnlos, seine Rolle als Tester in einem staatlichen Krankenhaus, wo alle Patienten die gleiche Behandlung (bzw. den gleichen Mangel an Behandlung) erfahren, ohne Rücksicht darauf zu spielen, was die psychologischen Tests ergeben. Das gleiche gilt für Situationen, in denen die Personen, die die Entscheidungen über die Behandlung treffen, den psychologischen Bericht erst dann lesen, wenn sie ihre Entscheidung bereits getroffen haben. Und es kann auch dann unangemessen sein zu testen, wenn Informationen, die sich möglicherweise unmittelbar auf die zu fällenden Entscheidungen beziehen können, schneller und einfacher beschafft werden können (zum Beispiel Alter, berufliche Karriere, Anzahl und Dauer früherer Krankenhausaufenthalte).

2.1.2. Historische Aspekte

Angefangen mit *Freud,* hat es eine enge Verbindung zwischen Diagnose und Behandlung gegeben, die sich in den verschiedenen Arten von Psychotherapien, die sich aus der Psychoanalyse entwickelt haben, fortgesetzt hat. Die psychoanalytische Therapiemethode ist die Methode der Persönlichkeits-‚Diagnostik'. Das psychiatrische Interview von *Sullivan* ist ‚Diagnose' und ‚Behandlung' zugleich. (Der klientenzentrierte Ansatz von *Rogers,* der außerhalb der etablierten Medizin entstand, hat nie die Notwendigkeit einer ‚Diagnose' vor der Behandlung betont.) Die Tendenz, Diagnose und Therapie voneinander zu trennen, ist, wie *Gill, Newman* und *Redlich* (1954) aufzeigen, auf unterschiedliche historische Bedingungen zurückzuführen und kann nicht von den Therapiegebäuden der wichtigsten Therapieansätze her begründet bzw. gerechtfertigt werden. Man kann zwei solcher historischen Einflüsse unterscheiden: *(a)* Die Überzeugung, daß es notwendig sei, die Klienten vor der Behandlung zu diagnostizieren; es handelt sich hier im Grunde um eine Wiederauflage der medizinischen Auffassung der Psychiatrie, die nach dem von *Freud* angefangenen psychodynamischen Trend stattgefunden hat*), und *(b)* die Überzeugung, daß eine sorgfältige ‚Selektion' nützlich sei, die aus der ‚mental-testing'-Bewegung innerhalb der Psychologie herrührt.

Der Standpunkt der medizinischen Diagnostik ist gleichzusetzen mit dem von Praktikern wie *Schafer* (1948) und *Rapaport* (1954), die Tests einsetzten, um zu Darstellungen der Persönlichkeit bzw. der psychischen Prozesse zu kommen. Ihre Identifikation mit der an der Medizin orientierten Psychoanlayse führte dazu, daß viele Anhänger dieser Tradition eine vollständige psychologische Diagnose als Teil der umfassenden diagnostischen Arbeit befürworteten. Aber, wie *Szasz* (1965) zeigt, widerspricht eine solche Auffassung von ‚Diagnose' den grundlegenden Annahmen der psychoanalytischen Therapie.

Die Überzeugung, daß Selektion von Nutzen sei, hat ihren Ursprung in der Bewegung des ‚mental testing', die eine bedeutende Rolle in der Vergangenheit der Klinischen Psychologie spielte; die Arbeit mit dem MPI und der Wert, der auf exakte Vorhersage gelegt wurde (sei es innerhalb oder außerhalb des klinischen Bereichs), sind Beispiele dafür. Gemeinsam haben diese Traditionen den Glauben an den Nutzen von Tests vor der Behandlung verstärkt – einen Glauben, der all jenen zentralen Fragen ausweicht, die die Nützlichkeit und die Validität von Tests betreffen.

Die Anwendung von Tests, seien sie nun auf Persönlichkeitsbeschreibung oder auf Selektion ausgerichtet, ist nutzlos und kann sogar schädlich sein, wenn sie unabhängig von der Behandlung vorgenommen wird und keinen praktischen Beitrag zu dieser leistet.

Viele Personen bedürfen der Behandlung dann am meisten, wenn sie ihren ersten Kontakt mit einer Behandlungsinstitution aufnehmen, und ihre Empfänglichkeit für Behandlung ist zu diesem Zeitpunkt ebenfalls am größten. Diagnostische Verfahren, die von der Behandlung getrennt verlaufen, können in diesem Stadium als Hindernis wirken. Das Festhalten an der ‚Diagnose' vor der Behandlung oder an ‚Selektionen' verhärtet den festgelegten Standort bzw. Status bestehender Behandlungsmethoden. Diese Haltung paßt nicht zu einem Gebiet, auf dem es nur wenig zuverlässiges Wissen über das Verhältnis zwischen Interaktionen Klient und Behandlungsmethode gibt. Diese Einstellungen fördern die Illusion, daß auf die Diagnose oder Selektion der Klienten eine differentielle Behandlung folgen wird. Eine ehrliche, realitätsgerechte Betrachtung der klinischen Praxis zeigt, daß eine differentielle Behandlung in den meisten Fällen nicht aus differentieller Kategori-

*) Eine ähnliche Neuauflage dieser Überzeugung findet sich bei den orthodoxen Instituten für Psychoanalyse wieder, die darauf bestehen, daß ihre Kandidaten eine ärztliche Ausbildung aufweisen müssen, obwohl die psychoanalytische Ausbildung ebenso wie die Therapie kaum medizinischen Charakter hat (siehe *Eissler,* 1965).

sierung, die durch psychologische Tests gewonnen wurde, hergeleitet wird. Der Hauptgrund für die mangelnde Integration von Tests und Behandlungen liegt darin, daß die zentrale implizite Annahme, die dem Testen zugrunde liegt – daß man erfahren wird, wie man mit dem Klienten zu verfahren hat, wie man ihn ‚behandeln' soll, wenn er einmal ‚diagnostiziert' oder sonstwie eingeschätzt worden ist – nicht stimmt. Die grundlegende Frage danach, welche Art von Behandlungsmethoden (einsichtsorientierte Psychotherapie, Gruppenpsychotherapie, Familientherapie, Hilfe in Scheidungsfragen, Hilfe beim Wechseln des Berufs usw.) bei welcher Art von Menschen und mit welchen Effekten oder Ergebnissen wirksam ist, bleibt die zentrale offene Frage auf dem Gebiet der klinischen Beurteilung. Diese Punkte können durch eine Betrachtung ihrer Implikationen für Behandlung und Forschung erhellt werden.

2.1.3. Behandlung

Die folgende Erörterung befaßt sich mit jenen Personen, die freiwillig um psychologische Hilfe nachsuchen. Ihre Störungen können von geringfügigen Anpassungsproblemen bis zu schweren Psychosen reichen, und ihre Einstellung zur Behandlung kann eindeutig und resolut oder unsicher und konfliktbeladen sein; diese freiwilligen Klienten unterscheiden sich jedoch grundlegend in einem Moment von Personen, die eingewiesen worden sind: Für die letzteren hat jemand anders als sie selbst – seien es Eltern, Freunde oder eine soziale Institution – entschieden, daß sie ‚psychische Probleme' haben. Die freiwilligen Klienten bilden die Mehrzahl in der Population, die sich an Polikliniken, Beratungsstellen, freipraktizierende Therapeuten und an gemeindepsychologische oder psychiatrische Organisationen (community mental health programs) wenden. Was mit diesen Personen zum Zeitpunkt ihres ersten Kontaktes gemacht wird, ist häufig äußerst wichtig. *Erikson* (1964) richtet seine Aufmerksamkeit auf das, was er als „das Problem des Verlustes der Schwungkraft des Anfangsengagements" bezeichnet. Er stellt fest:

> „Hospitalisierte Patienten, die durch Überweisung in die Anstalt gekommen sind, sind oft bereit, sich zu engagieren. Sie sind darauf eingestellt, sowohl an sich selbst, als auch an solchen Aufgaben, die ihnen aufgetragen werden, zu ‚arbeiten'. Aber nur allzu oft sehen sie sich einem mühseligen Verfahren der Diagnose sowie der Einweisung und Einweihung (initiation) gegenüber, was den Unterschied zwischen dem Patientendasein und dem aktiven Leben ganz besonders betont. So kommt zum Leid noch die Beleidigung hinzu: Die entwurzelte Persönlichkeit, die bereits von ihren bisherigen Bezugspersonen als entbehrlich oder abnormal betrachtet wurde, erlebt, daß sie gerade von jenen Personen kategorisiert und abgestempelt wird, von denen sie erwartete, daß sie ihr den Weg durch ein sinnvolles Moratorium zeigen würden. Manche Leute bekommen so ein Gefühl, das nicht mehr rückgängig gemacht werden kann: Das Gefühl, lebenslängliche Patienten oder Klienten zu sein – und zwar nicht aufgrund dessen, was sie ‚sind', sondern aufgrund dessen, was zuallerletzt mit ihnen gemacht worden ist" (S. 97).

Die wichtige Erkenntnis, daß man die ersten Versuche eines Menschen, Hilfe zu bekommen, nicht behindern darf, gilt in gleichem Maße für die weniger gestörte Person, die sich in ambulante Behandlung begibt. Da psychologisches Testen – ebenso wie die Erhebung der Anamnese und andere diagnostische Verfahren – dem Individuum bei seinen ersten Versuchen, Hilfe zu bekommen, hinderlich sein kann, muß man, um Tests durchzuführen, sehr stichhaltige Gründe haben. Viele Kliniker, die mit Tests arbeiten, würden wahrscheinlich zustimmen, daß das Testen an sich dem Klienten nicht viel hilft; tatsächlich kann es jedoch sogar schädlich sein, wenn es seine Erwartungen auf eine fachkundige oder magische Heilung noch verstärkt und die zukünftige Beziehung zwischen Klient und Therapeut negativ beeinflußt. Und wenn man, wie vorhin erwähnt wurde, während dieses ersten Kontaktes Tests durchführt, besteht die Gefahr, daß man gerade zu jenem Zeitpunkt, wo der Klient am empfänglichsten für eine Behandlung ist – sei es nun Psychotherapie oder etwas anderes – die günstige Gelegenheit, die Behandlung einzuleiten, verpaßt.

Welche Gründe kann man zugunsten des Testens anführen? Die wesentlichsten Gründe sind: Erstens können Tests wertvolle Informationen erbringen, die bei der Entscheidung, welche Form der Behandlung am geeignetsten ist, helfen können; zweitens können diese Informationen für den Therapeuten während der Behandlung, falls sie angefangen wird, von Nutzen sein. Betrachten wir die folgenden Beispiele: *(a)* Ein Klient wird getestet um festzustellen, ob er genügend Fähigkeiten (Ich-Stärke) und ‚Aktivposten' besitzt, so daß man anstatt einer kürzeren und weniger intensiven Psychotherapie eine psychoanalytische Behandlung empfehlen könnte*); *(b)* ein Klient wird getestet um festzustellen, ob eine ambulante oder eine stationäre Behandlung geeigneter wäre.

Folgende Beispiele zeigen, wie Tests für den Therapeuten nützliche Informationen erbringen können: *(a)* Tests können potentielle psychotische oder suizidale Tendenzen aufdecken, die der Therapeut vielleicht erst nach einiger Zeit entdeckt hätte, und sie können deshalb als Alarmsystem fungieren; *(b)* man kann behaupten, daß Vorkenntnisse über die Dynamik der Persönlichkeit eine allgemeine Hilfe für den Therapeuten darstellen.

Jeder dieser Gründe bringt seine eigenen Fragen mit sich. Erstens: Können die Testverfahren wirklich angeben, welche Arten vor Persönlichkeiten sich für welche Arten von Behandlungen eignen? Zweitens: Sind die Daten über die Persönlichkeit, die durch Tests erbracht werden, während der Behandlung von Nutzen? Zur Zeit gibt es auf keine dieser wichtigen Fragen eindeutige Antworten. Jedenfalls sollten die Fragen der Interaktion zwischen Klient und Behandlungsmethode und die Frage, welche Arten von Behandlungen welche Effekte bei welchen Arten von Klienten erzielen, für diejenigen, die auf diesem Gebiet arbeiten, im Mittelpunkt des Forschungsinteresses stehen. Das Festhalten am Diagnostizieren vor der Behandlung verleitet jedoch viele dazu, dieser entscheidenden Frage auszuweichen.

Nehmen wir an, daß der Klient auf irgendeine Weise zur Behandlung kommt, sei es Gruppenpsychotherapie, individuelle Psychotherapie, oder was für eine Behandlung auch immer, und fragen wir uns in diesem Zusammenhang wieder, ob Anamnese- und Diagnoseergebnisse für die Behandlung von Nutzen sind. Auch hier können wir wieder keine eindeutige Antwort geben; es gibt Vor- und Nachteile. Einmal können Vorkenntnisse über die Dynamik der Persönlichkeit den Therapeuten wachsam machen für wichtige Konfliktbereiche, wichtige Abwehrmechanismen und ähnliche Vorgänge, und somit seine Wahrnehmungsfähigkeit für diese Bereiche steigern. Zum anderen aber können die gleichen Vorkenntnisse die Aufmerksamkeit des Therapeuten an bestimmte Themen oder Bereiche binden; was dazu führen kann, daß er die Bedeutsamkeit von Äußerungen des Klienten zu anderen Themenbereichen übersieht bzw. nicht versteht. Ein weiterer Aspekt bezieht sich auf die Auswirkung von Vorkenntnissen auf das Selbstbild des Therapeuten – fühlt er sich dadurch wie ein Experte, der über geheime Kenntisse verfügt, die er nun vermitteln kann? Wenn das zutrifft, wie wirkt es sich auf seine Beziehung zum Klienten aus? Viele der Schwierigkeiten, die von jener unhaltbaren Annahme herrühren, Diagnose und sonstige Beurteilungen seien Vorbedingungen für die Behandlung, lösen sich auf, wenn man Behandlung primär als einen Vorgang der Selbstexploration des Klienten auffaßt, in dem er sich selbst engagieren muß. Die Aufnahme von Patienten bzw. der erste Kontakt mit Klienten, die freiwillig in Behandlung kommen, kann als das Anfangsstadium der Therapie angesehen werden, wenn Therapeut und Klient gemeinsam die Probleme und Bedürfnisse des Klienten näher ins Auge zu fassen beginnen. Der Therapeut handelt als Therapeut, er gibt dem Klienten die Gelegenheit, unmittelbar zu erfahren, daß und wie Therapie ein Mittel sein kann, das ihm bei der Bewältigung seiner Probleme hilft. Ausgehend von dieser Erfahrung, können Klient und Therapeut über weitere Behandlungsschritte entscheiden. Diese Vorgehensweise in puncto Erstkontakt ist mit den Annahmen verschiedener Therapierichtungen vereinbar – Psychoanalyse, *Sullivans* und *Rogers'* Methoden usw. Und außerdem wird deutlich, daß sie durchaus sinnvoll ist, wenn man die Literatur über die Vorhersage von Verhalten in komplexen Situationen betrachtet. Die Erfahrung hat gelehrt, daß die besten Vorhersagen aus den Situationen abgeleitet werden, die der Situation, die das Kriterium darstellt, am ähnlichsten sind. Sowohl für den Therapeuten als auch für den Klienten ist die beste Art und Weise zu entscheiden, wie letzterer

---

*) Solche Überlegungen werden wahrscheinlich in den meisten Kliniken, wo der alles bestimmende Faktor ist, ob überhaupt Personal zur Verfügung steht, kaum eine Rolle spielen.

auf Psychotherapie reagieren wird (oder ob er überhaupt anfangen bzw. weitermachen will), die Situation, die das Kriterium darstellt, auszuprobieren.

Es sollte hier mit Nachdruck betont werden, daß die Frage, ob Vorkenntnisse über die Dynamik der Persönlichkeit für die Behandlung nützlich sind, eine in hohem Grade offene ist, die letztendlich von der Art der Behandlungsmethode, der Art der Persönlichkeit und von zukünftigen Fortschritten sowohl der Behandlungsmethoden als auch der Testinstrumente abhängt. Momentan scheint es häufig vorzukommen, daß das Testen nicht in Beziehung zur Behandlung gesetzt wird, und daß das sowohl positive als auch negative Auswirkungen hat. Man mag sich fragen, wie oft Psychologen aus jenen irrelevanten Motiven heraus, die aus ihrer beruflichen Rolle herrühren, Tests statt eines Aufnahmeinterviews durchführen, das eine direkte Auseinandersetzung mit dem Klienten darstellt und Diagnose und Behandlung zugleich sein kann. Es ist zu hoffen, daß Psychologen jene Einstellung überwunden haben, die ihnen das Gefühl vermittelt, sie beanspruchten, wenn sie Interviews statt Tests durchführten, widerrechtliche Teilhabe an den Privilegien der Psychiatrie – doch was ist an einem Interview denn überhaupt medizinisch?

Eine völlig andere Art von Problemen bringen jene Populationen von Patienten mit sich, die sich ständig in Anstalten befinden, wie es in vielen staatlichen Krankenhäusern und Alten- und Pflegeheimen der Fall ist. Hier ist es das primäre Therapieziel, den Klienten soweit zu bringen, daß er die Minimalbedingungen erfüllen kann, die es ihm ermöglichen, außerhalb der Anstalt zurechtzukommen. In den meisten Fällen läßt sich in Sachen Persönlichkeitsveränderung wenig erreichen, und die Behandlung ist vorwiegend auf die Symptome ausgerichtet, die die Unterbringung in einer Anstalt mit sich bringen. Programme, bei denen die Klienten in halbautonomen Gruppen zusammengefaßt werden, wo sie gezwungen sind, ihr Schicksal selbst in die Hand zu nehmen, scheinen viel wirksamer zu sein, als viele der traditionellen Behandlungsmethoden (*Fairweather,* 1964). Neuere Modifikationen dieses sozialpsychologischen Behandlungsansatzes enthalten den Aufbau von Arbeitszentren innerhalb von Gemeinden, die von den Patienten selbst geführt werden, und durch die ihre Neueingliederung in die Gesellschaft erleichtert werden soll. Tradtitielle Diagnose und psychologische Tests spielen in diesen Programmen kaum eine Rolle; der Psychologe wendet sich vielmehr der Bildung von experimentellen sozialen Gruppen zu und bewertet deren Effekte.

2.1.4. Forschung

Nach der vorangegangenen Erörterung sollte deutlich geworden sein, daß es um eine Anwendung von Tests im klinischen Bereich geht, und nicht um ihre Anwendung in Hinblick auf eine Reihe anderer Forschungszwecke (z. B. Arbeiten auf dem Gebiet der Persönlichkeitspsychologie, Pädagogischen Psychologie, Untersuchungen über Streß und ähnliches). Trotzdem bleiben aus dem Bereich der klinischen Praxis noch einige Fragen für die Forschung übrig. Die bisherige Diskussion wies darauf hin, daß das psychologische Testen, wie andere diagnostische Verfahren auch, den ersten Versuch des Klienten, mit seinen Problemen fertig zu werden, behindern kann. In der Tat können die realen Auswirkungen von psychologischen Tests auf die spätere Reaktion des Klienten auf die Behandlung direkt untersucht werden. In einem verwandten Forschungsbereich haben *Frank* (1965) und seine Mitarbeiter (*Frank* u. a., 1959; *Frank* u. a., 1963) die Interaktion zwischen Erwartungen des Klienten und seiner Reaktion auf die Behandlung untersucht. Sie fanden, daß die Klienten mit den spezifischten Erwartungen (d. h. solche, denen mitgeteilt wurde, wie ihr Verhalten und das des Therapeuten aussehen würde, und zwar einschließlich typischer Vorgänge in der Therapie, wie Abwehr) am positivsten auf die Therapie reagierten. Insoweit das Testen und andere diagnostische Tätigkeiten falsche Erwartungen hervorrufen (was vorkommen kann, wenn keine differentielle Behandlung auf die Diagnose folgt, oder wenn der Therapeut dem Klienten nie ‚erzählt', welche tiefen Erkenntnisse er aus den Tests gewonnen hat), können sie negative Auswirkungen auf die Therapie haben.

Während das Verlangen vieler Menschen auf Therapie hinausläuft, suchen andere von sich aus um Diagnose oder Beurteilung nach. Zu den letzteren zählt die umfangreiche Gruppe derer, die durch andere Leute zur Behandlung gebracht bzw. überwiesen worden sind, einschließlich kleinerer Kinder, die auf Initiative der Eltern oder der Schule in die Therapie kommen, sowie Klienten mit möglicherweise organischen Störungen und ähnliche Problemfälle. Bei all diesen Fällen kann eine klinische Beurteilung mit Hilfe von psychologischen Tests ganz sinnvoll sein. Tatsächlich sind Tests, die zu diesen Zwecken durchgeführt werden, Interviews überlegen, denn ihre Anwendung und Auswertung sind standardisiert, weshalb ihre Ergebnisse eher zu objektivieren sind. Die Fortsetzung der Forschung zur Validität von Tests für solche besonderen diagnostischen Zwecke ist natürlich notwendig. Es gibt auf diesem Gebiet eine Tendenz in Richtung auf die ausschließliche Beschäftigung mit einzelnen Instrumenten, wie dem *Rorschach*verfahren oder einzelnen Ansätzen, wie projektive Techniken. Das erscheint wenig sinnvoll, wenn das Ziel die Entwicklung von validen diagnostischen Verfahren sein soll, die für spezifische Ziele, wie z. B. die Erkennung von Typen der organischen Pathologie, eingesetzt werden sollen. Man würde erwarten, daß der Prozeß der ständigen Validierung die ständige Modifikation der Tests, die in solchen Verfahren angewendet werden, mit sich bringen müßte. Die Tatsache, daß das selten der Fall war, ist wahrscheinlich die Folge der Konfundierung zweier einander widersprechender Absichten – der ‚Diagnose der Persönlichkeit' und der Diagnose von spezifischen Problemen wie z. B. hirnorganischer Schäden. Während die letztere eine legitime Anwendung von Tests im klinischen Bereich darstellt – man kann sie sowohl aus klinischen als auch aus wissenschaftlichen Gründen rechtfertigen –, handelt es sich bei der erstgenannten um eine ungerechtfertigte Übernahme bestimmter historischer Annahmen.

Vielleicht werden Klinische Psychologen, wenn sie diese unterschiedlichen Absichten erkennen, mit gutem Gewissen bei solchen Personen keine Tests mehr durchführen, die nach psychologischer Hilfe verlangen, und statt dessen nur in solchen Fällen testen, wo sie einen nützlichen Beitrag zu bestimmten Entscheidungen leisten können. Eine solche Einstellungsänderung hat im Praxisbereich bereits stattgefunden, aber der Klinische Psychologe wird wahrscheinlich, ohne eine klare und vernünftige Begründung, Schuldgefühle bekommen, wenn er seine beruflichen Rollenerwartungen nicht erfüllt. Diese Schuldgefühle sind der Grund dafür, daß die traditionelle Auffassung vom Testen in Ausbildungsprogrammen für Psychologen beibehalten wird – eine Tatsache, die möglicherweise auf Kosten des Trainierens und der Entwicklung wichtigerer Fähigkeiten geht. Das von Einfühlung getragene Herstellen des ersten Kontakts sowohl als Behandlung als auch als Diagnose und die ständige Verfeinerung von diagnostischen Verfahren durch die Forschung im Bereich der spezifischen und beantwortbaren diagnostischen Fragen, sind Fähigkeiten, die in Hinblick auf die zukünftigen Rollen des Klinischen Psychologen bedeutsamer erscheinen.

Literatur

Eissler, K. R. Medical orthodoxy and the future of psychoanalysis. (New York: International Universities Press, 1965).

Erikson, E. Identity and uprootedness in our time. In *E. Erikson* (Ed.), Insight and responsibility. (New York: Norton, 1964).

Fairweather, G. W. (Ed.) Social psychology in treating mental illness: An experimental approach. (New York: Wiley, 1964).

Frank, J. D. Discussion of *H. J. Eysenck,* The effects of psychotherapy. Internat. Psychiatry, (1965) **1,** 288–290.

Frank, J. D., Gliedman, L. H., Imber, S. D., Stone, A. R. und *Nash, E. H.* Patient's expectancies and relearning as factors determining improvement in psychotherapy. Amer. Psychiatry, (1959) **115,** 961–968.

Frank, J. D., Nash, E. H., Stone, A. R. und *Imber, S. D.* Immediate and long-term symptomatic course of psychiatric outpatients. Amer. Psychiatry, (1963) **120,** 429–439.

Gill, M., Newman, R. und *Redlich, F. C.* The initial interview in psychiatric practice. (New York: International Universities Press, 1954).

Hoch, E. L., Ross, A. O. und *Winder, C. L.* Conference on the professional preparation of clinical psychologists: A summary. Amer. Psychologist, (1966) **21,** 42–51.

Meehl, P. E. The cognitive activity of the clinician. Amer. Psychologist, (1960) **15,** 19–27.
Rapaport, D. The theoretical implications of diagnostic testing proceedures. In *R. P. Knight* und *C. R. Friedman* (Eds.), Psychoanalytic psychiatry and psychology (New York: International Universities Press, 1954).
Schafer, R. The clinical application of psychological tests. (New York: International Universities Press, 1948).
Szasz, T. S. The ethics of psychoanalysis (New York: Basic Books, 1965).

2.2. Die Rolle der Diagnose bei der Verhaltensmodifikation*)

Marvin R. Goldfried und *David M. Pomeranz*

Eine Gruppe von Forschern hat innerhalb des letzten Jahrzehnts eine Reihe von Techniken, die bei der Lösung von klinischen Problemen nützlich sind, erarbeitet. Diese Techniken, die meist als „Verhaltenstherapie" oder „Verhaltensmodifikation" bezeichnet werden, haben ihren möglichen Wert für die Behandlung einer Vielzahl unterschiedlicher Verhaltensstörungen bereits unter Beweis gestellt (*Bandura,* 1961; *Davison,* im Druck; *Franks,* im Druck; *Goldstein, Heller* und *Sechrest,* 1966; *Grossberg,* 1964; *Kalish,* 1965; *Krasner* und *Ullmann,* 1965; *Paul,* 1966; *Ullmann* und *Krasner,* 1965). Zur Zeit befinden sich diese Techniken in einem Prozeß der Verfeinerung und Veränderung, und die Forscher auf diesem Gebiet hoffen darauf, schließlich eine Reihe von Verfahren zu entwickeln, die mit optimaler Wirksamkeit zur Veränderung verschiedener Formen des Verhaltens beitragen können, die für das Individuum hinderlich sind.

Die Forschung schreitet gleichzeitig in verschiedene Richtungen voran. Die therapeutischen Techniken an sich werden ständig verändert, neue Ansätze werden entwickelt, neue Anwendungsbereiche entdeckt und zahlreiche Untersuchungen zur Eignung, Angemessenheit und Wirksamkeit dieser Techniken werden durchgeführt. Alle diese Bemühungen werden ohne Zweifel zur Klassifizierung und Verfeinerung der wichtigsten Techniken beitragen und dem Psychotherapeuten wirksame Instrumente für die Modifikation unangepaßten Verhaltens bereitstellen.

Obwohl die Forschung auf dem allgemeinen Gebiet der Verhaltensmodifikation rapide Fortschritte macht, ist das Thema „Diagnose" von Verhaltenstherapeuten in auffälliger Weise vernachlässigt worden. Wir verstehen unter „Diagnose" nicht nur die Messung oder sonstige Beurteilung der Persönlichkeitsstruktur des Individuums, das ‚Gegenstand' irgendeines therapeutischen Bemühens ist. Wenn wir den Begriff „Diagnose" verwenden, implizieren wir damit die Identifizierung und Messung einer breiten Skala von relevanten Faktoren, die notwendig sind, um die bestmögliche Veränderung des unangepaßten Verhaltens eines bestimmten Individuums zu gewährleisten. Deshalb vertreten wir die These, daß diagnostische Verfahren bei der wirksamen Anwendung der Verhaltenstherapie einen *sehr wichtigen und entscheidenden* Schritt darstellen.

Jeder Versuch, die relative Vernachlässigung der Bedeutung der Diagnose für die Verhaltenstherapie zu erklären, muß notgedrungen spekulativ bleiben. Vielleicht haben die beachtlichen Erfolge bei der Anwendung bestimmter Verfahren – wie der systematischen Desensibilisierung – dazu beigetragen, daß sich die Aufmerksamkeit der Kliniker und Forscher mehr auf die Verfeinerung von bestimmten therapeutischen Techniken gerichtet hat (*Lang,* im Druck). Wir möchten jedoch behaupten, daß die gegenwärtige Vernachlässigung der Diagnose in der Verhaltenstherapie eher von der Tatsache herrührt, daß das Diagnostizieren keine besonders ‚verstärkende' Tätigkeit ist. Für eine große Zahl von Klinikern, die sich nicht an der Verhaltenstherapie orientieren, dürfte

*) Aus *Psychological Reports,* (1968) **23,** 75–87. Genehmigter Nachdruck. Die Verfasser möchten an dieser Stelle *Thomas J. D'Zurilla, Gerald C. Davison* und *Anita Powers Goldfried* für ihre vielen hilfreichen Kommentare zu einer früheren Fassung dieses Aufsatzes danken.

das keine Rolle spielen. Deshalb bezieht sich unsere Behauptung vor allem auf Verhaltenstherapeuten. Wir möchten folglich, bevor wir uns der Darstellung der spezifischen Rolle der Diagnose bei der Verhaltenstherapie zuwenden, einige Probleme ansprechen, die die klinische Diagnose betreffen und möglicherweise zu dem relativen Mangel an Arbeiten auf diesem Gebiet beigetragen haben.

2.2.1. Fragen und Probleme der Diagnose

Über Jahre hinweg ist das allgemeine Gebiet der Diagnose – vor allem im Zusammenhang mit Psychotherapie – mit vielen ungelösten Fragen und Problemen belastet worden. Es ist hier nicht unsere Absicht, die Lage der Diagnose und Messung in der Vergangenheit und in der Gegenwart systematisch aufzuarbeiten. Unser Hauptinteresse liegt vielmehr darin, jene Probleme aufzuzeigen, die gewissermaßen als bestimmende Faktoren für das relative Vermeiden des Gebietes der Diagnose durch die Verhaltenstherapeuten gedient haben. Einige der Faktoren, die wir für relevant halten, sind: (1) der berufliche Status der diagnostisch tätigen Personen, (2) das Persönlichkeitskonzept, das typischerweise mit Diagnose assoziiert wird und (3) die traditionelle Beziehung zwischen Diagnose und Therapie.

2.2.1.1. Diagnose und beruflicher Status

Die Rolle des Psychologen als Diagnostiker hat in der Geschichte der Klinischen Psychologie einige bedeutende Veränderungen erfahren. Am Anfang hatte der Psychologe im klinischen Bereich die Aufgabe des ‚mental testers' oder Psychometrikers zu erfüllen. Zu Ausbruch des Zweiten Weltkriegs führte der Bedarf an Therapeuten dazu, daß die Rolle des Psychologen durch die Übernahme therapeutischer Tätigkeiten erweitert wurde. Folglich stieg die Klinische Psychologie eine Stufe höher auf der Leiter des beruflichen Status.

Nach dem Zweiten Weltkrieg nahmen mehr und mehr Universitäten Therapieausbildungen in ihre Lehrpläne im klinischen Bereich auf, und die Aufgaben, die die Rolle des Klinischen Psychologen ausmachten, wurden eindeutiger definiert, indem sie als aus Diagnose *und* Therapie bestehend verstanden wurden (*Raimy,* 1950). Entsprechend der biologischen Erkenntnis, daß die Ontogenese auf verkürzte Weise die Phylogenese wiederholt, durchlief die Klinische Psychologie einige interessante innerberufliche Veränderungen. Obwohl die festgelegte Rolle des Klinischen Psychologen sowohl Diagnose als auch Therapie enthielt, wurden die meisten diagnostischen Aufgaben und speziell das Testen nach und nach von jüngeren Mitarbeitern, oder, falls in ausreichender Zahl vorhanden, von klinisch Auszubildenden übernommen. Wenn es auch nicht offen ausgesprochen wurde, so wurde die Therapie doch als eine höhergeschätzte und lohnendere Art der beruflichen Tätigkeit angesehen.

Betrachtet man die Geschichte der Klinischen Psychologie, hat es den Anschein, als ob die Einstellung der Kliniker gegenüber Tests und Diagnose von berufsbedingten Situationen beeinflußt worden sei. Diagnose ist in diesem Zusammenhang lediglich als ein berufliches Sprungbrett aufgefaßt worden, und zwar sowohl was die Entwicklung der Klinischen Psychologie als Ganzes betrifft, als auch im Rahmen der beruflichen Karriere des einzelnen Psychologen.

2.2.1.2. Das traditionelle Persönlichkeitskonzept

Ein wichtiger Punkt in bezug auf die Vernachlässigung der Diagnose seitens der Verhaltenstherapeuten, ist die traditionelle Vorstellung von der Persönlichkeit, die als Grundlage für die meisten diagnostischen Verfahren gedient hat. Die Kategorien, die die meisten Persönlichkeitstheoretiker verwenden, um menschliches Verhalten zu erklären, sind im allgemeinen ihrer Natur nach dispositional. Begriffe wie „Instinkte", „Bedürfnisse", „Triebe" und „Eigenschaften" wurden bei der Reflexion über die Struktur der Persönlichkeit am häufigsten verwendet.

Von diesen Variablen wurde „angenommen, daß sie als motivationale Determinanten des Verhaltens in unterschiedlichen Situationen fungieren" (*Wallace*, 1967, S. 57). *Murray* (1938) hat diesen allgemeinen Versuch, die Faktoren, die das menschliche Verhalten determinieren, zu bestimmen, indem auf dynamische Apsekte, Bedürfnisse, Erwartungen und zugrundeliegende Antriebsenergien Bezug genommen wurde, als *zentralistische* Orientierung bei der Erforschung der menschlichen Persönlichkeit bezeichnet. Wir stimmen jedoch *Wallace* zu, der diesen Ansatz nicht nur aus dem Grund kritisiert, daß er uns bei unseren Versuchen, menschliches Verhalten vorherzusagen und zu verändern, häufig in Sackgassen führt.

Der wahrscheinlich wichtigste Grund, weshalb Verhaltenstherapeuten den Bereich der Diagnose vernachlässigt haben, ist deshalb darin zu finden, daß sie die zentralistische Orientierung, die diesen Verfahren zugrundeliegt, teilweise oder vollständig ablehnen. Verhaltenstherapeuten haben sich innerhalb des weiten Rahmens der Lerntheorie und der allgemeinen experimentellen Forschung bewegt und sich daher nicht im traditionellen Sinne mit Persönlichkeitskonzepten beschäftigt. Manche Verhaltenstherapeuten haben die traditionellen Vorstellungen von der Persönlichkeit abgelehnt und ihre Aufmerksamkeit ausschließlich darauf gerichtet, welche Rolle verhaltensbestimmende Faktoren außerhalb des Individuums spielen. Sie haben betont, wie wichtig die Funktion der Reizkonfiguration der Umwelt ist, und viele Techniken, die unter der Rubrik „Verhaltensmodifikation" subsumiert werden, zielen auf die Veränderung der Umwelt ab, die das Individuum umgibt, um dadurch Veränderungen in seinem Verhalten zu bewirken. Mit der Tatsache, daß diese Betonung von äußeren Faktoren zu einer relativen Vernachlässigung von intraindividuellen Variablen geführt hat, werden wir uns noch an anderer Stelle im Rahmen dieses Aufsatzes auseinandersetzen.

2.2.1.3. Die traditionelle Beziehung zwischen Diagnose und Therapie

Wie wir vorhin erwähnt haben, wurde der Begriff der Diagnose traditionell zur Benennung einer Reihe von Verfahren benutzt, deren Ziel es war, eine Reihe von relativ überdauernden Eigenschaftsvariablen zu ermitteln, die die Erklärung und Vorhersage von Verhalten ermöglichen sollten. Man nahm an, daß Eigenschaftsbegriffe nicht nur zur Beschreibung der Persönlichkeitsstruktur geeignet wären, sondern auch für die Anwendung bestimmter Verfahren, die die Persönlichkeitsstruktur und somit auch das Verhalten verändern könnten, von Nutzen sein könnten. Anders ausgedrückt, sind die typischen Fragen, die der zentralistisch orientierte Kliniker sich gestellt hat: Welche Aspekte der Entwicklungsgeschichte und der Persönlichkeitsstruktur des Klienten haben dazu geführt bzw. dazu beigetragen, daß er bestimmte Probleme hat und welche Teile seiner *Persönlichkeit* müssen verändert werden, um diese Probleme zu mildern oder zu beseitigen?

Obwohl diese Verbindung zwischen Diagnose und Therapie logisch sinnvoll erscheint, ist es in Wirklichkeit so, daß diagnostische Verfahren gar nicht oder nur selten von Psychotherapeuten genutzt wurden (*Kelly*, 1961; *Meehl*, 1960; *Sundberg* und *Tyler*, 1962). Es ist denkbar, daß einige Therapeuten diese Instrumente nur widerstrebend angewendet haben, weil sie an ihrer Validität zweifelten. Obwohl die Validität verschiedener diagnostischer Verfahren mit Recht in Frage gestellt werden kann (*Goldfried* und *Stricker*, im Druck; *Jackson* und *Messick*, 1958; *Little* und *Schneidman*, 1959; *Meehl*, 1954; *Zubin, Enox* und *Schumer*, 1965), scheint eher die *Nützlichkeit* als die Validität die Ursache für die Trennung von Diagnose und Therapie zu sein (*Garfield*, 1966; *Rotter*, 1954). Unserer Meinung nach sind die zwei wichtigsten potentiellen klinischen Anwendungen von diagnostischem Material für die Therapie (a) jene Zielgebiete zu umreißen, innerhalb derer Veränderungen stattfinden sollen, und (b) auf die spezifischen therapeutischen Techniken hinzuweisen, die am besten geeignet erscheinen, diese Veränderungen bei dem je bestimmten Individuum zu bewirken. Diagnostische Verfahren haben in der Praxis der traditionellen Therapie jedoch bislang keine dieser beiden Aufgaben erfüllt.

London (1964) hat in seiner scharfsinnigen Analyse traditioneller Therapieansätze zutreffend bemerkt, daß das Ziel von einsichtsorientierter bzw. introspektiver Therapie, unabhängig von den Problemen oder Symptomen, die einen Klienten zur Behandlung geführt haben, immer das gleiche bleibt – Einsicht in die eigene Persönlichkeit und die Suche nach Sinn. Geht man vom zentralistischen Ansatz aus, würde dies sicher einen logischen Schritt in Richtung auf die Veränderung von Verhalten darstellen. Meistens bestimmt jedoch die theoretische Position des Therapeuten, welche Themen für die Einsicht in die eigene Persönlichkeit am wichtigsten seien. So wird der psychoanalytisch orientierte Therapeut die Meinung vertreten, daß die dynamischen Prozesse, mit denen sich die Therapie befaßt, einen relativ universalen Charakter hätten; um sie zu umreißen, sei eine vorherige Diagnose kaum notwendig. Nichtdirektive Therapeuten (*Rogers,* 1951) sind noch weiter gegangen, indem sie behaupten, daß Vorkenntnisse über konfliktreiche oder zentrale Probleme nicht nur unangemessen seien, sondern auch negative Auswirkungen auf den positiven Verlauf der Therapie haben könnten.*)

Untersucht man die zweite mögliche Funktion von diagnostischen Verfahren – einen Hinweis auf die geeignete therapeutische Technik zu geben –, so stellt man fest, daß diese noch seltener genutzt wird. Die wahrscheinlichste Erklärung für diese Tatsache ist ganz einfach die, daß die spezifische Technik, die in den meisten Fällen bei einem bestimmten Klienten verwendet wird, mehr durch die *Orientierung des Therapeuten* als durch die Probleme des Klienten bestimmt wird (vgl. *London,* 1964). Man beobachtet häufig, daß Therapeuten, die in einer bestimmten therapeutischen ‚Schule' ausgebildet worden sind, immer das gleiche therapeutische Verfahren – vielleicht mit einigen kleineren Abwandlungen – für das ganze Spektrum von Klienten und Problembereichen anwenden.

Obwohl eine gewisse Notwendigkeit logisch ableitbar erscheint, der Therapie eine Diagnose vorzuschalten, ist diese Strategie in der Vergangenheit vernachlässigt worden. Wir tendieren zu der Auffassung, daß innerhalb der tradtitionellen einsichtsorientierten bzw. introspektiven Psychotherapie eine detaillierte und umfassende diagnostische Information vor der eigentlichen Therapie kaum – wenn überhaupt – nötig ist. Geht man aber von den modernen verhaltensorientierten Bemühungen aus, das menschliche Handeln zu verstehen und zu verändern, dann wird die Entwicklung und Anwendung von geeigneten diagnostischen Techniken zur unabdingbaren Notwendigkeit.

2.2.2. Techniken der Verhaltensmodifikation und der Diagnose

Die Popularität der Verhaltensmodifikation innerhalb der Klinischen Psychologie wird zunehmend augenscheinlicher. Einer der Hauptgründe für diese Popularität ist darin zu sehen, daß dem Kliniker eine Reihe von äußerst spezifischen und anscheinend wirksamen Techniken angeboten wird. Leider hat das viele dazu verleitet, Verhaltensmodifikation als eine ‚neue Schule' im Bereich der Therapie anzusehen. Wir möchten festhalten: Es handelt sich weder um eine Schule, noch kann man sie als neu bezeichnen. Zuallererst stellt sie eine eklektische Auswahl von Techniken dar, von denen viele bereits sei geraumer Zeit existieren. Viel wichtiger ist jedoch die Tatsache, daß die Verhaltensmodifikation eine allgemeine therapeutische Orientierung ist – und zwar viel mehr als eine Reihe von spezifischen Verfahren. Der Standpunkt, den diese neue Gruppe von ‚verhaltensorientierten Klinikern' einnimmt, besagt, daß alle Gesetze oder Prinzipien, die aus der Forschung abgeleitet wurden, für Verhaltensänderungen im klinischen Bereich angewendet werden können. Die Grundidee dieses Ansatzes ist der unverkennbare Wunsch, die klinische Praxis auf dem soliden Fundament der Empirie aufzubauen. Obwohl Verhaltensmodifikation im klinischen Bereich

---

*) *Rogers* (1957) hat in einem späteren Aufsatz scherzhaft die These aufgestellt, daß diagnostische Informationen durchaus nützlich sein könnten – aber nur deshalb, weil sie dem Therapeuten in einem gewissen Maße Gefühle der Sicherheit und des Selbstvertrauens vermittelten.

meist als Anwendung von Untersuchungsergebnissen aus dem Bereich der Lerntherorie verstanden wird, sind die empirischen Resultate auf den Gebieten des Überzeugens, der sozialen Beeinflussung, der Placeboeffekte, der Einstellungsänderung und andere Themen, die für die Modifikation des menschlichen Verhaltens relevant sind, ebenso wichtig (*Goldstein* u. a., 1966).

Von Leuten, die eine Abneigung gegen diese Richtung haben, sind einige unbegründete und verfehlte Kritiken vorgebracht worden, die die Verhaltensmodifikation in unzulässiger Weise vereinfachen (*Strupp,* 1967; *Weitzman,* 1967). Für uns ist die Tatsache, daß auch Verhaltenstherapeuten Kritik geübt haben, von größerer Bedeutung. Diese Kritik richtet sich vor allem gegen die Naivität bei der klinischen Anwendung von Verfahren der Verhaltensmodifikation (*Davison,* im Druck; *Lazarus,* 1965; *Meyer* und *Crisp,* 1966). Hier wird nicht so sehr die Technik der Verhaltensmodifikation an sich bemängelt, sondern die Unzulänglichkeiten der verwendeten diagnostischen Verfahren. Diese Unzulänglichkeiten werden auf zwei Gebieten besonders deutlich: (a) Bei der Ermittlung und Festsetzung der wichtigsten *Ziele* der Modifikation (sowohl in Hinblick auf das Verhalten als auch auf die Umwelt) und (b) bei der Wahl der wirksamsten *Technik der Verhaltensmodifikation.*

Sowohl in Fallstudien als auch in der Forschung zur Verhaltensmodifikation beobachtet man, was die Erfassung des Verhaltens oder der Situation anbelangt, das oder die als veränderungsbedürftig angesehen wird, häufig eine starke Tendenz zur Vereinfachung. Zum Beispiel kann man das Auftreten einer offensichtlichen ‚Symptomverschiebung' nach der Anwendung von Verfahren der Verhaltenstherapie als einen Fall auffassen, in dem das falsche Zielverhalten verändert wurde. Die Veränderung von unangepaßtem Verhalten in Richtung auf Angstreduktion kann sehr wohl das Auftreten einer anderen unangepaßten Reaktion zur Folge haben, die einen ziemlich hohen Rang im Verhaltensrepertoire des Klienten einnimmt. Diese Reaktion kann sich möglicherweise hartnäckig halten, da sie angstvermindernd wirkt (*Lazarus,* 1965). Als Beispiel für fehlerhafte Wahl des spezifischen Verfahrens der Verhaltensmodifikation können vor allem jene Fälle gelten, in denen der Klient nach der Behandlung noch gestörter war als vorher. Obwohl es, zum Beispiel, Fälle gegeben hat, in denen die aversive Konditinierung sich als erfolgreich erwiesen hat (*Eysenck,* 1964; *Ullmann* und *Krasner,* 1965), wird in der Literatur über mehrere Fälle berichtet, bei denen dieses Verfahren jämmerlich versagt hat (*Beech,* 1960; *Thorpe* und *Schmidt,* 1963). Anscheinend war es für diese Fälle nicht geeignet.

Es wird immer deutlicher, daß für die heutige Verhaltenstherapie ein detaillierterer und differenzierterer Ansatz nötig ist. Die folgenden Abschnitte befassen sich mit den notwendigen Aufgaben der Diagnose, sowohl relevante ‚Ziele' zu bestimmen, auf die die Veränderung ausgerichtet sein soll, als auch festzustellen, welche von den verschiedenen Verfahren zur Verhaltensmodifikation am geeignetsten und wirksamsten sein könnten.

2.2.3. Die Bestimmung der ‚Ziele' des therapeutischen Veränderns

Klinische Psychologen haben innerhalb des letzten Jahrzehnts damit begonnen, sich bei der Erforschung des menschlichen Verhaltens neu zu orientieren. Obwohl sie früher vorwiegend eine zentralistische Position vertraten, tendieren sowohl Kliniker als auch Persönlichkeitstheoretiker mehr und mehr dazu, die wichtige Rolle der *gleichzeitig zum psychischen Geschehen stets auch wirkenden Umwelt* als Ursache und Verstärker von menschlichem Verhalten anzuerkennen (*Sanfer* und *Saslow,* 1965; *Rotter,* 1960; *Sells,* 1963; *Wallace,* 1967). Diese Ideen sind keinesfalls neu; Persönlichkeitstheoretiker haben vor Jahren schon auf die Bedeutung von Umweltfaktoren hingewiesen (*Lewin,* 1939; *Murphy,* 1947). Neu und interessant ist jedoch die Tatsache, daß diese Auffassung vom menschlichen Verhalten jetzt auch von Klinikern ernsthaft berücksichtigt wird, wenn es um die Veränderung von Verhalten geht.

Diese zunehmende Betonung der Rolle von Umweltvariablen bei der Steuerung des Verhaltens ist sehr zu begrüßen. Dagegen stellt die Ablehnung aller inferentiellen Konzepte und die Weigerung, vermittelnde Faktoren zu berücksichtigen, eine unhaltbare Orientierung dar, die den Kliniker bei seinen theoretischen und praktischen Bemühungen stark einschränken. Eine völlig umweltbezogene, nichtinferentielle Orientierung in bezug auf das menschliche Verhalten – die *Murray* 1938 als den peripheralistischen Ansatz bezeichnet hat – tut den Fakten genausoviel Gewalt an, wie eine ausschließlich zentralistische Orientierung. Die fortschrittlichsten Behavioristen haben jene einfältige und naive Position, von der aus Verhalten nur als beobachtbare und molare Reaktion verstanden wird, in der Tat bereits überwunden und haben vermittelnde Konstrukte, die nichtbeobachtbare Vorgänge einbeziehen, entwickelt (*Hebb,* 1960). Die Übertragung von allgemeinen Grundsätzen des Verhaltens auf innere, nicht beobachtbare Vorgänge hat wertvolle theoretische Konstrukte, wie „höhere mentale Prozesse" *Dollard* und *Miller,* 1950), „symbolische Prozesse" (*Mowrer,* 1960), „implizite Reaktionen" (*Staats* und *Staats,* 1963) und „verdecktes Verhalten" ("coverants"; *Homme,* 1965), hervorgebracht, die dem Theoretiker wie dem Kliniker ermöglichen, komplexeres menschliches Verhalten begrifflich zu fassen.

In einer höchst interessanten Abhandlung über die Persönlichkeitsdiagnose stellt *Wallace* (1967) im Rahmen einer fähigkeitsorientierten Auffassung von Persönlichkeit offentsichtlich einen Kompromiß zwischen einem zentralistischen und einem peripheralistischen Ansatz dar. Statt menschliches Verhalten durch bestimmte gelernte und angeborene Charaktereigenschaften zu erklären, kann man komplexes menschliches Verhalten auf die gleiche Weise betrachten, wie gewöhnlich spezifischere menschliche Fähigkeiten. In diesem Sinne verwendet *Wallace* den Begriff *Reaktionsfähigkeit* (response capability), um jene spezifischen Reaktionen oder Verhaltenstendenzen zu bezeichnen, die im Repertoire des Individuums vorhanden sind. Dagegen bezieht sich die *Reaktionsleistung* (response performance) auf die Wahrscheinlichkeit des manifesten Auftretens dieser Verhaltenstendenzen bei einem Individuum, sie wird nicht nur durch die potentielle Fähigkeit des Individuums, sich auf seine bestimmte Weise zu verhalten, sondern auch durch jene Umweltfaktoren bestimmt, die diese Verhaltensweise hervorrufen und/oder verstärken können.

Wenn man das Zielverhalten (target behavior) eines bestimmten Klienten, das der Modifikation bedarf, feststellen will, wäre es in der Tat eine Vereinfachung, Verhalten nur als das aufzufassen, was man direkt beobachten kann. Trotz der erweiterten Konzeption von Verhalten, die seit kurzem mit dem Behaviorismus in Zusammenhang gebracht wird, treten bei Fallstudien und in der Forschung im Bereich der Verhaltensmodifikation häufig grobe Vereinfachungen auf, wenn es daraum geht, das Zielverhalten festzustellen.*) Einige Verhaltenstherapeuten sind nicht in der Lage zu erkennen, daß zu den für eine Verhaltensmodifikation geeigneten Zielen nicht nur beobachtbare, sondern auch kognitive Verhaltensweisen gehören. Obwohl wir die Tatsache nicht abstreiten, daß Gedanken und Gefühle manchmal durch die Modifikation des beobachtbaren Verhaltens des Individuums verändert werden können, könnten diese doch oft selbst zum Zielverhalten im Sinne einer direkten Modifikation werden. Obwohl die Modifikation von zukünftigen Ereignissen sich oft für das Löschen unangepaßten Verhaltens als wirksam erweist, sollte des weiteren die Wichtigkeit von Veränderungen vorausgegangener Situationen nicht übersehen werden.

Wir möchten *Szasz* (1961) darin zustimmen, daß das allgemeine Ziel der Therapie die Beseitigung der Lebensprobleme des Individuums ist. Es ist klar, daß diese Lebensprobleme vorwiegend sowohl eine Funktion von Verhaltenskompetenzen oder -defiziten des Individuums, als auch des gegenwärtigen Zustands seiner Umwelt sind; und zwar wahrscheinlich in Form einer Kombination beider Aspekte (vgl. *Wallace,* 1967). Infolgedessen sollte der Kliniker unter der Notwendigkeit einer Modifikation folgende Aspekte bei der Wahl des Zieles berücksichtigen: (a) Die relevanten früheren Situationen, die das unangepaßte Verhalten hervorgerufen haben könnten, (b) die vermittelnden Reaktionen und Hinweisreize, die aufgrund der früheren Lernerfahrungen des Individuums mit diesen Situationen verknüpft sind, (c) das beobachtbare unangepaßte Verhalten selbst und (d) die Konsequenzen aus der Umwelt, einschließlich der Reaktionen anderer Personen auf dieses unangepaßte Verhalten. Welcher Aspekt aus der Kombination Umwelt × Vermittlung × Verhal-

*) Für detaillierte Ausführungen zu diesem Thema möchten wir den Leser auf *Davison* (im Druck) verweisen.

ten bei einem bestimmten Klienten am wichtigsten ist, wird pragmatisch bestimmt: Es ist der Faktor, bei dessen Manipulation das unangepaßte Verhalten des Klienten am wahrscheinlichsten verändert wird. Zu einer exemplarischen Darstellung der Anwendung dieses Fallstudienparadigmas werden wir in diesem Aufsatz noch kommen.

2.2.4. Die Auswahl von geeigneten Verfahren der Verhaltensmodifikation

Neben der Anwendung von diagnostischen Verfahren als Mittel zur Festlegung des Ziels der Veränderung spielt die Diagnose bei der Auswahl der für einen bestimmten Fall geeignetsten therapeutischen Technik eine wesentliche Rolle. Im Gegensatz zu den meisten traditionellen Therapeuten, die dazu neigen, sich nach therapeutischen Schulen zu richten, wird der verhaltensorientierte Kliniker mit der Aufgabe konfrontiert, eine Auswahl aus einer breiten Skala möglicher Verfahren zu treffen, von denen jedes gewisse Erfolge bei der Modifikation menschlicher Probleme erzielt zu haben scheint (*Bandura,* 1961; *Goldstein* u. a., 1966; *Kalish,* 1965; *Krasner* und *Ullmann,* 1965; *Ullmann* und *Krasner,* 1965). Der verhaltensorientierte Kliniker muß entscheiden, ob das geeignetste Vorgehen bei einem bestimmten Klienten solche Techniken wie systematische Desensibilisierung, Selbstsicherheitstraining, aversive Konditionierung, Rollenspiel- oder Modellernverfahren, Desensibilisierung *in vivo* oder irgendeinen aus der Reihe anderer Ansätze einbeziehen soll (vgl. *Wolpe* und *Lazarus,* 1966). Die Auswahl eines bestimmten Verfahrens kann zum Teil durch das Zielververhalten oder durch situative Faktoren, die der Veränderung bedürfen, mitbestimmt werden. Eine nähere Betrachtung der einzelnen therapeutischen Verfahren macht jedoch deutlich, daß auch *andere Variablen* eine wichtige Rolle spielen können.

Um festzustellen, welches das geeignetste therapeutische Verfahren für einen bestimmten Fall ist, müssen wir die spezifischen Variablen, die mit der wirksamen Anwendung der verschiedenen Verfahren der Verhaltensmodifikation in Zusammenhang stehen, erforschen. Nehmen wir als Beispiel die Anwendung von Modellernverfahren, da für diese Technik einige empirische Daten vorliegen. Unter welchen Bedingungen würde das Modellernen ein wirksames Verfahren im klinischen Bereich darstellen? Zunächst weisen die Forschungsergebnisse Banduras und seiner Mitarbeiter (*Bandura,* 1965; *Bandura* und *Walters,* 1963) darauf hin, daß das Modellernen vor allem in solchen Fällen von Bedeutung ist, wo bestimmte erwünschte Verhaltensweisen aufgrund unzureichenden sozialen Lernens eine untergeordnete Stellung im Repertoire eines Individuums einnehmen. Zusätzlich ist nachgewiesen worden, daß Modellernverfahren in Fällen relevant ist, wo Vermeidungsreaktionen gelöscht werden sollen (*Bandura, Grusec* und *Menlove,* 1967). Neben der Bestimmung dieses spezifischen Zielverhaltens sollte sich jedoch jedes diagnostische Verfahren auch mit *anderen* klienten- und umweltbezogenen Variablen befassen, die für die wirksame Anwendung des Modellernens wichtig sind. Wir haben bereits darüber gesprochen, wie wichtig die Erfassung von Umwelt- und Klientenvariablen für die Bestimmung der für die Modifikation relevanten Ziele ist. Unser Interesse an diesen Variablen hängt mit der Entscheidung zusammen, ob unser therapeutisches Verfahren für diese bestimmte Situation am geeignetsten ist.

Für den Fall, daß man sich für eine Modellerntechnik entscheidet, müßte die Diagnose Informationen über folgende Eigenschaften des Klienten erbringen: Über sein Erregungsniveau, seine Selbstachtung, den Grad seiner Abhängigkeit sowie Daten über das Wesen seiner gegenwärtigen Umweltsituation, wie das Vorhandensein von geeigneten Modellen und der Grad der Wahrscheinlichkeit, daß das Verhalten des Klienten positive Konsequenzen zur Folge hat (vgl. *Bandura,* 1965; *Goldstein* u. a., 1966). Im Gegensatz dazu, daß wir über Informationen zur Frage der Anwendung von Modellernverfahren verfügen, ist unser Wissen über die diagnostischen Variablen, die in bezug auf die anderen Techniken der Verhaltensmodifikation relevant sind, praktisch gleich null.

Die oben diskutierten Probleme hinsichtlich der Wichtigkeit der Rolle, die die Diagnose für die Verhaltensmodifikation spielt, können vielleicht durch eine Falldarstellung deutlicher hervorgehoben werden.

2.2.5. Falldarstellung

Betrachten wir den hypothetischen Fall eines fünfzigjährigen Mannes, der zur Therapie kommt, weil er Schwierigkeiten damit hat, außer Haus zu gehen. Die Lage hat sich derart zugespitzt, daß er schon bei dem Gedanken aufzustehen, derartige Ängste bekommt, daß er die meiste Zeit im Bett verbringt, was zur Folge hat, daß sich seine Frau ständig um ihn kümmern muß. Durchs Nachfragen wird aufgedeckt, daß er die größte Angst davor hat, einen Herzanfall bekommen zu können; das führt er als Grund dafür an, daß er zu Hause und im Bett bleibt. Die weitere Exploration – diesmal in bezug auf seine gegenwärtige Lebenssituation – ergibt, daß der Mann vor kurzem befördert worden ist und jetzt eine Stellung innehat, die ihn zur verantwortlichen Aufsicht über einen größeren Mitarbeiterstab verpflichtet. Vor dieser Beförderung führte er ein ziemlich normales Leben und er kannte keine Ängste vor einem Herzanfall.

Andere diagnostische Verfahren fördern zutage, daß der Klient immer schon dazu neigte, in Situationen, die ihm nicht vertraut sind, Angst zu bekommen, und daß er zu der Art von Menschen gehört, die es vorzieht, daß andere sich um sie kümmern und für sie sorgen. Des weiteren ergab die Befragung seiner Frau, daß ihr die gegenwärtige Situation nicht gänzlich unangenehm ist; vielmehr hat sie jetzt, wo sie für ihren Mann sorgen muß, das Gefühl, wichtig zu sein und gebraucht zu werden, und sie schenkt ihm viel Aufmerksamkeit und Zuneigung in seinem hilflosen Zustand.

Vor der Feststellung des geeigneten Zieles der anzustrebenden Modifikation muß der Kliniker die Daten systematischer ordnen. Wie wir vorhin bemerkt haben, soll die für die Praxis notwendige Darstellung des Falles folgende Aspekte berücksichtigen: (a) Die relevanten vorangegangenen Situationen, (b) die wesentlichen vermittelnden Reaktionen und Hinweisreize, (c) das beobachtbare unangepaßte Verhalten selbst und (d) die Konsequenzen aus der Umwelt.

Man kann den Fall anhand dieses Paradigmas wie folgt darstellen: Die Veränderung in der Arbeitssituation dieses Individuums rief eine Anzahl vermittelnder (‚labeling') Reaktionen hervor (z. B. handelt es sich um eine Situation, die die Führung von anderen und die Aufsicht über andere verlangt; die Leistung anderer muß beurteilt werden, mangelhafte Arbeit anderer wirft ein ungünstiges Licht auf die Aufsichtsperson usw.). Aufgrund der früheren Lernerfahrungen dieses bestimmten Individuums rufen diese Reaktionen, die mit einer Veränderung im beruflichen Status verbunden sind, Angst hervor. Neben den zahlreichen Manifestationen dieser Angstreaktion taucht auch eine Zunahme der Herzfrequenz auf. Weil der Klient diesen Zustand der erhöhten Erregung falsch interpretiert – d. h. er assoziiert die erhöhte Herzaktivität bei einem Mann seines Alters und seiner Stellung mit der Möglichkeit, einen Herzanfall zu erleiden – beschäftigt er sich schließlich immer mehr mit dem Gedanken, daß ihm das passieren könnte. Diese Gedanken fungieren als vermittelnde Reaktionen, die zusätzliche Angst hervorrufen, was seine betrübliche Lage noch verschlimmert. Zu Hause zu bleiben und ans Bett gefesselt zu sein, sind Verhaltensweisen, die in der Hierarchie seines Verhaltensrepertoires eine relativ hohe Position einnehmen, sie fungieren als wirksame Vermeidungsreaktionen, die ihn von der Situation fernhalten, die anfänglich die Angst ausgelöst hat; und zudem ist dieses Verhalten auch noch angemessen für eine Person, die mit einem Herzanfall rechnen muß. Seine Handlungen rufen Aufmerksamkeit und Fürsorge seitens seiner Frau hervor, wodurch sein unangepaßtes Verhalten auch noch verstärkt wird.

Im Anschluß an die terminologische Übertragung der Daten wird der Kliniker mit der Aufgabe konfrontiert, das wichtigste Ziel der angestrebten Veränderung zu bestimmen. Das in diesem Fall augenscheinlichste Ziel – das *beobachtbare unangepaßte Verhalten,* zu Hause zu bleiben und ans Bett gefesselt zu sein – scheint für eine direkte Modifikation nicht am geeignetsten zu sein. Wir haben dieses Verhalten als eine Vermeidungsreaktion charakterisiert, bei der die Reize, die die Angst auslösen, immer noch vorhanden sind. Die direkte Modifikation dieses Verhaltens, ohne daß eine Veränderung der vermittelnden Angst stattfindet, würde höchstwahrscheinlich zum Auftreten von anderen Vermeidungsreaktionen führen, die eine niedrigere Stellung in der Hierarchie des Verhaltensrepertoires des Klienten einnehmen. Ziehen wir mögliche Modifikationen der *gegenwärtigen Lebenssituation* in Betracht, stoßen wir auch auf Schwierigkeiten. Obwohl eine Veränderung in der Situation, die dem Auftreten dieses unangepaßten Verhaltens vorausging – seine berufliche Beförderung – das Problem beseitigen könnte, würde sie für diesen Klienten auch einen finanziellen und statusmäßigen Verlust mit sich bringen; somit wären solche Ziele der Verhaltensmodifikation vorzuziehen, die das Problem beseitigen und trotzdem andere negative Folgen vermeiden könnten. Die Modifikation der Konsequenzen der gegenwärtigen Lebenssituation des Klienten – die Aufmerksamkeit, die er von seiner Frau erfährt – würde nur die Inangriffnahme der zusätzlichen Verstärker, nicht aber der Reize bedeuten, die mit dazu beitragen, die Vermeidungsreaktion auszulösen.

Nachdem wir das beobachtbare unangepaßte Verhalten und die gegenwärtige Lebenssituation als mögliche Bereiche für eine Modifikation in Betracht gezogen haben, wenden wir uns jetzt den vermittelnden Reaktionen zu. Die verzerrende Interpretation der physiologischen Hinweisreize durch den Klienten, die eine Begleiterscheinung der Angstreaktion darstellen, scheinen nur von untergeordneter Bedeutung zu sein. Dieser unangemessenen Interpretation gingen Angstreaktionen voraus, welche durch Situationen, die von ihm verlangten, daß er andere beaufsichtigt und Entscheidungen über sie trifft, hervorgerufen wurden. Es ist seine Angst, in einer derartigen Situation zu arbeiten, die offensichtlich zu einer Kette von unangepaßten inneren und äußeren Reaktionen geführt hat. Daraus kann der Schluß gezogen werden, daß der wichtigste Bereich, auf den die therapeutischen Bemühungen zu richten sind, die Angst des Klienten davor ist, bei der Beaufsichtigung anderer Entscheidungen zu treffen.

Nach der Wahl des wichtigsten Modifikationszieles muß entschieden werden, welches Behandlungsverfahren am geeignetsten ist; hier zeigt sich die größte Schwäche der Diagnose. Die Bestimmung des Zieles erleichtert die Aufgabe der Wahl des geeigneten therapeutischen Verfahrens, die Wahl bleibt jedoch auf jeden Fall Ermessenssache. In der Praxis stellen wir oft fest, daß die Diagnose es uns eher ermöglicht, bestimmte therapeutische Techniken *auszuschließen,* anstatt daß sie uns Hinweise auf die Techniken liefert, die am geeignetsten erscheinen. Im Falle unseres hypothetischen Klienten kann die Entscheidung über die Durchführung bzw. Nichtdurchführung von systematischer Desensibilisierung, von Techniken des Modellernens, der Implosionstherapie oder vielleicht eines Selbstsicherheitstrainings als geeignete bzw. nicht geeignete Therapiemethode zur Verringerung seiner Angst vor Entscheidungen, nicht ohne weiteres aufgrund der gegenwärtig vorhandenen diagnostischen Informationen getroffen werden. Obwohl es durchaus möglich ist, daß ein bestimmter angstreduzierender Ansatz bei diesem Klienten in seiner besonderen Lebenssituation am wirksamsten sein könnte, verfügen wir zur Zeit über wenige Informationen darüber, welche Variablen bei dieser Wahl relevant sein könnten. Wir können bestenfalls Spekulationen über die Variablen anstellen, die mit der erfolgreichen Anwendung der oben genannten Techniken zusammenhängen (z. B. Vorstellungsvermögen, Angstniveau, die Fähigkeit, sich entspannen zu können, Suggestibilität, die Reaktionen anderer Personen usw.).

Obwohl es möglich ist, mit Hilfe von Intuition und Erfahrung die am meisten geeignet erscheinende Technik der Verhaltensmodifikation herauszufinden, besteht das derzeit übliche klinische Vorgehen darin, einige relevant erscheinende Methoden auszuwählen und eine nach der anderen in der Hoffnung auszuprobieren, daß sich eine als wirksam erweisen wird. Eine bessere Strategie wäre es, eine gründliche Kriterienanalyse der Verhaltensmodifikation durchzuführen, die zum Ziel hätte, jene Variablen der Vorhersage oder Diagnose zu bestimmen, die bei der Wahl der in einem spezifischen Fall effektivsten Behandlungsmethode wichtig sind. Ein solches Ziel kann am ehesten durch systematische Forschungsarbeit erreicht werden, die auf das Auffinden dieser individuellen und umweltbezogenen Variablen ausgerichtet ist.

In einem vor kurzem erschienenen Aufsatz über Psychotherapie hat *Paul* (1967) festgestellt, daß folgende Forschungsfragen relevant seien: „*Welche* Behandlungsmethode, *von wem* angewendet, ist für *dieses* Individuum mit *diesem* bestimmten Problem und unter *welchen* Bedingungen am wirksamsten?" (S. 111). Die Erforschung der Bedeutung der Diagnose für die Verhaltensmodifikation sollte in Zukunft darauf abzielen, *diese Fragen zu beantworten.*

Literatur

Bandura, A. Psychotherapy as a learning process. Psychological Bulletin, (1961) **58,** 143–159.

Bandura, A. Behavioral modifications through modeling procedures. In *L. Krasner* und *L. P. Ullmann* (Eds.), Research in behavior modification. (New York: Holt Rinehart, und Winston, 1965) 310–340.

Bandura, A., Grusec, J. E. und *Menlove, F.* Vicarious extinction of avoidance behavior. Journal of Personality and Social Psychology, (1967) **5,** 16–23.

Bandura, A. und *Walters, R. H.* Social learning and personality development. (New York: Holt, Rinehart, und Winston, 1963).

Beech, H. R. The symptomatic treatment of writer's cramp. In *H. J. Eysenck* (Ed.), Behavior therapy and the neuroses. (New York: Pergamon Press. 1960). 349–372.

Davison, G. C. Appraisal of behavior modification techniquies with adults in institutional settings. In *C. M. Franks* (Ed.), Assessment and status of the behavior therapies and associated developments. (New York: McGraw-Hill, in press).

Dollard, J., und *Miller, N. E.* Personality and psychotherapy. (New York: McGraw-Hill, 1950).

Eysenck, H. J. (Ed.) Experiments in behaviour therapy. (New York: Macmillan. 1964).

Franks, C. M. (Ed.) Assessment and status of the behavior therapies and associated developments. (New York: McGraw-Hill, in press).

Garfield, S. L. Clinical psychology and the search for identity. American Psychologist, (1966). **21,** 353–362.

Goldfried, M. R. und *Stricker, G.* Clinical and research applications of the Rorschach. (Englewood Cliffs, N. J.: Prentice-Hall, in press).

Goldstein, A. P., Heller, K. und *Sechrest, L. B.* Psychotherapy and the psychology of behavior change. (New York: Wiley, 1966).

Grossberg, J. M. Behavior therapy: A review. Psychological Bulletin, (1964) **62,** 73–88.

Hebb, D. O. The American revolution. American Psychologist, (1960) **15,** 735–745.

Homme, L. E. Perspectives in psychology: XXIV. Control of coverants, the operants of the mind. Psychological Record, (1965) **15,** 501–511.

Jackson, D. N. und *Messick, S.* Content and style in personality assessment. Psychological Bulletin, (1958) **55,** 243–252.

Kalish, H. I. Behavior therapy, in *B. B. Wolman* (Ed.), Handbook of clinical psychology. (New York: McGraw-Hill, 1965). 1230–1253.

Kanfer, F. H. und *Saslow, G.* Behavioral analysis: An alternative to diagnostic classification. Archives of General Psychiatry, (1965) **12,** 529–538.

Kelly, E. L. Clinical psychology – 1960: a report of survey findings. Newsletter, Division of Clinival Psychology of the APA, (1961) **14,** 1–11.

Krasner, L. und *Ullmann, L. P.* (Eds.) Research in behavior modification. (New York: Holt, Rinehart, und Winston, 1965).

Lang, P. J. The mechanics of desensitization and the laboratory study of human fear. In *C. M. Franks* (Ed.), Assessment and status of the behavior therapies and associated developments, (New York: McGraw-Hill, in press).

Lazarus, A. A. Behavior therapy, incomplete treatment, and symptom substitution. Journal of Nervous and Mental Disease, (1965) **140,** 80–96.

Lewin, K. Field theory and experiment in social psychology: Concepts and methods. American Journal of Sociology, (1939) **44,** 868–896.

Little, K. B. und *Shneidman, E. S.* Congruences among interpretations of psychological test and anamnestic data. Psychological Monographs, (1959). 73, No. 6 (Whole No. 476).

London, P. The modes and morals of psychotherapy. (New York: Holt, Rinehart, und Winston, 1964).

Meehl, P. E. Clinical versus statistical prediction. (Minneapolis: University of Minnesota Press, 1954).

Meehl, P. E. The cognitive activity of the clinician. American Psychologist, (1960) **15,** 19–27.

Meyer, V. und *Crisp, A. H.* Some problems of behavior therapy. British Journal of Psychiatry, (1966) **112,** *367–382.*

Mowrer, O. H. Learning theory and the symbolic processes. (New York: Wiley, 1960).

Murphy, G. Personality: A biosocial approach to its origins and structures. (New York: Harper und Row, 1947).

Murray, H. A. Explorations in personality. (New York: Oxford University Press, 1938).

Paul, G. L. Insight versus desensitization in psychotherapy. (Stanford: Stanford University Press, 1966).

Paul, G. L. Strategy of outcome research in psychotherapy. Journal of Consulting Psychology, (1967) **31**, 109–119.
Raimy, V. C. (Ed.) Training in clinical psychology. (Englewood Cliffs, N. J.: Prentice-Hall, 1950).
Rogers, C. R. Client-centered therapy. (Boston: Houghton-Mifflin, 1951).
Rogers, C. R. The necessary and sufficient conditions of therapeutic personality change. Journal of Consulting Psychology, (1957) **21**, 95–103.
Rotter, J. B. Social learning and clinical psychology. (Englewood Cliffs, N. J.: Prentice-Hall, 1954).
Rotter, J. B. Some implications of a social learning theory for the prediction of goal directed behavior from testing situations. Psychological Review, (1960) **67**, 301–316.
Sells, S. B. (Ed.) Stimulus determinants of behavior. (New York: Ronald, 1963).
Staats, A. W. und *Staats, C. K.* Complex human behavior. (New York: Holt, Rinehart, und Winston, 1963)
Strupp, H. H. What is psychotherapy? Contemporary Psychology. (1967). **12**, 41–42.
Sundberg, N. D. und *Tyler, L. E.* Clinical psychology. (New York: Appleton-Century-Crofts, 1962).
Szasz, T. S. The myth of mental illness. (New York: Hoeber, 1961).
Thorpe, J. G. und *Schmidt, E.* Therapeutic failure in a case of aversion therapy. Behavior Research and Therapy, (1963). **1**, 293–296.
Ullmann, L. P. und *Krasner, L.* (Eds.), Case studies in behavior modification. (New York: Holt, Rinehart, und Winston, 1965).
Wallace, J. What units shall we employ? Allport's question revisited. Journal of Consulting Psychology, (1967) **31**, 56–64.
Weitzman, B. Behavior therapy and psychotherapy. Psychological Review, (1967) **74**, 300–317.
Wolpe, J. und *Lazarus, A. A.* Behavior therapy techniques. Oxford: (Pergamon Press, 1966).
Zubin, J., Eron, L. D. und *Schumer, F.* An experimental approach to projective techniques. (New York: Wiley, 1965).

2.3. Aspekte der Anwendung*)

R. H. Woody

Die bisherigen Kapitel haben die theoretischen und technischen Grundlagen psychobehavioraler Beratung und Therapie beschrieben. Wie auf so vielen anderen Gebieten der Wissenschaft sind Schwierigkeiten zu erwarten, wenn die theoretischen und technischen Aspekte in die Praxis umgesetzt werden sollen. Einige mögliche Ursachen für diese Schwierigkeiten können vorhergesagt werden, und man kann sich darauf vorbereiten; für andere ist das jedoch nicht so.

Dieses Kapitel befaßt sich mit einigen der zentralen Probleme bei der wirksamen Anwendung des integrierten einsichts- und verhaltensorientierten Ansatzes in Beratung und Therapie. Folgende spezifische Themen werden behandelt: *Psychobehaviorale Diagnose,* das heißt der Prozeß der psychologischen Einschätzung und der Verhaltensanalyse im Rahmen einer verhaltensorientierten Form von Beratung und Psychotherapie; die *Auswahl von Verhaltenstechniken,* die in den psychobehavioralen Bezugsrahmen passen und in Hinblick auf das spezifische Problem und den spezifischen Klienten optimal maßgeschneidert sind; *persönlich-soziale Beratung und Therapie,* das heißt die Anwendung des psychobehavioralen Ansatzes bei Problemen, die das persönlich-soziale „Funktionieren" des Klienten beeinflussen; *Erziehungsberatung* (Educational counseling and consultation), das heißt, Klienten zu helfen, besser mit lernbezogenen Aufgaben zurechtzukommen, und zwar durch unmittelbaren Kontakt (Beratung) oder mittelbar über andere Fachleute (Konsultation von (Klassen-)Lehrern); *Berufsberatung und -betreuung,* bei der zwar Verhaltenstechniken angewendet, berufsbezogene Entwicklungstheorien und die beratend-lenkende Beziehung jedoch beibehalten werden; *Gruppenberatung und -therapie,* wobei zur Förderung der Gruppenprozesse Techniken der Konditionierung angewendet werden; *Gemeindepsychologie* (community service), bei der soziale (gesellschaftliche) Probleme mit dem Psychobehaviorismus angepackt werden; sowie der *Einfluß der Umwelt überhaupt.*

Wir haben Theorien, therapeutische Techniken und die Forschungsliteratur in Augenschein genommen. Dieses Kapitel wird sich mit der Anwendung der Theorie und der Techniken in der klinischen Praxis beschäftigen.

2.3.1. Psychobehaviorale Diagnose

„Diagnose" wird allgemein definiert als die Messung (d. h. Schätzung) und Beschreibung des je gegenwärtigen Funktionierens einer Person, die aus früheren Verhaltensweisen und der möglichen Ätiologie der aktuellen Probleme gefolgerte Erkenntnis, das Aufstellen einer Prognose und die Erarbeitung eines Behandlungsplans. Die zentrale Aufgabe jeder Diagnose ist es, das Wesen des Problems zu definieren und zu bestimmen, was der Behandlung bedarf.

---

*) Aus: *R. H. Woody,* Psychobehavioral counseling and therapy: Integrating behavioral and insight techniques, S. 117–128, Copyright 1971. Genehmigter Nachdruck durch Prentice-Hall, Inc. Englewood Cliffs, New Jersey.

Eine psychodynamische Diagnose ist die Einschätzung der Aktiva und Passiva des Klienten, der Stärke und Art seiner Abwehrmechanismen sowie der Stärke bzw. Verletzbarkeit seines Ich (um nur einige der wichtigsten Aspekte zu erwähnen). Behavioristen haben eine ganz andere Auffassung von Diagnose, sie richten ihre Aufmerksamkeit auf die Erforschung der kontingenten Verstärker und Reize im früheren und gegenwärtigen Leben des Klienten. Der Unterschied zwischen den beiden Auffassungen von Diagnose bringt wiederum verschiedene Interpretationen darüber mit sich, welcher Art die Probleme sind und was beim Klienten behandelt werden soll. In der Kontroverse über die Frage, ob man von Symptomen oder zugrunde liegenden neurotischen Konflikten sprechen solle, wurde dieses Problem deutlich: Der Verhaltenstherapeut würde wahrscheinlich die Aussagen eines Klienten über die Art seines Problems als das annehmen, als was sie vorgebracht werden (sei es eine Aussage im Rahmen eines Interviews oder ein Item auf einem standardisierten Selbsteinschätzungsfragebogen, das vom Klienten als zutreffend angekreuzt wird), und sich mit dem manifesten, beobachtbaren Problem befassen. Dagegen wird der einsichtsorientierte Therapeut und Berater das implizite Problem, das in gewissem Sinne außerhalb des Wahrnehmungsbereichs des Klienten liegt, erforschen wollen. Aus dem psychobehavioralen Bezugsrahmen ergibt sich eine weitere Diagnosekonzeption: Die Analyse der Verstärkungsgeschichte des Klienten und seiner Kontingenzen in bezug auf soziales Lernen, d. h. die Bestimmung der kontingenten Verstärker und Reize auf eine behavioristische Art, die zusätzliche Daten für die psychodynamisch orientierte Diagnose erbringt.

Es sollte noch erwähnt werden, daß die theoretischen Ansätze zur einsichtsorientierten Beratung und Psychotherapie sich häufig in Hinblick auf ihre Bewertung der Diagnose unterscheiden. Zum Beispiel würde der klientenzentrierte Therapeut der Diagnose kaum Beachtung schenken, wohingegen ein psychoanalytisch orientierter Therapeut ihr große Bedeutung beimessen würde. Wie die Entwicklung der klientenzentrierten Therapie zeigt, kann die Bewertung der Diagnose (oder auch anderer Aspekte der Behandlung) durch einzelne theoretische Schulen verändert werden – was unserer Meinung nach in der gegenwärtigen Lage von einem gesunden Wissenschaftsverständnis zeugt. Des weiteren ist es wahrscheinlich, daß Praktiker sich – wie das bei so vielen Vergleichen zwischen Theorie und Praxis der Fall ist – in ihrer Arbeit stark voneinander unterscheiden, obwohl sie den gleichen theoretischen Ansatz vertreten. Zusätzlich zu den Unterschieden in der Theorie hängt die Bedeutung, die der Diagnose beigemessen wird, von der Art des Klienten ab. Im allgemeinen wird der Therapeut und Berater, der, wie in einer Beratungsstelle an der Hochschule, mit sogenannten Normalen zu tun hat, sich weniger auf Diagnosen verlassen als der Therapeut, der in einer psychiatrischen Anstalt oder in einem Krankenhaus mit „gestörten" Klienten arbeitet.

Die beiden diagnostischen Schritte, das Aufstellen einer Prognose und das Erarbeiten eines Behandlungsplanes, verlangen, daß verschiedene mögliche Behandlungsmethoden berücksichtigt werden. Das impliziert gewissermaßen, daß für jede brauchbare Behandlungsmethode oder -technik eine Prognose aufgestellt und daß der am meisten versprechende Ansatz gewählt werden muß (dabei wird natürlich vorausgesetzt, daß der Behandlungsplan ständig neu bewertet wird und jederzeit modifiziert werden kann).

Jedoch werden diese vielfältigen Aspekte in der Praxis des diagnostischen Prozesses nur allzu häufig ungenügend berücksichtigt. Einige Diagnostiker beschränken sich lediglich auf die Beschreibung und Messung des aktuellen Verhaltens bzw. des gegenwärtigen Zustands des Klienten. Das scheint vor allem dann vorzukommen, wenn die Diagnose zusammen mit einem Fachkollegen durchgeführt wird. Dann nimmt wahrscheinlich jeder an, daß der andere die restlichen Aspekte berücksichtigen wird – das Endresultat ist jedoch häufig nichts anderes als ein unvollständiger diagnostischer Prozeß.

Wenn eine unvollständige Diagnose zustande kommt, hat man sich oft allzusehr auf psychometrische Daten verlassen. Die psychologischen Tests sind nur für die Beschreibung des aktuellen Verhaltens und für die Angabe von diagnostischen Klassifizierungen nützlich. Die diagnostische Klassifizierung oder Kategorisierung ist angeblich ein Mittel, die Einzigartigkeit eines Klienten so festzuhalten, daß die Fachleute, die später mit ihm zu tun haben, ein klar umrissenes Bild seiner Eigenschaften erhalten. Aber nicht einmal eine psychiatrische Klassifizierung kann Hinweise darauf geben, wie verfahren werden soll; ein diagnostisches Etikett liefert mit Sicherheit, wenn überhaupt, nur wenige Informationen über den Klienten als ein einzigartiges menschliches Wesen, und Ideen für eine Behandlung, die auf diesen individuellen Klienten zugeschnitten ist, gibt es auch nicht her.

Die psychobehaviorale Diagnose hat als vorrangiges Ziel die Ableitung des Behandlungsansatzes. Zugegeben, die anderen Schritte haben auch ihren potentiellen Wert (sogar die Ätiologie und die Aufstellung einer psychiatrischen Klassifizierung), aber die wirkliche Bedeutung für den Therapie- und Beratungsprozeß besteht darin, die Eigenschaften und Reaktionsweisen des Klienten so zu verstehen, daß daraus brauchbare Richtlinien für die Behandlung abgeleitet werden können. Die Bestimmung der Behandlungsmethode kann die Anwendung von psychologischen Tests, einschließlich Verfahren zur Messung der Intelligenz, Eignung, Wahrnehmung, Leistungsmotivation und Persönlichkeit, einbeziehen. (Eigentlich kann jedes Instrument, das idiographische Daten erbringt, verwendet werden; sogar einschließlich nomothetischer Vergleiche mittels Stichprobennormen.)

Behavioristen sind der Meinung, daß die Auswertung der Testdaten über eine metrische Analyse hinausgehen sollte: Es sollte auch eine Verhaltensanalyse oder Verhaltensdiagnose durchgeführt werden. Mit anderen Worten: Es sollte auch eine Analyse der Verstärkungskontingenzen stattfinden. *Greenspoon* und *Gersten* (1967) bemerken, daß „das Verhalten bei jedem psychologischen Test bestimmten Gesetzen unterliegen müsse" (S. 849), und weil „der Verhaltenstherapeut durch Versuch und Irrtum den kontingenten Reiz bestimmen muß, der bei einem bestimmten Klienten wirksam sein kann" (S. 849), sollten psychologische Tests verwendet werden, aber die Testergebnisse sollten in Hinblick auf Kontingenzen bzw. kontingente Reize analysiert werden. Das bedeutet, daß eine Verhaltensanalyse von Standarddaten aus psychologischen Tests vorgenommen wird, um festzustellen, welche Arten von Verstärkern den Klienten beeinflussen; die Erfassung derselben würde zur Entwicklung von Verfahren der Verhaltensmodifikation führen, die am ehesten dem Klienten helfen könnten, weil sie in bezug auf seine charakteristischen Eigenschaften maßgeschneidert sind.

Bei der Durchführung der Verhaltensanalyse würde der psychobehaviorale Diagnostiker auf den üblichen diagnostischen Ansatz zurückgreifen, sich vielleicht sogar nach einem Eigenschafts-Faktoren-Modell (trait-and-factor-model) richten, aber er würde die Reaktionen auch subjektiv analysieren, um Verstärkungskontingenzen zu ermitteln. *Greenspoon* und *Gersten* (1976) schlagen vor, die Daten nach vier Klassen von Kontingenzen oder kontingenten Reizen zu ordnen: positive verbale, negative verbale, positive nonverbale und negative nonverbale. Anders ausgedrückt, Reaktionen auf Testitems, die sich auf verbale Faktoren, z. B. verstärkende Worte, beziehen, würden den passenden positiven oder negativen verbalen Kategorien zugeordnet, während Handlung oder Ereignisse den passenden positiven oder negativen nonverbalen Kategorien zugeordnet würden. Das auf diese Weise geordnete Material würde dann verwendet werden, um abzuleiten, wie die Kontingenzen im Rahmen der Verhaltensmodifikation angeordnet werden müssen, um das Problem, das behandelt werden soll, zu beseitigen.

Fast jeder psychologische Test kann Material hervorbringen, das für die Zwecke der Verhaltensmodifikation analysiert werden kann; es gibt aber auch Instrumente, die eigens für diesen Zweck konstruiert wurden. *Wolpe* und *Lazarus* (1966) entwickelten einen Fragebogen zur Erfassung der Lebensgeschichte (Life History Questionnaire), der es dem Berater und Therapeuten ermöglicht, Kontingenzen des sozialen Lernens aus der Verhaltensgeschichte des Klienten abzuleiten; *Wolpe* und *Lang* (1964) konstruierten einen Fragebogen zur Erfassung von Angst (Fear Survey Schedule), der die gestörten Reaktionen des Klienten auf eine Vielzahl von Reizen ermittelt; und *Willoughby* (1934) entwickelte einen Neurotizismus-Fragebogen (Neuroticism Schedule), der häufig von Verhaltenstherapeuten verwendet wird, um Informationen über neurotische Reaktionen in Alltagssituationen zu sammeln. *Wolpe* (1969) stellt verschiedene dieser Instrumente dar, die für die Verhaltenstherapie benutzt werden können, und kritisiert sie. Für jene verhaltensmodifikatorischen Techniken, die Suggestibilität mit einbeziehen, wie Hypnose und vielleicht auch systematische Desensibilisierung, haben *London* (1962), *Shor* und *Orne* (1962) und *Weitzenhoffer und Hilgard* (1959; 1962) Skalen konstruiert. Es sollte jedoch betont werden, daß nicht-spezialisierte Instrumente, einschließlich des *Wechsler*- und des *Stanford-Binet*-Intelligenztests, Tintenkleks- und thematischer Apperzeptionsverfahren (um nur einige zu erwähnen), Daten erbringen können, die Verstärkungskontingenzen, insbesondere sozialer Art, offenlegen.

Es gibt wenige veröffentlichte Beschreibungen der Verhaltensanalyse (behavioral diagnosis). Eine der unserer Meinung nach besten Darstellungen der Prozesse der Verhaltensanalyse stammt von *Kanfer* und *Saslow* (1969). Bei der Bearbeitung des Themas weisen sie noch einmal darauf hin, daß die Verhaltenstherapie

> „nicht von der Annahme ausgeht, (1) daß Einsicht eine unerläßliche Bedingung der Psychotherapie darstellt, (2) daß Veränderungen in Gedanken oder Ideen unvermeidlich zu grundlegenden Veränderungen im Handlungsbereich führen, (3) daß verbal durchgeführte Therapiesitzungen identisch oder gleichwertig mit wirklichen Lebenssituationen sind und (4) daß ein Symptom nur beseitigt werden kann, indem seine Ursache oder sein Ursprung beseitigt wird. Da sie diese Annahmen nicht macht, wird es auch nicht nötig, Verhaltensstörungen in Begriffen der Ätiologie, Psychodynamik oder spezifischer Krankheitsprozesse zu konzeptualisieren" (S. 428).

Von einer Verhaltensanalyse fordern sie:

> „Die Einordnung der Daten in so viele Kategorien, wie relevant erscheinen, sollte eine solide Grundlage liefern für die Entscheidungen über die Bereiche, in denen eine Intervention notwendig ist, über die spezifischen Ziele der Intervention(en), über die anzuwendenden Behandlungsmethoden und über die Reihe der Ziele, auf die die Behandlung ausgerichtet sein sollte" (S. 430).

Sie weisen darauf hin, daß die Methoden der Datensammlung durchaus traditionell sein können – wie Interviews, Beobachtungen und psychologische Tests. Der wesentliche Punkt ist natürlich, daß die funktionelle Analyse dieser Daten verhaltensorientiert sein sollte.

In diesem Stadium stellt sich das grundlegende Problem, wie man denn nun tatsächlich eine verhaltensorientierte Analyse der Daten durchführt. *Kanfer* und *Saslow* (1969) geben folgende Richtlinien für einen verhaltensanalytischen Ansatz:

1. Eine detaillierte Beschreibung der einzelnen Verhaltensexzesse oder -defizite, die die Beschwerden des Klienten darstellen, sowie der Verhaltensaktiva, die in einem Behandlungsprogramm eingesetzt werden können.
2. Eine Klärung der Problemsituation, bei der jene Variablen gesucht werden, die das gegenwärtige Problemverhalten des Klienten aufrechterhalten. Außerdem werden die Folgen psychiatrischer Intervention in ihrer Auswirkung auf das gegenwärtige Anpassungsgleichgewicht des Klienten in seiner sozialen Umwelt berücksichtigt.
3. Eine Motivanalyse, die versucht, die verschiedenen Anreize und aversiven Bedingungen zu erfassen, die die wichtigsten Motivationsfaktoren des Klienten darstellen.
4. Eine Analyse der Entwicklung kann die Veränderungen auf der biologischen, der soziologischen und der Verhaltensebene in der Geschichte des Klienten berücksichtigen, die für seine gegenwärtigen Beschwerden und für ein Behandlungsprogramm relevant sein können.
5. Eine Analyse der Selbstkontrolle ergibt eine Einschätzung des Vermögens des Klienten, an einem Behandlungsprogramm teilzunehmen und der Bedingungen, die notwendig sein könnten, um Verhalten mit ungünstigen sozialen Konsequenzen zu steuern.
6. Eine Analyse der sozialen Beziehungen, die die Grundlage für die Erfassung von sozialen Faktoren in der Umwelt des Klienten bildet, die sein gegenwärtiges Verhalten beeinflußt haben und womöglich eine Rolle im therapeutischen Programm spielen könnten.
7. Eine Analyse der sozial-kulturell-materiellen Umwelt, deren Ziel es ist, den Grad der Übereinstimmung zwischen der gegenwärtigen Umgebung des Klienten, seinem Verhaltensrepertoire und der Art der therapeutischen Ziele bestimmen zu können, die der Therapeut festsetzen kann (S. 443–444).

Obwohl diese Richtlinien als eine dringend notwendige Anleitung angesehen werden können, muß festgestellt werden, daß die Verhaltensanalyse, genau wie ihr psychodynamisches Gegenstück, auf jeden Fall von der Fähigkeit des Diagnostikers abhängig ist, auf der Grundlage der erhaltenen Daten klinische Beurteilungen vornehmen zu können.

Folglich verwendet die psychobehaviorale Diagnose ebenso die üblichen diagnostischen Verfahren, einschließlich psychologischer Tests. Jedoch liegt die Betonung darauf, die Daten nutzbar zu machen, d. h. auf der Übertragbarkeit in Behandlungstechniken; und wenn Verfahren der Verhaltensmodifikation angewendet werden, müssen die Kontingenzen bzw. kontingenten Reize, die den je bestimmten Klienten betreffen, identifiziert werden. Dazu bedarf es einer Verhaltensanalyse.

2.3.2. Die Wahl der verhaltensmodifikatorischen Techniken

Nachdem der Therapeut und Berater die psychobehaviorale Diagnose bzw. Analyse durchgeführt hat, wählt er eine der Techniken der Verhaltensmodifikation. Es wäre von Vorteil, wenn präzise definierte Richtlinien für die Wahl von Techniken vorhanden wären. Angesichts der unzureichenden Forschung auf diesem Gebiet und der jeweils individuell besonderen Reaktionen von Klienten auf eine bestimmte Technik, wäre die Aufstellung eines restriktiven Systems ungeeignet. Es ist jedoch möglich zu klären, welches die Parameter des Selektionsprozesses sind.

Verhaltenstherapeuten behaupten, daß sie nach algorithmischen Gesichtspunkten vorgehen, d. h. sie wenden Verfahrensregeln an, die zur Lösung eines Problems führen. Die theoretische Grundlage der Verhaltenstherapie impliziert, daß korrekte Anwendung des Konditionierens zu vorhersagbaren Veränderungen im Verhalten führen. Man könnte daher im Falle eines bestimmten Verhaltens annehmen, daß das Konditionierungsverfahren auf mechanische Weise bestimmt werden könnte – bislang sind solche fix und fertigen Verfahrensregeln aufgrund des Wesens des Menschen jedoch nicht möglich.

Die Verhaltenstherapie scheint unkompliziert zu sein, wenn man die Bestimmung der Verstärkungskontingenzen oder der kontingenten Reize betrachtet. Auch die Anpassung von Techniken an spezifizierte Kontingenzen oder Reize scheint einfach zu sein. Aber diese Unkompliziertheit wird durch die Praxis widerlegt. Wie *Klein, Dittmann, Parloff* und *Gill* (1969) feststellen,

> „glauben viele Leute, daß der Therapeut damit anfängt, eine klare und systematische Definition der Probleme des Klienten in Form überschaubarer Hierarchien vorzunehmen und dann geeignete Reaktionen auswählt, die verstärkt oder abgeschwächt werden sollen. Wir haben bei unseren Beobachtungen wenige Belege für diese Auffassung der Diagnose in der Verhaltenstherapie gefunden. In Wirklichkeit schien die Auswahl der zu bearbeitenden Probleme oft recht willkürlich und spekulativ zu sein. Wir waren ausgesprochen überrascht, als wir feststellen mußten, daß die dargebotene symptomatische Beschwerde vom Therapeuten links liegengelassen wurde und andere Themen, die der Therapeut intuitiv als wichtiger betrachtete, in den Vordergrund gerückt wurden. Die Grundlage für diese Wahl überraschte uns am meisten, denn sie richtete sich nach dem, was andere als dynamische Aspekte bezeichnen würden" (S. 261).

Diese Feststellung legt – abgesehen davon, daß sie die psychobehaviorale Auffassung stützt, die Anwendung von Verhaltenstechniken solle durch einsichtsorientierte oder dynamische Techniken ergänzt werden – anschaulich dar, wie Subjektivität die Verhaltensdiagnose und insbesondere die Entscheidung darüber, welches Problem behandelt werden soll, beeinflußt, woraus zu folgern ist, daß die Wahl der Techniken vom klinischen Urteilsvermögen des Therapeuten und Beraters abhängt.

Im allgemeinen leugnen Verhaltenstherapeuten diese Subjektivität; nichtsdestoweniger machen sie nur vage Angaben über den Prozeß der Auswahl von Techniken. Die Analyse der Verfahrensweise von *Wolpe* und *Lazarus* (1966) weist darauf hin, daß starke Defizite im sozialen Verhalten eines Klienten vermutlich sofort behandelt werden, und zwar wahrscheinlich mit Selbstsicherheitstrainings; später werden dann andere Ursachen der Angst, Schuldgefühle und Depressionen therapeutisch untersucht und – wahrscheinlich mittels angstverringernder Techniken – behandelt. *Wolpe* und *Lazarus* stellen fest:

> „Es ist im allgemeinen ratsam, die Behandlung des dringendsten aktuellen Problems des Klienten zuallererst vorzunehmen. ... In den Fällen, wo besonders verzweifelte und Kräfte zehrende Reaktionen auftreten, wird versucht, diese Reaktionen so schnell wie möglich abzuschwächen" (S. 28).

Sie zeigen weiter auf, daß Verhaltenstherapie „kein rigider Technizismus des Verhaltens" sein kann. (Ein Standpunkt, der von bestimmten anderen Behavioristen nicht geteilt wird.) Es ist in der Praxis nun mal leider so, daß der Vorgang der Wahl der Techniken in der Verhaltenstherapie lediglich vagen Generalisierungen ausgeliefert bleibt, die die Maßschneiderung der Behandlung auf die Bedürfnisse und Eigenschaften des Klienten beziehen (man sollte sich wundern, wenn dem „und des Therapeuten" ähnliche Aufmerksamkeit zuteil würde). Der Vorgang der Wahl der Techniken wird dem fachlichen Können des Verhaltenstherapeuten überlassen.

Es ist bedauerlich, daß das Urteil darüber, ob eine verhaltensmodifikatorische Technik positive Ergebnisse erbringt, vom Therapeuten abhängt, denn oft stützt sich sein Urteil auf Indizienbeweise:

> „Aus der Tatsache, daß eine Verhaltenstherapie einen höchst spezifischen Charakter besitzt, kann man ableiten, daß ihr Erfolg von der exakten und engen Zusammenarbeit des Klienten in puncto Instruktionen des Therapeuten abhängt. Es ist deshalb für den Therapeuten sehr wichtig, diese Zusammenarbeit mehrmals während der Behandlung zu überprüfen. Der Therapeut muß auch ständig die Fortschritte des Klienten in Hinblick auf Dimensionen der Hierarchie einschätzen. Das Rollenspiel eventuell ausgenommen, ist der Therapeut bei dieser Einschätzung auf die Aussagen des Klienten angewiesen, und zwar sowohl auf seine Aussagen über die Fortschritte außerhalb der Behandlungssituation, als auch über die Ereignisse während der Behandlung. Da es keine objektiven Verfahren zur Bewertung oder Nachprüfung seiner Aussagen gibt, hat der Klient einigen Spielraum, in dem er seine Aussagen so gestalten kann, daß sie dem Therapeuten gefallen, ihn frustrieren oder sonstwie manipulieren, oder er kann irgendwelche anderen persönlichen Erwartungen bestätigen. Auch die Art eines Großteils des Feedbacks seitens des Klienten (z. B. das Heben des Fingers, wenn er eine Zunahme der Angst während der Desensibilisierung verspürt, oder daß er kein Zeichen gibt, wenn das nicht der Fall ist) gibt dem Therapeuten wenig Hinweise, die es ihm ermöglichen könnten, gültige von ungültigen Aussagen zu unterscheiden. Daher muß der Therapeut ausgesprochen intuitiv vorgehen, wenn er Fortschritte erfassen und den Behandlungsplan modifizieren will. Alle diese Überlegungen weisen auf eine grundlegende Diskrepanz zwischen der theoretischen Orientierung der Verhaltenstherapie und ihrer Praxis hin" (*Klein, Dittmann, Parloff* und *Gill*, 1969, S. 262).

Es scheint klar zu sein, daß die Beurteilung der Brauchbarkeit oder der Erfolgsquote einer Technik innerhalb des Praxismodells der Verhaltenstherapie zumindest potentiell zu Irrtümern führen kann. Eine Möglichkeit, die Wahrscheinlichkeit dieser fehlerhaften Urteile zu verringern, wäre die Einbeziehung von einsichtsorientierten Meßverfahren, aber das würde natürlich dem rein behavioristischen Standpunkt widersprechen, da es die Annahme der Gültigkeit von psychodynamischen theoretischen Prinzipien implizieren, die Anwendung entsprechender diagnostischer Instrumente verlangen und einen eklektischen theoretischen Standpunkt, wie ihn der psychobehaviorale Bezugsrahmen darstellt, erfordern würde.

Die gegenwärtige Lage ist dadurch charakterisiert, daß es einige Versuche gegeben hat um festzustellen, welche Techniken am wirksamsten bei bestimmten Störungen oder Problemen sind, aber empirisch begründete Verfahrensregeln für die Auswahl von Techniken nicht vorhanden sind. Dem einzelnen Therapeuten und Berater bleibt nur, veröffentlichten Forschungsberichten Daten zu entnehmen, die stets mit der Möglichkeit fehlerhafter Urteile behaftet sind. Andere Alternativen wären ein Vorgehen, das auf Versuch und Irrtum vertraut oder das allmähliche Aufbauen eines Repertoires an klinischen Erfahrungen, die sowohl behavioraler als auch nichtbehavioraler Art sein können. Es ist offensichtlich, daß keine dieser Alternativen eine völlig annehmbare und fachlich qualifizierte Vorgehensweise darstellt.

Es gibt nur wenige Veröffentlichungen von Versuchen, therapeutische Techniken mit den zu behandelnden Problemen zu verbinden. Zweifellos wird das von zwei klinischen Tatsachen verursacht: Erstens reagieren Klienten auf ihre je individuelle Weise auf Techniken, d. h. zwischen den Klienten sind beim scheinbar gleichen Problem subtile Unterschiede vorhanden; und zweitens könnte ein Kliniker mit einer bestimmten Technik positive Ergebnisse erzielen, während ein anderer aufgrund von persönlichen und fachlichen Unterschieden, anderer Präferenzen und Fähigkeiten, keinen Erfolg damit hat und deshalb eine andere Technik anwenden muß.

Wenn man die wichtigsten Publikationen zur Verhaltenstherapie betrachtet, stellt man jedoch fest, daß Regeln für die Maßschneiderung, nämlich Zuordnungen allgemeiner Art, vorhanden sind. Diese Zuordnungen lassen sich herleiten, indem man einfach die Forschungs- und klinischen Fallbeispiele betrachtet, die zu bestimmten Arten von Störungen oder Problemen angeführt werden. Um ein Beispiel zu nennen: *Eysenck* und *Rachman* (1965) stellen folgende Verbindungen zwischen Problembereichen und Techniken dar: *Angstzustände* [z. B. Phobien, soziale Ängste und beherrschende (pervasive) oder freischwebende (free floating) Ängste] werden vorwiegend mit Systematischer Desensibilisierung behandelt; *hysterische Störungen* können mit Vermeidungskonditionierung und operantem Konditionieren behandelt werden, wobei so spezielle Techniken wie Systematische Desensibilisierung, induziertes Abreagieren, negative Übung (negative practice) und Aversionstherapie Anwendung finden; *psychomotorische Störungen* (z. B. Gesichts- und Muskelzucken, Schreibkrämpfe und Spasmen), die im Grunde hysterische Störungen sind, können mit einer Reihe von Konditionierungstechniken wie Vermeidungskonditionieren, Aversionstherapie, systematische Desensibilisierung, Entspannungsübungen und negativer Übung behandelt werden; *Zwangshandlungen und -neurosen* lassen sich mit Vermeidungskonditionieren, Aversionstherapie, klinischer Suggestion (d. h. durch systematische psychomotorische oder vokale Hemmung), mit systematischer Desensibilisierung, Selbstsicherheitstraining und Sättigung oder negativer Übung; und *Sexualstörungen* (z. B. Impotenz, Frigidität, Voyeurismus, Fetischismus, Exhibitionismus, Homosexualität oder Transvestismus) mit Aversionstherapie und systematischer Desensibilisierung behandeln, wobei die Ausführung sexueller und selbstsicherer Reaktionen im Vordergrund steht.

Eine enzyklopädieähnliche Quelle für die Zuordnung von Techniken und Problemen ist von *Yates* (1970) erstellt worden. Seine Analyse gibt an, welche Techniken zur Behandlung welcher Abweichungen geeignet sind; er hat Verhaltensprobleme nach Kapiteln geordnet, aus denen der Leser mit Leichtigkeit die passenden Techniken ersehen kann; und er zeigt eine Tabelle (siehe S. 71 seines Buches), die zahlreiche Abweichungen mit verhaltenstherapeutischen Techniken verbindet. Im Grunde läßt sich diese Arbeit mit den Ideen von *Eysenck* und *Rachman* (1965) vergleichen, allem Anschein nach enthält sie jedoch aktuellere Daten und scheint umfassender zu sein (jedenfalls als Nachschlagewerk).

Was bisher dargestellt wurde, sollte nicht als eine umfassende Sammlung von Zuordnungen zwischen Problemen und Techniken aufgefaßt werden; es handelt sich lediglich um eine nach subjektiven Gesichtspunkten aufgestellte Sammlung, die zum größten Teil aus einer Quelle bezogen wurde. Im weiteren sollte noch folgende wichtige Tatsache Beachtung finden: Zusätzlich zu den oben erwähnten Beschränkungen der Zuordnung von Problemen zu Techniken, die durch die individuellen Reaktionen von Klienten und die persönlichen und fachlichen Unterschiede zwischen Klinikern bedingt sind, ist festzustellen, daß Fachleute in bezug auf die Kriterien, die für den Nachweis, daß eine bestimmte Technik in einem bestimmten Problembereich erfolgreich angewendet werden kann, relevant sind, unterschiedliche Standpunkte einnehmen. Um ein konkretes und typisches Beispiel zu nehmen: Die Beurteilung der Wirksamkeit negativer Übung, wie sie in Kapitel 2 dieses Buches beschrieben wird, scheint sich in einigen Aspekten von der Beurteilung derselben Technik durch *Eysenck* und *Rachman* (1965) zu unterscheiden (d. h. sie wird dort weniger positiv bewertet). Zu unterscheiden, welche der beiden Bewertungen nun die richtige ist, hängt von den Bewertungskriterien ab.

In Anbetracht dieser Lage, die einiges zu wünschen übrigläßt, leider jedoch der Wirklichkeit entspricht, scheinen die folgenden Aspekte geeignete Schritte darzustellen, die der Therapeut und Berater vornehmen kann, um sicherzugehen, daß seine Wahl der Techniken so wissenschaftlich wie möglich und mehr wert ist, als alle Zufallstreffer durch Versuch und Irrtum. Zuerst sollte der Therapeut und Berater – angenommen, daß eine psychobehaviorale Diagnose ihm relevante Daten geliefert hat – das gesamte klinische Material über den Klienten mit dem globaleren Material der Veröffentlichungen über klinische Forschung und Praxis vergleichen. Das setzt eine Durchsicht der Literatur über die Anwendung einer bestimmten Technik bei einem bestimmten Problem voraus. An dieser Stelle muß eine individuelle Beurteilung des Aussagewertes der Literatur stattfinden, d. h. es muß entschieden werden, ob man, ausgehend von der vorliegenden Literatur, annehmen kann, daß die Technik wirksam ist. Zum zweiten soll der Therapeut und Berater, nachdem er die Eigenschaften des Klienten mit der Literatur zur Technik verglichen hat, seine eigenen persönlichen und fachlichen Eigenschaften mit einbeziehen, indem er überlegt, wie seine individuelle Zusammenstellung von Präferenzen, Fähigkeiten und Eigenschaften das Ergebnis der Anwendung einer bestimmten Technik beeinflussen kann. Zum dritten sollten die Auswirkungen jeder geeigneten Technik einer Prognose unterzogen werden. Zum vierten sollte jede Technik während und nach der Anwendung ständig bewertet werden, wobei Modifikationen möglich sein sollten. Der Therapeut und Berater wird aus dieser Reihe von Handlungen seine eigene Zusammenstellung von (entwicklungsfähigen und vorübergehenden) Algorithmen ableiten.

Die oben erwähnten Empfehlungen sollten an einige Verhaltenswissenschaftler nur unter großen Entschuldigungen gerichtet werden. Aber für den praktizierenden Kliniker, der täglich Entscheidungen treffen muß, die zugegebenermaßen subjektiv sind, scheinen diese Empfehlungen wenigstens vorläufige Richtlinien darzustellen. (Hier sei auf die Diskussion über die Kontroverse zwischen Wissenschaftlern und Praktikern in Kapitel 6 verwiesen – die Kategorien schließen einander natürlich nicht aus.)

Es ist klar, daß dieser Ansatz keine konkreten Regeln für Auswahl und Anwendung anbietet, eine Regel kann jedoch explizit festgestellt werden: *Der Therapeut und Berater sollte bei der Anwendung einer einsichtsorientierten oder einer verhaltenstherapeutischen Technik die Auswirkungen ständig beobachten und beurteilen, und er sollte fortwährend bereit sein, Veränderungen an seiner Interventionstechnik vorzunehmen.* Das Ergebnis der Auswahl der Technik hängt unzweifelhaft von dem klinischen Urteilsvermögen des Therapeuten und Beraters ab, obwohl man das vom puristischen Standpunkt aus betrachtet, bedauern muß. Vielleicht wird eines Tages ein Computer, der mit Daten über den Klienten und den Therapeuten und Berater gefüttert ist, in der Lage sein, Empfehlungen für die Wahl von Techniken zu geben. Obwohl diese Möglichkeit eher spaßhaft erwähnt worden ist, sollte darauf hingewiesen werden, daß sie nicht weit von der Realität entfernt ist. Zum Beispiel hat *Veldman* (1967) einen Computer so programmiert, daß Daten von Satzergänzungstests (die bei Studenten der ersten Semester durchgeführt wurden) eingegeben werden können. Der Computer gibt dann ‚Interviewfragen', die die Testreaktionen eines bestimmten Studenten berücksichtigen, zurück; und diese können, wenn sie vom Berater gefragt werden, interviewdiagnostische Aufschlüsse geben.

Literatur

Eysenck, H. J. und *Rachman, S.* The causes and cures of neurosis. (San Diego, Calif.: Knapp, 1965).

Greenspoon, J. und *Gersten, C. D.* A new look at psychological testing: Psychological testing from the standpoint of a behaviorist. American Psychologist. (1967) **22**, 848–853.

Kanfer, F. H. und *Saslow, G.* Behavioral diagnosis. In *C. M. Franks* (Ed.), Behavior therapy: Appraisal and status. (New York: McGraw-Hill, 1969), 417–444.

Klein, Marjorie H., Dittmann, A. T., Parloff, M. B., und *Gill, M. M.* Behavior therapy: Observations and reflections. Journal of Consulting and Clinical Psychology. (1969) **33**, 259–266.

London, P. The children's hypnotic susceptibility scale. (Palo Alto, Calif.: Consulting Psychologists Press, 1962)

Shor, R. E. und *Orne, Emily C.* Harvard Group scale of hypnotic susceptibility. (Palo Alto, Calif.: Consulting Psychologists Press, 1962)

Veldman, D. J. Computer-based sentence-completion interviews. Journal of Counseling Psychology, (1967) **14,** 153–157.

Weitzenhoffer, A. M. und *Hilgard, E. R.* Stanford hypnotic susceptibility scale, form A and B. (Palo Alto, Calif.: Consulting Psychologists Press, 1959)

Weitzenhoffer, A. M. und *Hilgard, E. R.* Stanford susceptibility scale, form C. (Palo Alto, Calif.: Consulting Psychologists Press, 1962)

Willoughby, R. R. Norms for the Clark-Thurstone inventory. Journal of Social Psychology, (1934) **5,** 91–95.

Wolpe, J. The practice of behavior therapy. (New York: Pergamon Press, 1969).

Wolpe, J. und *Lang, P. J.* A fear survey schedule for use in behavior therapy. Behaviour Research and Therapy, (1964) **2,** 27–30.

Wolpe, J. und *Lazarus, A. A.* Behavior therapy techniques. (New York: Pergamon Press, 1966).

Yates, A. J. Behavior therapy. (New York: J. Wiley, 1970).

2.4. Diagnose und Maßschneiderung für die Psychotherapie*)

Herbert J. Schlesinger

Es ist eine der Paradoxien der Psychiatrie, daß unsere relativ fortgeschrittenen Kenntnisse über psychische Krankheiten auf den Gebieten der Persönlichkeitsstruktur und der Konflikte zwischen unbewußten Motiven und Strukturen innerhalb der Persönlichkeit in einer relativ primitiven Terminologie ausgedrückt werden, die nur ein paar weitgefaßte Kategorien anbietet, mit denen unser Wissen über Klienten bzw. Patienten erfaßt und zusammengestellt werden kann. Das ist ein Grund für fortgesetzte Kritik. Das Modell, das wir von der Medizin übernommen haben, behauptet, rationelle Behandlung hänge von präziser Diagnose ab. Unsere diagnostischen Etiketten stellen aber bestenfalls grobe Annäherungen an die exakte Erkenntnis des Zustands des Klienten dar und erfüllen kaum die Bedingungen einer präzisen Diagnose, die es uns ermöglichen könnte, eine wirksame maßgeschneiderte Behandlung einzuleiten. Und wenn die Diagnose keine Anweisungen für die Behandlung geben kann, weshalb sollte dann überhaupt eine Diagnose durchgeführt werden?

Es gibt eine Richtung in der Psychotherapie, die die Notwendigkeit von Diagnose, gleich welcher Art, als eine Vorbereitung auf die Behandlung verneint. Ich teile diese Meinung nicht, aber wenn unser Verständnis von Diagnose so korrupt wäre, daß man Diagnostizieren und Etikettieren gleichsetzen könnte, dann bliebe mir nichts anderes übrig, als der Ansicht zuzustimmen, daß eine Diagnose keine Anweisungen für die Behandlung geben kann. Aber Etikettieren ist *nicht* gleichbedeutend mit Diagnostizieren, und die Kenntnisse über einen Klienten, die aus seiner Diagnose und aus seiner Vergangenheit abgeleitet werden, *können* eine rationale wie rationelle Grundlage bilden, um zumindest den Beginn der Behandlung in die richtigen Bahnen zu lenken.

Wir verfügen über eine Vielzahl von mehr oder weniger verfeinerten Vorstellungen darüber, wie Menschen sich ändern oder wie sie reifen können, wie ihre Symptome behoben werden oder wie sie auf sonstige Weise wirksamere und menschlichere Lebensweisen erlernen können. Wir erklären diese Veränderungen mittels Theorien über die zwischenmenschlichen Beziehungen im psychotherapeutischen Prozeß, mittels Lerntheorien und ähnlichem. Es entbehrt jedoch nicht der Ironie, daß ebenso, wie das Endergebnis all unserer subtilen Theorien der Persönlichkeit ein primitives diagnostisches Etikett sein kann, bei der Entscheidung für eine bestimmte psychotherapeutische Behandlung extreme Vereinfachungen eine wesentliche Rolle spielen können. Wenn wir uns für einen Behandlungsmodus entscheiden, der solche Veränderungen zuwege bringen soll, neigen wir dazu, auf eine Terminologie von Behandlungsmodalitäten zurückzugreifen, die nur wenige weitgefaßte Kategorien der Behandlung enthält – Psychoanalyse, expressive Psychotherapie, unterstützend-expressive Psychotherapie und unterstützende Psychotherapie – und in den meisten Situationen können wir nur zwischen expressiver und unterstützender Psychotherapie wählen.

---

*) Aus: **Bulletin of the Menninger Clinic,** (1969) **33,** 269–278. Genehmigter Nachdruck.

Haben wir einem zukünftigen Psychotherapeuten nicht mehr zu sagen, als daß seine Arbeit entweder unterstützend oder expressiv sein soll? Und sind das wirklich Behandlungskategorien von derselben Art, wie es die Psychoanalyse sein soll?*)

Wenn die Wahl der Behandlungsmethoden tatsächlich durch eine dichotome Klassifizierung eingeschränkt wird, ist es eine Vergeudung von Arbeit, den Klienten gründlich zu ‚untersuchen'. Die altehrwürdigen Begriffe „unterstützend" und „expressiv" versuchen eine Unterscheidung zu machen, die bei der Beschreibung oder bei der Festsetzung bzw. Maßschneiderung von Psychotherapie nützlich sein kann. Aber ich bin der Auffassung, daß sie inzwischen mehr und mehr mißbraucht worden sind und daß sie, so wie sie jetzt verwendet werden, jene Unterschiede, die sie ursprünglich bezeichnen sollten, nicht mehr präzise erfassen.

Ein Bild, das der Begriff „unterstützende Psychotherapie" hervorruft, ist das eines Therapeuten, der ernsthaft versucht, mit einem Klienten über die Einzelheiten des täglichen Lebens zu sprechen, der bessere Arten und Weisen, mit Problemen fertig zu werden, vorschlägt, der sich als jemand anbietet, an den man sich anlehnen kann, der aber keine spezifischen Absichten hat, zu einem Punkt zu gelangen, an dem man feststellen könnte, daß die Behandlung abgeschlossen ist. Vielleicht möchte er einen schizophrenen Klienten, der einigermaßen wiederhergestellt ist, in einer Randexistenz halten – eine Behandlung bei der ‚keine Bewegung eine gute Bewegung ist'. Wie eine gelungene Karikatur übertreibt dieses Bild einen Teil der Wahrheit, die jedoch immer noch als solche zu erkennen ist. Obwohl dies ein extremes Beispiel für unterstützende Psychotherapie ist, findet sich dieser Prototyp doch vielfach in der therapeutischen Wirklichkeit.

Ein solches Behandlungskonzept ist für viele Klienten völlig angemessen – vielleicht sogar das richtige überhaupt. Meine Kritik bezieht sich nicht auf die dargestellte Behandlungsmethode, sondern auf den Namen, mit dem sie gekennzeichnet wird. „Unterstützend" nennt man sie wahrscheinlich deshalb, weil ihre Hauptaufgabe darin besteht, den Klienten zu unterstützen. Indem wir uns aber anmaßen, ein extremes Beispiel einer Psychotherapie, deren Absicht die Unterstützung eines Klienten in einer bestimmten Weise, mit bestimmten Techniken und mit begrenzten Zielsetzungen ist, als „unterstützend" zu bezeichnen, entwerten wir diesen Begriff. Wir neigen dazu, die Tatsache zu verschleiern, daß Unterstützung eines der wichtigsten Ziele jeder Psychotherapie ist, wenn wir diesen Begriff verwenden, um eine besondere *Art* von Psychotherapie – was Unterstützung keinesfalls ist – zu kennzeichnen.

Es ist natürlich eine Eigenart des Begriffes „Ziel", daß er ein Endziel impliziert, das über mehr als nur einen Weg erreicht werden kann. Unterstützung kann in der Psychotherapie auf verschiedene Art und Weise gegeben werden: (1) Durch das zustimmende Schweigen des Therapeuten; (2) durch die einfache Geste, einem weinenden Klienten ein Papiertaschentuch zu reichen; (3) indem der Therapeut einem ziemlich gestörten Klienten, der im Augenblick versucht ist, eine autistische Vorstellung als wirklich anzusehen, einen prüfenden Blick zuwirft, der besagt „das glauben Sie doch selber nicht" oder (4) durch eine offenherzige sogenannte Interpretation der Wirklichkeit. Diese paar Handlungen und viele andere mehr dienen zur Verwirklichung von konservativen oder unterstützenden Absichten in der Behandlung. Es ist richtig, daß die konservative Absicht bei der Behandlung bestimmter Klienten sehr viel deutlicher ins Blickfeld des Therapeuten rücken und seine Aufmerksamkeit beanspruchen sollte als bei anderen. Ich zweifle jedoch daran, ob das Bedürfnis nach Unterstützung bei diesen letzteren soviel geringer ist; denn diese Klienten, die wir als geeignete Kandidaten für expressive Psychotherapie oder Psychoanalyse ansehen, könnten durchaus gegenüber anderen nur deswegen in einer besseren Lage sein, weil es ihnen möglich ist, ihr Be-

---

*) Ich werde die Kategorie „Psychoanalyse" nicht in meine Diskussion miteinbeziehen. Obwohl die Psychoanalyse als Behandlungsmethode eine breite Skala an Techniken, strukturellen Elementen und Verfahrensweisen umfaßt, kann sie im großen und ganzen von anderen Formen der Psychotherapie unterschieden werden und verfügt über eine Theorie, die die Veränderungen in der Persönlichkeit, die sie hervorruft, zu erklären versucht.

dürfnis nach Unterstützung in Beziehungen mit anderen Menschen und Institutionen, zu Dingen und Idealen zu befriedigen, einschließlich solcher Bereiche, in denen nicht offenkundig Unterstützung gewährt zu werden scheint. Dort können aber jene Leute Unterstützung finden, die Gebrauch davon zu machen verstehen und vielleicht stimmt es, daß diejenigen am erfolgreichsten Unterstützung finden, die sich gar nicht offen darum bemühen.

Es wäre logisch gesehen sicher richtig, jene Behandlungsmethode „unterstützend" zu nennen, die vom Psychotherapeuten ständig verlangt, das Bedürfnis des Klienten nach Unterstützung zu berücksichtigen. Aber die Verwendung dieses Begriffes zur Kennzeichnung einer Art oder eines Typs von Psychotherapie, ist psychologisch fragwürdig und kann unerwartete und sogar unerwünschte Folgen haben. Wenn „unterstützend" als Bezeichnung für eine bestimmte Art von Psychotherapie verwendet wird, meinen einige Therapeuten, daß damit die *ausschließliche* Anwendung bestimmter explizit unterstützender Techniken vorgeschrieben wird und die Anwendung bestimmter anderer Techniken (insbesondere inhaltsbezogener und sogar abwehrbezogener Interpretationen) nicht erlaubt sei. Diese Begriffsbestimmung verdrängt das Interesse und die Aufmerksamkeit des Therapeuten für ganze Inhaltskategorien der Mitteilungen des Klienten, die sich nicht unmittelbar auf das Hier-und-jetzt seiner Erfahrungen beziehen. Und diese Verdrängung kann sogar dazu führen, daß der Therapeut Angst vor derartigen Mitteilungen bekommt. Supervisoren hören oft, daß ein Therapeut, der am Anfang seiner Berufsausübung steht, vom mühsamen Herumtasten und den angestrengten gedanklichen Bemühungen eines Klienten berichtet, der mit einem schmerzhaften Konflikt kämpft, und sie erfahren, daß der Therapeut wenigstens einige der zugrunde liegenden, verborgenen Bedeutungen und Ursachen der Schwierigkeiten des Klienten kennt. Wenn sie den Therapeuten aber fragen, weshalb er dem Klienten nicht dadurch geholfen hat, daß er die Situation für ihn deutete, antwortet er, in der Überzeugung, daß diese Antwort angemessen ist: „Der Klient ist schizophren" oder „Es handelt sich um eine unterstützende Therapie". Das Rezept „unterstützende Psychotherapie" wie das Etikett „Schizophrenie" können möglicherweise die angemessene Behandlung eines Klienten verhindern, und die Fortschritte, die der Klient machen könnte, wenn er und sein Therapeut nicht durch diese einengenden Begriffe behindert würden, einschränken.

Obwohl meiner Meinung nach nicht als Bezeichnung für eine Kategorie, hat der Begriff „unterstützend" doch einen Platz im Lexikon der Psychotherapie. Wenn man diesen Begriff verwendet, wie ich es vorgeschlagen habe, nämlich als Bezeichnung für eine von mehreren ineinandergreifenden Aspekten jeder Psychotherapie, dann werden andere Konnotationen hervorgebracht, und der Benutzer wird anderen Ansprüchen ausgesetzt. Zum Beispiel müßten wir uns fragen: In welchem Sinne (in welchen Bereichen, zu welchen Aspekten usw.) braucht dieser ganz bestimmte Klient Unterstützung? Genauer gefragt: *Welche* Eigenschaften des Klienten müssen unterstützt werden: (1) Sein Realitätssinn gegenüber seinem Versuchtsein, sich in realitätsfremde Bereiche zu vertiefen und sich dort zu verlieren; (2) sein Gewissen gegenüber den Verlockungen des Selbstbetrugs; (3) sein verängstigtes Ich gegenüber dem durch Angst motivierten Wunsch, alle von störenden instinktiven Impulsen abgeleiteten Momente oder sogar intensiven Gefühle jeder Art zu verdrängen? Oder soll ein zerbrechliches und verstecktes, von einem Impuls oder Antrieb herrührendes Etwas, unterstützt werden (*z. B.* ein zärtliches Gefühl der Zuneigung, das sonst von den Abwehrmechanismen unterdrückt werden würde)? Vielleicht handelt es sich um einen erschütterten Klienten, der Unterstützung braucht gegenüber momentan überwältigendem äußerem Druck, oder dessen nachlassende Antriebskraft während einer Phase, in der unangenehme Widerstände auftreten, bekräftigt werden muß, damit die Behandlung fortgesetzt werden kann? Oder soll die Selbstachtung eines Klienten in einer Situation bestärkt werden, in der er die infantile Struktur bestimmter Strebungen aufdeckt?

Der Begriff „unterstützend" bezieht sich auf jede dieser unterschiedlichen Situationen, obwohl die Art und Weise, wie Unterstützung gewährt werden sollte – falls sie überhaupt explizit durch den Psychotherapeuten gewährt werden soll – wahrscheinlich in jeder dieser Situationen unterschiedlich sein würde. Im Ausdruck „unterstützende Psychotherapie" impliziert „Unterstützung" entweder Unterstützung für das Ich angesichts des Drucks durch bedrohliche Impulse (*d. h.* Unterstützung für die Realitätsprüfung) oder Unterstützung in Hinblick auf unerträgliche äußere Spannung.*) Aber auch in diesem eingeschränkten Sinne lassen sich keine spezifischen therapietechnischen Folgerungen ableiten. Die benötigte Unterstützung kann auf vielerlei Art gewährt werden, wie das geschieht, hängt jeweils vom Therapeuten, vom Klienten und vom Kontext ab. Daher sollte man nicht nur fragen, was unterstützt werden soll, sondern auch, *wie* es unterstützt werden soll. Und diese letzte Frage kann, ebenso wie die erste, nicht ohne gründliche Kenntnisse über den Klienten, den Therapeuten und den Kontext beantwortet werden.

Wenn der Begriff „unterstützend" im Sinne einer Förderung der Fähigkeit zur Realitätsprüfung des Klienten gegenüber triebbedingtem Druck (pressures of instinct) verwendet wird, wird er oft mit dem Begriff „unterdrückend" (suppressive) in Zusammenhang gebracht oder sogar mit ihm gleichgesetzt. Dieser letztere Begriff ist reich an politischen Konnotationen, er enthält jedoch keinerlei Hinweise auf eine spezifische psychotherapeutische Technik. Wie „unterstützend" kann sich „unterdrückend" auf alle Arten von Psychotherapie beziehen; es könnten jedoch Begriffe verwendet werden, die besser klingen und weniger tendenziös sind, um die implizierten und eigentlich gemeinten Denk- und Handlungsweisen zu beschreiben. Kurz gesagt, man könnte das maßvolle ‚Dosieren' von Deutungen, das angewendet wird, um dem Ich des Klienten nicht zuviel auf einmal zuzumuten, unter diesen Begriff subsumieren. Unterdrückung findet auch statt, wenn der Therapeut sich für einen ganz bestimmten Aspekt der Mitteilungen des Klienten interessiert, statt für einen anderen.

Der Vollständigkeit halber müssen wir eine zusätzliche Frage in Betracht ziehen, die der Therapeut in bezug auf Unterstützung berücksichtigen sollte: *Wann* soll Unterstützung gewährt werden? Welche Ereignisse während der Behandlung, in der Übertragungssituation, in den äußeren Lebensumständen usw. erhöhen oder vermindern das Bedürfnis des Klienten nach Unterstützung? Beispiele für diese Situationen sind an dieser Stelle wahrscheinlich nicht nötig, da man sie sich leicht selbst vorstellen kann.

Der Therapeut sollte sich auch die Fragen stellen, wann Unterstützung *un*nötig ist und *was* nach der Unterstützung kommt. Diese letzte Frage kann irreführend sein, obwohl sie auf den ersten Blick leicht zu beantworten erscheint. Sie kann irreführend sein, wenn man annimmt, daß die Begriffe „unterstützend" und „expressiv" Gegensätze im Bereich der Psychotherapie darstellen. Man bekommt dann den Eindruck, daß man *entweder* unterstützende Psychotherapie *oder* expressive Psychotherapie (oder Psychoanalyse, d. h. *hochgradig* expressive Psychotherapie) verordnet und durchführt. Aber könnte man das Problem nicht mit der Kategorie „unterstützend-expressive" Psychotherapie lösen, die diesen scheinbaren Gegensatz qua Synthese aufheben würde? Während dieser, mit einem Bindestrich versehene, Begriff auf den ersten Blick eine Kreuzung darzustellen scheint, die die besten Eigenschaften zweier idealer Eltern in sich vereinigt, handelt es sich in Wirklichkeit um ein sehr unnatürliches und unbeholfenes Wesen. In der therapeutischen Anwendung ist es ein Wechselbalg, mal dem einen, mal dem anderen Elternteil ähnlich, sein Äußeres ändert sich je nach Situation. In einer anderen Anwendung fängt es wie der eine Elternteil an, und ab einem bestimmten Punkt wird es wie der andere.**) Das Problem bei diesen verspielten Metaphern besteht darin, daß unsere begriffliche Kreuzung, sobald wir annehmen, daß es so etwas wie unterstützende

---

*) In dieser letztgenannten Bedeutung verwässert der Begriff „Unterstützung" die übliche Auffassung von Psychotherapie derartig, daß die therapeutische Aufgabe einer weniger prestigebehafteten Person als einem Arzt übertragen und der entsprechende Vorgang „Beratung" genannt werden könnte.

**) Ich erkenne an, daß diese Situationen tatsächlich in der klinischen Praxis vorkommen und daß diese Begriffe für sich oder miteinander kombiniert bestimmte Zustände in der Psychotherapie beschreiben. Ich lehne es jedoch ab, sie als Musterbeispiele der Behandlung oder als polare Ideale anzusehen, als Beispiele, nach denen sich alle anderen Formen der Psychotherapie zu richten haben – wenn auch nur in der Theorie und weniger in der Praxis.

Psychotherapie nicht gibt, in die Verlegenheit kommt, der Nachkomme nur eines Elternteils zu sein, an dessen Existenz auch Sie inzwischen hoffentlich zu zweifeln beginnen.

Wenn man die Logik des Gegensatzes „unterstützend" vs. „expressiv" näher untersucht, wird offensichtlich, daß diese Begriffe in keinerlei Beziehung zueinander stehen. Sie verweisen auf unterschiedliche Bereiche (da der eine sich auf die *Absichten* und *Zielsetzungen* bezieht, die der Therapeut in der Psychotherapie entwickelt, und der andere, wenn auch etwas vage, die *Art und Weise*, wie Psychotherapie durchgeführt wird, bezeichnet) und können kaum als Gegensätze oder gar Alternativen angesehen werden. Der logische Gegensatz des Begriffs „expressiv" könnte „inexpressiv" bzw. „ausdruckslos" sein, aber ich kenne keinen Therapeuten, der einer solchen Bezeichnung seiner Arbeit zustimmen würde. Der Begriff „unterdrückend" mag in manchen Anwendungsbereichen eine gewisse begriffliche Verwandtschaft mit „expressiv" aufweisen und er kann aus sprachlichen Gründen *a priori* nicht abgelehnt werden. Wenn wir aber in Betracht ziehen, daß ein Psychotherapeut einem Klienten helfen kann, etwas zu *unterdrücken*, indem dieser in einem anderen Bereich *expressiv* ist, verliert sich die Klarheit dieser logischen Unterscheidung. Deshalb scheint es mir angemessener, den Begriff „unterdrückend" ebenso wie den Begriff „unterstützend" nur als eine ganz allgemeine Teilabsicht im Rahmen der psychotherapeutischen Handlung aufzufassen. In einem ähnlichen Sinne bezieht sich „expressiv", wenn auch nicht auf die gleiche Weise, auf Eigenschaften jeder Psychotherapie. Eine Psychotherapie, in der dem Klienten nicht geholfen wird, etwas von seinem inneren Selbst auszudrücken, ist völlig undenkbar.

Aber man wird behaupten, daß ich lediglich auf eigensinnige Weise die Alltagsbedeutungen dieser Begriffe zerpflücke, während ich die technischen Konnotationen, die sie seit langem besitzen, nicht beachte. Man wird sagen, daß es sich zwar um Jargon handele, gleichzeitig aber zugeben müssen, daß dieser Jargon nützlich ist und dem Eingeweihten ganz bestimmte Ideen übermitteln kann, die von keinem anderen der zur Zeit verfügbaren Begriffe transportiert werden könnten. Ich gebe zu, daß für die Praxis ein schlechtes Werkzeug besser sein kann als gar keins, und daß es notwendig ist, daß Unterscheidungen in bezug auf Arten, Stile, Methoden usw. der Psychotherapie gemacht werden – so präzis, wie es eben geht. Genau das ist der Grund, weshalb ich die heute übliche Praxis angreife. Denn ich bin der Ansicht, daß die Begriffe, die wir heute verwenden, Unterscheidungen verwischen, die gemacht werden sollten, und nur einige Pseudokategorien herstellen, die Unterschiede nur als Gegensätze verstehbar machen. Auf die Behauptung, daß sie trotzdem nützliche Begriffe für die Eingeweihten darstellen, würde ich erwidern, daß gerade solch eingeweihte Personen lernen sollten, genauere Unterscheidungen in der Psychotherapie vorzunehmen. Die Eingeweihten haben gelernt, diese Begriffe mit ihren eigenen privaten Fußnoten zu versehen, um so die Verständnis- und Verständigungslücken zu füllen, die diese Bezeichnungen von Kategorien offengelassen haben. Kurz gesagt sind es gerade die ‚Eingeweihten', die diese irreführenden Begriffe am wenigsten nötig haben; sie haben Mittel und Wege gefunden, sich an ihnen und ihren Unklarheiten vorbeizumogeln.

Der junge Psychotherapeut, der die Anweisung bekommt, bei einem Klienten eine unterstützende Psychotherapie durchzuführen, wird verstehen, daß keine Wunder von ihm erwartet werden, und er kann ziemlich sicher sein, daß der Klient nicht für eine Psychoanalyse geeignet ist. Der angehende Therapeut wird jedoch, wenn diese Anweisung das einzige ist, wonach er sich richten kann, nicht wissen können, ob der Klient eventuell zu gestört ist, um eine anspruchsvollere Behandlungsmethode riskieren zu können, oder aber ob der Klient nicht gestört genug ist, die Investition von mehr Zeit (oder vielleicht den Einsatz eines qualifizierteren Therapeuten) zu rechtfertigen. Manche Klienten neigen dazu, ihren Wert und die Bedeutung, die wir ihren ‚Krankheiten' beimessen, an der Zahl der Wochenstunden zu messen, die wir ihnen widmen; meiner Ansicht nach ist auch die Person, die die Therapie durchführt – wenn auch in geringerem Maße – ein Faktor dieser Selbstbewertung. Diese Tendenzen haben ihre Entsprechung in ähnlichen, wenn auch weniger offen ausgesprochenen, Werten der Therapeuten. Abgesehen davon, inwieweit diese Begriffe einen Indikator für sozio-psychiatrischen Status darstellen, können sie nicht mit der Begründung verteidigt werden, sie würden einem Therapeuten kurzgefaßte und präzise Hinweise darauf geben, was er zu tun oder zu lassen hätte, oder sogar einer dritten Person eine angemessene Beschreibung dessen vermitteln, was mit einem Klienten gemacht oder nicht gemacht wurde. Doch Anweisungen für die Maßschneiderungen von Psychotherapien sollten diese Minimal-Kriterien unbedingt geben können.*)

Wenn wir die Begriffe „unterstützend" und „expressiv" abschaffen würden, wie könnten wir dann Psychotherapie beschreiben und maßschneidern? Ich schlage nicht vor, diese Begriffe völlig abzuschaffen, sondern ich möchte ihre Verwendung bei der Beschreibung von Psychotherapie präzisieren und sie nicht mehr so gebrauchen, als würden sie *unterschiedliche Arten* von Psychotherapie bezeichnen.

Es ist unsinnig zu erwarten, daß irgendein Wort, irgendein knapper deskriptiver Ausdruck die Informationen und Schlußfolgerungen aus der psychologischen Untersuchung des Klienten und seiner Geschichte so vermitteln könnte, daß dadurch die Behandlung, die er erhalten soll, bestimmbar wäre. Die übliche Falldarstellung oder -analyse faßt die mannigfaltigen, sich überschneidenden Aspekte des Lebenslaufs und der Diagnoseergebnisse, die zum Verständnis des Klienten beigetragen haben, zusammen; ihre wichtigste Funktion ist die kurze aber präzise Darstellung der verschiedenen Untersuchungsergebnisse. Die Selektivität und die Betonung bestimmter Aspekte, die eine Behandlungsanweisung bzw. -maßschneiderung kennzeichnen, sind bei der Falldarstellung nicht zulässig. Eine Maßschneiderung der Behandlung soll sich zu einer Falldarstellung verhalten, wie eine gute Landkarte zu einem Reiseführer.

Die Maßschneiderung der Behandlung soll zuallererst dazu dienen, Hinweise für die Wahl eines Psychotherapeuten zu geben, die seine Fähigkeiten, besonderen Neigungen und sein Geschlecht berücksichtigen. Und die Maßschneiderung soll im weiteren dazu dienen, den designierten Therapeuten im Sinne der ‚Kontrollsprache' (language of control) auf das Wesen der Probleme des Klienten (einschließlich möglicher Fallstricke und empfindlicher Stellen sowie seiner Stärken und Verhaltensaktiva und anderer Faktoren, die sich eventuell günstig auf die Behandlung auswirken können) aufmerksam zu machen und ihm zu helfen, die Häufigkeit der notwendigen Behandlungstermine richtig einzuschätzen.

Das nachfolgende Beispiel einer Behandlungsmaßschneiderung für einen hypothetischen Fall ist von der Falldarstellung getrennt, die ihr logischerweise vorangehen sollte. Nehmen wir deshalb an, die Untersuchung habe festgestellt, daß der Klient ‚gestört' ist, daß dieses ‚Gestörtsein' ihn sehr behindert und daß Psychotherapie als Behandlungsmodus geeignet erscheint. Statt Techniken, die durchgeführt werden müssen, vorzuschreiben, bietet diese maßgeschneiderte Therapieverordnung folgendes: einen Überblick über den Fall – vom Behandlungsaspekt her gesehen; eine Hierarchie von Therapiezielen, die die Untersuchungsergebnisse berücksichtigt; eine Richtlinie für den Ansatz der Behandlung, die dem Psychotherapeuten zumindest bei der Wahl der anfänglich einzuschlagenden Strategie helfen könnte; und eine Einschätzung der Risiken sowie der Faktoren innerhalb des Klienten und in seiner Umwelt, die den Behandlungsplan positiv beeinflussen könnten. Um das nicht vorhandene Untersuchungsmaterial, das normalerweise vorliegen würde, wettzumachen, ist das Beispiel länger und umfassender als üblich.

---

*) Die Lösung des Rätsels, wieso Psychotherapeuten sich an nahezu inhaltslose, nichtssagende Quasianweisungen für die Behandlung gewöhnt haben, könnte folgendermaßen aussehen: Im Gegensatz zum Bereich der Medizin, in dem die Ausführung der diagnostischen Funktion im allgemeinen prestigeträchtiger ist, wird derzeit in der Psychiatrie der Therapie das höchste Prestige eingeräumt. Zum Beispiel wird ein Patient von einem jüngeren Mitarbeiter untersucht, dessen Behandlungsanweisungen dann von einem Therapeuten, der besser ausgebildet ist und über mehr Fähigkeiten verfügt als der Diagnostiker, befolgt und in die Tat umgesetzt werden sollen. Möglicherweise sind die Kürze und die mangelhafte Spezifizierung von Behandlungsanweisungen Ausdruck dieses potentiellen Statusunterschiedes und der berechtigten Vermutung, daß eine detailliertere Anweisung als Anmaßung aufgefaßt würde.

2.4.1. Psychotherapeutische Maßschneiderung

2.4.1.1. Ziele

Dem Klienten soll geholfen werden, was er als Konflikt ansieht, zu lösen: Eine unruhige Ehe und einen ihm unangemessenen Beruf entweder fortzusetzen oder aufzugeben. Die problematische Situation scheint nur der letzte Ausdruck einer Zahl sich wiederholender Krisen zu sein, die Konsequenzen des Versuchs sind, einen infantilen Konflikt in bezug auf Autonomie und Abhängigkeit durch Selbstzerstörung und Veränderung der Umwelt zu lösen. Obwohl diesem Problem wichtige prägenitale Faktoren zugrunde liegen, scheint das entscheidende Hindernis, das einer in dieser Situation brauchbaren Lösung entgegensteht, die Erfahrung der erfolglosen Versuche des Klienten zu sein, sich mit seinem Vater zu identifizieren, den er als einen uneinsichtigen Tyrannen erlebt, und in dessen Augen sowie an seinem Wertesystem gemessen der Klient eine absolute Null ist. Die Mutter des Klienten ist eine labile Alkoholikerin, die versucht, den Klienten vor seinem Vater zu schützen, sich aber gleichzeitig dem Klienten gegenüber verführerisch benimmt und offen ausdrückt, daß sie ihn gern in ihrer Nähe haben möchte. Die Promiskuität des Klienten und andere negative Verhaltensweisen scheinen Versuche zu sein, die unbewußte Anziehungskraft, die seine Mutter auf ihn ausübt, zurückzuweisen und die verdeckte Bedrohung, die sein Vater als Rivale darstellt, zu neutralisieren. Der Klient scheint imstande zu sein, die gegenwärtigen Apsekte dieses Konfliktes zu lösen, da ihm allmählich bewußt wird, daß sein Vater nicht von Schwächen und Abhängigkeiten ihm gegenüber frei ist, und daß sein eigenes Wertesystem mindestens genauso schlüssig und richtig ist, wie das seines Vaters. Dem Klienten sollte geholfen werden, seiner tiefliegenden Wut auf und Angst vor seinen Vater Ausdruck geben zu können und zu erkennen, wie er sich innerhalb ihrer gestörten Beziehung als Schachfigur hat mißbrauchen lassen. Es ist wahrscheinlich, daß dieser Lösungsversuch günstig beeinflußt werden könnte, wenn dem Klienten Gelegenheit gegeben würde, sich zeitweilig während der Bearbeitung seiner Probleme bezüglich aktueller Situtationen mit einem konsequenten und toleranten Therapeuten zu identifizieren.

2.4.1.2. Empfehlungen

Die Empfehlung, die Lösung der gegenwärtigen Lebensprobleme anzugehen, basiert zum Teil auf der intensiven Beschäftigung des Klienten mit seinen aktuellen Problemen und dem Ausmaß, in dem die gegenwärtige Situation etwas von der Struktur der Probleme in der Kindheit des Klienten zu rekapitulieren und somit zu enthalten scheint. Wichtiger ist jedoch die Tatsache, daß Kontraindikationen vorhanden sind, die gegen eine Ermutigung zur Regression im Laufe der Psychotherapie sprechen; es ist leicht möglich, daß eine latent homoerotische (passiv-feminine) Einstellung gegenüber dem Vater wieder geweckt werden kann und daß hier paranoide Symptome eine mögliche Gefahr darstellen. Der Klient hat bereits Phasen von akuter Panik durchlebt, während derer er Fluchtmaßnahmen in Form wilder Promiskuität ergriffen hat, die anscheinend den Versuch darstellen, einer inneren Zerstörung zu entgehen. Es wird erwartet, daß Perioden der stationären Behandlung während der ambulanten Psychotherapie notwendig sind, wenn die Versuchung, vor wachsender Angst zu fliehen, zu groß wird. Der Klient sollte, sowohl innerhalb der Klinik als auch außerhalb, ermutigt werden, sich aktiv zu betätigen, eine Arbeit aufzunehmen, bei der seine Fähigkeiten gefördert werden, und ihm sollte dabei geholfen werden, sein höchstmögliches Leistungsniveau zu erreichen.

2.4.1.3. Wahl des Therapeuten

Die Eigenschaften des Klienten, die die Wahl eines Therapeuten mitbestimmen sollten und den Verlauf der Behandlung beeinflussen könnten, sind unter anderem die analytische und die schöpferische Intelligenz des Klienten, wozu paradoxerweise ein Mißtrauen gegenüber Intellektualisierung gehört und eine feinfühlige ‚Antenne' für den geringsten Hinweis auf Unaufrichtigkeit bei anderen gepaart mit der Schwierigkeit, anderen zu vertrauen. Der Klient hat eine starke Beziehung zur Natur sowie eine ausgeprägte romantische Einstellung, die sich darin äußert, daß er wagemutige Unternehmungen gegenüber den Kräften der Natur und die Beherrschung derselben idealisiert. Außerdem hat der Klient ein ausgeprägtes, tiefverwurzeltes Gefühl für Anständigkeit und Fairneß gezeigt, das in seinen Beziehungen zu Frauen allerdings weniger zum Tragen kommt. Dieser Widerspruch stört den Klienten zur Zeit jedoch nur wenig. Zuguterletzt verfügt der Klient über einen feinen Sinn für Humor. Der erste Eindruck, den der zukünftige Therapeut auf ihn macht, muß ein guter Eindruck sein, er muß ihm zumindest am Anfang der Behandlung geistreich witzelnd Paroli bieten können. Er wird auch, angesichts der fast mit Sicherheit zu erwartenden Versuche des Klienten, seine Aufrichtigkeit und seine Geduld beim Auftreten negativen Verhaltens zu prüfen, seinen Gleichmut und seinen Sinn für Humor bewahren können müssen. Wegen des zentralen Problems des Klienten mit seinem Vater und seiner Gefühle der Verachtung für Frauen, erscheint es wahrscheinlich, daß das Anfangsstadium der Behandlung ruhiger verlaufen würde, wenn der Therapeut ein Mann wäre.

2.4.1.4. Strukturelle Elemente

Nach Abschluß der Untersuchung wurde dem Klienten und seiner Familie mitgeteilt, daß wir eine Psychotherapie für empfehlenswert halten und daß es sich um einstündige Sitzungen, zwei- bis dreimal die Woche für eine geschätzte Zeit von ein bis drei Jahren handeln würde. Sie akzeptieren diese Empfehlungen sowie das veranschlagte Honorar. Der Klient ist bereit, die Behandlung jederzeit anzufangen. Obwohl sein anfänglicher Widerstand gegenüber der Vorstellung, daß seinen Problemen innere psychologische Ursachen zugrunde liegen könnten, nachgelassen hat, ist er sehr skeptisch gegenüber der potentiellen Wirksamkeit von Psychotherapie.

Zusammenfassung

Ich habe versucht aufzuzeigen, daß die übliche Dichotomie, ‚unterstützend' versus ‚expressiv' für die Maßschneiderung von Psychotherapie wenig geeignet ist, und daß eine nützliche Maßschneiderung sehr viel präziser feststellen muß, was und wann und warum unterstützt werden muß, was ausgedrückt werden sollte und warum. Eine gründliche psychiatrische Untersuchung kann Informationen ergeben, die, wenn sie im Rahmen einer Maßschneiderung richtig zusammengefügt werden, unentbehrlich sind für die Entscheidung über ein psychotherapeutisches Programm.

3. Überlegungen zur Therapie

3.1. Ein maßgeschneidertes Behandlungsmodell auf der Basis von sozialer Schicht und prämorbider Anpassung*)

Peter A. Magaro

Mit 1 Tabelle

In den letzten Jahren hat eine Veränderung der medizinischen Vorstellung vom Patienten als Träger einer Krankheit stattgefunden; heute wird er zunehmend als jemand gesehen, der mit verschiedenen Formen des sozialen Lernens beschäftigt ist (*Levinson* und *Gallagher,* 1964). Der in der Klinik praktizierte Behandlungsansatz widerspiegelt diese Veränderung: Es hat eine Umstellung stattgefunden, die von einem medizinischen Modell der Verwahrung (custodial-medical model), dessen theoretische Betonung auf der Intervention in die organische oder psychische Struktur lag, zu einem soziopsychologischen Modell geführt hat, das die Auswirkungen und Folgen der Erkrankung durch die Bestätigung der ‚nichterkrankten' Strukturen zu beherrschen versucht (*Cumming* und *Cumming,* 1962). Obwohl auch nach dem älteren Verwahrungsmodell Therapien durchgeführt wurden, war die übliche Behandlung doch die Isolierung der Störung – das, was man als Sicherheitsverwahrung oder schlicht Einsperren des Klienten bezeichnen könnte. Bis heute ist die Milieutherapie der wichtigste in der Klinik eingesetzte Behandlungsansatz, der sich aus dem soziopsychologischen Modell herleitet und die entscheidende Wirkung der Umwelt bei der Kontrolle und Mäßigung von psychotischem Verhalten betont. Sie versucht, das symptomatische Verhalten durch die Modifikation oder Akzentuierung von Umweltbedingungen abzuschwächen, um so Möglichkeiten für das Auftreten von früher geübtem sozialem Verhalten oder für das Lehren von neuen, besser angepaßten Fähigkeiten zu schaffen. Sie versucht, die Reizelemente in der Umgebung des Klienten auf der materiellen Ebene oder auf dem Niveau der Autoritätsstrukturen zu ändern, um das Experimentieren mit einer größeren Skala von früheren oder neuen Reaktionen, als in der eingeschränkteren Verwahrungssituation möglich wäre, zu erlauben.

Spezifische Programme der Milieutherapie weisen, genau wie jede andere Methode der Verhaltensmodifikation, Differenzen untereinander auf. Diese Variationen zwischen den Programmen der Milieutherapie scheinen jedoch nicht auf der Berücksichtigung der Eigenschaften der Klienten zu basieren, sondern man scheint allgemein der Auffassung zu sein, daß das Hauptziel eines milieutherapeutischen Ansatzes die Förderung des Entscheidungsvermögens des Klienten ist. Da es viele Ebenen im Leben eines Klienten gibt, auf denen er seine Autonomie üben kann, kann man die Milieutherapie nicht als eine bestimmte Reihe von stationsbezogenen Verfahren definieren; vielmehr ist sie als eine ‚Einstellung' aufzufassen, die mit der Übertragung von Verantwortung vom Personal auf die Klienten zu tun hat. Das Problem scheint darin zu liegen, daß der Bereich, auf den sich ein bestimmtes Programm bezieht, oder die Methoden, die angewendet werden, nicht durch die Eigenschaften der Klienten bestimmt oder scheinbar beeinflußt werden, sondern eher von den Werten oder dem Arbeitsstil des jeweiligen Praktikers bestimmt werden.

---

*) Aus: *Psychotherapie: Theory, Research and Practice,* (1969) **6,** 57–70. Genehmigter Nachdruck.

Die Veränderung von Behandlungszielen und -einstellungen, wie sie der Übergang vom Verwahrungsansatz zum Ansatz der Milieutherapie darstellt, ist als die dritte Revolution auf dem Gebiet der psychischen Gesundheit aufgefaßt worden (*Hobbs*, 1964). Die Konnotationen, die mit dieser neuen Technik in Verbindung gebracht werden, sind ‚liberal', ‚humanitär', ‚fortschrittlich' usw., d. h. es handelt sich um positive Konnotationen. Dagegen wird der Verwahrungsansatz als ‚autoritär', ‚rigide' und ‚altmodisch' usw. angesehen, die Konnotationen sind negativ (*Zolik* u. a., 1966). Die Übernahme des soziopsychologischen Modells hat zur Folge gehabt, daß die meisten Aspekte seines Vorgängers und Vorkämpfers, des medizinischen Modells, beiseite gelegt worden sind; in mancher Beziehung könnte man sagen, daß ‚das Kind mit dem Badewasser ausgeschüttet worden ist'.

Das soziopsychologische Modell, das innerpsychische Faktoren vernachlässigt, beschäftigt sich kaum mit individuellen Unterschieden. Es neigt dazu, alle Störungen, unter der einen Kategorie des stationären Klienten zu subsumieren. Im Rahmen des medizinischen Modells bestand die Behandlung traditionell aus den aufeinanderfolgenden Prozessen der Diagnose und der Verordnung (bzw. Maßschneiderung). Die Diagnose diente dazu, zwischen verschiedenen Klassen von Störungen zu unterscheiden und die Verordnung (bzw. Maßschneiderung) versuchte unter Berücksichtigung dieser vorangegangenen Unterscheidung eine differentielle, individuelle Behandlung durchzuführen. Der gegenwärtige Ansatz hat in seinem Eifer, das medizinische Krankheitsmodell zu negieren, zugleich den Vorgang der Diagnose und der Maßschneiderung verworfen. Der soziopsychologische Ansatz scheint heutzutage ebenso wahllos angewendet zu werden, wie früher der ältere Verwahrungsansatz. Es scheint kaum Versuche zu geben, die Wirksamkeit des gegenwärtigen Ansatzes in Vergleichen zu anderen Methoden empirisch zu überprüfen oder die Eigenschaften des Klienten, die sich bei einem jeweiligen Modell am günstigsten auf die Behandlung auswirken, zu präzisieren.

Ein Beispiel für die Vernachlässigung von Eigenschaften des Klienten bei der Anwendung eines milieutherapeutischen Programms ist das Fehlen eines Versuches, die Auswirkungen eines soziopsychologischen Ansatzes auf verschiedene soziale Klassen zu erforschen. Obwohl eine klar definierte Unterschicht ohne Unterschiede und Abweichungen zwischen den ihr angehörigen Personen nicht existiert, gibt es in der Gesellschaft verarmte Menschen bzw. Menschen mit niedrigem Einkommen, die aus Arbeiterkreisen stammen, die die Mehrheit unserer Population stationärer Klienten bzw. Patienten bilden, und auf die die traditionellen orthodoxen Behandlungsmethoden nicht anwendbar sind (*Riessman* u. a., 1964). Wenn man einen milieutherapeutischen Ansatz in Betracht zieht, der annimmt, daß die Eigenschaften des Klienten keinen Einfluß auf die Wirksamkeit der Behandlung haben, wird es möglich, daß die Eigenschaften des Klienten sich negativ auf den Verlauf und das Ergebnis der Behandlung auswirken können. Das heißt, wenn man sich dafür entscheidet, einen milieutherapeutischen Ansatz bei einem Klienten aus der Unterschicht anzuwenden, ist es denkbar, daß man ihm die am wenigsten geeignete Behandlungsmethode verordnet, obwohl diese Methode für denjenigen, der behandelt, am geeignetsten sein kann. Anders ausgedrückt, wird die Wirksamkeit der Behandlungmethode (W) als eine Funktion der Wechselwirkung zwischen einer bestimmten Behandlungsmethode (B) und der relevanten Eigenschaft des Klienten (E) aufgefaßt: $E.W = B \times E$. Obwohl innerhalb einer Population viele Eigenschaften vorhanden sind, die innerhalb einer Gesamtstruktur variieren, wird die Behandlung als wirksam (+) angesehen, wenn die Behandlungsmethode mit einer passenden Eigenschaft kombiniert ist. Die Wirksamkeit ist hingegen als negativ (◆) zu beurteilen, wenn die Behandlungsmethode eine ungünstige Beziehung zur Eigenschaft aufweist. Und die Wirksamkeit der Behandlung ist gleich null zu werten, wenn die Behandlungsmethode keine Beziehung zu der Eigenschaft aufweist. Zum Beispiel kann die Wirksamkeit bei der Anwendung von Psychoanalyse bei einsichtsorientierten, Introspektion gewohnten intelligenten Personen positiv sein; sie kann gleich null sein, wenn diese Methode bei handlungsorientierten ‚Tatmenschen' angewendet wird, die in Introspektionen ungeübt sind; und sie kann negativ sein, wenn sie bei passiven Schizophrenen mit starken Abwehrmechanismen angewendet wird. Vom Somatischen her gesehen, kann Penicillin positiv wirken, wenn es bei einer Infektion appliziert wird, keine Wirkung zeigen, wenn es von jemandem eingenommen wird, der keine Infektion hat und möglicherweise schädlich sein, wenn es bei jemandem angewendet wird, der allergisch gegen Penicillin ist. In jedem Fall hat der Klient andere Eigenschaften, und von positiver Behandlungseffektivität kann nur dann die Rede sein, wenn die je spezifische Behandlungsmethode mit der passenden Eigenschaft kombiniert wird. Meistens läßt sich die Behandlungsmethode operationalisieren. Das Problem aber besteht darin, jene Eigenschaft des Klienten herauszufinden, die positiv auf die Behandlungsmethode anspricht. Das kann nur empirisch durch die Überprüfung jeder Behandlungsmethode anhand verschiedener Klienteneigenschaften geschehen. Der vorliegende Aufsatz stellt die Frage, ob eine Behandlung mit dem gegenwärtigen milieutherapeutischen Ansatz nicht letztlich negative Wirkung zeigt, weil die Eigenschaften des Klienten nicht berücksichtigt werden.

Der Klient aus der Mittelschicht kann die üblichen soziopsychologischen Verfahren seinen Bedürfnissen deshalb als angemessen erleben, weil sie ihm erlauben, das zu üben, wozu er früher einmal fähig war. Daher kann der gegenwärtige Behandlungsansatz, wie wir ihn hier kurz dargestellt haben, für diesen Klienten ganz effektiv sein. Der Klient aus der Unterschicht wird jedoch eine solche Behandlungsmethode möglicherweise nicht als nützlich und wohltuend erleben, denn er verfügt nicht über das nötige akzeptierte Verhalten, das gestärkt werden soll; folglich kann er dann auch nicht das vorweisen, was als ‚gebessertes' Verhalten gilt. Es ist auch denkbar, daß er die gegebenen Behandlungziele als eine Zumutung für sein persönliches Wertesystem betrachtet und sich daher weigert, mit der behandelnden Person, die aus der Mittelschicht stammt, zusammenzuarbeiten. Die Folge kann in beiden Fällen eine Zunahme des psychotischen Verhaltens des Unterschichtsklienten sein, und zwar sowohl im Vergleich zu dem vom Behandelnden definierten gesunden Verhalten, als auch im Vergleich zum früheren, der Unterschicht angepaßten, nicht psychotischen Verhalten. In unserer Formel ausgedrückt: Milieutherapie × Mittelschicht = positive Wirksamkeit der Behandlung ($B_1 \times E_1 = + W$); gegenüber: Milieutherapie × Unterschicht = negative Wirksamkeit der Behandlung ($B_1 \times E_2 =$ ◆ W). Da die meisten Klienten – vor allem die Patienten in den staatlichen Kliniken – der Unterschicht angehören, muß die Wirksamkeit der Behandlung – insgesamt gesehen – negativ sein.

Bis vor kurzem ist der Faktor der Schichtzugehörigkeit bei der Behandlung von psychischen Störungen allgemein vernachlässigt worden, und auch bei der Anwendung des milieutherapeutischen Ansatzes wurde er bislang nicht berücksichtigt, obwohl allgemein anerkannt ist, daß zwischen behandelten psychischen Krankheiten und sozialer Schicht eine Beziehung besteht (*Hollingshead* und *Redlich,* 1958; *Miller* und *Mishler,* 1959). In der Population der Krankenhauspatienten sind die Ober- und Mittelschicht und die untere Mittelschicht unterrepräsentiert, während die Unterschicht überrepräsentiert ist: Ihr Anteil an dieser Population ist prozentual doppelt so hoch, wie ihr Anteil an der Gesellschaft (*Miller* und *Mishler,* 1959). Und was noch wichtiger ist: Diese Verteilung wird noch unverhältnismäßiger, wenn man die Art der psychischen Erkrankung berücksichtigt.

Je niedriger die soziale Schicht ist, desto größer ist der Anteil der behandelten Psychosen; und umgekehrt nimmt die Häufigkeit des Vorkommens von Neurosen bei steigender sozialer Schicht zu (*Hollingshead* und *Redlich,* 1958). Das gilt insbesondere für die Schizophrenie (*Dohrenwend* und *Dohrenwend,* 1967; *Mishler* und *Scotch,* 1963). Diese Beziehung könnte zum Teil darauf zurückzuführen sein, daß den unteren Schichten nur staatliche Kliniken zur Verfügung stehen und daß diese Kliniken dazu tendieren, einen Klienten als psychotisch zu diagnostizieren, während den Angehörigen der höheren Schichten Privatkliniken und Privatpraxen zur Verfügung stehen, die eher zur Diagnose von Neurosen neigen (*Haase,* 1964).

Außer dem Aspekt der Diagnose scheint es Faktoren im Unterschichtmilieu selbst zu geben, die zum Auftreten von Psychosen beitragen. Ein Faktor ist die Zahl von Kontaktmöglichkeiten, die mit der Häufigkeit von Psychosen zusammenhängt. *Gruenberg* (1954 a) hat in Syracuse festgestellt, daß in Gebieten mit mehrstöckigen Wohnblocks häufiger Psychosen vorkommen, als in Gebieten mit Einfamilienhäusern. Andere Untersuchungen ergaben, daß die Häufigkeit von Psychosen mit den zentralen und sozioökonomisch benachteiligten Stadtbezirken in Beziehung steht (*Burgess,* 1955; *Faris* und *Dunham,* 1939). Diese Ergebnisse haben das *Durkheim*sche Konzept der ‚Anomie', das Vorhandensein eines Identitätsgefühls, das sich in einer Umwelt ohne menschliche Kontakte entwickelt, bestätigt. Und eben das ist typisch für das Leben in der Unterschicht, was wiederum auf die Rolle der sozialen Schicht als ein Psychosen determinierender Faktor hinweist.

Ausgehend von diesen häufig veröffentlichten Ergebnissen könnte man erwarten, daß die Behandlung sich insofern auf die Bedingungen und Werte der Unterschichtskultur bezieht, als diese für die Behandlung von Nutzen sind. Das ist aber nicht der Fall: Tatsache ist, daß die Unterschicht eine diskriminierte Klientengruppe darstellt, und zwar nicht nur in bezug auf Behandlungsmethoden, sondern auch in bezug auf Theorien über psychische Krankheit und Kriterien für psychische Gesundheit (*Riessman* u. a., 1964). Vom Standpunkt der Behandlung aus gilt: Je höher die soziale Schicht ist, der der Klient angehört, um so besser ist die Behandlung (*Kohn,* 1963). Diese Tatsache drückt sich darin aus, daß der Klient aus der Mittelschicht sowohl von fachlich qualifizierterem, besser ausgebildetem Personal als auch häufiger behandelt wird und daß er mit dem Behandelnden mehr Zeit in interaktiven Arten von Therapien verbringt. Bei Klienten aus der Unterschicht werden häufiger somatische Behandlungstechniken oder Methoden der Verwahrung angewendet, denn man nimmt nicht an, daß sie aus den ‚kultivierteren Psychotherapien' Nutzen ziehen könnten (*Brill* und *Sorrow,* 1960; *Schaffer* und *Myers,* 1954). Eine solche Diskriminierung findet in Kliniken statt, in denen der ökonomische Faktor keine Rolle spielt. Diese Tatsache haben *Hollingshead* und *Redlich* (1958) dazu gebracht, folgende Behauptung aufzustellen: „Private Kliniken sind, um es bildlich auszudrücken, für die ‚feinen Leute' da – gestützt werden sie aber durch die ‚Schockapparatur'".

In den Theorien über psychische Krankheit und bei den Kriterien für psychische Gesundheit scheint soziale Schicht auch eine wichtige, wenn nicht gar dominierende Rolle zu spielen. In den späten dreißiger Jahren wurde eine enge Verbindung zwischen dem protestantischen Ethos und der Vorstellung von psychischer Gesundheit, wie sie in der Literatur zur Psychohygiene zu finden war, hergestellt (*Davis,* 1938). Und in den späten fünfziger Jahren wurde dieselbe Beziehung wiederentdeckt, woraus sich die Folgerung ableiten läßt, daß die gegenwärtige Psychohygienische Bewegung, ohne sich dessen bewußt zu sein, unter dem Deckmantel sachverständiger wissenschaftlicher Kenntnisse über den Umweg der Definition von psychischer Gesundheit einen Ethos der Mittelschicht propagiert (*Gursslen* u. a., 1959–1960). Man kann die psychohygienische Bewegung als wissenschaftlich verbrämte Durchsetzung und Verbreitung von Werten der Mittelschicht auffassen. Geschätzte Behandlungsmethoden werden für die Anwendung zwischen Personen entwickelt, die derselben Schicht angehören und eine große Zahl von gemeinsamen Bezugspunkten besitzen (*Ruesch,* 1963). Es wird von Klienten aus der Unterschicht angenommen, daß sie andere Strategien haben, um Informationen aufzunehmen und zu verarbeiten, und um ihre Umwelt zu begreifen und auf sie zu reagieren; das scheint die Qualität und die Quantität ihrer Behandlung zu bestimmen (*Riessman* u. a., 1964). Im Gegensatz zu ihrer Minderheitsstellung in der Theorie und Praxis psychischer Krankheiten, stellt die Unterschicht – insbesondere in unseren öffentlichen Anstalten – die gewaltige Mehrheit der schwierigen Behandlungsprobleme.

Die staatliche Klinik hat die Aufgabe, jene Gruppen unserer Gesellschaft zu behandeln, die nicht über andere Möglichkeiten oder Mittel verfügt. Da die überwiegende Mehrheit der in den staatlichen Kliniken in Sachen psychischer Gesundheit ‚Behandelnden' aus der Mittelschicht stammt und dem protestantischen Ethos der Mittelschicht und der daraus abgeleiteten Vorstellung von psychischer Gesundheit beipflichtet, tendieren die angewendeten Behandlungsmethoden dazu, auf Ziele ausgerichtet zu sein, die diese Werte widerspiegeln. Die Behandlungsziele sind darauf ausgerichtet, das Verhalten so zu verändern, daß es den Kriterien der Mittelschicht entspricht, anstatt daß die Behandlungsziele den Einstellungen und Fähigkeiten einer dem Therapeuten fremden Unterschichtskultur angepaßt werden. Folglich werden diese Behandlungsziele dem Klienten aus der Unterschicht aufgezwungen, der ein solches, ihm fremdes Verhaltenssystem nicht teilt und wahrscheinlich sogar nicht einmal versteht. Das soziopsychologische Behandlungsmodell, das in der staatlichen Klinik vorwiegend angewendet wird, wird gemeinhin als „demokratisch" bezeichnet; es ist jedoch autoritär in dem Sinne, daß es ‚gesundes' Verhalten der Mittelschicht erzwingt.

Eine Überprüfung der Werte der Mittelschicht weist deutliche Beziehungen zu den Zielen des gegenwärtigen milieutherapeutischen Ansatzes auf. Die heutige Kultur ist als gruppenorientiert beschrieben worden, was bedeutet, daß Modellverhalten eher aus den Normen der Peer-Gruppe abgeleitet wird, statt sich aufgrund autoritärer Vorschriften zu entwickeln. Sozial positiv bewertet wird: *Anderen gegenüber Verantwortung zu übernehmen, der Wert der Arbeit, die Beherrschung von Gefühlen, Pläne machen und planvolles Handeln, Problemlösung und die Teilnahme an Aktivitäten in Gemeinschaften und Gruppen.* Dieselben Werte sind die Ziele der gegenwärtigen Milieutherapie (*Gursslen* u. a., 1959–1960). Zum Beispiel ermuntert der milieutherapeutische Ansatz von *Cummings* und *Cummings* (1962) das handelnde Ich (executive ego), *Gefühle zu beherrschen, Verantwortung zu übernehmen* und *Problemlösung* zu praktizieren, und zwar durch Beteiligung am Patientenrat (patient government). Die Bedeutung der *Arbeit* ist ein wesentlicher Teil des Behandlungsprogramms, das von *Jones* (1953) entwickelt worden ist; es beinhaltet, daß dem Klienten die Freiheit gegeben wird *vorauszuplanen* und physische Veränderungen in der Umwelt vorzunehmen. Ein milieutherapeutisches Programm delegiert die Befugnis zur Erteilung von Privilegien an die Klienten, so daß *die Teilnahme an einer Gruppe* unerläßlich ist, um Vergünstigungen zu erhalten und sogar, um die notwendige anfängliche Anpassung an die Station zu erlangen. Man kann daraus entnehmen, daß die Ziele des gegenwärtigen Behandlungsmodells die gegenwärtige Beziehung der Mittelschicht zu Gruppendruck und zur Wichtigkeit, die der Rolle von Umweltfaktoren bei der Steuerung von Verhalten beigemessen wird, widerspiegeln. Kurz gesagt scheint die heutige Behandlungsphilosophie darauf ausgerichtet zu sein, der Klientensubkultur die Mittelschichtwerte des Personals aufzuzwingen, dadurch in eine Mikrogesellschaft der Mittelschicht zu verwandeln und zu behaupten, daß die Übernahme dieser ‚Behandlungsziele' für den Klienten von Vorteil sei.

Der erste Schritt bei der Untersuchung der Beziehungen der sozialen Schicht und anderer diagnostischer Dimensionen zu verschiedenen Behandlungsmethoden besteht aus der Erfassung jener Eigenschaften, die für den stationären Klienten am typischten sind. Daher ist es die erste Absicht dieses Aufsatzes, eine demographische Beschreibung der Population in staatlichen Kliniken zu leisten. Die zweite Absicht bezieht sich auf die Vorhersage; es sollen jene Eigenschaften der Klienten, die sich in einer milieutherapeutischen Behandlungssituation am meisten auf die chronischen Anteile der Krankheit beziehen, isoliert werden.

Die dritte Absicht besteht darin, ein Behandlungsmodell vorzuschlagen, bei dem Aspekte der Verwahrungsmodelle wie der soziologischen Modelle eingesetzt werden können, um eine höhere Wirksamkeit der Behandlung zu ermöglichen, und zwar indem die Maßschneiderung der Behandlung bestimmte diagnostische Kategorien, insbesondere soziale Schicht und prämorbide Anpassung berücksichtigt. Es ist die Absicht des vorliegenden Aufsatzes, das Problem der Diagnose und der Maßschneiderung bei der Behandlung stationärer Klienten (bzw. Patienten) näher unter die Lupe zu nehmen. Dabei wird nicht davon ausgegangen, daß das vorgeschlagene diagnostische System das wirksamste System überhaupt sei; aber es könnte der empirische Anfang eines maßgeschneiderten Ansatzes sein und demonstrieren, wie ein solcher Ansatz die Leistungsfähigkeit der Behandlung steigern kann.

3.1.1. Beschreibung und Diskussion von Eigenschaften der Klienten

Die folgende Abhandlung wird durch Daten gestützt, die einer Stichprobe von 161 männlichen Klienten (Patienten) während eines Zeitabschnittes von 6 Monaten entnommen wurden. Die Klienten waren vorwiegend seit langem stationär behandelte Patienten einer staatlichen Klinik, in der ein umfangreicher milieutherapeutischer Ansatz angewendet wurde. Die Klienten dieser Stichprobe sind eher für die Population der sogenannten chronisch Kranken charakteristisch, da Klienten, die sich nur kurze Zeit in der Klinik aufhielten, nicht getestet werden konnten, und die Klienten in den gereatrischen und chirurgischen Abteilung nicht berücksichtigt wurden. Die Daten wurden vorwiegend den Akten über die Krankengeschichte entnommen. Waren jedoch nicht alle Informationen in der Akte enthalten, wurden Interviews durchgeführt, um das Datenmaterial zu vervollständigen.

In der ersten Spalte der Tabelle 1 sind die Mittelwerte und Prozentwerte jedes Faktors für alle Klienten aufgeführt; in der zweiten und dritten Spalte stehen jeweils die Mittelwerte und Prozentwerte der demographischen Variablen für die entlassenen (59 %) bzw. nichtentlassenen Klienten (41 %). Die Daten über Entlassungen beziehen sich auf eine Zeitspanne von einem Jahr, von der ersten Untersuchung ab und erfassen sowohl Klienten, die in andere Institutionen (vorwiegend Altenpflegeheime) verlegt werden, als auch solche, die ins Privatleben entlassen wurden. Von den 59 %, die die Klinik verließen, wurden 60 % ins Privatleben und 40 % wurden in andere Institutionen, meist Altenpflegeheime, entlassen. Es ist nicht beabsichtigt, die Gruppe, die entlassen wurde, mit der Gruppe, die in der Klinik blieb, zu vergleichen, um festzustellen, daß der milieutherapeutische Ansatz bei der ersten Gruppe, die dann auch entlassen wurde, wirksam war, und bei der zweiten Gruppe nicht. Vielmehr wird die Gruppe derjenigen, die ‚ausgewählt' wurden, um zu bleiben, mit der Gruppe der Entlassenen im Hinblick auf soziale Faktoren, Verwaltungs- und Behandlungsaspekte verglichen.

Wenn man den hohen Anteil an Verlegungen in dieser Stichprobe berücksichtigt, ist der Prozentsatz (59 %) jener Klienten, die die Klinik verlassen, der Rate der Spontanremissionen bei stationären Neurotikern (66 %) ähnlich (*Eysenck,* 1961, S. 710). Das gilt auch für andere Berichte über Psychotiker (*Freeman* und *Simmons,* 1963; *Kelly,* 1965), einschließlich einer Studie über Melazo-Polynesische Eingeborene, die eine Entlassungsrate von 65,5 % nach einem Jahr ausweist (*Rin* und *Lin, 1962).*

3.1.1.1. Alter

Das hohe Durchschnittsalter von stationär behandelten Klienten (in unserer Stichprobe 41 Jahre) deutet auf einen Lebensabschnitt hin, in dem meistens eine Anpassung an einen bestimmten Lebensstil stattfindet und in dem kaum Änderungen im ökonomischen und sozialen Status zu erwarten sind. Es ist festgestellt worden, daß Psychosen bei Personen im mittleren Lebensalter häufiger auftreten; in dieser Hinsicht ist die Psychose die einzige Störung, deren Häufigkeit mit steigendem Lebensalter zunimmt (*Pasamanick* u. a., 1959). Das Durchschnittsalter der entlassenen Klienten ist niedriger als das der Klienten, die in der Klinik bleiben. Wie schon oft berichtet wurde, ist die Vorhersage für einen Klienten, unabhängig von der Art der Behandlung, um so günstiger, je jünger er ist (*Israel* und *Johnson,* 1956).

3.1.1.2. Bildung und Beruf

Die durchschnittliche Bildung von stationären Klienten (die Dauer der Schulbildung beträgt in unserer Stichprobe im Mittel zehn Jahre) ist meist bedeutend niedriger als das Bildungsniveau der höheren Schule (high school). In einer Untersuchung über die psychische Gesundheit von Fabrikarbeitern fand *Kornhauser* (1962) bei einer Gruppe von Personen im mittleren Alter, daß psychische Gesundheit negativ mit dem Bildungsniveau korreliert und daß diese Beziehung zu der Beziehung zwischen psychischer Gesundheit und Beruf hinzukommt. Obwohl Unterschiede in psychischer Gesundheit, die durch berufliche Faktoren bedingt sind, auch unabhängig von dem Einfluß der Bildung vorhanden sind (*Kornhauser,* 1964), hat der männliche stationäre Klient (schlechte psychische Gesundheit) im mittleren Alter einen niedrigeren beruflichen Status mit kürzerer Bildungszeit. Mangelhafte Bildung verhindert sicher berufliche Mobilität und die finanziellen Belohnungen, die diese mit sich bringt. Das Berufsniveau der untersuchten Gruppe betrug 5.80 auf der *Hollingshead* Scale, das entspricht etwa dem Berufsniveau eines ungelernten Arbeiters. Es wird

Tabelle 1: Mittel- und Prozentwerte der Klienten der Stichprobe (N = 161)

	I Gesamtgruppe der Klienten	II Noch in der Klinik	III Nicht mehr in der Klinik	
	100 %	41 %	59 %	
			Entlassen	Überwiesen
			62 %	42 %
Mittelwerte				
Alter (in Jahren)	41,15	43,71	38,60	
Phillips Score	15,32	18,00	12,65	
Schulbildung (in Jahren)	10,00	9,87	10,34	
Hollingshead Score	54,10	59,72	48,48	
Platz in der Geburtenfolge	2,90	2,98	2,83	
Zahl der Geschwister	3,53	3,22	3,84	
Bisherige stationäre Behandlung (in Monaten)	135,67	133,47	2,20	
Stationäre Behandlung insgesamt	182,34	162,68	19,66	
Medikamentöse Behandlung (in mg pro Tag)	249,65	269,19	230,12	
Prozentwerte				
Rasse:				
Weiße	73	78	68	
Neger	25	18	32	
Religionszugehörigkeit:				
Protestantisch	54	51	57	
Katholisch	37	38	36	
Jüdisch	3	6	0	
Keine Angabe	6	0	3	
Familienstand:				
Ledig	55	68	43	
Verheiratet	14	9	19	
Geschieden	14	12	17	
Getrennt lebend	12	4	19	
Keine Angabe oder Sonstige	5	7	2	
Stadtbewohner:	75	72	79	
Landbewohner:	13	14	12	
Schocktherapie:				
Ja	24	30	18	
Nein	65	54	75	
Keine Angabe	11	16	7	
Gegenwärtige Diagnose:				
Undifferenzierter Schizophrener	48	49	47	
Paranoid	13	16	11	
Katatonisch	4	4	4	
Depressiv	4	5	3	
Sonstige	23	13	34	
Keine Angabe	8	13	1	
Diagnose bei der Aufnahme:				
Undifferenzierter Schizophrener	37	39	35	
Paranoid	19	22	16	
Katatonisch	4	3	5	
Depressiv	4	9	0	
Sonstige	25	12	39	
Keine Angabe	10	15	5	

nicht behauptet, daß das Bildungsniveau ein ursächlicher Faktor bei der Klinikeinweisung ist; vielmehr haben die sozialen und psychologischen Faktoren, die die Ursachen für die geringe Bildung waren, möglicherweise dazu geführt, die staatliche Klinik als angemessene soziale Institution auszuwählen.

3.1.1.3. Medikamentöse Behandlung und Schock-Therapie

Man darf die Quantität der verabreichten Medikamente bei der Stichprobe nur als einen groben Indikator betrachten, da verschiedene Arten der medikamentösen Behandlung zusammengefaßt wurden; die große Mehrheit der Klienten wurde jedoch mit Beruhigungsmitteln behandelt. Beruhigung zusammen mit Milieutherapie stellt die übliche Behandlung in der Klinik dar, beide Methoden scheinen wahl- und kritiklos angewendet zu werden. Die Menge der verabreichten Medikamente scheint, zusammen mit der Anwendung von Schock-Therapie, stärker mit dem Verbleiben in der Klinik als mit dem Verlassen der Klinik zu korrelieren. Die bisherigen Daten ergeben, daß die Wahrscheinlichkeit des Verbleibens in der Klinik mit zunehmender somatischer Therapie wächst. Zwei Interpretationen sind hier möglich: Entweder bekommen die schwerer gestörten Klienten solche Behandlungen oder diese harten Behandlungsmethoden verringern die Wahrscheinlichkeit, daß eine Besserung eintritt.

3.1.1.4. Rangplatz in der Geburtenfolge und Zahl der Geschwister

Diese Daten ergeben, daß der durchschnittliche Klient den Rang 2.90 bei einer Zahl von 3.53 Geschwistern einnimmt. *Langner* (1964) berichtet, daß Klienten aus der Unterschicht mehr ökonomische Härte angeben und daß sie häufiger aus ‚kaputten' Elternhäusern stammen, als Klienten aus der Oberschicht. Das legt die Vermutung nahe, daß die große Familie, aus der der Unterschichtsklient stammt, eine Situation darstellt, in der häufig gruppenspezifische Spannungen auftreten, in der die Eltern wenig Zeit für die Kinder haben und in der man ständig Autoritätskonflikten ausgesetzt ist bzw. sie miterlebt (*Myers* und *Roberts,* 1959). Berücksichtigt man die negativen Erfahrungen, die Klienten aus der Unterschicht früher mit Gruppen gemacht haben, als sie Mißbilligung, Ablehnung und Deprivation erlebten, kann das Gewicht, das die Milieutherapie gegenwärtig auf Gruppeninteraktionen legt, früher gelerntes Rückzugs- und Vermeidungsverhalten wachrufen, oder gar psychotisches Verhalten statt einer Auseinandersetzung mit der Interaktion in der Gruppe fördern. Der Rangplatz in der Geburtenfolge und die Zahl der Geschwister scheinen nicht mit der Entlassungsrate zusammenzuhängen. Und in Hinblick auf Rasse, Religionszugehörigkeit und Wohnumwelt (Stadt oder Land) scheint die Klientengruppe repräsentativ für die Gesamtbevölkerung zu sein. *Pasamanick* u.a., (1959) haben festgestellt, daß das Auftreten von psychischen Störungen mehr mit dem sozioökonomischen Status als mit der Rasse zusammenhängt.

3.1.1.5. Diagnose

Die häufigste Diagnose – bei 48 % der Klienten – war „chronische undifferenzierte Schizophrenie". Vergleicht man diese Diagnose mit der Diagnose bei der Einlieferung, so ist eine Zunahme zu verzeichnen; das könnte darauf hinweisen, daß der Zustand des Klienten sich bei längerer stationärer Behandlung verschlechtert. Die zweithäufigste Diagnose war „nicht-psychotisch" (23 %), diese Diagnose veränderte sich kaum während des Aufenthaltes in der Klinik. Die Paranoiden stellten die drittgrößte Gruppe (15,6 %); die Verwendung dieser diagnostischen Kategorien nahm während des Aufenthaltes in der Klinik ab (von 19 auf 13 %). Die diagnostischen Ergebnisse zeigen, daß die große Gruppe aus der Unterschicht mehr Diagnosen aufweist, die auf „psychotisch" und vor allem auf „schizophren" lauten. Das konnte auch *Langner* (1964) bestätigen.

Die Eigenschaften, die Schizophrenen zugeschrieben werden, sind – in bezug auf die Behandlung – den Eigenschaften der Klienten aus der Unterschicht ähnlich. Die Bedürfnisse der Schizophrenen werden folgendermaßen umschrieben: Sie brauchen Strukturierung, sie sind abhängig, passiv und unfähig, ihre Bedürfnisse zu befriedigen, außer in der Form magischer Wunschträume. Diese Bedürfnisse sind den Erwartungen, die Unterschichtsklienten der Behandlung entgegenbringen, ähnlich. Der Klient aus der Unterschicht erwartet vom Behandelnden, daß er eine aktive ärztliche Rolle einnimmt, während er als Klient passiv abhängig bleibt und die Behandlung abbricht, wenn diese Bedingungen nicht erfüllt werden (*Overall* und *Aronson,* 1963). Das Individuum aus der Unterschicht betrachtet die Gesellschaftsstruktur als etwas, das Leistungen und Nutzen erbringt, die jedoch außerhalb seines Einfluß- und Lebensbereiches liegen, und die er ziemlich fremd und fern erlebt. Dieser Klient fühlt sich ebenso wie der Schizophrene zu unfähig und schwach, um an dieser Struktur Veränderungen vorzunehmen (*Miller,* 1964). Die Behandlung wird als ein Teil dieser fremden Struktur gesehen, sie paßt zu der Vorstellung, die er sich von seiner Störung als einem somatischen, medizinischen Problem macht. Die Tatsache, daß er das Problem als somatisches bzw. medizinisches ansieht, und daß er in der Behandlung die passive Rolle einnimmt, hat zur Folge, daß eine andere Therapeut-Klienten-Beziehung entsteht, als die interaktive Beziehung, die dem Klienten aus der Mittelschicht geläufig ist. Sie kann dazu führen, daß der Unterschichtklient, der in die Klinik eingeliefert wird, eher eine direktive oder verwahrende Art der Behandlung erwartet. Das Motto der Milieutherapie, „Du bist verantwortlich", wird möglicherweise nicht als ‚Behandlung' aufgefaßt, sondern als etwas, das es während des Klinikaufenthaltes zu vermeiden gilt.

Die Art der Diagnose steht in keiner Beziehung zum Verlassen der Klinik, wohl aber zu der Art und Weise, wie die Klinik verlassen wird. Von den Klienten, die in Altenpflegeheime verlegt wurden, waren 73 % schizophren und nur 2 % nicht schizophren. Die Klinik verlegt 28 % und behält 43 % der Schizophrenen; 29 % der Schizophrenen werden in die Gesellschaft entlassen. Der hohe Prozentsatz (59 %) derjenigen, die die Klinik verlassen, kommt vorwiegend durch die Verlegung von Schizophrenen und die Entlassung von Nicht-Schizophrenen zustande.

Nach unseren Daten besteht die restliche Population zu 65 % aus Schizophrenen. Diese haben sich im Laufe der Zeit ‚angesammelt'. *Israel* und *Johnson* (1956) berichten über ähnliche Ergebnisse, sie fanden, daß 36 % der als schizophren diagnostizierten Klienten nach einer Dauer von 10 Jahren in der Klinik verbleiben und deshalb die Mehrheit in der Klinik bilden. Diese Gruppe umfaßt auch jene Gruppe von Schizophrenen, deren durchschnittliche Aufenthaltsdauer in der Klinik 13,1 Jahre beträgt, obwohl sie nur 25 % der eingelieferten Population bilden. Trotz der Tatsache, daß die schizophrene Population nur eine Minderheit der Population der stationär Behandelten darstellt, ist allgemein festzustellen, daß diese Gruppe am längsten in der Klinik bleibt, am seltensten in die Gesellschaft entlassen wird und die größte Zahl an Wiedereinlieferungen aufweist. Wie später dargestellt werden wird, beziehen sich diese Ergebnisse vor allem auf Schizophrenien mit einer schlechten prämorbiden Anpassung. Es hat – wenigstens in Bezug auf Entlassung oder Wiedereinlieferung – den Anschein, daß die gegenwärtigen sozialen Behandlungsmethoden bei dieser Gruppe von Klienten nicht die gleichen Auswirkungen haben, wie bei den Nichtschizophrenen. In der Tat haben neuere Empfehlungen für die Behandlung diesen Zustand berücksichtigt; da man die schizophrene Störung nicht modifizieren kann, sollte man in der Gesellschaft Situationen schaffen, die es dem Klienten ermöglichen, sich maximal anzupassen; und zwar auch dann, wenn das sich nur auf der Ebene von ‚therapeutischen Werkstätten' abspielt (*Kelly,* 1965).

3.1.1.6. Prämorbide Anpassung und Familienstand

Die prämorbide Anpassung unserer stationären Klientengruppe ist schlecht, gegenwärtig sind nur 14 % von ihnen verheiratet. Die Bindungen an die grundlegende soziale Einheit der Gesellschaft sind infolgedessen minimal. Wenn man die Entlassungsquote betrachtet, zeigt die Variable

„prämorbide Anpassung und Familienstand", daß eine bessere prämorbide soziale und sexuelle Anpassung positiv mit der Entlassung korreliert. Das gilt auch umgekehrt für die Beziehung zwischen einer schlechten prämorbiden Anpassung und dem Verbleib in der Klinik. Hierin ist eine weitere Bestätigung für die Vorhersagevalidität der Phillips Scale (*Phillips,* 1953) zu sehen. Die Ursachen für diesen Zustand scheinen den für Klienten aus der Unterschicht typischen Zuständen ähnlich zu sein: z. B. mangelnde familiäre Bindungen und eine wenig erfolgreiche berufliche Laufbahn (*Zigler* und *Phillips,* 1962). Die Faktoren „soziale Schicht" und „prämorbide Anpassung" sind jedoch einigermaßen unabhängig voneinander; wobei die ‚Guten' aus jeder Schicht eine angemessene soziale und sexuelle Anpassung und die ‚Schlechten' eine mangelhafte soziale und sexuelle Anpassung aufweisen. Die Leistungsfähigkeit bei der Lösung von Aufgaben im Rahmen der Untersuchung wird durch beide Faktoren bestimmt; schizophrene prämorbide Anpassung bringt hauptsächlich eine Empfindlichkeit gegenüber Tadel mit sich, die möglicherweise eine Folge von bestimmten erziehungsbedingten Erfahrungen während der Kindheit ist, während „soziale Schicht" für eine gewisse Anpassung an Situationen steht, in denen Aufgaben übernommen werden müssen. Der Effekt der sozialen Schicht ist am ausgeprägtesten bei den Gruppen mit einer normalen und guten prämorbiden Anpassung; bei der ‚schlechten' prämorbiden Gruppe ist er jedoch nicht mehr zu beobachten, woraus eventuell geschlossen werden kann, daß der Faktor der sozialen Schicht bei dem ‚schlechten' prämorbiden Schizophrenen relativ unwichtig ist (*Magaro,* 1967).

Der ‚Schlechte', wie er durch den Score auf der *Phillips* Scale definiert wird, entspricht der früheren Definition des Prozeßschizophrenen, während der ‚Gute' dem reaktiven Schizophrenen entspricht (*Magaro,* 1968). Beim prämorbid mangelhaft angepaßten Klienten sind frühere Versuche in Richtung auf soziale Interaktion minimal gewesen. Die Fähigkeiten bzw. Verhaltensweisen, die für soziale Interaktionen unabdingbar sind, fehlen entweder ganz oder sind nur selten praktiziert worden. Die geringen sozialen Kontakte und der Mangel an Gruppenbeziehungen charakterisieren den Klienten als einen Einzelgänger, dem Bindungen an die Gesellschaft oder irgendwelche kleineren und intimeren Einheiten, die eine organisierte, strukturierte Situation und gegenseitige Abhängigkeit im mittleren Lebensalter darstellen könnten, fehlen. Es scheint, als ob jeder zwischenmenschliche Kontakt anstatt gruppenbezogen zu sein in anderen sozialen Institutionen, die mehr distanzierte Einzelbeziehungen ermöglichen, stattfinden muß. Eine, und möglicherweise die einzige Institution, wo das, außer im Gefängnis, stattfinden kann, ist die staatliche Klinik. Die staatliche Klinik ist in der Lage, eine Situation herzustellen, in der eine zusammenhängende Einheit vorhanden ist, die keiner zwischenmenschlichen Beziehungen bedarf. Und die staatliche Klinik weist auch eine gewisse Beständigkeit auf, denn sie verfügt über eine eigene ‚Kultur', in der mit einem starken Gefühl der Sicherheit zukunftsbezogen gehandelt werden kann (*Goffman,* 1961). Die prämorbide Anpassung steht im Zusammenhang mit der Aufenthaltsdauer in der Klinik, wobei die Mehrheit der Klienten eine mangelhafte prämorbide Anpassung aufweisen; folglich sollte diese wichtige Kategorie bei der Maßschneiderung von Behandlungen berücksichtigt werden.

3.1.1.7. Soziale Schicht

Von allen Klienten der ersten Stichprobe, bei der Informationen über ihre Schichtzugehörigkeit vorhanden waren, stammten 59 % aus der unteren sozialökonomischen Schicht, gegenüber 15 %, die aus den mittleren und oberen Schichten kommen. Bei 27 % der Klienten waren keine Informationen über die Schichtzugehörigkeit vorhanden. In einer anderen, späteren Erhebung, bei der alle Klienten einer Abteilung untersucht wurden, wodurch auch geriatrische Klienten und Kurzzeitpatienten berücksichtigt wurden, stammten 86,4 % aus der Unterschicht.

Betrachtet man die Entlassungsquote, läßt sich eine Tendenz feststellen, gemäß der die Klienten, die in der Klinik blieben, aus einer niedrigeren sozialen Schicht stammten als diejenigen, die aus der Klinik entlassen wurden. Diese Tendenz wurde auf der Basis des *Hollingshead* Score ermittelt.

Berücksichtigt man das Alter, das Bildungsniveau und den beruflichen Status der Individuen dieser Stichprobe, läßt sich nicht behaupten, daß die Klienten repräsentativ sind für die aufstrebenden und flexiblen Mitglieder unserer Gesellschaft bzw. der Unterschicht.

Der der Mittelschicht zugehörige Mann in unserer Gesellschaft wird im mittleren Alter ein gewisses Maß an Sicherheit und Beständigkeit in einem festen Beruf, in der Nachbarschaft, in einer Gruppe von Gleichgesinnten oder Gleichaltrigen usw. finden. Eine solche Sicherheit bietende Beständigkeit ist möglicherweise für den Angehörigen der unteren Schichten der Gesellschaft nicht vorhanden. Sein Arbeitsplatz ist häufiger gefährdet und er hat mangels Fähigkeiten und Bildung wenig Möglichkeiten, eine sichere berufliche Stellung einzunehmen. Am wichtigsten ist vielleicht die Tatsache, daß jene soziale Struktur, die eine beständige, stabile Gruppenbildung außerhalb der Arbeit ermöglicht, wie das in einem Viertel mit Einfamilienhäusern der Fall ist, in den Mietskasernen und Wohnblocks der Unterschichtsviertel nicht vorhanden ist. Somit ist denkbar, daß die staatliche Klinik dieser Population jene Sicherheit und Stabilität bietet, derer sie im mittleren und hohen Alter bedarf.

3.1.1.8 Dauer des Klinikaufenthalts

Das Datenmaterial gibt an, daß jeder Klient vor der Einweisung in diese Klinik im Durchschnitt bereits 11 Jahre in anderen Kliniken verbracht hat und einschließlich des Aufenthaltes in dieser Klinik 15 Jahre lang in stationärer Behandlung war. Es handelt sich um eine institutionalisierte Gruppe chronisch gestörter Klienten, bei der die Anwendung verschiedenster Behandlungsmethoden über viele Jahre hinweg anscheinend wenig Erfolg gehabt hat. Wenn man die oben erwähnte Vergangenheit dieser Gruppe betrachtet und ihren denkbaren Versuch, die Klinik als einen Ort anzusehen, an dem sie den sozialen und ökonomischen Kämpfen und Konflikten in der Gesellschaft entfliehen kann, berücksichtigt, kann man die Chronizität, anstatt sie als psychischen Rückzug aufzufassen, als eine soziale Anpassung verstehen. Der chronische stationäre Klient ist nicht stationär im Sinne von Passivität oder Hilflosigkeit, vielmehr manipuliert er aktiv das Personal, um seinen Status als psychisch Kranker zu erhalten.

Braginsky u. a. (1966) haben dieses Verhalten als Eindrucksmanipulierung (impression management) bezeichnet, es handelt sich dabei um den Einsatz vieler Taktiken, die darauf abzielen, das Personal aktiv zu manipulieren, damit der Klient in der Klinik bleiben kann. Diese Auffassung steht im Gegensatz zu jenem Bild vom Klienten, das ihn als eine passive und hilflose Schachfigur darstellt, die dem Zusammenspiel der sozialen oder institutionellen Kräfte ausgeliefert ist. Sie macht vielmehr deutlich, daß der Klient die Institution braucht und daß er sich genauso bemüht, in stationärer Behandlung zu bleiben, wie jemand anders sich anstrengen würde, um eine Position in der Gesellschaft zu halten und nicht in eine Klinik eingeliefert zu werden. Der Verbleib in der Klinik kann deshalb – angesichts nicht sehr hoffnungsvoller Aussichten – Ausdruck des Versuchs sein, ein soziales Gleichgewicht zu erhalten, um dadurch einige Erleichterungen in Hinblick auf ökonomische Probleme und zwischenmenschliche Kontakte in der Gesellschaft zu erlangen. Dieser Zustand erinnert an die Bemerkung von *Gruenberg* (1954 b), daß die sozialen Kräfte, die hohe Psychoseziffern hervorbringen, mit jenen sozialen Kräften, die staatliche psychiatrische Kliniken bauen, in engem Zusammenhang stehen. Es hat im gegenwärtigen Zusammenhang den Anschein, daß jene sozialen Verhältnisse, die eine soziale Schicht daran hindern, an Institutionen teilzuhaben, die für die älteren männlichen Personen aus der Mittelschicht gedacht sind, zur Befriedigung der Bedürfnisse der entsprechenden Untersihichtsangehörigen andere Institutionen, wie z. B. staatliche Kliniken, bereitstellen. Aber es ist nicht so, daß wir die Armen im mittleren und hohen Alter vernachlässigen, für ihren Ruhestand wird im Bereich der psychischen Krankheit geplant und vorgesorgt. Um die Bedürfnisse, die in den Subkulturen der Unterschicht nicht befriedigt werden, kümmert sich im Alter der Staat. Schließlich hat die Einkerkerung der Alten aus der Unterschicht den weiteren Vorteil, daß in Form eines Schreckgespenstes eine Warnung für jene Personen aus der Mittelklasse geschaffen wird, die abweichendes Verhalten zeigen: So sehen Sie, was passieren kann, wenn Sie die Werte Ihrer Klasse nicht aufrechterhalten und den entsprechenden Pflichten nicht Folge leisten. Natürlich gibt es psychologische Faktoren, die zu einer Einweisung führen und der soziale Faktor macht nur einen Teil des Gesamtbildes aus; er wird hier jedoch hervorgehoben, weil er bei der Maßschneiderung von Behandlungen nur selten berücksichtigt wird.

Angesichts dieser Verflechtung von schichtspezifischen Werten und Behandlungszielen sowie der relativen Homogenität einer niedrigen sozialen Schicht und einer mangelhaften prämorbiden Anpassung der Population der stationären Klienten, sollte der Versuch gemacht werden, die Behandlung unter Berücksichtigung dieser diagnostischen Kategorien zu planen, d. h. maßzuschneidern. Der Verwahrungsansatz und der psychosoziale Ansatz können beide wirksame Behandlungsformen darstellen, wenn sie unter Berücksichtigung der Eigenschaften des Klienten angewendet werden. Deshalb wird das nachfolgende Behandlungsmodell, je nach der diagnostischen Klassifizierung des Klienten in bezug auf soziale Schicht und prämorbide Anpassung, entweder einen Verwahrungsansatz oder einen psychosoziologischen Ansatz empfehlen.

3.1.2 Ein maßgeschneidertes Behandlungsmodell und die Rolle der Klinik

Die Rolle der Klinik kann als auf zwei Ziele ausgerichtet angesehen werden: Erstens soll sie das Wiederauftreten von anpassungsfähigen Verhaltensmustern ermöglichen, die dominierten, bevor überwiegend psychotisches Verhalten auftrat; zweitens soll sie neue Fähigkeiten vermitteln, die dem Individuum und seiner besonderen Umwelt angepaßt sind. Der gegenwärtige milieutherapeutische Ansatz scheint in den Vordergrund zu stellen, daß soziale Fähigkeiten geweckt und gelehrt werden, die bis heute anscheinend wesentliche Teile des Verhaltensrepertoires der Mittelschicht ausmachen. Der Verwahrungsansatz war für den in Frage kommenden Klienten wahrscheinlich schädlich, da er solches Verhalten unterdrückte. Diese Behandlungsmethode ging davon aus, daß Ordnung die Voraussetzung für eine ‚gute' Verwahrungsabteilung sei und ließ folglich nur wenig soziale Interaktion zu, während sie gleichzeitig eine passive Einstellung gegenüber der autoritären und manchmal strafenden Instanz forderte. So wurde möglicherweise verhindert, daß früher schon Vorhandenes wieder auftreten konnte und die alternativen psychotischen oder zurückgezogenen, institutionalisierten Verhaltensweisen wurden gefördert oder positiv bekräftigt. Das heißt, das dominierende, mittelschichtsorientierte zwischenmenschliche und soziale Verhalten wurde negativ verstärkt, was dazu führte, daß das positiv bekräftigte psychotische Verhalten, das wahrscheinlich schon bei der Einweisung dominierte, noch stärker überwiegen konnte.

Der Klient aus der Unterschicht kann sich in der entgegengesetzten Lage befinden. Der Verwahrungsansatz kann früheres dominantes vor-psychotisches angepaßtes Verhalten gefördert und psychotisches Verhalten verhindert haben. Das angepaßte Verhalten des Klienten kann folgendermaßen angesehen werden: Er wird von einer autoritäten Instanz dominiert, und zwar auch dann, wenn sie Strafen verteilt, er hat eine passive Einstellung über seine Beziehung zur Klinik, die im Verhältnis zum Arzt, der seine Störung behandelt, ihren Ausdruck findet und er betrachtet soziale Verantwortung und zwischenmenschlichen Kontakt als etwas, das im Vergleich zum Alleinsein und Befolgen von Anweisungen gefährlich ist. Ein milieutherapeutischer Ansatz würde von ihm fordern, daß er zwischenmenschliches soziales Verhalten zeigt. Das widerspricht jedoch seinen früheren Erfahrungen, so ein Verhalten hat er kaum geübt. In dieser Situation ist es eher möglich, daß das rivalisierende psychotische Verhalten über das erwartete soziale Verhalten die Überhand gewinnt und behält, was schließlich zur Folge hat, daß die Dauer der stationären Behandlung zunimmt.

Wenn man davon ausgeht, daß die Klinik nach einem Modell behandelt, das inhärent bestimmte Formen des Verhaltens als angemessen definiert, kann das Definieren und Bekräftigen von angemessenen Verhalten bei einer sozialen Schicht das nichtpsychotische Verhalten, *d. h.* die Behandlung fördern, und bei einer anderen sozialen Schicht das psychotische Verhalten, *d. h.* die Institutionalisierung. Behandlung kann also als die passende Kombination des von der Klinik definierten gesunden Verhaltens mit der sozialen Schicht des Klienten aufgefaßt werden. Ebenso wie Psychotherapie das Ausmaß der Symptome bei manchen der am schwersten gestörten Klienten verringern und bei anderen verstärken kann (*Lin* und *Standley,* 1962), kann auch ein milieutherapeutischer Ansatz das soziale Verhalten von Klienten aus der Mittelschicht, das leicht wieder überwiegen kann, verstärken, was zur Folge hat, daß eine Besserung der Klienten eintritt, und gleichzeitig das asoziale aber angepaßte Verhalten der Klienten aus der Unterschicht bestrafen und damit das psychotische oder zurückgezogene Verhalten stabilisieren, das zu chronischen Formen führt. Daraus läßt sich folgern, daß Chronizität ein soziales Problem ist, das auf einer Kombination von schichtspezifischen Werten und früheren Verhaltensmustern zurückzuführen ist und in Form einer Behandlungsproblematik auftritt.

Es wurde noch eine weitere Klienteneigenschaft, die mit längerer stationärer Behandlung zusammenhängt, entdeckt: mangelhafte prämorbide Anpassung. Die ‚Guten' werden unabhängig von der Art der Behandlung entlassen. Man könnte daher annehmen, daß die geeignetste Rolle der Klinik bei der Behandlung von Patienten darin bestünde, Möglichkeiten zu schaffen, die das früher vorherrschende angepaßte Verhalten wieder auftreten lassen. Die Klinik könnte eine solche Rolle mit der Verwahrung erfüllen; man sollte jedoch lieber von ‚Wiederherstellung' sprechen, um das Aufkommen von Bedeutungen wie ‚Bestrafung' und andere Assoziationen, die mit Verwahrung in Verbindung gebracht werden, zu vermeiden. Die Gruppe aus jeder Schicht, die prämorbid gut angepaßt war, hat augenscheinlich das schichtspezifische richtige Verhalten entwickelt, während die Gruppe mit der mangelhaften prämorbiden Anpassung das meist nicht erreicht hat. Man könnte von den ‚Guten' jeder Schicht erwarten, daß sie in einer Situation, in der keine Eingriffe vorgenommen werden, Besserungen aufweisen, vor allem wenn diese Situation schichtspezifisch angemessen wäre, in Hinblick auf das Verhalten, das dort auftreten und geübt werden könnte. Die Klinik könnte den ‚Zeitfaktor' und das Auftreten schichtspezifischen Verhaltens dazu verwenden, dem Klienten zu ermöglichen, zu seinem früheren Organisationsniveau und dem entsprechendem Verhalten zurückzukehren. Das könnte als Versuch verstanden werden, den Faktor der Spontanremission auszunützen, indem dem Klienten Gelegenheit geboten wird, Spannungszuständen ‚auszuweichen', damit das Erregungsniveau gedämpft wird, das positive prämorbide Verhalten hervortreten und das alternative regressiv-psychotische Verhalten abklingen kann. Indem es die Klinik ermöglicht, daß früher vorherrschendes Verhalten wieder hervortreten kann, erfüllt sie die Funktion eines Sicherheitsventils in der Gesellschaft. Das Individuum, das mit bestimmten schichtspezifischen Streßzuständen nicht fertig wird und die so entstehenden Spannungen nicht ertragen kann, kann diesem Spannungszustand entgehen, indem es sich in die Klinik begibt. Wenn man den Klienten als jemand betrachtet, der das Bedürfnis hat, äußere gesellschaftliche Spannungen zu vermindern, ist es nicht notwendig, Eingriffe in das psychische System des ‚guten' prämorbiden Klienten vorzunehmen.

Es wird deshalb vorgeschlagen, daß die Aufnahmestationen der Kliniken als Wiederherstellungsstationen betrachtet werden sollten und auf soziale Bedingungen, die die früher vorherrschenden Reaktionen des Klienten mit der guten prämorbiden Anpassung wiederaufleben lassen, ausgerichtet werden sollten. Im gewissen Sinne bedeutet das die etwas modifizierte Übernahme einer medizinischen Vorstellung, nach der die natürlichen Vorgänge im Organismus eine Infektion bekämpfen können. Dieses Vorgehen wird nur für Klienten mit einer guten prämorbiden Anpassung vorgeschlagen. Die Wiederherstellungsstation müßte eine schichtspezifische Struktur aufweisen. Ein ‚guter' Klient aus der Mittelschicht würde in eine Station aufgenommen werden, in der erwartet wird, daß frühere soziale Verhaltensmuster dadurch wieder aufleben, daß im Rahmen eines milieutherapeutischen Ansatzes die Betonung auf sozialen Aktivitäten und dem Treffen von einfachen Entscheidungen liegt. Vielleicht kann es Sozialarbeitern übertragen werden, die Programme zur Organisation von Gruppenaktivitäten zu entwickeln und ständigen Kontakt mit den Angehörigen des Klienten aufrechtzuerhalten. Der Klient aus der Unterschicht würde in eine autoritärer geführten Abteilung, in der soziale Aktivitäten eine geringere und Strukturierung eine größere Rolle spielt, eingeliefert werden. Beschäftigungs- und Arbeitstherapeuten könnten für diese Unterschicht-Abteilung die wichtigsten Programme entwickeln, die die Ausübung früherer beruflicher Fähigkeiten ermöglichen.

Im Grunde würde eine solche Aufgabenteilung durch die Aufnahmestationen eine Realisation des Versuchs darstellen, die früheren Lebenserfahrungen des Klienten unter Ausschluß der umweltspezifischen Streßfaktoren wiederherzustellen. Derartig simulierte Aspekte, die durch die Aktivitäten der Wiederherstellungsabteilungen in den Vordergrund treten, würden jene Abtötung und Entpersönlichung des Klienten verhindern, die für die totale Institution typisch ist (*Goffman*, 1961). Es wäre nicht das Ziel des Programms zu lehren, sondern früher vorhandenes, prämorbides Verhalten so zu praktizieren, daß es wieder überwiegen kann. Die Lebensbedingungen, Unterhaltung, Entspannungsmöglichkeiten sollten denen der jeweiligen sozialen Schicht so weit wie möglich entsprechen. Klienten, die möglicherweise andere Lebensstile als die ihrer sozialen Schicht bevorzugen, könnten in eine andere schichtspezifisch ausgerichtete Abteilung verlegt werden. Zum Beispiel würde der Klient aus der Unterschicht, der sich an der Mittelschicht orientiert, zunächst, in Hinblick auf seinen Beruf und seine Bildung, der Unterschicht zugeordnet werden; wenn es sich aber herausstellt, daß seine früheren Verhaltensweisen ihn als sozialen Aufsteiger ausweisen, könnte er in eine passendere Abteilung verlegt werden. Die Klassifizierung von Klienten nach sozialer Schicht, die von Bildungsniveau und Beruf bestimmt wird, scheint ein recht zuverlässiges Kriterium darzustellen; sie ist aber möglicherweise kein valider Indikator für jene früheren Interessen und Aktivitäten, die die Wiederherstellungsabteilungen zu rekonstruieren versuchen. Wenn es sich zeigt, daß solche Kriterien für das früher vorherrschende Verhalten nicht relevant genug sind, kann man sich auf andere frühere Erfahrungen beziehen. Das Ziel der Klassifizierung wäre, den Klienten in solche Abteilungen einzuweisen, die Situationen simulieren, in denen das früher vorherrschende zwischenmenschlich soziale oder asoziale Verhalten aufgetreten ist. Wenn es gelänge, andere Klassifikationssysteme zu entwickeln, die in Hinblick auf die Zuordnung von Klienten zu Gruppen valider wären, sollten sie auch angewendet werden. Die gegenwärtige Klassifikationsmöglichkeit nach prämorbider Anpassung und sozialer Schicht bietet sich als System lediglich deshalb an, weil sie als solches eine gewisse Einfachheit und Effektivität aufweist.

Der prämorbid mangelhaft angepaßte Klient würde in Übereinstimmung mit unserem zweiten Ziel, neue Fähigkeiten zu lehren, in Abteilungen aufgenommen werden, in denen aktivere Behandlungsformen angewandt werden. Auch die ‚Guten' aus der Unter- und Mittelschicht, die nach kurzem Aufenthalt in der Wiederherstellungsabteilung keine Besserung zeigen, sollten in solche Abteilungen aufgenommen werden. Die intensiven Behandlungsformen der Lehrabteilungen würden nicht nur versuchen, psychologische Prozesse zu modifizieren, sondern auch die sozialen Prozesse der Kolonisation (colonization; *Goffman*, 1961) zu verhindern. Sie würden auch mit dem Ziel eingesetzt, die Spannungen, die üblicherweise zwischen der Außenwelt und der Klinik entstehen, wenn die Klienten erleben, wie relativ bequem, problemlos und angenehm das hospitalisierte Leben gegenüber den negativen Erfahrungen im Leben in der Unter- und Mittelschicht ist, bewußt zu machen. Denn es besteht die Gefahr, daß durch die Entfernung negativer Aspekte aus den Behandlungsprogrammen und durch eine Zunahme der positiven Leistungen der Prozeß der Kolonisation gefördert wird. Wenn ein Klient jedoch in eine Abteilung für intensive Behandlung verlegt wird, tritt das Gegenteil ein: Eine Entlassung wird aufgrund des psychischen Drucks, den das Personal, das die intensiven Behandlungen durchführt, ausübt, als positiver betrachtet. *Magaro* (1970) stellte fest, daß intensiv behandelndes Personal mehr chronisch ‚kranke' Klienten entläßt, als das Personal einer Verwahrungsabteilung, das mehr akute Fälle entläßt. Diese Ergebnisse lassen vermuten, daß der chronisch ‚kranke' Klient den Behandlungsdruck von seiten des Personals nicht ertragen konnte und die Klinik verließ, um einer Behandlung zu entgehen, denn es wurde ihm ja unmöglich gemacht, sich zurückzuziehen oder sich ‚institutionalisiert' zu verhalten.

Die Abteilungen für intensive Behandlungen würden auch schichtspezifisch ausgerichtet sein. Die Abteilung für intensive Behandlung von Unterschichtsangehörigen wäre handlungs- und wirklichkeitsorientiert, die Modifikation spezifischer Verhaltensweisen würde betont werden. Verhaltensmodifikatorische Programme wären auf dieser Ebene am geeignetsten; neben der sozialen Schicht müßte dabei jedoch auch das Ausmaß der Störung berücksichtigt werden. In der Tat kann die Kategorie der sozialen Schicht bei Klienten mit einer mangelhaften prämorbiden Anpassung manchmal nicht mehr relevant sein, was zum Beispiel *Magaro* (1967) für das Lösen von experimentellen Aufgaben oder Testaufgaben nachgewiesen hat. In solchen Fällen können andere Kriterien die Wirksamkeit der Behandlung besser vorhersagen. Wenn einmal die grundlegenden angepaßten Verhaltensmuster gelernt worden sind, können auch berufliche Fähigkeiten erlernt werden. Die Abteilung mit intensiver Behandlung für die Mittelschicht könnte sozial orientiert sein, Psychotherapien, einschließlich Gruppen- und Familientherapien, könnten angewendet werden. Es könnte auch die Anwendung eines milieutherapeutischen Ansatzes versucht werden, der Gruppenprozesse und Bedürfnisstrukturen, wie sie im unangepaßten Verhalten vorhanden sind, in den Mittelpunkt stellt.

Die Abteilung mit intensiver Behandlung würde die größte Konzentration von fachlich qualifiziertem Personal aufweisen und relativ zur Anzahl der Klienten am meisten Personal haben. Diese Personalkonzentration in den Abteilungen mit intensiver Behandlung würde überhaupt erst dadurch entstanden sein, daß die Aufnahmeabteilungen wenig Personal benötigten. Die üblichen Behandlungsinstitutionen, vor allem die staatlichen Kliniken, leiden meist an Personalmangel; der Ansatz, der hier vorgeschlagen wird, ermöglicht, bei voller Berücksichtigung der Bedürfnisse des Klienten, einen effektiveren Einsatz des Personals.

Die schon traditionelle Prozedur, nach der die Klienten von personalintensiven und behandlungsintensiven Aufnahmeabteilungen in Verwahrungsabteilungen mit wenig Personal verlegt werden, würde tatsächlich umgekehrt werden. Die herkömmlichen Verwahrungsabteilungen würden zu Lehrstationen, in denen neue Verhaltensweisen gelernt würden, während die Aufnahmeabteilungen dazu da wären, Verhalten, das früher bereits vorhanden war, wieder auftreten zu lassen.

Es ist das Ziel des hier vorgeschlagenen Behandlungsansatzes, die Behandlungsmethoden auf differenzierte Weise anzuwenden. Die Eigenschaften des Klienten bilden dabei den Ausgangspunkt für die Behandlung, und nicht die gegenwärtige Vorstellung von Behandlung, der sich der Klient wohl oder übel anzupassen hat. Das dargestellte Modell empfiehlt, daß die Zuordnung zu einer Abteilung aufgrund der prämorbiden Anpassung und der sozialen Schicht erfolgen sollte. Alle ‚Guten' würden in Wiederherstellungsabteilungen eingewiesen werden. Die ‚Guten' aus der Mittelschicht würden in ein strukturiertes Milieuprogramm und die ‚Guten' aus der Unterschicht würden in ein strukturiertes Beschäftigungsprogramm aufgenommen werden. Wenn innerhalb kurzer Zeit keine Besserung zu verzeichnen wäre, würde eine Überweisung in eine Abteilung mit intensiver Behandlung erfolgen. Die ‚Schlechten' aus Mittel- und Unterschicht würden sofort in solche Abteilungen überwiesen werden. In der Intensivabteilung, in der die ‚Schlechten' aus der Unterschicht zusammengefaßt wären, könnte man ein verhaltensmodifikatorisches Programm durchführen, in dem eine autoritäre Struktur mit konkreten Verstärkungen beibehalten würde. Die Abteilung mit intensiver Behandlung für Mittelschichtklienten würde sich mehr mit dynamischen Aspekten, sozialen Fähigkeiten und – im Rahmen eines weniger strukturierten Milieuprogramms – mit verbaler Orientierung befassen. Wenn ein solches Klassifikationssystem sich nicht als produktiv in dem Sinne erweist, daß es zur Besserung von Klienten beitragen kann, dann sollten andere Klassifikationssysteme konstruiert und in der Praxis geteset werden. Da die Abteilungen voneinander getrennt wären und nach definierten Behandlungsprogrammen arbeiten würden, könnte man Daten über die Wirksamkeit jedes Behandlungsprogramms in Hinblick auf Klienteneigenschaften sammeln. Jene Eigenschaften der Klienten, die in Zusammenhang mit der Entlassung stehen, würden dann die Grundlage für weitere Klassifikation und Maßschneiderung bilden. Das vorgebrachte Modell zielt im wesentlichen darauf ab zu verhindern, daß die gegenwärtigen therapeutischen Modelle wichtiger werden als die Eigenschaften des Individuums, für dessen Behandlung sie entwickelt wurden.

Man bekommt manchmal den Eindruck, daß die Suche nach ‚der Behandlung' zur Folge gehabt hat, daß Behandlungen als unwirksam abgeschrieben wurden, bevor man sie auf geeignete Weise bei jenen bestimmten Klienten, für die sie entwickelt wurden, überprüft hatte. Ein therapeutischer Erfolg wird gemeldet; die Methode wird sofort und wahl- und kritiklos angewendet; natürlich versagt sie. Die voreilige Anwendung und Beurteilung einer therapeutischen Technik entspricht dem hypothetischen Fall bei der Entwicklung eines Medikaments, das man herstellt, um eine bestimmte Krankheit zu heilen, es dann aber bei allen Krankheiten anwendet und es schließlich als Schwindel betrachtet, wenn es versagt. Der vorliegende Beitrag ist ein Versuch, zu einer Klassifizierung der Klienten zurückzukehren und die Behandlung nach diagnostischen Kategorien maßzuschneidern, die so präzise wie möglich gefaßt sind, damit die relativen Auswirkungen von vielen Therapien auf jede Kategorie beobachtet werden können.

Literatur

Braginsky, B. M. Grosse, M. und *Ring, K.* Controlling outcomes trough impressionmanagement. An experimental study of the manipulative tactics of mental patients. Journal of Consulting Psychology, (1966) **30,** 295–300.

Brill, N. Q. und *Storrow, H. A.* Social class and psychiatric treatment. Archives of General Psychiatry, (1960) **3,** 340–344.

Burgess, E. W. Mental health in modern society. In *A. M. Rose* (Ed.), Mental health and mental disorder. (New York: Norton, 1955), 212.

Cumming, J. und *Cumming, E.* Ego and Milieu. (New York: Atherton, 1962).

Davis, K. Mental hygiene and the class structure. Psychiatry, (1938) **1,** 55–65.

Dohrenwend, B. A. und *Dohrenwend, B. P.* Field studies of social factors in relation to three types of psychological disorders. Journal of Abnormal Psychology, (1967) **72,** 369–378.

Eysenck, H. J. The effects of psychotherapy. In *H. J. Eysenck* (Ed.), Handbook of abnormal psychology. (New York: Basic Books, 1961), 697–725.

Faris, R. E. und *Dunham, H. N.* Mental disorders in urban areas: An ecological study of schizophrenia and other psychoses. (Chicago: University of Chicago Press, 1939).

Freeman, H. E. und *Simmons, O. G.* The mental patient comes home. (New York: Wiley, 1963).

Goffman, E. Asylums. (Chicago: Aldine, 1961).

Gruenberg, F. M. Community conditions and psychosis of the elderly. American Journal of Psychiatry, (1954a) **110,** 888–896.

Gruenberg, F. M. The epidemiology of mental disease. Scientific American, (1954 b).

Gursslen, O. R. Hunt, R. G. und *Roach, J. L.* Social class and the mental health movement. Social Problems, (1959–1960) **7,** 210–218.

Haase, W. The role of socioeconomic class in examiner bias. In *F. Riessmann, J. Cohen* und *A. Pearl* (Eds.), Mental health of the poor. (Glencoe, N. Y.: The Free Press of Glencoe, 1964).

Hobbs, N. Mental health's third revolution. American Journal of Orthopsychiatry, (1964) **34,** 822–833.

Hollingshead, A. B. Two factor index of social position. Mimeographed copy, (Yale University, 1960).

Hollingshead, A. B. und *Redlich, F. C.* Social class and mental illness. (New York: Wiley, 1958).

Isreal, R. N. und *Johnson, N. A.* Discharge and readmission rate in 4,254 consecutive first admissions for schizophrenia. American Journal of Psychiatry, (1956) 112.

Jones, M. The therapeutic community. (New York: Basic Books, 1953).

Kelly, F. E. Research in schizophrenia: Implication for social workers. Social Work, (1965) **10,** 32–44.

Kohn, M. L. Social class and parent-child relationships: An interpretation. American Journal of Sociology, (1963) **68,** 471–480.

Kornhauser, A. Toward an assessment of the mental health of factory workers: A Detroit study. In *F. Riessman, J. Cohen* und *A. Pearl* (Eds.), Mental health of the poor. (Glencoe, N. Y.: The Free Press of Glencoe, 1964), 49–56.

Langner, T. Comparison of experience and behavior of lower and higher status groups: Findings and hypotheses. In Life stress and mental health. (Glencoe. N. Y.: The Free Press of Glencoe, 1964) 49–56.

Levinson, D. J. und *Gallagher, E. B.* Patienthood in the mental hospital. (Boston: Houghton-Mifflin, 1964).

Lin T. und *Standley, C. C.* The scope of epidemiology in psychiatry. Public Health Papers, **16,** World Health Organization. Geneva, (1962).

Magaro, P. A. Perceptual discrimination in schizophrenics as a function of censure, social class, and premorbid adjustment. Journal of Abnormal Psychology, (1967) **72,** 415–420.
Magaro, P. A. A reliability and validity study of the process-reactive self-report scale. Journal of Consulting Psychology, (1968) **32,** 482–485.
Magaro, P. A. und *Giardina, P.* Comparing custodial and democratic treatment programs. Hospital and Community Psychiatry, (1970) **21,** 118–119.
Miller, S. M. und *Mishler, E. G.* Social class, mental illness and American psychiatry: An expository review. Milbank Memorial Fund Quarterly, (1959) **37,** (2), 171–199.
Miller, S. M. The American lower classes: A typological approach. In *E. Riessman, J. Cohen* und *A. Pearl* (Eds.). Mental health of the poor. (Glencoe. N. Y.: The Free Press of Glencoe, 1964), 139–154.
Mishler, E. G. und *Scotch, N. A.* Sociocultural factors in the epidemiology of schizophrenia: A review. Pschiatry, (1963) **26,** 315–351.
Myers, J. K. und *Roberts, B. H.* Family and class dynamics in mental illness. (New York: Wiley, 1959).
Overall, B., und *Aronson, H.* Expectations of psychotherapy in patients of lower socioeconomic class. American Journal of Orthopsychiatry, (1963) **33,** 421–430.
Pasamanick, B., Roberts, D. N., Lemkau, P. N. und *Krueger, D. B.* A summary of mental disease in an urban population: Prevalence of race and income. In *H. Nussbaum* (Ed.), Epidemiology of mental disorders. Washington, D. C.: American Association for the Advancement of Science, (1959).
Phillips, L. Case history data and prognosis in schizophrenia. Journal of Nervous and Mental Disease, (1953) **17,** 515–525.
Riesman, D., Glazer, N. und *Denny, R.* The lonely crowd. (New Haven: Yale University Press, 1950).
Riessman, F., Chohen, J. und *Pearl, A.* Mental health of the poor. (Glencoe, N. Y.: The Free Press of Glencoe, 1964).
Rin, H. und *Lin, T.* Mental illness among Formosan aborigines as compared with the Chinese in Taiwan. Journal of Mental Science, (1962) **108,** 134.
Ruesch, M. P. The disadvantaged child and the learning process. In *A. H. Passon* (Ed.), Education in depressed areas. (New York: Columbia University Teacher's College. Bureau of Publications, 1963), 163–179.
Schaffer, L. und *Myers, J. K.* Psychotherapy and social stratification: An empirical study of practice in a psychiatric outpatient clinic. Psychiatry, (1954) **17,** 83–93
Ziegler, F. und *Phillips, L.* Social competence and the process-reactive distinction in psychopathology. Journal of Abnormal and Social Psychology, (1962) **65,** 215–222.
Zolik, E. S., Lantz, E. M. und *Busiel, G. J.* The „new look" in mental hospital programs as reflected in patient return rates, Paper presented at the American Psychological Association Convention, (New York, 1966).

3.2. In Richtung auf ein flexibles bzw. personenbezogenes System der Psychotherapie*)

A.A. Lazarus

Nichts klappt. Meine Frau hat mich verlassen und ich bin drauf und dran, meine Stelle zu verlieren. Ich trinke zuviel und rauche zuviel. Ich bin nur noch ein Nervenbündel. Ohne sichtbaren Grund bekomme ich Schweißausbrüche, fange innerlich zu zittern an, fühle mich schwindlig und mein Kopf ist wie eingeschnürt. Manchmal denke ich daran, mich umzubringen. Ich komme nicht vom Fleck. Die meiste Zeit weiß ich nicht mal, wer ich bin. Manchmal, während ich irgendwas tue, bekomme ich ein komisches Gefühl, so als ob ich mich selber beobachte. Ein anderes Mal klopft das Herz so wild, daß ich mehr und mehr Angst bekomme. Ich dachte, daß etwas mit meinem Herzen nicht in Ordnung ist, aber der Arzt hat gesagt, alles ist o. k. Aber manchmal, wenn ich wieder Schmerzen in der Brust habe, denke ich, da muß doch was sein.

Was hier geschildert werden sollte, ist ein klinisches Syndrom, das nicht selten vorkommt. In psychiatrischen Kreisen würde man dazu neigen, es mit dem Etikett ‚Angsthysterie' bzw. ‚hysterische Angst' oder vielleicht ‚beginnende Psychose', mit oder ohne Zusatzbezeichnungen wie ‚milde Form der Melancholie (minor melanchia)', ‚Entpersönlichung', ‚Hyperventilation' oder ‚Hypochondrie' zu versehen. Aber diagnostische Etikette geben ebensowenig Hinweise auf antezedente Faktoren, wie für die Durchführung der Therapie. Außerdem ist es nicht leicht, zwischen unabhängig voneinander gefällten Diagnosen mehr als nur begrenzte Übereinstimmung zu finden, und zwar ganz abgesehen von den Kenntnissen und Fähigkeiten der jeweiligen Diagnostiker. Die meisten wären jedoch ganz unabhängig davon, ob das diagnostische Etikett nun richtig oder falsch ist, der Meinung, daß es wünschenswert wäre, diesem unglücklichen Menschen zu helfen, ‚sich selbst zu finden', eine wirklich glückliche Ehe zu führen und Befriedigung in seiner Arbeit zu finden, ein erfülltes Leben zu leben, und sich endgültig von den Symptomen zu befreien, die ihn quälen. Wie aber kann man das erreichen? Soll man bei ihm eine Psychoanalyse, eine Psychosynthese, eine Leukotomie, eine Hypnose, eine Beruhigungstherapie (tranquilize) oder eine stationäre Behandlung durchführen? Trotz der häufigen Lippenbekenntnisse, die den Unterschieden erwiesen werden, neigen viele Psychotherapeuten zu einer partiellen, wenn nicht totalen Verallgemeinerung, die mit Fakten überhaupt nicht belegt werden kann. Einige Therapeuten sind der Überzeugung, daß die Leute selbst ihre Probleme lösen müßten und daß jede Intervention seitens des Therapeuten sich unvermeidlich als antitherapeutisch herausstellen wird. Solche Kliniker vermeiden es peinlich, irgendeinen Rat zu geben, in irgendeiner Weise die Führung zu übernehmen oder den Klienten gar durch Rückversicherungen zu ermuntern. Im Gegensatz dazu meinen andere Therapeuten, die sich als ‚Lebensexperten' verstehen und Psychotherapie vorwiegend als Umerziehung begreifen,

---

*) Aus *A. A. Lazarus, Behavior Therapy and beyond,* (New York, McGraw-Hill, 1971) S. 31–47. Copyright 1971 bei McGraw-Hill Inc. Nachdruck mit Genehmigung von McGraw-Hill Book Company.

daß sie ihren Lebensunterhalt nur durch aktive Manipulation, Formung (shaping) und Verstärkung des Verhaltens ihrer Klienten verdienen können.

Gibt es den ‚besten' oder ‚richtigen' Weg, auf dem man innerlich ruhig statt unruhig, glücklich statt unglücklich wird? Einige Therapeuten, die ein Glaubensverhältnis zu einer Therorie haben, bestehen darauf, daß ihr Weg die einzige Methode darstelle, nach der man der Psychotherapie vorgehen könne. So haben mir Kollegen mitgeteilt, daß ihrer Ansicht nach „keine Therapie als abgeschlossen zu betrachten ist, wenn der Klient nicht eine umfassende Einsicht in seine inzestuösen Wünsche erlangt hat", oder „jede Behandlung, die den vitalen Ausdruck von Haß und Wut nicht mit einbezieht, bestenfalls eine ‚halbgare' Angelegenheit ist" und „eine Therapie, an der nicht die ganze Familie teilnimmt, als einseitig und unvollständig zu betrachten ist". In jüngerer Zeit hat man mir gesagt, daß der Klient bei jeder Behandlungsmethode, die systematische Desensiblisierung nicht mit einbezieht, mit Sicherheit überempfindlich gegenüber harmlosen Reizen bleiben wird.

Die Annahme, die hier das ganze Buch hindurch explizit vertreten wird, ist, daß das Sprichwort „Des einen Brot ist des anderen Tod"*) für den Bereich der Psychotherapie von besonderer Bedeutung sei. Eine weitere explizite Annahme ist die Behauptung, daß die ‚beste' jene sei, die im Einzelfall hilft. Deshalb wird es als sehr wichtig erachtet, daß jeder individuelle Klient der Therapie und dem Therapeuten, die für ihn am geeignetsten sind, zugeordnet wird. In dieser Hinsicht sind die wichtigsten Eigenschaften über die ein Psychotherapeut, der effektiv arbeiten will, verfügen muß, *Flexibilität* und *Vielseitigkeit.* Das setzt die Fähigkeit voraus, viele Rollen spielen und anwenden zu können, um so die Therapie den Bedürfnissen und Eigenarten jedes Klienten anzupassen. Therapeuten, die Lieblingstheorien oder besonders bevorzugte Techniken haben, bringen es meistens zuwege, die Probleme des Klienten im Rahmen ihrer speziellen Behandlungsmethoden einzuordnen – zumindest sind sie subjektiv davon überzeugt, daß es ihnen gelingt.

Zum Beispiel hat die Tatsache, daß es bei Interviews, die sich auf bestimmte Probleme konzentrieren, oft möglich ist, vage und verworrene klinische Probleme auf spezifische Bereiche der Überempfindlichkeit zu beziehen, dazu geführt, daß manche Therapeuten (z. B., *Wolpe,* 1964, 1969) davon überzeugt sind, daß fast alle komplexen Neurosen nur Cluster von phobieähnlichen Reaktionen sind. Diese rigide und allzu vereinfachte Auffassung von menschlichem Verhalten birgt die Gefahr in sich, daß wichtige strukturelle Probleme, die unabhängig davon und auf einer Ebene behandelt werden sollten, die ihnen eigen ist, übersehen werden (*Lazarus,* 1968). Betrachten wir den folgenden Auszug aus einem keineswegs typischen klinischen Interview, in dem die Problemorientierung bei einer einfachen Phobie ansetzte und zu der Aufdeckung komplexer Lebensprobleme führte.

3.2.1. Die ‚Brückenphobie'

Klient: Ich habe Angst davor, Brücken zu überqueren.
Therapeut: Haben Sie andere Ängste oder Schwierigkeiten?
Klient: Nur die Komplikationen, die durch meine Angst vor Brücken entstehen.
Therapeut: Nun, wie hat sich das auf Ihr Leben ausgewirkt?
Klient: Ich mußte eine ausgezeichnete Stellung in Berkeley aufgeben.
Therapeut: Wo wohnen Sie?
Klient: In San Francisco.
Therapeut: Warum sind Sie denn nicht nach Berkeley umgezogen?
Klient: Ich wohne lieber in der Stadt.
Therapeut: Um hierher, in dieses Institut zu kommen, mußten Sie die Golden-Gate-Brücke überqueren.

---

*) Das amerikanische Sprichwort heißt im Original: "One man's meat is another man's poison".

Klient: Ja, ich war bei einem Arzt in San Francisco. Er hat versucht, mich zu desensibilisieren, aber es hat nicht geholfen, also sagte er mir, ich sollte zu Ihnen gehen, weil Sie mehr von dieser Art von Behandlung verstehen. Wenn ich meine Frau und meine Kinder bei mir habe, ist es nicht ganz so schlimm. Aber trotzdem, die Golden-Gate-Brücke, die ja etwa eine Meile lang ist, ist meine obere Grenze. Kommen Sie denn zum Therapieren auch in die Stadt?

Therapeut: Nein, aber erzählen Sie mir doch mal, wie lange Sie dieses Problem schon haben?

Klient: Oh, etwa seit vier Jahren, würde ich sagen. Plötzlich war es da. Ich fuhr von der Arbeit nach Hause, und auf der Bay-Brücke ging's nur furchtbar langsam vorwärts. Plötzlich kriegte ich panische Angst, ohne irgendeinen Grund. Ich meine, sowas war mir noch nie vorher passiert. Ich hatte das Gefühl, ich würde in die anderen Autos reinfahren. Einmal war's mir sogar, als würde die Brücke zusammenbrechen.

Therapeut: Lassen Sie uns mal zu diesem ersten Erlebnis dieser panischen Angst zurückgehen. Sie sagten, daß Sie auf dem Heimweg von der Arbeit waren. Ist bei der Arbeit irgend was passiert?

Klient: Nichts besonderes.

Therapeut: Haben Sie sich bei der Arbeit wohlgefühlt?

Klient: Aber sicher doch! Ha! Ich stand sogar kurz vor 'ner Beförderung.

Therapeut: Was wäre damit verbunden gewesen?

Klient: 3000 Dollar mehr im Jahr.

Therapeut: Ich meine in bezug auf andere Arbeit.

Klient: Nun, ich wäre Abteilungsleiter geworden. Ich hätte mehr als fünfzig Leute unter mir gehabt.

Therapeut: Was für ein Gefühl hatten Sie bei dem Gedanken daran?

Klient: Wie meinen Sie das?

Therapeut: Ich meine, wie empfanden Sie die zusätzliche Verantwortung? Haben Sie das Gefühl gehabt, daß Sie das schaffen würden, daß Sie damit fertig werden würden?

Klient: Du meine Güte! Meine Frau hat unser erstes Kind erwartet. Wir haben uns auf das zusätzliche Geld gefreut.

Therapeut: Also zu der Zeit, als Sie bald Vater werden würden, sollten Sie zum Abteilungsleiter befördert werden. Also würden Sie mit zwei neuen und herausfordernden Rollen konfrontiert werden. Sie würden zu Hause Vater sein und auf der Arbeit auch den großen Vater spielen müssen. Und das war zu der Zeit, als Sie auf der Brücke Angst bekamen, und ich glaube, Sie sind doch nicht Abteilungsleiter geworden.

Klient: Nein, ich mußte eine Versetzung in die Stadt beantragen.

Therapeut: Jetzt denken Sie mal genau über diese Frage nach. Waren Sie jemals in einen Unfall auf oder in der Nähe einer Brücke verwickelt, oder haben Sie jemals einen schweren Unfall auf oder in der Nähe einer Brücke gesehen?

Klient: Ich kann mich nicht erinnern.

Therapeut: Arbeiten Sie noch immer für die gleiche Firma?

Klient: Nein, ich bekam ein besseres Angebot, mehr Geld, von einer anderen Firma in der Stadt. Da bin ich jetzt schon fast $1^1/_2$ Jahre.

Therapeut: Verdienen Sie jetzt mehr oder weniger Geld, als Sie in Berkeley bekommen hätten?

Klient: Etwa dasselbe. Aber die Preise sind gestiegen, so daß es am Ende weniger ist.

Therapeut: Wenn Sie die Brückenphobie nicht bekommen hätten und in Berkeley Abteilungsleiter mit 3000 Dollar mehr geworden wären, wo, glauben Sie, wären Sie jetzt?

Klient: Noch immer in Berkeley.

Therapeut: Immer noch Abteilungsleiter? Mehr Geld?

Klient: Was soll's! Wer weiß? (lacht) Vielleicht wär' ich Vizepräsident geworden.

Therapeut: Und was wäre damit verbunden gewesen?

Klient: Ich mach' nur Spaß. Aber es hätte sein können.

In diesem Fall beschäftigte sich die Therapie weniger mit der Brückenphobie an sich, sondern arbeitete vielmehr die Vorgeschichte des Klienten auf. Er war der Jüngste von fünf Kindern und hat immer dazu geneigt, das Urteil seiner Mutter anzunehmen, daß er es, im Gegensatz zu seinen hochintelligenten Brüdern, zu nichts bringen würde. Eine Desensibilisierung wurde in der Tat durchgeführt, aber nicht in bezug auf Brücken. Es wurde eine Hierarchie der wirklichen oder nur eingebildeten herabsetzenden Äußerungen seiner Mutter aufgestellt, und der Klient wurde diesen verletzenden Unterstellungen gegenüber immunisiert. Dazu kam ein Selbstsicherheitstraining. Als er Vertrauen zu seinen eigenen Fähigkeiten gewann, verschwand seine Brückenphobie genauso plötzlich, wie sie gekommen war.

Man könnte behaupten, daß die Brückenphobie des Klienten sich aufgrund eines Konditionierungsprozesses, den *Rachman* (1968, S. 27) als die Ursache aller Phobie betrachtet, entwickelt hatte. Ein Behaviorist, mit dem ich den Fall diskutierte, behauptete, der Mann habe Angst vor seiner Zukunft gehabt, und diese Ängste seien *zufällig in dem Augenblick* ausgebrochen, als er eine Brücke überquerte. Er fügte hinzu, daß Brücken infolgedessen mit einem hohen Angstpotential besetzt wurden und daß die Vermeidung von Brücken durch den Klienten die Löschung seiner Ängste verhinderte. Aber was vermied er in Wirklichkeit? Brücken an sich? Und war der erste Angstanfall auf der Brücke wirklich Zufall? Diente seine Brückenphobie nicht vielmehr dazu, den vollen Ausdruck seiner Unsicherheit und Unzulänglichkeit bezüglich seiner Arbeit, seiner Kompetenz, seinen Verpflichtungen und Leistungen zu verdrängen? Weshalb verschwand die Phobie, sobald diese grundlegenden Ängste überwunden wurden? Diese Fragen zeigen die Unzulänglichkeiten peripherer S-R-Lerntheorien auf, wie sie in Kapitel I behandelt wurden.

3.2.2. Die Suche nach dem geeigneten Therapeuten und der geeigneten Therapie

Der Prozentsatz an Klienten, die in dem Sinne entgegenkommend sind, daß sie sich beeinflussen lassen, ist hoch. Diejenigen, die bei Freudianern landen, erbringen, vor allem in ihren Träumen, ‚Beweise' für infantile Sexualität; während die Analysanden von Jungianern ihre Analytiker schließlich von der Existenz eines kollektiven Unbewußten (racial unconsciousness) überzeugen. Klienten, die Wolpeaner aufsuchen, sind fast immer phobisch und hypersensitiv. Mit anderen Worten: Wenn ein Therapeut eine bestimmte theoretische Richtung, gleich welcher Art, stark bevorzugt, dann wird er ganz unbeabsichtigt seine Klienten so beeinflussen, daß sie auf eine Weise reagieren, die seine eigenen theoretischen Annahmen ‚bestätigt'. Das trifft sogar auf sehr extreme, weit hergeholte Überlegungen zu. Zum Beispiel behaupteten ein Mystiker und seine Klienten, die ich kannte, daß sie unabhängig voneinander die Ursachen ihrer Schwierigkeiten in Handlungen erkannt hatten, die sie während früherer Leben ausgeführt hatten, und daß diese Erkenntnisse nicht durch offene, suggestible Andeutungen ihres „Guru" beeinflußt worden waren. Die Untersuchungen über verbale Konditionierung (*Krasner,* 1958; *Krasner* und *Ullmann,* 1965) – und vor allem der Nachweis von *Truax* (1966), daß ein klientenzentrierter Therapeut wie *Carl Rogers* die Wahrnehmung seines Klienten mittels selektiver Verstärkung unbewußt formt und beeinflußt – zeigen, wie stark subtile Hinweisreize das Verhalten beeinflussen können.

Das Problem besteht darin, daß Therapeuten, die über keine ausgeprägten offensichtlich charismatischen Fähigkeiten verfügen, trotzdem aber imstande sind, bei einigen ihrer Klienten optimistische Gefühle zu wecken, wahrscheinlich genügend intermittierende Verstärkung erhalten, um es weiter hinter ihren Schreibtischen auszuhalten. Diese Faktoren sind vermutlich für die gegenwärtige Zunahme und Verbreitung von Systemen und psychotherapeutischen Schulen verantwortlich. Die Größen ihres Faches haben jeweils ihren eigenen Ansatz nachdrücklich gelobt und alle anderen herabgesetzt. Jedoch konnten die Behauptungen, daß eines der psychotherapeutischen Systeme – einschließlich der Verhaltenstherapie – allen anderen überlegen sei, noch nicht wissenschaftlich verifiziert werden. Auch wenn es sich zeigen würde, daß eine bestimmte therapeutische Methode allen anderen überlegen wäre, könnte sie sich dennoch für jene Individuen als ungeeignet erweisen, deren Rehabilitation die Anwendung bestimmter Methoden verlangt, die nur von den im allgemeinen weniger erfolgreichen therapeutischen Schulen praktiziert werden. Zum Beispiel haben bestimmte Personen ein derartig starkes Bedürfnis nach der Interpretation ihrer Träume oder danach, in einem Orgon-Kasten zu sitzen, daß nur aufrichtige Anhänger dieser Kulte bei ihnen Fortschritte erzielen werden (aber die wirklichen Ursachen für diese Fortschritte sind dann nicht notwendigerweise jene, die der Praktiker ihnen zuschreibt).

In Anbetracht des bisher Gesagten sollten diejenigen, die Psychotherapie durchführen, seien sie Psychiater, Psychologen, Sozialarbeiter, Geistliche, Lehrer, Krankenpfleger, Berater oder begabte Laien, dazu ausgebildet werden, (1) die grundlegenden Probleme des Klienten schnell zu erkennen, (2) festzustellen, welcher Weg *für dieses Individuum* wahrscheinlich der beste zur Lösung seiner Probleme ist und (3) auf fachlich qualifizierte Weise die notwendigen Verfahren anzuwenden oder den Klienten an geeignete Stellen zu überweisen. Das ist einleuchtend und einfach genug, aber leider wird diese logische Sequenz von einem großen Teil der heutzutage praktizierten Psychotherapien nur allzuselten befolgt. Statt dessen ist es wahrscheinlich, daß die Problemidentifikation fast nur von der Orientierung des Therapeuten abhängt. Wir haben bereits die einseitigen Standpunkte mancher (nicht aller) Psychoanalytiker, nichtdirektiven Therapeuten, operanten Konditionierer und Familientherapeuten erwähnt. Die Tendenz, einen Teil der Wahrheit zu erfassen und ihn als die ganze Wahrheit anzusehen, ist nicht nur bei diesen Schulen zu finden.

Wie soll der aufrichtige und engagierte Kliniker angesichts all dieser einander widersprechenden Theorien und Methoden vorgehen? Er kann es sich nicht leisten, seine Diagnosen und Therapien solange einzustellen, bis die Fortschritte in der Neurophysiologie, Biochemie und Genetik es ermöglichen, ihm einen Großteil der Antworten geben, die er heute schon braucht. Er kann sich auch nicht ausschließlich auf die Forschungslabors der experimentellen Psychologie verlassen, denn die klinischen Praktiker haben bis heute sehr wenig therapeutische ‚Munition' aus Laboratoriumsuntersuchungen erhalten. Er kann sich jedoch auf einige anerkannten Grundsätze beziehen und seine eigenen Erfahrungen, Erkenntnisse und Methoden in einen weitgefaßten theoretischen Rahmen einordnen, während er ständig nach neuen empirischen Daten sucht, die seine therapeutische Effektivität erhöhen und die Validität seiner Theorien überprüfen können. Ein großer Teil dieses Buches wird sich mit der stufenweisen Beschreibung von Methoden und Techniken befassen, denn von der fachlich qualifizierten Anwendung geeigneter Techniken durch mitfühlende, offene und flexible Kliniker hängt es ab, ob eine Therapie erfolgreich ist oder mißlingt. Es wird hier explizit angenommen, daß eine gute therapeutische Beziehung, also ein ehrliches Verhältnis zwischen Klient und Therapeut, meistens notwendig ist, oft aber nicht ausreicht, um eine tiefgehende und dauerhafte Verhaltensänderung zustande zu bringen.

Dieser Standpunkt steht für eine wirklich ‚personalistische Psychotherapie'. Während man allgemeine Grundsätze berücksichtigt (z. B. die Feststellung von *Truax* und *Carkhuff* (1967), daß wirksam behandelnde Therapeuten im genau richtigen Maß Empathie, Wärme und Echtheit aktualisieren), sollte man nach den individuellen Ausnahmen von diesen allgemeinen Regeln Ausschau halten – z. B. nach jenen Fällen, die ungünstige Reaktionen auf Wärme oder Empathie zeigen und die distanzierter, objektiver und pragmatischer, ja, geschäftsmäßiger Interaktionen bedürfen. Wie bereits erwähnt wurde, sind *Flexibilität* und *Vielseitigkeit* innerhalb dieses Systems die Hauptbestandteile einer rationellen und wirksamen therapeutischen Interaktion. *Yates* (1970, S. 380) betont in seinem wissenschaftlich wertvollen Buch über die theoretischen Aspekte der Verhaltenstherapie, daß „jede Abnormalität des Verhaltens ein neues Problem darstellt, insofern muß jeder Klient als ein eigenständiges Subjekt experimenteller Untersuchungen betrachtet werden".

Fast allen Therapeuten sind Fälle bekannt, bei denen ihre therapeutischen Bemühungen keine Auswirkungen zeigten und die auch bei Kollegen der gleichen oder sogar einer anderen Richtung keine Besserung zeigten, deren emotionelles Leiden aber abrupt und oft auf dramatische Weise aufhörte, als sie zu einem Chiropraktiker gingen, zu jemandem, der geschickt ihr Rückgrat behandelte, zu jemandem, der ihren Dickdarm ausspülte oder zu jemandem, der ihnen Kräutermixturen vorschrieb. Unsere diagnostischen Interviews sollten es uns ermöglichen festzustellen, ob für den vorliegenden Fall ein paar kurze Entspannungsübungen geeigneter wären als ein ausgedehntes Selbstsicherheitstrainingsprogramm; ob längeres freies Assoziieren mehr helfen würde als eine schnelle Desensibilisierung; ob eine Reihe von spiritistischen Sitzungen, einigen Sitzungen mit dem Ouija-Brett, ein Yoga-Kurs oder irgendeine Kombination der bisher erwähnten sowie einiger anderer Verfahren das Geeignete wären.

Es handelt sich nicht um ein zufälliges Vorgehen nach Versuch und Irrtum, bei dem der ‚flexible Kliniker' von Mineralbädern bis Phenothiazinen alles je nach Lust und Laune verschreibt. Begründete Richtlinien und allgemeine Theorien über das menschliche Verhalten sollten dem Kliniker ermöglichen, eine Entscheidung darüber, wann und warum bestimmte Therapeuten und Therapien vorzuziehen sind, zu treffen. Betrachten wir einige Fälle, die das ganz deutlich machen:

3.2.2.1. Erstes Beispiel: Alter und Aussehen des Therapeuten

Therapeut: Frau Miller?
Klientin: Ja?
Therapeut: Tag! Ich bin Arnold Lazarus. Freut mich, Sie zu sehen. Möchten Sie lieber in diesem Sessel sitzen oder in dem da drüben?
Klientin: Der hier ist genau richtig.
Therapeut: War es schwierig, die Parxis zu finden?
Klientin: Nein, Ihre Beschreibung war ganz klar.
Therapeut: Schön. Nun, lassen Sie mich mal ein paar formelle Daten notieren, und dann können wir uns mit Ihren Problemen befassen.
Klientin: Also Sie sind Dr. Lazarus.
Therapeut: Warum sagen Sie das so?
Klientin: Oh, ich weiß nicht. Es ist nur, daß ich erwartet hab', daß Sie anders aussehen würden. Umh! (lacht) Sie sehen nicht nach einem Psychologen aus.
Therapeut: Wie meinen Sie denn, sollte ein Psychologe aussehen?
Klientin: (Lacht) Oh, ich weiß, daß es sich dumm anhört, aber ich hab' erwartet, hier einen kleinen alten Mann mit einem grauen Bart anzutreffen.
Therapeut: (Spaßhaft) Na, haben Sie nicht meine grauen Haare bemerkt?
Klientin: Oh, ich weiß, daß es albern ist ...
Therapeut: Keineswegs. Wenn Sie jemanden brauchen, der Sie auf eine besonders väterliche Art anspricht, würden Sie sich tatsächlich wohler fühlen und mehr davon haben, wenn Sie mit einem Mann, der älter ist als ich zusammenarbeiten würden, und es ist ganz richtig und klug von Ihnen, daß Sie diesen Punkt gleich am Anfang vorbringen. Schauen wir uns das mal näher an ...

Kommentar

Manche Therapeuten würden versuchen, diese Frau davon zu überzeugen, trotz oder sogar wegen ihrer Neigungen oder Vorurteile in der Therapie zu bleiben. Probleme dieser Art sollten sorgfältig exploriert werden. Für manche Personen können Worte, die von einem kleinen alten Mann mit einem langen grauen Bart gesprochen werden, zehn oder zwanzig Mal wichtiger sein als genau dieselben Äußerungen von jüngeren Männern (auch dann, wenn sie in ausgeprägtem Wiener Akzent vorgetragen werden). Wenn man dieses Beispiel wörtlich nimmt, mag es einem naiv erscheinen. Aber es soll hier nur aufgezeigt werden, wie wichtig es für Therapeuten ist, ihren eigenen ‚Verstärkungswert' für einzelne Klienten richtig einzuschätzen und zu versuchen, die Situation zu ändern, wenn negative Aspekte vorhanden sind. *Goldstein* (1970) hat mehrere ausgezeichnete Studien über „die Verbesserung der therapeutischen Beziehung" veröffentlicht, die zeigen, daß Therapeuten die ersten Sitzungen so gestalten können, daß sie ihre therapeutische Attraktivität erhöhen.

Ein spezifischeres Beispiel ist der Fall eines experimentellen Psychologen, der berichtete, daß es ihm sehr leicht fiel, das verbale Verhalten einer Gruppe von Studentinnen zu beeinflussen. Einem Kollegen von ihm gelang das jedoch nicht. Diese unterschiedlichen Ergebnisse wurden möglichen Unterschieden in den Erwartungen vor der Untersuchung, Variationen in der Intensität und zeitlichen Abstimmung der Verstärkungskontingenzen, geringen Altersunterschieden zwischen den Stichproben usw. zugeschrieben. Keine dieser Erklärungen berücksichtigte jedoch die offensichtliche Tatsache, daß der erste Versuchsleiter ein sehr charmanter und gutaussehender junger Mann mit einem sehr hohen Verstärkungspotential für junge Mädchen war – ob er nun mit den Augen zwinkerte, pfiff oder kicherte. Dagegen war der zweite, der etwas seltsam war und Pickel im Gesicht hatte, darauf angewiesen, überzeugende Techniken anzuwenden, um die Mängel seiner Persönlichkeit und seines Aussehens wettzumachen.

3.2.2.2. Zweites Beispiel: Entweder das Richtige oder gar nichts

Therapeut: Ich habe alle Fragebogen, die Sie ausgefüllt haben, ausgewertet und möchte jetzt meine Eindrücke mit Ihnen besprechen und Ihnen etwas darüber erzählen, wie wir meiner Meinung nach in der Therapie vorgehen sollten.

Klient: Ein paar Antworten waren etwas verwirrend. Ich will damit sagen, daß ich nicht für alle meine Antworten einstehen kann.

Therapeut: Das macht nichts. Ich wollte nur ein paar allgemeine Tendenzen haben. Lassen Sie mich mal erzählen, was ich aus Ihren Antworten abgeleitet habe. Es scheint mir allgemein drei Hauptbereiche von ... wie soll man das nennen ... hmm ... emotionaler Überempfindlichkeit zu geben. Erstens scheinen Sie ziemlich verkrampft im Umgang mit Frauen zu sein.

Klient: Tja, das ist nichts Neues, wenn man berücksichtigt, was ich Ihnen über meine liebe Mutter und meine Schwestern erzählt habe.

Therapeut: Richtig. Und damit sind wir beim zweiten Aspekt. Sie sind Ihrer Mutter und Ihren älteren Schwestern sehr feindlich gesinnt, aber Sie haben Ihren Groll niemals irgendeiner von ihnen gegenüber ausgedrückt. Es könnte gut sein, daß sie überhaupt keine Ahnung davon haben, wie Sie in Wirklichkeit über irgend jemanden oder irgend etwas denken. Das wäre dann gleich der dritte Faktor; Ihre allgemeine Verschwiegenheit und Ihr Mangel an Vertrauen.

Klient: Nun, ich würde sagen, Sie haben den Nagel auf den Kopf getroffen, aber ich glaube, daß es einen guten Grund für alle diese Sachen gibt ... hmm. ...

Therapeut: Sicher, aber ich würde meinen, daß es nicht nötig ist, daß wir allzuviel Zeit damit verbringen, um herauszufinden, *warum* Sie so handeln und empfinden, vielmehr sollten wir uns damit beschäftigen, *was* wir machen können, um das zu ändern.

Klient: Wie meinen Sie das?

Therapeut: Nun, wissen Sie etwas über Techniken wie Desensibilisierung, Selbstsicherheitstraining und ähnliche Methoden?

Klient: Hört sich an wie *1984* oder *Schöne Neue Welt* (Brave New World).

Therapeut: Viele Leute verstehen diese Verfahren falsch. Es handelt sich nicht um Gehirnwäsche oder irgendeine Art von Zwang. Lassen Sie mich mal ein Beispiel geben. Versuchen Sie sich so realistisch wie möglich vorzustellen, daß Sie auf einer Party sind. Schließen Sie die Augen und versuchen Sie, diese Vorstellung sehr intensiv zu erleben. Versuchen Sie sich vorzustellen, Sie wären hier, in dieser Praxis, versetzen Sie sich mitten in das Geschehen auf der Party. Versuchen Sie, die Leute zu sehen und das Stimmengewirr zu hören. Schauen Sie im Zimmer herum. Einige Leute tanzen. Sehen Sie das Bild vor sich?

Klient: Ah, ja!

Therapeut: Gut. Da sitzt ein hübsches Mädchen allein. Schauen Sie sie an. Jetzt stellen Sie sich vor, daß Sie sich vornehmen, zu diesem hübschen Mädchen hinzugehen und sie zum Tanzen aufzufordern. (Eine Pause von etwa fünf Sekunden) Wie fühlen Sie sich dabei?

Klient: Verkrampft!

Therapeut: Gut, nehmen wir mal an, daß ich mit Ihnen zunächst mal Entspannung übe, so daß Sie sich viele dieser Szenen vorstellen könnten ohne Angst zu bekommen, dann würden Sie auch bald in wirklichen Lebenssituationen sowas tun können, ohne Angst zu bekommen.

Klient: Wie ich sagte, *1984*. Oder vielleicht die Hunde von *Pawlow*. Sehen Sie, Sie sagten mir, daß ich ehrlich sein sollte. Ich kann mir vorstellen, daß diese Verfahren für manche Leute ganz prima sein würden, aber ich will die Sache richtig machen; wissen Sie, ich möchte bis zu meiner Kindheit zurückgehen und versuchen mich selbst wirklich zu verstehen und Einsicht in mich zu bekommen.

Therapeut: Schön. Um die Sache richtig anzugehen, brauche ich Ihre komplette Lebensgeschichte. Es ist notwendig, daß wir alle Ihre Beziehungen die für Sie wichtig waren, auch die Ihrer Entwicklungsjahre, analysieren und Ihre Einstellungen und Werte untersuchen ...

Klient: Und meine Träume?

Kommentar

Das weitere Gespräch deckte auf, wie sehr dieser Klient durch den ‚Freudschen Zeitgeist' konditioniert worden war. Seiner Meinung nach sollte zu einer Therapie eine Couch, freie Assoziation, tiefgehende Introspektion und Traumdeutung gehören. Jeder andere Ansatz wäre nur eine armselige Nachbildung des Originals. Es wirkt sich meist nachteilig auf die Therapie aus, wenn man argumentiert und versucht, das eigene therapeutische System an Stelle des Systems zu verkaufen, von dem der Klient überzeugt ist, daß es ihm am meisten helfen wird. Der fragliche Klient wurde dementsprechend an einen Psychoanalytiker verwiesen. Nach meinen Erfahrungen sollten Klienten, die ausdrücklich um Hypnose oder Traumdeutung oder irgendein anderes spezifisches Verfahren bitten, mit diesem selbstverordneten Verfahren behandelt werden. Oft weiß es der Klient selbst am besten. Sollte sich die von ihm ausgewählte Methode nicht als erfolgreich erweisen, hat der Therapeut bessere Möglichkeiten, um den Fall neu zu überprüfen und um Verfahren anzuwenden, die er für geeigneter hält.

3.2.2.3. Drittes Beispiel: Sie müssen sich entspannen!

Therapeut: Gut, fangen wir jetzt mit der Entspannung an. Würden Sie bitte den Sessel ganz zurückschieben, damit der ganze Körper gestützt wird?

Klientin: Mir ist noch nicht ganz klar, was Sie zum Vorfall mit dem Mann meiner Schwester gesagt haben.

Therapeut: Oh, ich dachte, wir hätten das schon erledigt. Ich finde, Sie sollten das jetzt erstmal beseite schieben.

Klientin: Ja, ich glaube, daß das das einzige ist, was ich jetzt tun kann. Gut, jetzt hab' ich ein besseres Gefühl dabei.

Therapeut: Prima. Also, schieben Sie mal den Sessel zurück und machen Sie es sich bequem. ...

Klientin: Hatte ich schon gesagt, daß Marge Sie herzlich grüßen läßt?

Therapeut: Ja, danke schön. Sie könnten es sich noch bequemer machen, wenn Sie sich weiter zurücklehnen würden.

Klientin: Finden wir heute noch die Zeit, um über etwas zu reden, was zwischen mir und der Nichte meiner Hausangestellten vorgefallen ist?

Therapeut: Sicher. Heute wollen wir nur die Entspannung von Ihren Armen aus zum Gesicht überleiten. Es wird etwa zehn Minuten dauern.

Klientin: Ich möchte auch noch ein bißchen in die Sache mit meinen Gefühlen gegenüber Janice reinkommen.

Therapeut: Sollten wir denn heute die Entspannung vergessen und lieber über die Angelegenheiten reden, die Sie angeschnitten haben?

Klientin: Wenn Sie meinen.

Kommentar

Therapeuten, die allzu begeistert von ihren Lieblingstechniken sind, neigen dazu, sie ihren Klienten aufzudrängen – ungeachtet deren offensichtlichen Widerstand oder Widerwillen. Eine weniger zurückhaltende Klientin wäre vielleicht offener gewesen und hätte ihr Bedürfnis, statt während dieser Sitzung Entspannungsübungen durchzuführen, über ihre Probleme zu reden, mitgeteilt. Oder sie hätte möglicherweise ihre Abneigung gegen Entspannungsübungen ganz allgemein ausgedrückt. Auch wenn solche Situationen vorkommen, begehen manche Therapeuten den Fehler, auf der Durchführung der Entspannung zu bestehen, weil sie es für unklug halten, den Klienten zu erlauben, sie zu kontrollieren oder zu manipulieren. Jedoch kann es in manchen Fällen von großem therapeutischem Nutzen sein, wenn es dem Klienten gestattet wird zu kontrollieren und zu manipulieren, vor allem, wenn er neuerworbene assertive Fähigkeiten anwendet und dadurch übt. Passiv-aggressive Formen der Manipulation sollten zumeist erkannt und verhindert werden, aber wenn ein Klient sich weigert, sich zu entspannen, am Rollenspiel teilzunehmen, oder eine Aufgabe auszuführen, wird das fälschlicherweise oft vorschnell als ‚Widerstand' oder ‚Eigensinn' bezeichnet. Es sollte, in Übereinstimmung mit dem Ansatz dieses Buches, festgehalten werden, daß im Gegensatz zu *Jacobson* (1964) Entspannung nicht immer angstmindernd wirkt; in manchen Situationen kann sie die Angst sogar steigern (*Lazarus,* 1965).

3.2.2.4. Viertes Beispiel: Reden wir erst einmal ein oder zwei Jahre lang

Therapeut: Nun, ich würde sagen, daß Ihre Ängste sich auf drei wichtige Bereiche beziehen. Erstens, Sie machen sich zuviel Sorgen um Ihre Leistungen im Beruf. Zweitens, Sie wissen nicht genau, was Sie in Ihrem Liebesverhältnis tun sollten und Sie müssen irgendwie eine Entscheidung treffen. Und drittens, Sie haben etwas gegen Ärzte, Krankenhäuser und Krankheit überhaupt.

Klientin: Du lieber Himmel. Das hört sich ja an wie eine Zusammenfassung von *Die Brüder Karamasow* in weniger als fünfzig Worten. Ein halbes Leben an Gefühlen und Erfahrungen wird in drei Scheiben geschnitten, in drei Kategorien gezwängt, in drei Fächer. Und all das, nachdem Sie mich nicht mal zwei Stunden kennen und mir zuhören. Lieber Gott! Ja dann, wenn wir sowieso dabei sind, können wir noch Nummer vier hinzufügen, und das wäre, daß ich meine, daß Vereinfachung nicht nur völlig daneben ist, sondern auch der anderen Person und Ihnen selbst ausgesprochen Unrecht tut. Und was Nummer fünf angeht, jetzt wissen Sie, daß ich ein bösartiges und aggressives Weib bin!

Therapeut: Sie wollen wahrscheinlich sagen, daß ich keine Ahnung davon habe, wie äußerst kompliziert oder komplex Menschen wirklich sind und daß ich Sie verletzt habe, indem ich drei Haupttendenzen aufgezeigt habe, die verantwortlich zu sein scheinen für viele Ihrer Ängste und Spannungen.

Klientin: Es ist weniger das, als vielmehr die Tatsache, daß ich meine, Sie sollten keine voreiligen Schlüsse über Menschen ziehen, die Sie kaum kennen. Ich meine, mir ist in 35 Jahren unheimlich viel passiert und es ist ganz klar, daß ich Zeit brauche, um das alles mit Ihnen zusammen durchzugehen. Ich meine, wenn Sie eine Hoppla-hopp-Stellungnahme machen würden, wenn Sie mich bereits ein, zwei Jahre kennen würden, würde ich eher annehmen, daß Ihre Diagnose auf umfangreichen Fakten beruht. Aber sowas, nach weniger als zwei Stunden, fast ganz aus der Luft zu greifen ...

Kommentar

Man könnte versucht sein, dieser Klientin zu erklären, daß es, um zu glaubhaften Schlußfolgerungen über ihre Gefühle und ihr Verhalten zu gelangen, unnötig sei, jeden einzelnen Aspekt ihres Lebensweges zu betrachten; so unnötig, als wollte man ihr das gesamte Blut abzapfen, um seine chemische Zusammensetzung herauszufinden, wenn dazu 5 ccm genügen, da in ihnen alle notwendigen Informationen enthalten sind. Aber diese Klientin schien zuallererst ein Bedürfnis nach einer längeren therapeutischen Beziehung zu äußern. Da ich in weniger als 6 Monaten in einen anderen Landesteil ziehen würde, besprach ich meine weiteren Eindrücke mit ihr und stellte sie vor die Wahl, mich entweder für einige Monate zu besuchen und dann, wenn nötig, zu jemand anderem überwiesen zu werden, oder gleich jemand anderen zu konsultieren. Es überraschte mich nicht, daß sie es für unklug hielt, hin- und hergeschoben zu werden, und sich für die letztere Alternative entschied. Als ich noch unerfahrener war als jetzt, war ich so fixiert auf Techniken und Probleme, daß ich ihr Bedürfnis nach einer Beziehung an sich, bzw. nach dem was *Schofield* (1964) so treffend „den Kauf von Freundschaft" nannte, übersehen hätte. Obwohl ich im allgemeinen von den Vorteilen kurzfristiger und zeitlich begrenzter Therapie (*Philipps* und *Wiener,* 1966) beeindruckt bin, kenne ich verschiedene Fälle von Klienten, die mehr als ein Jahr Therapie benötigten, bevor sie genügend Vertrauen zu mir bekamen, um emotional stark besetzte Bereiche aufdecken zu können oder zu wollen, die von allen vorhergegangenen psychometrischen und diagnostischen Verfahren nicht aufgedeckt worden waren.

3.2.3. Das Zusammenpassen von Klient und Therapeut

Das implizite Thema dieses Kapitels bezieht sich auf die Tatsache, daß ein Therapeut sich selbst oder seine Therapie nicht jedem Klienten anpassen kann. Wohlüberlegte Überweisungen werden weiterhin eine wichtige therapeutische Funktion erfüllen. Die oben skizzierten Beispiele betonen, wie notwendig es ist, daß der Klient mit dem Therapeuten zusammengebracht wird, der am besten zu ihm paßt. Das Alter des Therapeuten, die Art seiner Behandlungsmethode, die Art, wie er Techniken anwendet und seine Art, eine Beziehung herzustellen, sollten den Erwartungen und Bedürfnissen des Klienten entsprechen.

Man muß über eine Person, abgesehen von den Informationen über ihre wichtigsten Beschwerden, eine Menge wissen, bevor man die Therapien und Therapeuten ermitteln kann, die ihren besonderen Bedürfnissen entsprechen und für sie am geeignetsten sind. Wir müssen wissen, *wann* abweichende Reaktionen hervorgerufen werden, *wodurch* sie aufrecht erhalten werden, und *wie* man sie am besten beseitigen kann. (Die traditionelle Psychotherapie scheint sich allzusehr damit zu beschäftigen aufzudecken, *warum* die Person so ist und wie sie ist. Augenscheinlich verlangt eine wirksame Therapie eine ausgewogene klienten- und problemzentrierte Orientierung. Zum Beispiel kann man zumeist erwarten, daß Personen, die an Phobien leiden, aus einer Desensibilisierungstherapie Nutzen ziehen können, aber man muß vor den wichtigen Ausnahmen von dieser Regel ständig auf der Hut sein.)

Hoch (1955, S. 322) hat festgestellt, daß „ein Zusammenhang besteht zwischen der Wirksamkeit von Psychotherapie und dem, was der Klient von der Therapie erwartet, (seinem) ‚Idealbild' vom Therapeuten und auch von dem Verfahren, das (er) bevorzugt". *Solovey* und *Michelin* (1958,

S. I) haben darauf hingewiesen, daß „das Individuum, das zur Therapie kommt, meist seine eigene Vorstellung davon hat, wie seine Störung beschaffen ist, was für eine Heilung es sich erhofft und sogar welches psychotherapeutische Verfahren es in seinem Fall angewendet haben möchte". *Conn* (1968) bemerkte, daß „*Steckel*, wenn alle anderen Methoden versagten, den Klienten absichtlich anfeindete. Der beleidigte und verärgerte Klient ließ sich daraufhin in fast allen Fällen nicht mehr blicken, ließ seine Brille ändern, besuchte einen Kurort oder einen anderen Arzt, der ihm half. Später rief er dann *Steckel* an, um ihm mitzuteilen, daß eine andere Behandlungsmethode ihn geheilt hatte".

Ich möchte hier die dringende Bitte an Therapeuten richten, nicht nur das flexible personalistische System der Psychotherapie zu übernehmen, sondern auch ständig nach neuen Techniken zu suchen, um ein umfangreiches und wirksames Repertoire zu entwickeln, das die Ängste, Depressionen und anderen störenden Gefühle und Gedanken beseitigen kann, die das Erreichen konstanten Wohlbefindens verhindern. Ich hoffe, in diesem Buch nachweisen zu können, daß Techniken in stärkerem Maße als Theorien die brauchbaren Mittel zur Erzielung konstruktiver therapeutischer Ergebnissen zur Verfügung stellen.

Literatur

Conn, J. H. Hypnosynthesis: Psychobiologic principles in the pracitce of dynamic psychotherapy utilizing hypnotic procedures. The International Journal of Clinical and Experimental Hypnosis, (1968), **16**, 1–25.

Goldstein, A. P. Psychotherapeutic attraction. (New York: Pergamon Press, 1970).

Hoch, P.-H. Aims and limitations of psychotherapy. American Journal of Psychiatry, (1955), **112**, 321–327.

Jacobson, E. Anxiety and tension control: A psychobiologic approach. (Philadelphia: Lippincott, 1964).

Krasner, L. Studies of the conditioning of verbal behavior. Psychological Bulletin, (1958) **55**, 148–170.

Krasner, L. und *Ullmann, L. P.* (Eds.) Research in behaviour modification. (New York: Holt, 1965).

Lazarus, A. A. A preliminary report on the use of directed muscular activity in counter-conditioning. Behaviour Research and Therapy, (1965), **2**, 301–303.

Lazarus, A. A. Behavior therapy and marriage counseling. Journal of the American Society of Psychosomatic Dentistry and Medicine, (1968), **15**, 49–56.

Phillips, E. L. und *Wiener, D. N.* Short-term psychotherapy and structured behavior change. (New York: McGraw-Hill, 1966).

Rachman, S. Phobias: Their nature and control. (Springfield, III.: Thomas, 1968).

Schofield, W. Psychotherapy: The purchase of friendship. (Englewood Cliffs: Prentice-Hall, 1964).

Solovey, G. und *Mielchin, A.* Concerning the criterion of recovery. Journal of Clinical and Experimental Hypnosis, (1958), **6**, 1–9.

Truax, C. B. Reinforcement and non-reinforcement in Rogerian psychotherapy. Journal of Abnormal and Social Psychology, (1966), **71**, 1–9.

Truax, C. B. und *Carkhuff, R. R.* Toward effective counseling and psychotherapy: Training and practice. (Chicago: Aldine, 1967).

Wolpe, J. Behavior therapy in complex neurotic states. British Journal of Psychiatry, (1964), **110**, 28–34.

Wolpe, J. For phobia: A hair of the hound. Psychology Today, (1969), **3**, 34–37.

Yates, A. J. Behavior therapy. (New York: Wiley, 1970).

3.3. Allgemeine und individuelle Methoden der Krisenintervention*)

Gerald F. Jacobson, Martin Strickler und *Wilbur E. Morley*

Meine Kollegen und ich haben in verschiedenen neueren Arbeiten (1–6) über das Programm des Benjamin Rush Center for Problems of Living, eine Abteilung des Los Angeles Psychiatric Service, berichtet. Der Los Angeles Psychiatric Service ist eine von der Gemeinde getragene Klinik für ambulante Klienten, die direkte Hilfe für Erwachsene bietet, in der Ausbildung in Psychiatrie und anderen Zweigen der Psychotherapie möglich ist, die Forschung betreibt und der Gemeinde weitere sonstige Dienste zur Verfügung stellt.

Das Benjamin Rush Center wurde 1962 als Abteilung des Los Angeles Psychiatric Service gegründet. Bis heute, also während der ersten 3 ½ Jahre, haben dort über 2000 Klienten Hilfe in Anspruch genommen. Folgende Richtlinien charakterisieren das Benjamin Rush Center:

1. Hilfe wird jeder Person gewährt, die älter als 17 ½ Jahre ist, sowie jeder Familie; finanzielle oder diagnostische Aspekte spielen keine Rolle. Die Honorare richten sich nach dem Einkommen.
2. Vorausgesetzt, daß Personal abkömmlich ist, wird sofortige Behandlung angeboten – wenn möglich am selben Tag, an dem der Klient in die Klinik kommt.
3. Die Behandlung befaßt sich vorwiegend mit dem aktuellen Problem oder der aktuellen Krise, statt mit seit längerer Zeit vorhandenen Verhaltensweisen.
4. Die Behandlung wird von einem Team von Psychiatern, Psychologen und psychiatrisch ausgebildeten Sozialarbeitern unter psychiatrischer Aufsicht durchgeführt. Eine Krankenschwester aus der Psychiatrie koordiniert das Programm.

Dieser Aufsatz befaßt sich mit einigen theoretischen Aspekten der Krisenintervention.

3.3.1. Das Wesen der Krise

Von *Caplan* (7) stammt folgende Definition: „Eine Krise wird provoziert, wenn eine Person mit einem Hindernis, das zwischen ihr und wichtigen Lebenszielen steht, das für eine gewisse Zeit nicht mit den herkömmlichen Methoden der Problemlösung überwunden werden kann, konfrontiert wird. Es folgt eine Periode der Desorganisation, der Verwirrung, während der viele unterschiedliche, aber stets mißlingende Lösungsversuche unternommen werden. Schließlich wird eine gewisse Anpassung erreicht, die im Interesse der betreffenden Person oder ihrer Mitmenschen liegen kann oder nicht liegen kann".

*) Aus: **American Journal of Public Health,** (1968), **58,** 338–343. Genehmigter Nachdruck.

Es sollte darauf hingewiesen werden, daß eine vollständige Schilderung jeder Krise soziale, intrapsychische und somatische Faktoren, mit anderen Worten, den biopsychosozialen Bereich berücksichtigen muß. Eine Krise kann durch eine Änderung in nur je einem Teilbereich verursacht werden, und solche Änderung kann zu krisenhaften Prozessen in allen Bereichen führen.

Rollenveränderungen oder andere Änderungen im zwischenmenschlichen Gleichgewicht sind für den sozialen Faktor relevant. Intrapsychische Aspekte beziehen sich vorwiegend auf Änderungen eines vorhandenen Gleichgewichts innerhalb des psychischen Systems, die sowohl unbewußt als auch bewußte Prozesse betreffen. Somatische Veränderungen können mit der Auslösung oder dem weiteren Verlauf von Krisen in Zusammenhang stehen; *Lindemann* (8) hat dies in seiner Arbeit über die Beziehung zwischen pathologischer Trauer und chronischer psychosomatischer Erkrankung dargestellt.

Es sollte weiter zwischen dem Gefährdungsfaktor und der Gefährdungssituation unterschieden werden. Die Gefährdung entspricht jener sozialen, intrapsychischen oder somatischen Änderung, die unter bestimmten Bedingungen zu einer Krise führen kann. Beispiele von Gefährdungen sind der Verlust wichtiger Beziehungen durch Tod oder Trennung, Frühgeburten, die Geburt eines mißgebildeten Kindes oder körperliche Erkrankung. Eine Krise wird nur dann ausgelöst, wenn das Individuum, das der Gefährdung ausgesetzt ist, nicht über einen vorhandenen, früher entwickelten Mechanismus verfügt, mit Hilfe dessen es mit dieser Gefährdung fertig werden kann. Solche Techniken der Bewältigung werden im Laufe des Lebens erworben, so daß jedes Individuum eine Reihe von Krisen durchmachen muß, wenn es mit neuen Gefährdungen konfrontiert wird. Jede erfolgreich bewältigte Krise stellt wiederum einen neuen Mechanismus der Bewältigung zur Verfügung. Aus diesem Grund kann man die Krise ebenso als Gefahr wie als Chance auffassen.

Es ergibt sich daraus, daß bestimmte Gefährdungen immer in Krisen ausarten, während das bei anderen nur manchmal der Fall ist. Beispiele für die ersteren sind die Lebenskrisen, wie sie von *Erikson* beschrieben wurden und die eintreten, wenn eine Person zum ersten Mal mit einer neuen Entwicklungsstufe konfrontiert wird, während sie von der Geburt über die Kindheit, das Erwachsenenalter zum Greisenalter fortschreitet. Der Verlust von wichtigen anderen Personen, bedingt durch Tod oder andere Umstände, hat unweigerlich eine neue Situation zur Folge, der die bisher entwickelten Bewältigungsmechanismen nicht gewachsen sind, so daß ein neuer Krisenprozeß notwendig wird, um eine Lösung herbeizuführen. Dagegen muß Arbeitslosigkeit oder körperliche Erkrankung für eine bestimmte Person nicht unbedingt eine Krise auslösen; ob das geschieht oder nicht, hängt davon ab, ob sie fähig ist, ihre innere und äußere Lage mit Hilfe früher erworbener Methoden zu bewältigen.

Der Ausgang jeder Krise ist für das Individuum äußerst wichtig. Jede Krise kann Lösungen, die mehr oder weniger angepaßt oder unangepaßt sind, zur Folge haben. Angepaßte Lösungen orientieren sich an der Realität, führen dazu, sich ins Unvermeidliche zu fügen, haben die Festigung zwischenmenschlicher Bindungen, sowie ein neues intrapsychisches Gleichgewicht ohne neurotische oder psychotische Symptome zur Folge und stellen, wie bereits erwähnt, eine Bereicherung des Bewältigungsrepertoires dar. Dagegen sind unangepaßte Reaktionen nicht realitätsgerecht und können zu andauernden Störungen im zwischenmenschlichen Bereich oder zu neu entstehenden bzw. verschlimmerten neurotischen oder psychotischen Syndromen führen. Es liegt auf der Hand, welche Bedeutung der Prävention beigemessen werden muß.

Der Ausgang jeder Krise wird von einer Reihe von Faktoren beeinflußt, die nicht nur aus ihrer objektiven Beschaffenheit, d. h. dem Ausmaß, in dem effektives Funktionieren bedroht wird, sondern auch aus anderen Momenten bestehen. Dazu gehören Erfahrungen mit anderen Krisen, die früher einmal durchgemacht wurden, das Wiederaufleben von Erinnerungen und Phantasien, die mit Verlust und Versagen zusammenhängen, die damit verbundenen Angst- und Schuldgefühle, veranlagungsbedingte Eigenarten, kulturelle und sozioökonomische Vorschriften und die Art der Unterstützung, die während der Krise in der Umwelt vorhanden ist. Bei unseren Überlegungen zur Krisenintervention beziehen wir uns auf diesen letzten Faktor.

3.3.2. Krisenintervention

Man kann all jene Tätigkeiten als Krisenintervention bezeichnen, deren Absicht es ist, den Verlauf einer Krise so zu beeinflussen, daß ihr Ausgang angepaßt ist und die Entwicklung der Fähigkeit einschließt, besser mit zukünftigen Krisen fertig zu werden. Wenn man Krisenintervention nach den Methoden klassifiziert, die üblicherweise angewendet werden, kann man sie in zwei Hauptkategorien, eine individuelle und eine allgemeine, einteilen. Diese beiden Methoden ergänzen einander. In der ständig wachsenden Literatur zur Krise und Krisenintervention (9) finden sich Darstellungen beider Konzepte, die jedoch bisher nicht explizit formuliert oder voneinander unterschieden worden sind.

3.3.2.1. Die allgemeine Methode

Ihre zentrale These besagt, daß es für jede Art von Krise, die durch einen Trauerfall, eine Frühgeburt, eine Scheidung usw. ausgelöst wird, bestimmte identifizierbare Verhaltensmuster gibt, von denen einige zu einem angepaßten und andere zu einem unangepaßten Resultat führen. Dieser Ansatz ist in Lindemanns (8) Arbeit über Trauerfälle sehr gut dargestellt worden. Lindemann fand, daß eine trauernde Person, die sich mit dem Tod eines Verwandten auseinandersetzt, einen klar definierten Prozeß durchläuft. Dieser besteht aus der sogenannten ‚Trauerarbeit', die eine Beschäftigung mit der Vorstellung, die man von dem Verstorbenen hat, beinhaltet, was meist in Verbindung mit der Wiederbelebung von Erinnerungen an gemeinsame Aktivitäten geschieht. Während die meisten Menschen ihre Trauer auf eine geeignete Weise verarbeiten, werden manche damit nicht fertig. Es ist zu vermuten, daß unvollständige Trauerarbeit eine potentielle Ursache für spätere psychosomatisch oder psychiatrisch zu behandelnden Störungen sein kann. Arbeiten über die Erforschung von bestimmten angepaßten oder unangepaßten Verhaltensmustern bei einer anderen Art von Krise, einer, die mit einer Frühgeburt einhergeht, sind von *Caplan, Mason* und *Kaplan* (10) beschrieben worden.

Es wird nicht versucht, die spezifischen psychodynamischen Aspekte des Individuums, das sich in der Krise befindet, festzustellen oder einzuschätzen. Die Betonung liegt vielmehr auf dem charakteristischen Verlauf einer bestimmten *Art* von Krise und dem entsprechenden Plan einer Behandlung, die eine angepaßte Lösung der Krise herbeiführen soll.

Die Intervention besteht aus bestimmten Maßnahmen, die so konzipiert worden sind, daß sie für die gesamte Zielgruppe wirksam sind. Die Methoden beinhalten die direkte Förderung von angepaßtem Verhalten, allgemeine Unterstützung, Veränderungen in der Umwelt und zukunftsbezogene Beratung. Dieser breit angelegte Ansatz zur Behandlung aller Mitglieder einer bestimmten Gruppe, der individuelle Unterschiede nicht berücksichtigt, entspricht in etwa den Maßnahmen im Bereich der öffentlichen Gesundheitsfürsorge, wie Impfung und Fluorisierung des Trinkwassers.

Einer der Vorteile dieses Ansatzes besteht darin, daß er Handlungsanweisungen für eine Art von Krisenintervention geben kann, welche von Personen, die nicht spezifisch psychotherapeutisch ausgebildet worden sind, wie Allgemeinmedizinern, Krankenschwestern und -pflegern, Sozialarbeitern usw. durchgeführt werden kann. Kurz gesagt, bezieht sich die allgemeine Methode auf (I) situations- und entwicklungsspezifische Ereignisse, die bei bestimmten Bevölkerungsgruppen vorkommen, (2) krisenorientierte Intervention bei diesen spezifischen Ereignissen und (3) Intervention, die von Fachleuten in der Gesundheitsfürsorge, die nicht psychologisch ausgebildet sind, durchgeführt werden kann. Es folgt ein Beispiel für die allgemeine Methode.

Falldarstellung

Eine beim Gesundheitsamt angestellte Krankenschwester machte einen Hausbesuch bei einem Ehepaar, das Anfang 30 war. Beide waren Lehrer an einem Gymnasium und hatten seit einer Woche ihr neugeborenes und erstes Kind im Hause. Der kleine Junge war stark mißgebildet; der bei der Geburt vorhandene Arzt und der Kinderarzt hatten sofort diagnostiziert, daß das Kind mit an Sicherheit grenzender Wahrscheinlichkeit geistig schwer behindert sei.

Die Schwester traf die Mutter allein mit dem Kind an, sie befand sich in einem sehr lethargischen und depressiven Zustand, der es ihr gerade noch möglich machte mitzuteilen, daß sie „nur darauf wartete", daß das Staatliche Krankenhaus Kontakt mit ihr aufnehmen würde und „das" in Dauerpflege nehmen würde. Ihre Äußerungen in bezug auf die Einzelheiten des Arrangierens der Einlieferung waren sehr vage und sie gab an, daß es ihr und ihrem Mann sehr schwerfiel, miteinander zu reden. Sie meinte, vor der Geburt hätten sie sich sehr gut verstanden. Sie wurde häufig von ihrer Mutter angerufen, die sie ermahnte, sich nicht mit dem Kind einzulassen, keine Beziehung zu ihm aufzunehmen, und sie erinnerte sie daran, daß der Arzt im Krankenhaus gesagt hatte, sie solle das Kind so wenig wie möglich berühren, d. h. sie sollte sich nur um seine physischen Bedürfnisse kümmern, um zu verhindern, daß sie eine gefühlsmäßige Bindung an das Kind entwickelte.

Die Schwester bemerkte, daß die Mutter ihr Kind ständig als ‚es' bezeichnete und eine gewisse Entfernung von der Babywiege einhielt. Deshalb sagte sie zur Mutter: „Schauen Sie, es ist Ihr Baby. Sie haben es ausgetragen und auf die Welt gebracht, und Sie haben das Recht, es im Arm zu halten und lieb zu haben". Daraufhin hob die Schwester den Säugling auf und legte es in die zitternden Hände der Mutter. Die Schwester blieb noch eine halbe Stunde, während die Mutter das Baby ansah und streichelte.

Beim nächsten Besuch, einige Tage später, hatte sich eine dramatische Änderung im Verhalten der Mutter vollzogen, denn sie war ganz wach, aktiv und gesprächig. Auf die Bemerkung der Schwester zu dieser Veränderung antwortete sie, daß seit dem letzten Besuch vieles passiert sei. Sie hatte – zum ersten Mal seit der Geburt des Babys – hin und wieder geweint und ihren Ärger gegenüber der Passivität ihres Mannes in bezug auf die Planung der Einlieferung des Baby ins Krankenhaus ausgedrückt, was zur Folge gehabt hatte, daß sie jetzt wieder miteinander redeten. Der Mann hatte mit dem Personal des Staatlichen Krankenhauses Termine für Beratungen und die Einlieferung ausgemacht.

Die Schwester fragte, was in so kurzer Zeit diese Veränderungen zuwege gebracht hätte. Die Mutter sagte, es hätte damit angefangen, daß die Schwester ihr das Baby in den Arm gelegt und sie ermutigt hatte, es anzuschauen und zu akzeptieren, daß es ihr Baby sei. Die Schwester war die einzige Person gewesen, die sie nicht davor gewarnt hatte, den Säugling als ein ‚richtiges Lebewesen' zu betrachten. Obwohl sie den jetzt schrecklichen Schmerz ihrer Enttäuschung und den mit der Einlieferung bevorstehenden Verlust ihres Babys spürte, fühlte sie sich dennoch wieder bedeutend lebendiger.

Bei diesem und anderen Besuchen ermutigte die Schwester sie, über ihre Gefühle, ihre Enttäuschung, ihre Scham, ihre Schuldgefühle sowie ihre Trauer über den bevorstehenden Verlust ihres Kindes zu sprechen.

Dies ist ein Beispiel für vorbeugende Hilfe, bei der die individuellen Diagnosen über die Mutter und den Vater nicht bekannt waren und auch nicht exploriert wurden, aber wo die notwendige Trauerarbeit eingeleitet wurde und sich auf eine angemessene Weise fortsetzen konnte. Die Ausbildung und Erfahrung der Schwester vom Gesundheitsamt in bezug auf Krisensituationen, die durch Trennung oder Verlust ausgelöst werden, waren bei ihrem Vorgehen in dieser Familie von zentraler Bedeutung.

Es gibt allerdings einige Faktoren, die den Anwendungsbereich des allgemeinen Ansatzes einschränken. Zunächst sind da einmal all die Arten von Krisen, deren charakteristische Verhaltensmuster, die zu angepaßten und unangepaßten Lösungen führen, bis jetzt noch nicht identifiziert worden sind. Des weiteren ist es sehr wahrscheinlich, daß von allen Personen, die eine ähnliche Krise durchmachen, einige nicht auf eine Methode, die sich auf die universellen Eigenschaften der Krise bezieht, ansprechen und so eine Hilfe brauchen werden, die ihre individuellen psychischen Prozesse berücksichtigt. Deshalb ist ein weiterer Ansatz zur Krisenbewältigung notwendig.

3.3.2.2. Die individuelle Methode

Dieser Ansatz ist für uns bei der begrifflichen Erfassung des größten Teils unserer Arbeit auf dem Gebiet der Krisenintervention sehr nützlich, obwohl wir dazu auch allgemeine Konzepte verwenden. Die individuelle Methode unterscheidet sich von der allgemeinen Methode durch die Tatsache, daß eine fachlich qualifizierte Person die spezifischen intrapsychischen und zwischenmenschlichen Prozesse des Individuums, das sich in einer Krise befindet, untersucht, obwohl die Ergebnisse dieser Diagnose der jeweiligen Person nicht unbedingt direkt mitgeteilt werden. Die fachlichen Bemühungen sind darauf ausgerichtet, jene Lösung, die im Hinblick auf die *einzigartigen* Bedingungen dieser bestimmten Situation die optimale ist, herbeizuführen.

Diese Methode unterscheidet sich von langfristigen Psychotherapien durch die relative Vernachlässigung von Prozessen, die schon seit längerem bestehen; solche Prozesse werden nur dann berücksichtigt, wenn sie zum Verständnis der aktuellen Krise beitragen können. Das Hauptinteresse richtet sich auf die Fragen, wie und warum ein früheres Gleichgewicht gestört worden ist und welche Vorgänge für das Erreichen eines neuen Gleichgewichts relevant sind. Ein weiterer Unterschied gegenüber vielen konventionellen Therapien besteht darin, daß häufig Familienmitglieder oder andere Bezugspersonen in den individuellen Prozeß miteinbezogen werden.

Im Gegensatz zu allgemeinen Techniken verlangt die individuelle Intervention größere Kenntnisse über psychologische und psychosoziologische Prozesse. Sie ist dann am wirksamsten, wenn sie von Personen durchgeführt wird, die bereits über Fähigkeiten in einem der Bereiche verfügen, die mit psychischer Gesundheit zu tun haben und zusätzlich in Theorie und Praxis der Krisenintervention ausgebildet sind. Kurz gesagt betont die individuelle Methode folgende Aspekte: (1) Biopsychosoziale Ereignisse, die einzigartig sind im Leben eines bestimmten Individuums, (2) eine auf das Individuum ausgerichtete Intervention und (3) die Durchführung der Intervention durch fachlich qualifizierte Personen im Bereich der psychischen Gesundheitsfürsorge. Es folgt die Darstellung eines klinischen Beispiels für die individuelle Methode.

Falldarstellung

Eine Frau im Alter von 42 Jahren, die sehr verängstigt und depressiv war, kam ins Benjamin-Rush-Center, nachdem sie zum ersten Mal in ihrem Leben Geschlechtsverkehr gehabt hatte. Sie hatte Angst, daß ihr Partner sie fallenlassen würde, versicherte sich selbst, daß er mit ihr Verbindung aufnehmen würde, und fragte sich, ob es Sinn hätte weiterzuleben, wenn er es nicht täte. Wichtig war, daß die sexuelle Erfahrung auf einen Autounfall folgte, bei dem die Klientin mit ihrem Wagen auf den des ‚Freundes' auffuhr. Der ‚Freund' hatte die Klientin nach diesem Unfall beruhigt, woraufhin es zu sexuellem Kontakt kam.

Der Vater der Klientin hatte Selbstmord verübt, als die Klientin 12 Jahre alt war; ein Ereignis, das die Klientin völlig unvorbereitet getroffen hatte. Ein Jahr lang hatte sie den Tod des Vaters sich selbst gegenüber völlig verleugnet und befand sich in einem bis dahin völlig unbekannten Zustand äußerster Verstörung.

In ihrem späteren Leben war sie in dem von ihr selbst gewählten Beruf überaus erfolgreich, aber ihre Beziehungen zu Männern waren höchst flüchtig und sie vermied es, sich intensiv emotional zu engagieren. Es machte ihr einigen Kummer, daß dieser offensichtliche Mangel an Interesse an Männern eventuell Ausdruck ‚homosexueller Tendenzen' sein könnte; homosexuelle Erfahrungen hat sie jedoch keine gehabt. Sie war ein Jahr vor der jetzigen Krise in ihr Vaterland zurückgekehrt und sah, daß der Stein auf dem Grab ihres Vaters, wie dort üblich, entfernt worden war.

Therapeut und Klientin konnten im Laufe von sechs Sitzungen aufdecken, wie die aktuelle Krise mit dem früheren Trauma, das der Selbstmord des Vaters ausgelöst hatte, als die Klientin 12 Jahre alt war, zusammenhing. Von dem Moment an hatte die Klientin einen großen Teil der Reaktion auf den Verlust ihres Vaters verdrängt und eine charakterologische Abwehrhaltung entwickelt, die aus dem Rückzug vor und der teilweisen Identifikation mit Männern bestand.

Als sie sich schließlich Männern zuwandte – sie wurde dazu wahrscheinlich sowohl durch Faktoren, die mit ihrem Alter zusammenhingen, als auch durch den Hinweis auf die Unwiderruflichkeit des Verlustes des Vater motiviert, die durch die Entfernung des Grabsteins symbolisiert worden war, – fiel ihre Wahl auf einen Mann, mit dem sie in Zusammenhang mit Gewalt (der Unfall) zu tun hatte, und der, wie es sich später zeigte, kein wirkliches Interesse hatte. Diese Tatsache hat sie anfangs energisch bestritten, genauso wie sie früher den Tod ihres Vaters verleugnete.

Die Klientin kam zu sechs Sitzungen. Die Behandlung wurde von einem im Benjamin-Rush-Center angestellten Psychiater unter der Supervision einer der Autoren (Dr. *Jacobson*) durchgeführt. Die aktuelle Krise, d. h. die Probleme, die mit der sexuellen Erfahrung und dem darauffolgenden ‚Verlassen' durch den Freund aufgetaucht waren, standen im Vordergrund. Die Klientin kam zu der Einsicht, daß ihre Art, auf diese Situation zu reagieren, indem sie den wirklichen Verlust verleugnete oder aufgrund der Konfrontation mit überwältigenden und chaotischen Gefühlen ängstlich und depressiv wurde, wirklichkeitsfremd und unangemessen war. Es wurde erkannt, daß die Ursachen dieser unangemessenen Reaktion auf eine Kette von spezifischen Ereignissen zurückzuführen waren, deren erstes Glied der Selbstmord des Vaters gewesen war.

Sowohl der Therapeut als auch der Supervisor kamen zu der Überzeugung, daß die Klientin eine sinnvolle Einsicht in den Zusammenhang zwischen ihrer jetzigen Lage und diesen früheren Ereignissen erlangte.

Wir hatten bei diesem bestimmten Fall den Eindruck, daß die Klientin uns an einem kritischen Punkt ihrer gesamten Entwicklung aufsuchte und daß es denkbar wäre, daß der Nutzen, den sie aus der Krisenintervention gezogen hat, sich nicht nur auf die Bewältigung der gegenwärtigen Situation mit ihrem Freund beschränkte, sondern darüberhinaus dazu beigetragen hat, daß sie damit begann, ihre seit längerem bestehenden Einstellungen zu Männern aufzuarbeiten. Die Zeit wird es lehren, ob tatsächlich ein solches Ergebnis erzielt wurde. Fest steht jedenfalls, daß die Klientin bei einer Befragung, drei Monate nach Ablauf des sechs Sitzungen, eine erhebliche positive Änderung aufwies. Aktuelle Krisensymptome waren nicht mehr zu beobachten, an ihre Stelle war eine angemessene, verständliche Trauer darüber getreten, wie viele Jahre für sie durch den Rückzug von Männern verlorengegangen waren. Beim letzten Kontakt beabsichtigte sie, stabilere Beziehungen zu Männern aufzunehmen. Der ‚Freund' hatte nie angerufen.

Wenn die allgemeine Methode mit solchen Maßnahmen zur öffentlichen Gesundheit zu vergleichen ist, wie Impfungen, die eine breite Anwendung bei größeren Gruppen der Bevölkerung finden, sie darstellen, so entspricht die individuelle Methode in etwa der Diagnose und Behandlung einer bestimmten Störung bei einem bestimmten Klienten. Beide Methoden haben wichtige Aufgaben in umfangreichen Programmen zur psychischen Gesundheit zu erfüllen, beide sind ökonomisch in Hinblick auf den Einsatz von Personal und beide sind wichtig in bezug auf die vorbeugende Verhinderung von chronischen Störungen. Die individuelle Methode verlangt jedoch viel mehr ausgebildetes Personal, sie kann daher nur in bestimmten Fällen durchgeführt werden. Eine optimale Anwendung der individuellen Methode wäre unserer Meinung nach dann realisiert, wenn die allgemeine Krisenintervention weit verbreitet wäre, und diejenigen, die die allgemeine Methode praktizieren, dazu ausgebildet werden, jene Fälle zu erkennen, die auf die allgemeine Methode nicht anzusprechen scheinen, und die dann diese Fälle an Spezialisten für psychische Gesundheit überweisen können, damit ihnen eine individuelle Behandlung zukommen kann. Des weiteren könnte die individuelle Methode wertvolle Beiträge zur Erforschung der Strukturen und Verläufe von Krisen liefern. Diese Erkenntnisse könnten bei der Ausbildung von Fachleuten, die keine psychologischen Qualifikationen aufweisen und die die allgemeine Methode anwenden, eingesetzt werden.

Zusammenfassung

Es wurden allgemeine und individuelle Methoden der Krisenintervention in bezug auf Ähnlichkeiten und Unterschiede in Theorie und Praxis dargestellt und erläutert, wobei der Einsatz von psychologisch ausgebildeten und nicht ausgebildeten Personen, die in der Gesundheitsfürsorge tätig sind, besonders berücksichtigt wurde.

Literatur

Jacobson, Gerald F. Crisis theory and treatment strategy: Some sociocultural and psychodynamic considerations. Nerv. und Ment. Dis., (1965), **141**, 209–218.

Jacobson, G. F., Wilner, D. M., Morley, W. E., Schneider S., Strickler, M. und *Sommer, G.* The scope and practice of an early-access brief treatment psychiatric center. Am. J. Psychiat., (1965) **121**, 1176–1182.

Morley, W. E. Treatment of the patient in crisis. Western Med., (1965) 3; 77.

Paul, Louis, Treatment techniques in a walk-in clinic. Hosp. D. Comm. Psychiat., (1966) **17**, 49–51.

Strickler, Martin, Applying crisis theory in a community clinic. Social Casework, (March 1965).

Strickler, M., Bassin, E. G., Malbin, V. und *D. Jacobson, G. F.* The community-based walk-in center: A new resource for groups under-represented in outpatient treatment facilities. A.J.P.H., (1965), 55, 377.

Caplan, Gerald. An approach to community mental health. (New York: Grune und Stratton, 1961).

Lindemann, Eric. Symptomatology and management of acute grief. Am. J. of Psychiat., (1944), **101**, (2), 141.

Parad, Howard J. (Ed.) Crisis intervention: Selected readings (New York: Family Service Association of America).

Caplan, G., Mason, E. A. und *Kaplan, D. M.* Four studies of crisis in parents of prematures. Community Ment. Health J., (1965), **1**, (2), 149–161.

4. Überlegungen zur Forschung

4.1. Einige Mythen der Psychotherapieforschung und die Suche nach einem Paradigma*)

Donald J. Kiesler

Eine der bedauerlichen Auswirkungen der zwar produktiven aber dennoch desorganisierten Literatur zur Psychotherapieforschung besteht darin, daß ein klares, methodologisch hochentwickeltes und hinreichend allgemeines Paradigma, das der Forschung auf diesem Gebiet als Richtlinie dienen könnte, nicht entstanden ist. Vielleicht läßt sich ein solcher Zustand in einem neuen Forschungsgebiet nicht vermeiden. Eine genaue Durchsicht der Literatur zeigt jedoch, daß die meisten der grundsätzlichen Überlegungen, die für ein allgemein gültiges Paradigma vorausgesetzt werden müssen, bereits vorhanden sind, wenn auch nur beiläufig hier und da erwähnt. Bis heute hat jedoch noch niemand versucht, die empirischen Ergebnisse und methodologischen Überlegungen so zu integrieren, daß sie ein brauchbares Forschungsparadigma ergeben könnten. Diese fehlende Integration der Bestandteile des potentiellen Paradigmas hat zur Folge gehabt, daß der Einfluß dieser Bestandteile auf die in diesem Bereich Forschenden nur gering war. Währenddessen oder gerade weil ein Paradigma fehlte, haben sich einige Mythen auf dem Gebiet der Psychotherapieforschung erhalten; und wegen dieser Mythen werden immer noch unzulängliche Versuchspläne erarbeitet.

In diesem Aufsatz soll zunächst versucht werden, einige Mythen der gegenwärtigen Psychotherapieforschung, die die Forschungsdesigns immer noch negativ beeinflussen und die die Interpretation der Forschungsergebnisse irreleiten, etwas detaillierter darzustellen. Zweitens soll versucht werden, ein minimales aber allgemeines Paradigma aufzuzeigen, das die gegenwärtigen theoretischen Unzulänglichkeiten und die derzeit vorliegenden empirischen Erkenntnisse berücksichtigt und sich mit methodologischen Problemen, die nicht mehr einfach übergangen werden können, befaßt.

4.1.1. Einige Mythen der Psychotherapieforschung

> Wir sollten auf der Hut sein vor Pseudo-Quantifizierungen und methodologischen Tricks, die oft zur Folge haben, daß ein Untersuchungsbereich vorschnell abgeschlossen wird und die Illusion entsteht, daß ein Problem gelöst worden ist, während die Exploration kaum erst begonnen hat (*Strupp,* 1962, S. 470).

In diesem ersten Abschnitt werden einige Mißverständnisse über Psychotherapieforschung, die sich bis heute hartnäckig gehalten haben, aufgeführt und widerlegt werden. Diese Mythen haben auf verhängnisvolle Weise die Konzeptualisierung von Psychotherapie in die Irre geführt und damit den Fortschritt der Forschung gehemmt; und darüber hinaus haben sie eine pessimistische

---

*) Exzerpt aus Psychological Bulletin, (1966), **65,** 110–136, Copyright 1966 by the American Psychological Assoziation. Genehmigter Nachdruck.

Einstellung in bezug auf den Nutzen weiterer Forschungstätigkeit verbreitet. Wenden wir uns diesen Mythen nun der Reihe nach zu.

Colby (1964) war der erste, der dieser irrigen Vorstellung einen Namen gab, obwohl auch einige andere Autoren sie am Rande erwähnt haben (*Gendlin,* 1966; *Gilbert,* 1952; *Kiesler,* 1966; *Rotter,* 1960; *Strupp,* 1962; *Winder,* 1957). *Colby* ging nur beiläufig auf diesen Mythos ein und befaßte sich lediglich mit einem seiner Aspekte, nämlich dem, der sich auf den Klienten in der Psychotherapieforschung bezog. Im vorliegenden Aufsatz wird seine Bedeutung auch auf die psychotherapeutische Behandlung ausgedehnt. Der erste Apsekt wird als Klienten-Uniformitätsannahme, der zweite als Therapeuten-Unniformitätsannahme bezeichnet.

4.1.1.1. Die Klienten-Uniformitätsannahme.

Nach *Colby* bezieht sich die Uniformitätsannahme auf die Überzeugung, daß „Gemeinsamkeiten von Klienten bei Beginn der Behandlung größer sind als die Unterschiede". Diese implizite Annahme hat dazu geführt, daß die Klienten für die Psychotherapieforschung auf eine ausgesprochen naive Weise ausgewählt werden: Sie werden nicht ausgewählt, sondern finden sich in einem natürlichen Selektionsprozeß selbst zusammen. Auf der Suche nach Klienten für psychotherapeutische Untersuchungen haben die Forscher gewöhnlich vorhandene Populationen ausgewählt, z. B. alle Klienten, die während eines bestimmten Zeitabschnittes eine Klinik aufgesucht haben. In einigen Fällen werden die Klienten in Experimental- und Kontrollgruppen unterteilt. Jedoch therapiert man in den meisten Untersuchungen alle Klienten, wobei Vorher-Nachher-Messungen vorgenommen werden, mit denen die Wirksamkeit der Behandlung überprüft werden soll. Auf jeden Fall wird angenommen, daß man bei diesem Vorgehen eine relativ homogene Gruppe von Klienten erhält, die sich hinsichtlich relevanter Variablen nur geringfügig unterscheiden; die Annahme der Homogenität wird einfach aus der Tatsache abgeleitet, daß alle Klienten eine Psychotherapie wünschen (sei es in einer Beratungsstelle, der Ambulanz einer Klinik, in einer psychiatrischen Anstalt, einer Privatpraxis oder wo auch immer).

Klienten, die um eine Psychotherapie nachsuchen, stellen keineswegs eine homogene, sondern mit Sicherheit eine recht heterogene Gruppe dar – in Wirklichkeit sind mehr Unterschiede als Gemeinsamkeiten vorhanden. Die Annahme der Homogenität ist unzulässig, da diese Klienten bei fast allen erdenklichen Variablen (demographische, fähigkeitsbezogene, Persönlichkeitsvaribalen) erhebliche Unterschiede aufweisen würden. Die klinische Erfahrung und ein großer Teil des Materials über die Klienteneigenschaften zu Beginn der Behandlung, das gegenwärtig vorliegt, zeigen das ganz deutlich. Aufgrund des bereits vorhandenen Unterschieds zwischen Klienten kann man – wenn überhaupt – nur sehr wenig über die Auswirkungen der im Rahmen einer bestimmten Untersuchung durchgeführten Psychotherapie aussagen (ganz gleich ob die Psychotherapie augenscheinlich außergewöhnlich erfolgreich oder ein jämmerlicher Fehlschlag war). Man kann höchstens folgendes feststellen: Bei einer Stichprobe von Klienten, die während dieses Zeitabschnitts diese bestimmte Klinik aufsuchten, war die Psychotherapie, die während dieser Zeit vom Klinikpersonal durchgeführt wurde, im Schnitt entweder erfolgreich oder erfolglos. Es ist aber nicht möglich, sinnvolle Schlußfolgerungen über die Art von Klienten, für die die Therapie wirksam oder nicht wirksam war, zu ziehen. Das ist unvermeidlich der Fall, weil keine Klientenvariablen, die für die Ansprechbarkeit auf Psychotherapie relevant sind, isoliert und kontrolliert wurden.

Diese Klienten-Uniformitätsannahme hat die Forschung auf dem Gebiet der *Schizophrenie* jahrelang behindert. Es wurde angenommen, daß Klienten, die als schizophren diagnostiziert werden, mehr Gemeinsamkeiten als Unterschiede aufweisen. Spätere Daten zeigten ganz deutlich, daß einige Schizophrene sich stark von anderen Schizophrenen unterschieden; sie hatten mehr mit ‚normalen' Personen gemein, als mit anderen Schizophrenen (*Herron,* 1962). Mit anderen Worten: Wenn alle Klienten, die als schizophren diagnostiziert wurden, zu einer Gruppe zusammengefaßt wurden, wies diese Gruppe meist eine extrem hohe Variabilität auf. Sinnvolle Forschung konnte erst dann einsetzen, als diese Variabilität auf zuverlässige Weise reduziert werden konnte. Das wichtigste empirische Ergebnis war hier die Tatsache, daß schizophrene Klienten sich in Hinblick auf die Plötzlichkeit des Auftretens ihrer Störung stark voneinander unterschieden. Die Klienten, deren Fallgeschichte eine relativ langfristige und allmählich sich entwickelnde Störung aufwies, konnten auf zuverlässige Weise als ‚Prozeß'-Schizophrene klassifiziert werden, dagegen entwickelte sich die Störung bei ‚Reaktiven'-Schizophrenen relativ kurzfristig und abrupt. Weiter wurde festgestellt, daß die reaktiven Schizophrenen eine viel bessere Prognose aufwiesen. Aber der wichtigste Fortschritt war, daß die radikale Reduktion der Variabilität, die durch diese operationale Unterscheidung zuwege gebracht worden war, zum ersten Mal Untersuchungen ermöglichte, die zum Nachweis von replizierbaren Unterschieden zwischen Prozeßschizophrenen und anderen diagnostischen Gruppen führen konnten.

Heutzutage wird kaum jemand bestreiten, daß Psychotherapie bei einigen Klienten *nicht* wirksam ist. Sowohl die klinische Erfahrung als auch die Forschungsergebnisse weisen eindeutig in die Richtung dieser Folgerung. Viele Untersuchungen haben Unterschiede zwischen Klienten nachgewiesen, die bei Beginn der Behandlung vorhanden waren und die mit dem späteren Abbruch oder Mißerfolg der Therapie zusammenhingen.*) Wenn Psychotherapie je nach den Eigenschaften der Klienten am Anfang der Behandlung eine differentielle Wirksamkeit aufweist – und die vorhandenen Daten bekräftigen diese Ansicht – dann liegt es auf der Hand, daß die Forschung diese Unterschiede berücksichtigen sollte. Das würde die Verwendung von Versuchsplänen mit mindestens zwei Experimentalgruppen bedeuten, in denen die Klienten nach einer oder mehreren Klientenvariablen dichotomisiert werden, von denen bekannt ist, daß sie mit dem späteren Ergebnis zusammenhängen; oder Experimental- und Kontrollgruppen werden in bezug auf diese relevanten Klientenvariablen paarweise gebildet (matching). Wenn man jedoch fortfährt, Klienten zu Gruppen zusammenzufassen, ohne die bedeutungsvolle Varianz der relevanten Klientenvariablen zu berücksichtigen, sind keine sinnvollen Ergebnisse zu erwarten.

4.1.1.2. Die Therapeuten-Uniformitätsannahme.

Eine vielleicht noch verheerendere (Un)Sitte der Psychotherapieforschung ist die Selektion von verschiedenen Therapeuten für einen Versuchsplan, wobei von der Annahme ausgegangen wird, daß diese Therapeuten mehr Gemeinsamkeiten als Unterschiede aufweisen und daß das, was sie mit ihren Klienten machen, als „Psychotherapie" bezeichnet werden kann. Theoretische Formulierungen scheinen diese Annahme unterstützt zu haben, da sie sich üblicherweise mit ‚der Therapie' befaßt haben, die für alle Arten von Klienten ideal sei. Es wurde der Mythos verbreitet, daß Psychotherapie innerhalb eines Versuchsplans eine homogene Behandlungsbedingung darstelle; wichtig sei nur, daß der Klient eine Psychotherapie erhalte, die Einbeziehung verschiedener Psychotherapeuten (derselben oder auch unterschiedlicher Orientierungen) habe keinen Einfluß.

*) In der folgenden Erörterung werden keine ausführlichen bibliographischen Angaben gemacht, weil die sonst entstehende Literaturliste viel zu lang wäre. Glücklicherweise ist inzwischen eine erschöpfende Bibliographie der Literatur zur Psychotherapieforschung veröffentlicht worden (*Strupp*, 1964). Das nach Themen gegliederte Inhaltsverzeichnis weist auf umfassende Bibliographien von Untersuchungen zu jedem der weiter unten behandelten Therapeutenvariablen hin. Außerdem leisten ein paar spezifische Sammelreferate eine gewisse Integration der zahlreichen Untersuchungen; sie können als nützliche Nachschlagwerke angesehen werden (*Auld* und *Murray*, 1955; *Breger* und *McGaugh*, 1965; *Cartwright*, 1957; *Eysenck*, 1961; *Gardner*, 1964; *Goldstein*, 1962; *Grossberg*, 1964; *Herzog*, 1959; *Marsden*, 1965; *Stieper* und *Wiener*, 1965; *Zax* und *Klein*, 1960). Zum Schluß sei noch erwähnt, daß folgende Arbeiten unentbehrliche Quellen für kritische Übersichten der Forschung darstellen: Die Kapitel über „Psychotherapeutic Processes" und „Counseling" im **Annual Review of Psychology** (1950–1965) und die zwei Bände der American Psychological Association über **Research in Psychotherapy** (*Rubinstein* und *Parloff*, 1959; *Strupp* und *Luborsky*, 1962).

Diese lockere Art zu denken scheint ein Produkt dessen zu sein, was *Raimy* (1952) als die „Eierschalen-Ära" der Psychotherapie bezeichnet hat; zu dieser Zeit kam es selten vor, daß ein Therapeut die Sitzung auf Tonband aufnahm oder sein therapeutisches Verhalten sonstwie anderen mitteilte.

> „Fast ausnahmslos waren Psychotherapeuten der Meinung, daß Klienten schwache und zerbrechliche Wesen seien, die das Feld räumen würden, wenn ihnen irgend jemand außer ihrem eigenen Psychotherapeuten zu nahe kam. Da das Gegenteil nicht bewiesen werden konnte, war eine solche Einstellung damals völlig berechtigt, denn die einfachsten ethischen Grundsätze besagen, daß das Wohl des Klienten eben einfach vorgeht. Das ändert auch nichts daran, daß diese Einstellung auch andere Motive hatte; vor allem die Tatsache, daß sie Abwehrmechanismus für die instabile Ich-Struktur des Therapeuten war" (*Raimy*, 1952, S. 324).

In dieser geheimnisumwobenen Atmosphäre fiel es nicht schwer, sich „die eine" Psychotherapie vorzustellen, die allen Klienten den allergrößten Nutzen brächte. So schreibt *Colby* (1964): „So lange geheim blieb, was in therapeutischen Sitzungen geschah, konnten die Mythen vom Konsensus innerhalb der Schulen mit Leichtigkeit verewigt bleiben. So entwickelte sich zum Beispiel unter Psychoanalytikern der Mythos einer einzigen perfekten Technik, über die sich alle einig seien" (S. 348). Die verbreitete Anwendung von Tonbandaufnahmen hat zur Folge gehabt, daß Aufzeichnungen des Therapeutenverhaltens mehr und mehr anderen Klinikern und Forschern zugänglich wurden, und es hat sich gezeigt, daß – sogar innerhalb therapeutischer Schulen – Unterschiede in Hinblick auf die Technik und Persönlichkeit vorhanden sind und daß die Meinungsverschiedenheiten überwiegen.

Trotz dieses Zeichens der Anerkennung von Unterschieden zwischen Therapeuten, ist die Uniformitätsannahme in der Psychotherapieforschung weit verbreitet. Immer noch bekommen Klienten „Psychotherapie" zugewiesen, als ob es asich hier um eine uniforme, homogene Behandlungsmethode handelte und immer noch werden sie verschiedenen Therapeuten zugeteilt, als ob die Unterschiede zwischen Therapeuten irrelevant wären. So stellt *Rotter* (1960) fest:

> „Obwohl der allgemeine Trend dahin geht, Psychotherapie nicht mehr als eine Einheit zu sehen, beschäftigte man sich immer noch zu viel mit *dem* Therapieprozeß. Viele gehen von der Annahme aus, daß es einen spezifischen Vorgang gibt, der in allen Klienten abläuft und für ihre Besserung oder Heilung verantwortlich ist . . . Auf ähnliche Weise wird die Handlung des Therapeuten als eine einzige, typische Kombination von Verhaltensweisen aufgefaßt, die diesen geheimnisvollen Prozeß optimal fördert. Es wird häufig übersehen, daß Psychotherapie im Grunde eine soziale Interaktion darstellt, die den gleichen Gesetzen und Prinzipien unterworfen ist wie andere soziale Interaktionen auch, und in der durch eine Vielzahl unterschiedlicher Bedingungen viele unterschiedliche Effekte hervorgerufen werden können" (S. 408).

Dazu kommt noch, daß der Mythos das ständig wachsende Beweismaterial übersieht, welches belegt, daß Psychotherapeuten in Hinblick auf viele Dimensionen (z. B. Erfahrung, Einstellung, Persönlichkeitsvariablen) eine recht heterogene Gruppe bilden und daß diese Unterschiede das therapeutische Ergebnis beim Klienten zu beeinflussen scheinen. Eine Therapie kann wirksamer sein als eine andere; und es ist nicht von der Hand zu weisen, daß eine bestimmte Therapie auch einmal schädlicher sein kann, als gar keine Therapie (*Rogers, Gendlin, Kiesler* und *Truax*, 1966). In diesem Sinne stellt *Meehl* (1955) fest: „Angesichts unseres gegenwärtig mangelhaften Kenntnisstandes kann fast mit Sicherheit angenommen werden, daß Klienten mit Methoden behandelt werden, die mal mehr, mal weniger geeignet sind; das hängt vorwiegend vom Therapeuten ab, den sie aufsuchen. Es ist auch fast sicher, daß viele Therapeutenstunden durch die Beschäftigung mit nichttherapierbaren Fällen vergeudet werden" (S. 374).

Wenn die Psychotherapieforschung weitere Fortschritte erzielen will, ist es notwendig, daß sie zuallererst jene Therapeutenvariablen, die für das Endergebnis relevant sind, identifiziert und einer

Messung unterzieht (Persönlichkeitseigenschaften, Faktoren der Technik, Variablen der Beziehung, Rollenerwartungen, usw.). Dann kann man die Unterschiede zwischen den Therapeuten im Versuchsplan berücksichtigen, indem man mehrere Experimentalgruppen mit Therapeuten bildet, die verschiedenen Ebenen auf relevanten Dimensionen zugeordnet werden, oder indem man paarweise Gruppen von Therapeuten nach relevanten Faktoren bildet. Es scheint wenig sinnvoll zu sein, die übliche Praxis fortzuführen, nach der einigen Klienten Psychotherapie verordnet wird und andere einer „Kontroll"-Gruppe zugewiesen werden.

Leider hat diese naive Art der Konzeptualisierung bei Untersuchungen vorgeherrscht, die die Wirksamkeit von Psychotherapie durch den Vergleich von Therapie- und Kontrollgruppen zu überprüfen versuchten. Die Ergebnisse waren generell entmutigend, denn es wurde für die „Therapie"-Klienten keine signifikant höhere Besserungsrate nachgewiesen (*Eysenck,* 1961). So argumentiert *Gendlin* (1966):

> „Die Psychotherapieforschung hat unter der Tatsache gelitten, daß es nicht möglich war zu definieren, was Psychotherapie eigentlich sei. Daraus ergibt sich folgende mögliche Konsequenz: Wenn eine Therapie-Experimentalgruppe mit einer Kontrollgruppe (keine Therapie) verglichen wird, ist es durchaus möglich, daß einige der Personen, die zur Experimentalgruppe gehören, in Wirklichkeit keine Therapie erhalten haben. ... Wenn die Veränderungen in der „Experimental"-gruppe und in der „Kontroll"-gruppe gemittelt und miteinander verglichen wurden, ergaben sich oft keine signifikanten Unterschiede. Ein Beispiel zur Verdeutlichung: Stellen wir uns vor, daß wir die Auswirkungen eines Medikamentes untersuchen wollen; einer Experimentalgruppe wird das Medikament und einer Kontrollgruppe das Placebo verabreicht. Nun stellen wir uns vor, daß einige Personen (vielleicht die Hälfte) der „Experimental"-gruppe in Wirklichkeit ein Präparat einnehmen, das die wirksamen Bestandteile des Medikaments nicht enthält ... und daß wir nicht wissen, welche Personen es sind. Es ist auch möglich, daß ein oder zwei Personen aus der Kontrollgruppe das Medikament nebenher verabreicht wird. Jedenfalls wird unsere „Experimentalgruppe" nicht immer nur beabsichtigt behandelt" (S. 524).

Diese Argumentation impliziert: Wenn man die Variabilität (statt der oder zusätzlich zu den Mittelwertdifferenzen) innerhalb der Experimental- und Kontrollgruppe in all diesen Untersuchungen analysieren könnte, wäre zu erwarten, daß die Therapiegruppen eine viel größere Bandbreite des Kriteriumsverhaltens aufweisen, als die Kontrollgruppen. Das wäre jedenfalls der Fall, wenn einige der Klienten der ‚Experimental'-gruppe tatsächlich ‚schlechter oder mittelmäßiger Psychotherapie' ausgesetzt würden.

Standford (1953) drückt dieses Problem noch auf eine andere Weise aus: „Vom wissenschaftlichen Standpunkt aus betrachtet, ist die Frage „Ist Psychotherapie überhaupt nützlich?" uninteressant, denn sie ist nahezu sinnlos. ... Zu fragen wäre, welche Personen in welchen Situationen auf welche psychotherapeutischen Stimuli reagieren." Und *Gilbert* (1952) stellt fest:

> „Eines der äußerst wichtigen Probleme bei der psychologischen Beratung und Therapie ist die Notwendigkeit, die verschiedenen Arten psychotherapeutischer Beziehungen zu beschreiben und zu quantifizieren. Die Lösung dieser Frage ist eine Grundvorraussetzung für spätere Untersuchungen der relativen Wirksamkeit unterschiedlicher Arten von Beratungsmethoden. Erst wenn solche Untersuchungen durchgeführt worden sind, wird es möglich sein, wissenschaftliche Aussagen über folgende grundlegenden Fragen vorzunehmen: die relative Wirksamkeit von verschiedenen Beratungsmethoden bei verschiedenen Arten von Klientenproblemen oder die relative Wirksamkeit eines einzelnen umfassenden Ansatzes bei allen Arten von Beratungsproblemen im Vergleich zu unterschiedlichen Ansätzen, die von verschiedenen diagnostischen Kategorien ausgehen" (S. 360).

Schließlich stellt *Kiesler* (1966) bei der Zusammenfassung der Ergebnisse einer fünfjährigen Untersuchung von individueller Psychotherapie bei Schizophrenen (*Rogers* u. a., 1966) folgendes fest:

Das Gesamtbild, das sich aus dieser Untersuchung ergibt, zeigt, daß keine Unterschiede festzustellen sind, wenn wir die Klienten der Therapiegruppe insgesamt mit den Klienten der Kontrollgruppe vergleichen. Der springende Punkt bei Erfolgsstudien scheint mir jedoch der zu sein: Wenn wir die Therapieklienten nach einer theoretisch relevanten Therapeutenvariable (in diesem Fall wäre das der Grad der Realisierung der therapeutischen „Bedingungen" im Sinne *Rogers*!) unterscheiden, stimmen die Ergebnisse ziemlich mit den aus der Theorie abgeleiteten Erwartungen überein. Zum Schluß möchte ich deshalb entschieden darauf hinweisen, daß es absolut notwendig ist zu versuchen, jene Therapeutendimensionen, die die Heterogenität des Therapeutenverhaltens angemessen widerspiegeln, zu isolieren, bevor wir uns der Lösung des Problems, wie Therapien und Therapieergebnisse zu bewerten sind, zuwenden. Wenn wir fortfahren, Therapie als ein homogenes Phänomen zu betrachten, werden wir weiterhin ungültige Ergebnisse erzielen" (S. 85).

Zusammenfassend erscheint es wichtig und nützlich, die Uniformitätsmythen ein für allemal zu begraben. Bis die relevanten Klientenvariablen und Therapeutendimensionen in unseren Versuchsplänen berücksichtigt werden können – so daß man feststellen kann, welche therapeutischen Verhaltensweisen bei welchen Typen von Klienten wirksamer sind – werden wir fortfahren, Unklarheit zu stiften. Die Psychotherapieforschung muß sich mit der Notwendigkeit faktorieller Versuchspläne auseinandersetzen – wie Edwards und Cronbach (1952) bereits vor mehr als zwei Jahrzehnten vorgeschlagen haben –, bei denen verschiedene Typen von Klienten verschiedenen Typen von Therapeuten und/oder Therapien zugeordnet werden, so daß man anfangen kann, jene Parameter zu entdecken, die ein sinnvolles Paradigma für Psychotherapie inhaltlich ausfüllen können.

Als Nachtrag sei noch auf etwas hingewiesen, was oft vergessen wird: unterschiedliche Theorien und Techniken wurden ursprünglich von unterschiedlichen Kliententypen hergeleitet. So stellt *Stein* (1961) fest:

„In Hinblick auf die Unterschiede zwischen psychotherapeutischen Schulen wird die Tatsache oft übersehen – und deshalb soll sie an dieser Stelle explizit gemacht werden – daß die Gründer der verschiedenen Schulen ihre ersten Beobachtungen an ganz bestimmten Typen von Klienten vornahmen. *Maskin* stellt dieses Problem auf treffende Weise dar, wenn er schreibt: *Freud* ging von der Hysterie als Modell für seine therapeutische Methode aus, die Depression war die Grundlage für seine späteren theoretischen Ausführungen. Die klinischen Beispiele *Adlers* sind rivalisierende, unreife Charaktere. *Jung* befaßte sich mit erschöpften, weltlichen, erfolgreichen Personen im mittleren Alter. *Rank* bezog sich auf den konfliktbeladenen, frustrierten, rebellierenden Menschen mit künstlerischen Ambitionen. *Fromms* Modell: ein Angestelltentyp, der auf der Suche nach seiner Individualität ist. Und *Sullivans* bevorzugtes Beispiel ist der junge katatona Schizophrene." Dem könnte man noch hinzufügen, daß *Rogers'* ursprüngliche Aussagen auf Erfahrungen mit Collegestudenten basierten (S. 6 f.).

Wenn man davon ausgeht, daß alle diese Theoretiker scharfsinnig und präzise beobachtet haben, zeigt die historische Tatsache, daß ihre unterschiedlichen Theorien aus Erfahrungen mit unterschiedlichen Klassen von Klienten stammen, daß es unbedingt notwendig und richtig ist, die Uniformitätsannahme in der Psychotherapieforschung aufzugeben.

Literatur

Colby, K. M Psychotherapeutic processes. Annual Review of Psychology, (1964) **15,** 347–370.

Edwards, A. L. und *Cronbach L. J.* Experimental design for research in psychotheapy. Journal of Clinical Psychology, (1952) **8,** 51–59.

Gendlin, E. T. The social significance of the research. In *C. R. Rogers, E. T. Gendlin., D. J. Kiesler* und *C. B. Truax* (Eds.), The therapeutic relationship and its impact: A study of psychotherapy with schizophrenics. (Madison: University of Wisconsin, Press, 1966, 523–541.)

Gilbert, W. Counsel ng: Therapy and diagnosis. Annual Review of Psychology, (1952) **3,** 351–380.

Herron, W. G. The process-reactiv classification of schizophrenia. Psychological Bulletin, (1962) **59,** 329–343.

Kiesler, D. J. Some basic methodologcal issues in psychotherapy process research. American Journal of Psychotherapy, (1966) **2,** 135–155.

Meehl, P. E. Psychotherapy. Annual Review of Psychology, (1955) **6,** 357–378.
Raimy, V. C. Clinical methods: Psychotherapy. A nual Review of Psychology, (1952) **3,** 321–350.
Rogers, C. R., Gendlin, E. T., Kiesler, D. J. und *Truax, C. B.* The therapeutic relationship and its impact: A study of psychotherapy with schizophrenics, (Madison: University of Wisconsi Press, 1966).
Rotter, J. B. Psychotherapy. Annual Review of Psychology, (1960) **11,** 381–414.
Sanford, N. Clinical methods: Psychotherapy. Annual Review of Psychology, (1953) **4,** 317–342.
Stein, M. I. (Ed.). Contemporary psychotherapiesrapies (New York: Free Press of Glencoe, 1961).
Strupp, H. H. The outcome problem in psychotherapy revisited (Psychotherapy: Theory, Research and Practice (1964) **1,** 1–13.
Winder, C. L. Psychotherapy. *Annual Review of Psychology,* (1957) **8,** 309–330.

4.2. Ein Gittermodell für Psychotherapien*)

Donald J. Kiesler

Mit 1 Abbildung

Es ist leicht, bestehende Systeme zu kritisieren, ohne konstruktive Alternativen vorzuschlagen. Dieser Abschnitt soll nahelegen, daß es Theorien gibt, die Alternativen zu den heute gängigen Theorien darstellen. Einige ihrer Bestandteile sind bereits an verschiedenen Stellen explizit erörtert worden, aber wenn diese theoretischen Feststellungen nicht, wie wir es hier vorstellen werden, im Sinne eines Paradigmas systematisch dargelegt werden, werden ihre Aussagekraft und ihr heuristischer Wert gering bleiben.

Im Bereich der gegenwärtigen Psychotherapie gibt es relativ wenige Kliniker, die sich streng an nur ein System halten, sei es das *Freud*sche, ein existenzielles oder ein verhaltenstherapeutisches System. Die meisten bezeichnen sich selbst als Eklektiker, d. h. sie entnehmen den verschiedenen Systemen ‚Teile', modifizieren sie, damit sie mit ihren eigenen Erfahrungen übereinstimmen, und führen Neuerungen ein, wenn sie das für nötig halten. Ich bin der Meinung, daß dieses eklektische Wissen, das die Erfahrungen von Therapeuten enthält, die sich gezwungen sahen, traditionelle Systeme zu modifizieren, um verschiedene Arten von Klienten zu behandeln, den besten Ansatz für nützliche theoretische Aussagen darstellt. Leider ist viel von diesem Wissen ein wenig vage; meist wird es auf folgende Weise dargelegt: „Therapeut A kann sehr gut mit paranoiden Schizophrenen arbeiten; er weiß zum Beispiel, wenn er Paranoiden gegenüber Wärme zeigt, bleiben sie weg. Therapeut B hat sich auf Klienten mit Zwangshandlungen und -vorstellungen spezialisiert und weiß, daß Reflexion geradewegs in die Kerbe ihrer grüblerischen Abwehrmechanismen schlägt. Deshalb stellt er systematisch ihre widersprüchlichen Aussagen in Frage. Therapeut C kann gut mit Soziopathen umgehen und findet es sehr wichtig, daß man sie am Anfang austricksen und niederschreien kann".

Wenn diese klinischen Vermutungen zutreffen, ist es offensichtlich, daß die Verhaltensweisen der Therapeuten je nach Art des Klienten und je nach der Persönlichkeit des Therapeuten unterschiedlich sind. Problematisch bei diesen Vermutungen ist jedoch, daß sie Systeme darstellen, die unklar definiert sind und nicht explizit dargelegt werden. Weiterhin ist nicht ganz klar, was unter „Personen mit Zwangshandlungen und -vorstellungen", „paranoiden Schizophrenen" oder „Soziopathen" zu verstehen ist; bei der Zuordnung dieser Bezeichnungen zu bestimmten Klienten stimmen Therapeuten selten miteinander überein. Aber diese Probleme sind lösbar, vor allem, wenn einige kreative und artikulationsfähige Theoretiker auf den Plan treten würden.

---

*) Aus: *D. J. Kiesler*, A grid model for theory and research. In: *L. D. Eron* und *R. Callahan* (Hrsg.), **The relation of theory to practice in psychotherapy** (Chicago: Aldine, 1969) S. 135–145. Copyright 1969 by *Leonard D. Eron* und *Robert Callahan*. Nachdruck mit Genehmigung der Autoren und der Aldine Publishing Company.

Was deshalb dringend benötigt wird, ist nicht *eine* Theorie der Psychotherapie, sondern sind *mehrere* Theorien über Psychotherapie – Theorien jeweils für Zwangshandlungen und -vorstellungen, Hysterien, Angstreaktionen, Phobien, undifferenzierte Prozeßschizophrenien, depressive Reaktionen, Soziopathien usw. Strupp vertritt die gleiche Ansicht in Kapitel 2, wenn er systematische Untersuchungen, die dazu dienen sollen, bestimmte therapeutische Techniken auf bestimmte Klienten zu beschränken, beschreibt. Der springende Punkt ist der, daß diese neuen Formulierungen so explizit und spezifisch sein müssen, daß die vorhin erwähnten Einwände nicht erhoben werden können.

Abbildung 1 ist die schematische Darstellung eines Modells für die verschiedenen Arten von Psychotherapie, in dem die Annahme der Uniformität von Klient, Therapeut und Ergebnis der Therapie nicht vorkommt, und das so den schwachen Punkt der gegenwärtigen Theorien umgeht. Die verschiedenen Dimensionen der Tätigkeit des Therapeuten werden explizit dargelegt; das gilt auch für die therapieinterne und die begleitenden oder nachfolgenden therapieexternen Veränderungen im Verhalten des Klienten.

Die Beispiele für Kliententypen und die spezifischen Verhaltensweisen von Klient und Therapeut widerspiegeln bis zu einem gewissen Grad die Ansichten des Verfassers über diese Arten von Klienten. Aber die hier dargestellten spezifischen Variablen sind für das gegenwärtige Vorhaben unwichtig. Das Entscheidende an diesem Modell ist die Darlegung jener theoretischen Spezifität, die notwendig ist, wenn wir in Hinblick auf die Psychotherapie Fortschritte erzielen wollen.

Beachten Sie die drei Flächen des Modells, die in der Legende bezeichnet werden. *Fläche A* bezieht sich auf die verschiedenen Typen von Klienten, für die jeweils unterschiedliche theoretische Aussagen notwendig sind. Die hier dargestellten Typen – Personen mit Zwangshandlungen und -vorstellungen, Hysteriker, verschieden Manisch-Depressive und undifferenzierte Prozeßschizophrene – sind willkürlich ausgewählt worden. *Wolpe* sowie *Stampfl* und *Levis* verdienen es in diesem Zusammenhang, lobend erwähnt zu werden, weil sie sich auf einen bestimmten Kliententyp, den Phobiker, beschränkt haben. Diese Beschränkung auf einen Kliententyp, die den Mythos der Uniformität des Klienten umgeht, ist bei allen theoretischen Überlegungen zur Verhaltensmodifikation notwendig. Weiter sind auf der Fläche A Beschreibungen der verschiedenen Kliententypen zu finden, die sich auf die Art der defensiven Kommunikation des Klienten oder auf die Weise, wie er über sich selbst redet, beziehen. Die Betonung dieser Aspekte ist auf die Versuche des Autors zurückzuführen, eine Dimension zu operationalisieren, die sich auf die Art und Weise bezieht, wie der Klient während des Interviews über sich selbst redet (*Kiesler, Mathieu* und *Klein,* 1964; *Kiesler, Klein* und *Mathieu,* 1965; *Kiesler,* 1966; *Kiesler, Mathieu* und *Klein,* 1967; *Rogers, Gendlin, Kiesler* und *Truax,* 1967). Sie gibt der Überzeugung Ausdruck, daß Forscher bisher weitgehend die Möglichkeit, daß das sprachliche Verhalten des Klienten eine geeignete Grundlage für eine spätere zuverlässige und relevante psychiatrische Klassifizierung bilden kann, vernachlässigt haben. So stellt *Kiesler* (1966) fest:

> „Eine mögliche Lösung dieser beiden nosologischen Probleme könnte sich aus der Tatsache ergeben, daß wir vielleicht an den falschen Stellen nach einem zuverlässigen und validen diagnostischen System suchen. Möglicherweise ist die Antwort auf das Klassifizierungsproblem in dem differentiellen Verhalten des Klienten während der Therapiestunde zu finden. Wenn Therapeuten in der Tat verschiedene Klienten unterschiedlich behandeln, wäre es vielleicht möglich, jene Hinweisreize des Klienten, auf die der Therapeut unterschiedlich reagiert, aus der Interaktion zu isolieren, und sie auf zuverlässige Weise zu messen. Wenn die Art, wie ein Klient über sich selbst redet, tatsächlich eine zuverlässige Unterscheidung von Klienten ermöglicht, ist die Wahrscheinlichkeit groß, daß die isolierten Prozeßdimensionen in direkter Beziehung zu differentiellen therapeutischen Techniken stehen. Es scheint so, als ob diese Möglichkeit bisher übersehen worden ist" (S. 127).

Strupp stellt in Kapitel 2 die These auf: Wer über Psychotherapie forscht, muß relevante Aspekte der verbalen Interaktion analysieren und quantifizieren. Ruesch (1961) argumentiert in einem ähnlichen Sinne:

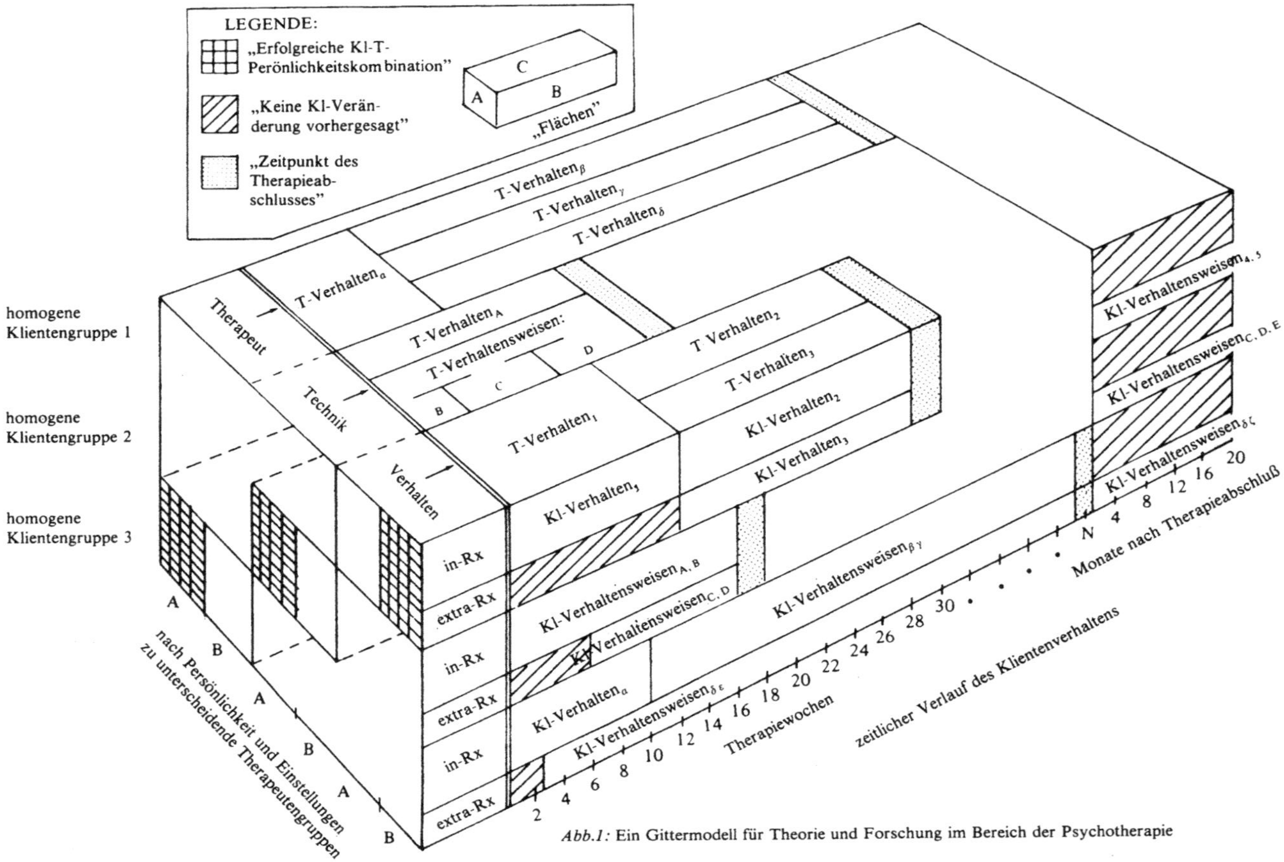

Abb.1: Ein Gittermodell für Theorie und Forschung im Bereich der Psychotherapie

„... nur wenn wir lernen, die Probleme unserer Klienten in den Begriffen desselben wissenschaftlichen Systems zu formulieren, mit dem wir unsere therapeutischen Methoden erklären, werden wir imstande sein, Therapie auf eine sinnvolle Weise zu bewerten. Solange die Diagnose in den Begriffen eines und die Therapie in den Begriffen eines anderen Systems gefaßt wird, können wir Therapie und Pathologie nicht miteinander verbinden. Es erscheint daher sinnvoll, die Klienten im Hinblick auf ihre Kommunikationsfähigkeit und die Störungen, die diese behindern, zu diagnostizieren. Die therapeutische Diagnose gründet sich vorwiegend auf die Analyse des kommunikativen Verhaltens des Klienten, und die therapeutische Kommunikation dient dazu, diese Probleme zu überwinden" (S. 74).

Betrachten wir nun *Fläche B* in Abbildung 1. Hier wird spezifiziert, welche Veränderungen bei den verschiedenen Kliententypen erfolgen sollen. (1) Es ist zu beachten, daß wir uns jetzt nicht allgemein mit dem ‚therapeutischen Ergebnis' befassen, sondern uns auf das Ergebnis bei Personen mit Zwangshandlungen und -vorstellungen, bei Hysterikern, bei Manisch-Depressiven usw. beziehen. Dadurch wird es notwendig, daß wir verschiedene Dimensionen der Veränderung für verschiedene Kliententypen formulieren. Auf diese Weise vermeiden wir den Mythos von der Ergebnisuniformität. (2) Es wird deutlich zwischen zwei Bereichen der Veränderung des Klienten unterschieden: Einmal sind da die Veränderungen im Gesprächsverhalten innerhalb der Therapiestunde (therapieinterne Veränderung), zum anderen die Veränderungen im Verhalten des Klienten außerhalb der Therapie (in seiner Peer-Gruppe, in seiner Familie, am Arbeitsplatz usw.), die therapieexterne Veränderung ausmachen. (3) Obwohl das in der Abbildung 1 nicht explizit dargestellt wird, sollte man schon eine spezifische Erklärung anbieten, die veranschaulicht, wie die therapieinternen Veränderungen des Klienten mit den postulierten therapieexternen Veränderungen zusammenhängen. (4) Es sollte auch klar sein, daß die Veränderung des Klienten für jeden Kliententyp ein spezifisches multidimensionales Konstrukt darstellt. Mehrere unterschiedliche therapieinterne und -externe Verhaltensweisen sollten eine Veränderung aufweisen. (5) Weiter werden die zeitliche Dimension sowie die Interaktion zwischen der zeitlichen Dimension und den spezifischen Veränderungen des Klienten berücksichtigt. Einige Veränderungen des Klienten vollziehen sich zu Beginn der Therapie, andere zeigen sich später und wiederum andere sind nicht vor Ablauf einer gewissen Zeit nach Abschluß der Therapie zu erwarten. Dieser Aspekt des Modells macht darauf aufmerksam, daß es notwendig ist, hinsichtlich der verschiedenen Dimensionen wiederholte Messungen der Veränderungen des Klienten vorzunehmen (im Unterschied zu den naiven Vorher-Nachher-Messungen der meisten ‚Ergebnis'-Untersuchungen) und weist darauf hin, wie wichtig es ist, daß bei einigen Veränderungen der Verhaltensweisen des Klienten Messungen nach dem Abschluß der Therapie vorgenommen werden. (6) Die wichtigen Variablen der Häufigkeit und Dauer der therapeutischen Kontakte werden auch mit einbezogen. So wird berücksichtigt, daß die erwarteten Veränderungen bei einigen Klienten während eines Zeitabschnittes von vier Monaten erfolgen, während bei anderen zwei oder mehr Jahre Therapiekontakte notwendig sind. Manche Klienten brauchen kurze tägliche Sitzungen, anderen genügt eine Stunde pro Woche und wiederum andere benötigen eine Stunde täglich während einiger Wochen und dann nur wenige Kontakte bis zur nächsten Krise. Häufigkeit und Dauer der Therapie sollten theoretisch spezifiziert werden.

Bei der Veränderung des Klienten handelt es sich offensichtlich um ein komplexes Konstrukt, es muß eine detaillierte theoretische Erforschung erfolgen, bevor wir auf sinnvolle Weise das ‚Ergebnis' von ‚Psychotherapie' untersuchen können. Diese detaillierten theoretischen Bestimmungen sollen dem Forscher bei jenen Entscheidungen helfen, die bei der Operationalisierung und Auswahl von ihm gefällt werden müssen, um die vorhergesagten Veränderungen des Klienten während des Verlaufes der Therapie und in der Zeit nach Abschluß der Therapie messen zu können.

Betrachten wir nun *Fläche C* in Abbildung 1. Hier werden die Faktoren dargestellt, die bei der Intervention des Therapeuten theoretisch für die spezifischen Veränderungen bei den jeweiligen Typen von Klienten relevant sind. Das auf dieser Fläche Dargestellte vermeidet den Mythos der Uniformität des Therapeuten, indem versucht wird, die unterschiedlichen Verhaltensweisen des Therapeuten, die notwendig sind, um differentielle Veränderungen bei unterschiedlichen Typen von Klienten zu bewirken, genauer zu bestimmen.

Drei allgemeine Aspekte des Verhaltens des Therapeuten werden in Theorie und Forschung betont: (1) ‚Persönlichkeitsunterschiede' von Therapeuten, wofür die Forschungsarbeiten von *Whitehorn* und *Betz (Betz,* 1962) ein exemplarisches Beispiel sind; (2) Einstellungen des Therapeuten zur therapeutischen Beziehung, wie sie von *Rogers* und den ‚Existenzialisten' vertreten werden (z. B. positive Einschätzung und Kongruenz); (3) Das Verhalten des Therapeuten in bezug auf Techniken – spezifisch verbale und/oder nichtverbale Manipulation durch den Therapeuten (z. B. ‚Konfrontation' oder ‚Interpretation'). Es mag sein, daß der Persönlichkeitstyp des Therapeuten auf irgendeine Weise mit dem Kliententyp kombiniert werden muß, wie es das Modell darstellt (vgl. die ‚Erfolgs'-Zellen). Weiter wäre es möglich, daß die einstellungsbezogenen ‚Bedingungen', wie sie *Rogers* vertritt, bei jedem Kliententyp wichtig sind. Diese Bedingungen für wirksame Veränderungen von Klienten sind zwar notwendig, aber nicht hinreichend. Letztlich ist es sehr wahrscheinlich, daß auch dann, wenn die Persönlichkeits- und Einstellungsfaktoren des Therapeuten dem Klienten angepaßt sind, die technischen Manipulationen immer noch sehr wichtig bleiben und je nach Kliententyp variieren. *Strupp* weist in Kapitel 2 auch darauf hin, daß Forschung über die Fähigkeiten des Therapeuten genauso notwendig ist, wie über seine Persönlichkeit und seine Einstellungen. Theoretische Formulierungen müssen auf explizite Weise diese Aspekte des Therapeutenverhaltens miteinander in Verbindung bringen und die unterschiedlichen Verhaltensweisen für die verschiedenen Typen von Klienten spezifizieren.

Wie aus dem Modell zu ersehen, ist das Verhalten des Therapeuten sehr wahrscheinlich multidimensional und durch einen zeitlichen Verlauf charakterisiert. Und da die beim Klienten erwünschten Veränderungen ebenso multidimensional sind und sich hinsichtlich der Veränderungen und der Zeitabschnitte im Verlauf der Interaktion, während der sie eintreten, unterscheiden, muß das Modell des Therapeuten individuelle Therapeutenverhaltensweisen spezifizieren, die zeitlich auf die entsprechenden Veränderungen des Klienten abgestimmt sind. Zum Beispiel kann es nach einer Anfangsperiode von Sympathieübertragung und Empathie für einen bestimmten Typ von Klient nützlich sein, mit seinen ‚Widersprüchen konfrontiert zu werden', um seine abstrakten Mitteilungen konkreter zu machen.

4.2.1 Einige Implikationen des Modells

Wenn dieses Modell stimmt, scheinen daraus wichtige Folgerungen für die Forschung, Ausbildung und klinische Praxis zu resultieren. Es befürwortet sehr viel restringiertere und spezifischere Forschungsdesigns. Zum Beispiel könnte man eine homogene Gruppe von Personen mit Zwangshandlungen und -vorstellungen, die operational definiert worden sind (und hier wären theoretische Formulierungen von Vorteil), Therapeuten, die sich sowohl im Persönlichkeitstyp als auch darin unterscheiden, wie sie Techniken anwenden, zuordnen. Die Art der Anwendung von Techniken könnte in Einklang mit theoretischen Überlegungen den Therapeuten operational vorgeschrieben werden. Und auch die Reihenfolge, in der die Techniken angewendet werden sollen, um bestimmte Verhaltensweisen des Klienten zu modifizieren, könnte angegeben werden. Diese Vorgehensweise würde es uns erlauben, Rückschlüsse auf die Interaktion zwischen der Persönlichkeit des Therapeuten, der Technik und dem Typ des Klienten zu ziehen (z. B. Technik B zusammen mit dem Persönlichkeitstyp C des Therapeuten funktioniert am besten mit Personen, die unter Zwangshandlungen und -vorstellungen leiden und wird daher als die optimale therapeutische Kombination aufgefaßt).

Auf ähnliche Weise können wir bei der Ausbildung von Therapeuten die Auszubildenden zunächst nach relevanten Persönlichkeitsdimensionen klassifizieren. Nehmen wir einmal an, daß wir die Kenntnisse, die im Modell in Abbildung 1 enthalten sind, vermittelt haben. Nun sagen wir zu einem bestimmten Auszubildenden: „Es ist bei Ihrem Persönlichkeitstyp sehr unwahrscheinlich, daß Sie jemals effektiv mit psychopathischen Klienten arbeiten können. Dagegen ist es sehr wahrscheinlich, daß Sie bei Personen mit Zwangshandlungen und -vorstellungen und paranoiden Schizophrenen gute Ergebnisse erzielen können. Und wir wissen auch, daß ein ziemlich rationales Vorgehen, die ‚Konfrontation mit Widersprüchen' und eine besondere Berücksichtigung des Rollenspielverhaltens des Klienten außerhalb der Therapiesitzungen die besten Behandlungsmethoden für diesen Kliententyp darstellen. Daher werden wir unsere Supervision hauptsächlich auf diese Arten von Klienten beschränken. Wir werden aus Ihnen einen fähigen Spezialisten machen – einen Experten für zwischenmenschliche Beziehungen von Klienten mit Zwangshandlungen und -vorstellungen und von Klienten mit paranoider Schizophrenie. Sie werden nicht für alle Arten von Klienten geeignet sein, aber Sie werden ein verdammt guter Spezialist des Typs werden, den wir vorhin beschrieben haben."

In diesem Sinne wird man in Kliniken und privaten Praxen mehr Zeit bei der Selektion von Klienten aufwenden, und wir werden Spezialisten für unterschiedliche Bereiche im Mitarbeiterteam haben. Im Rahmen einer Besprechung könnten sich die Diagnose des Klienten und seine Zuordnung zu einem Therapeuten etwa folgendermaßen anhören: „Der Klient X hat offensichtlich eine hysteroide Persönlichkeit. Dr. B, Sie sind Spezialist für Hysteroide – wir haben schon festgestellt, daß Ihre Persönlichkeit und Ihre Techniken für diesen Kliententyp am geeignetsten sind. Deshalb wird der Klient X an Sie verwiesen. Auf keinen Fall wollen wir ihn an Dr. E verweisen, weil wir wissen, daß beide nicht zusammenpassen und der Klient nach drei Sitzungen die Therapie abbrechen würde."

> „Zusammengefaßt scheint die Zentralstruktur eines Paradigmas der Psychotherapie folgendermaßen auszusehen: Der Klient teilt etwas mit; der Therapeut antwortet darauf; der Klient teilt etwas anderes mit und/oder erlebt etwas anderes; der Therapeut, der Klient und andere sind mit der eingetretenen Veränderung zufrieden (obwohl das Ausmaß der Zufriedenheit, sowie die Gründe dafür, unterschiedlich sein können). Was der Therapeut mitteilt (die unabhängigen Variablen), ist sehr wahrscheinlich multidimensional (und die Struktur dieser Multidimensionalität müßte genauer bestimmt werden) und kann während verschiedener Phasen der Interaktion bei verschiedenen Arten von Klienten unterschiedlich sein. Was der Klient mitteilt und/oder erlebt (die abhängigen Variablen) kann in einem ähnlichen Sinne multidimensional sein (und die Struktur dieser Multidimensionalität müßte auch geklärt werden) und kann während bestimmter Phasen der Interaktion anders sein. Die gewaltige Aufgabe der psychotherapeutischen Theorienbildung und Forschung besteht in der inhaltlichen Bestimmung dieser Variablen" (*Kiesler,* 1966, S. 129–130).

Ich hoffe, daß das hier dargestellte Gittermodell diese Aufgabe etwas deutlicher umreißt und einige nützliche Hinweise für Konstruktion von dringend benötigten Theorien über Psychotherapie geben kann.

Literatur

Betz, B. J. Experiences in research in psychotherapy with schizophrenic patients. In: *H. H. Strupp* und *L. Luborsky* (Eds.), Research in psychotherapy II, (Washington, D. C.: American Psychological Association, 1962, 41–60).

Breger, L. und *McGaugh, J. L.* Critique and reformulation of „learning-theory" approaches to psychotherapy and neurosis. Psychological Bulletin, (1965) **63,** 338 –358.

Breger, L. und *McGaugh, J. L.* Learning theory and behavior therapy: A reply to Rachman and Eysenck. Psychological Bulletin, (1966) **65,** 170–173.

Colby, K. M. Discussion of papers on therapist's contribution. In: *H. H. Strupp* und *L. Luborsky* (Eds.), Research in psychotherapy II, (Washington, D. C.: American Psychological Association, 1962, 95–101).

Colby, K. M. Psychotherapeutic processes. Annual Review of Psychology, (1964) **15,** 347–370.

Ford, D. H. und *Urban, H. B.* Systems of psychotherapy, (New York: Wiley, 1963).

Ford, D. H. und *Urban, H. B.* Psychotherapy. Annual Review of Psychology, (1967) **18,** 333–372.

Kiesler, D. J., Some myths of psychotherapy research and the search for a paradigm. Psychological Bulletin, (1966) **65,** 110–136.

Kiesler, D. J., Klein, M. H. und *Mathieu, P. L.* Sampling from the recorded therapy interview: The problem of segment location. Journal of Consulting Psychology, (1965) **29,** 337–344.

Kiesler, D. J., Mathieu, P. L. und *Klein, M. H.* Sampling from the recorded therapy interview: A comparative study of different segment lengths. Journal of Consulting Psychology, (1964) **28,** 349–357.

Kiesler, D. J., Mathieu, P. L. und *Klein, M. H.* Patient experiencing level and Interaction-Chronograph variables in therapy interview segments. Journal of Consulting Psychology, (1967) **31,** 224.

Levis, D. J. Implosive therapy: The subhuman analogue, the strategy, and the technique. In *S. G. Armitage* (Ed.), Behavior modification techniques in the treatment of emotional disorders. (Battle Creek, Michigan: V. A. Publication, 1967, 22–37).

Phillips, E. L. Psychotherapy: A modern theory and practice. (Englewood Cliffs, N. J.: Prentice-Hall, 1956).

Raimy, V. (Ed.) Training in clinical psychology, (New York: Prentice-Hall, 1950).

Rogers, C. R., Gendlin, E. T., Kiesler, D. J. und *Truax, C. B.* The therapeutic relationship and its impact: A study of psychotherapy with schizophrenics, (Madison, Wisconsin: University of Wisconsin Press, 1967).

Ruesch, J. Therapeutic communication (New York: Norton, 1961).

Stampfl, T. G. Implosive therapy: The theory. In: *S. G. Armitage* (Ed.), Behavior modification techniques in the treatment of emotional disorders. (Battle Creek, Michigan: V. A. Publication, 1967, 12–21).

Strupp, H. H. Psychoanalytic psychotherapy and research. In: *L. D. Eron* und *R. Callahan* (Eds.), The relation of theory to practice in psychotherapy (Chicago: Aldine, 1969, 21–62).

Wolpe, J. Conditioning: The basis of modern psychotherapy. In: *L. D. Eron* und *R. Callahan* (Eds.), The relation of theory to practice in psychotherapy (Chicago: Aldine, 1969, 1–20).

4.3. Eine Strategie der Erfolgsforschung in der Psychotherapie*)

Gordon L. Paul

Mit 2 Tabellen

Shlien (1966) hat die Gesamtwirkung der letzten 25 Jahre Psychotherapieforschung wie folgt zusammengefaßt: „Der fortgesetzte Glaube (an Psychotherapie) gründet sich mehr auf persönliche Überzeugungen, persönliche Beobachtungen und persönliches Engagement als auf allgemeines Beweismaterial" (S. 125). Das erste Sammelreferat von *Eysenck* (1952) über psychotherapeutische Behandlungserfolge endete mit der Bemerkung: „Die Daten können die Hypothese, daß Psychotherapie bei der Beseitigung neurotischer Störungen wirksam ist, nicht bestätigen" (S. 323). Seine neueren Übersichten (*Eysenck,* 1961, 1965) haben im wesentlichen zu den gleichen Schlußfolgerungen geführt. Angesichts dieses Beweismaterials sind nur zwei Alternativen denkbar: *(a)* Psychotherapie ‚funktioniert' nicht; das heißt, sie ist nicht effektiv, also unwirksam und sollte nicht mehr angewendet werden, oder *(b)* die bisherigen Untersuchungen sind ungeeignete oder mangelhafte Bewertungen der Wirksamkeit von Psychotherapie gewesen. Die Forscher, die sich mit den grundlegenden Prinzipien und Methoden für die Untersuchung psychologischer Behandlung und ihrer Bewertung befaßt haben, sind allgemein der Ansicht, daß eher die zweite Alternative zutrifft (z. B., *Edwards* und *Cronbach,* 1952; *Hoch* und *Zubin,* 1964; *Rubinstein* und *Parloff,* 1959; *Strupp* und *Luborsky,* 1962).

Parloff und *Rubinstein* (1959) haben die soziologischen Hindernisse, die dem Fortschritt in der Ergebnisforschung entgegenstehen, zusammengefaßt; diese haben, zusammen mit methodologischen Schwierigkeiten bei der Definition von Kriterien, bewirkt, daß, wie es *Zubin* (1964) ausdrückt, eine „Flucht in den Prozeß" (S. 127) stattgefunden hat. Eine Reihe von Forschern hat sich mittels umfangreicher Untersuchungen mit dem Prozeß der Interaktion zwischen Therapeut und Klient befaßt. So wurden die soziologischen Probleme dadurch umgangen, daß der Persönlichkeitstheorie große Bedeutung beigemessen wurde, und die Schwierigkeiten bei der Definition von Kriterien wurden durch die Betonung von Messungen innerhalb der Therapie abgemildert. Die angenommene Beziehung solcher Untersuchungen zum Therapieergebnis beruht auf der allgemeinen Überzeugung, daß weitere Prozeßuntersuchungen notwendig sind, um alle wichtigen Variablen zu identifizieren, bevor sinnvolle Bewertungen überhaupt möglich werden (*Hoch,* 1964). Das heißt, daß „die Erfolgsmessung von Therapie keine Aufgabe ist, die wir mit den vorhandenen Instrumenten lösen können" (*Hyman* und *Berger,* 1965; S. 322).

*) Aus: **Journal of Consulting Psychology,** (1967), **31,** 109–118. Copyright 1967 by American Psychological Association. Genehmigter Nachdruck.

Ein zentrales Problem des Prozeßansatzes besteht darin, daß die Bedeutung, die eine Variable oder eine Theorie für den Therapieerfolg hat, ohne eine Messung des Erfolgs nicht erfaßt werden kann (*Greenhouse,* 1964). Gerade durch ergebnisbezogene Untersuchungen, bei denen Variablen, deren Einfluß nicht bekannt ist, gemessen oder manipuliert werden, wird die Möglichkeit geschaffen, wichtige Variablen zu identifizieren. Wenn der Einfluß aller Variablen bekannt wäre, würde die Frage der Bewertung von Anfang an überflüssig sein. Hinzu kommt noch, daß viele Behauptungen, wie z. B. die von *Hyman* und *Berger,* die Folge der Verwechslung dessen sind, was *Reichenbach* (1938) den Entdeckungszusammenhang und den Begründungszusammenhang genannt hat. Obwohl es zutreffen mag, daß die psychologische Wissenschaft wahrscheinlich nie in der Lage sein wird, das Wesen der komplexen Vorgänge, die zwischen zwei oder mehreren Personen ablaufen, zu erfassen (Entdeckungszusammenhang), ist die Verifizierung des Ausmaßes, in dem Ziele einer solchen Interaktion erreicht oder nicht erreicht worden sind (Begründungszusammenhang), logischerweise das gleiche für die Psychotherapie, wie für jeden anderen Veränderungsvorgang auch (*Sanford,* 1962).

Abgesehen von den emotionalen und soziologischen Hindernissen, sind die Prinzipien und Methoden der Erfolgsforschung im Grunde dieselben wie bei jedem anderen Untersuchungsplan, nur die Variablen sind zahlreicher und komplexer. Wie bei aller psychologischen Forschung geht es darum, Phänomene – Verhaltensereignisse oder -veränderungen –, die Variablen, die sie beeinflussen und die Gesetzmäßigkeit dieser Vorgänge zu untersuchen. Das größte Problem stellen jene Forschungsirrtümer dar, bei denen eine Diskrepanz zwischen dem besteht, was aus der experimentellen Operation abgeleitet wird und dem, was abgeleitet werden kann. Leider weist der größte Teil der Erfolgsforschung das auf, was *Underwood* (1957) als „tödliche Irrtümer" bezeichnet hat: Eine wissenschaftlich sinnvolle Schlußfolgeung ist aus den verwendeten Verfahren nicht abzuleiten. „Diese Fälle stellen eine krasse Konfundierung von Stimulusvariablen verschiedener Kategorien (Umwelt, Aufgabe, Subjekt) dar, so daß die gemessenen Verhaltensänderungen nicht einmal auf Variablen innerhalb einer bestimmten Kategorie zurückgeführt werden können" (*Underwood,* 1957, S. 90).

4.3.1. Variablen in der Psychotherapieforschung

Die wichtigsten Variablen bzw. Gebiete der Psychotherapieforschung werden – unabhängig von theoretischen Standpunkten – in Tabelle 1 zusammengefaßt. Auch *Levinson* (1962) und *Kiesler*

Tabelle 1: Die wichtigsten Variablen (Bereiche) in der Psychotherapieforschung

1. *Klienten*
   a) Verhaltensstörungen (kognitive, physiologische, motorische)
   b) Relativ stabile persönlich-soziale Eigenschaften
   c) Physisch-soziale Lebensumwelt

2. *Therapeuten*
   a) Therapeutische Techniken
   b) Relativ stabile persönlich-soziale Eigenschaften
   c) Physisch-soziale Behandlungsumwelt

3. *Zeit*
   a) Erstkontakt
   b) Vorbehandlung
   c) Anfangsphase der Behandlung
   d) Hauptphase der Behandlung
   e) Abschluß der Behandlung (Phase der Vorbehandlung)
   f) Nachbehandlung
   g) Nachuntersuchung

(1966) haben sich mit diesen grundlegenden Problemen auseinandergesetzt. Jede der Variablen, die in Tabelle 1 aufgeführt sind, kann als unabhängige Variable hinsichtlich Selektion und Manipulation betrachtet werden, sie bewirken die wichtigsten Effekte und Interaktionen innerhalb der Bereiche und zwischen den Bereichen.

Die Hauptbestandteile sind wenigstens ein Klient und ein Therapeut, die während einer bestimmten Zeitdauer interagieren. Die Klienten kommen zur Behandlung, um Hilfe bei der Veränderung eines bestimmten Aspekts ihres Verhaltens zu erhalten, den sie oder andere als störend erleben. Diese störenden oder gestörten Verhaltensweisen (1 a) können in ihrer Anzahl und Art verschieden sein und über die Zeit hinweg Veränderungen aufweisen. Die Klienten können sich auch in bezug auf relativ stabile persönlich-soziale Eigenschaften (1 b) wie Alter, Intelligenz und Erwartungshaltungen voneinander unterscheiden. 1 a und 1 b beziehen sich daher auf die üblichen experimentellen Kategorien von Subjektvariablen. Die Klienten arbeiten mit Therapeuten, die therapeutische Techniken (2 a) anwenden, mit denen sie die Störungen des Klienten zu lindern oder zu beseitigen versuchen. Ebenso wie die Verhaltensstörungen des Klienten können therapeutische Techniken in ihrer Anzahl und in ihrer Art verschieden sein und über die Zeit hinweg Veränderungen unterworfen sein. Therapeuten können sich, genau wie Klienten, bezüglich relativ stabiler persönlich-sozialer Eigenschaften (2 b) voneinander unterscheiden; dazu gehören auch Eigenschaften, die sich direkt auf die Behandlung beziehen, wie die Zugehörigkeit zu bestimmten ‚Schulen' der therapeutischen Theorie, Erfahrung und die Art der festgestellten ‚Bedingungen'. 2 a und 2 b beziehen sich daher auf die übliche Kategorie der Aufgabenvariablen (task variables). Obwohl 1 c und 2 c die übliche Kategorie der Umweltvariablen betreffen, werden sie bei Klienten und Therapeuten gesondert aufgeführt, da die Wahrscheinlichkeit, daß sie mit angrenzenden Kategorien konfundiert werden, größer ist. Die physisch-soziale Lebensumwelt des Klienten (1 c) besteht vorwiegend aus allen gegenwärtigen Lebenserfahrungen, wie z. B. Familie, Drogen und Arbeitssituation, die außerhalb der Behandlungssituation auf ihn einwirken. Zur physisch-sozialen Behandlungsumwelt (2 c) wird der institutionelle Rahmen gerechnet, in dem die Behandlung stattfindet. Dieser Bereich kann öffentlich oder privat sein, kann mit Kosten verbunden oder kostenlos sein; er kann ein Krankenhaus, eine Klinik, oder eine private Praxis sein.

Die dritte Kategorie der Tabelle 1, die Zeit, wird meist als eine Aufgabenvariable angesehen. Sie wird hier mit dem Ziel einer besseren und klareren Darstellung gesondert aufgeführt, weil die jeweiligen Zeitabschnitte nicht nur auf bestimmte Aufgabenvariationen bezogen sind, sondern auch bestimmte Forschungsbereiche und -ansätze markieren. Die Zeit kann als eine Aufgabenvariable in bezug auf die Dauer des Behandlungskontaktes und die Anzahl der Sitzungen variieren, d. h. der Zeitraum zwischen Vorbehandlung (3 b) und Nachbehandlung (3 f) kann unterschiedlich groß sein. Innerhalb der eigentlichen Behandlung (3 c, d, e) kann die Zeit innerhalb verschiedener Phasen und zwischen verschiedenen Phasen variieren. Und sie kann in gleicher Weise zwischen dem ersten Kontakt (3 a) und der Vorbehandlung (3 b) sowie dem Termin der Nachbehandlung (3 f) und der Nachuntersuchung (3 g) unterschiedliche Ausmaße annehmen. Der zweite Aspekt der zeitlichen Dimension gibt entweder zwischen oder innerhalb von Zeitabschnitten Forschungsschwerpunkte für die Untersuchung oder Messung der wichtigsten Effekte und Interaktionen von Variablen an.

4.3.2. Das Problem der Fragestellung

Es ist möglich, aus dieser Liste von Variablen und den entsprechenden Zeitabschnitten für das Auftreten und die Messung dieser Variablen, die Vorgehensweisen abzuleiten, die notwendig sind, um Antworten auf spezifische Fragen zu bekommen und um festzustellen, wo Forschungsirrtümer aufgetreten sind. Das offensichtlichste Problem bei der bisherigen Erfolgsforschung war die Art, wie die Fragen formuliert wurden. Die anfänglich gestellte Frage, „Funktioniert Psychotherapie?", ist praktisch sinnlos. Psychotherapie umfaßt eine in sich höchst verschiedenartige Reihe von Verfahrensweisen, die von Suggestion, Hypnose, Ermutigung und verbaler Konditionierung bis zu systematischen Handlungsweisen und Strategien reicht, die auf mehr oder weniger präzis formulierten Theorien basieren. Die Einschränkung der Frage auf bestimmte Schulen der Psychotherapie, wie „Funktioniert die klientenzentrierte Therapie?" oder „Funktioniert Verhaltenstherapie?", ist nicht sinnvoller als die allgemeine Frage, denn das Spektrum der Verfahrensweisen innerhalb der Schulen ist genauso groß wie innerhalb der Psychotherapie als Ganzem. Weiter werden die Eigenschaften des Therapeuten (2 b), die zum Behandlungserfolg beitragen können, bei solchen Fragestellungen nicht berücksichtigt. Auch wenn die Psychotherapie eine homogene Einheit wäre, gäben diese Fragen nicht an, bezüglich ‚was' die Behandlung ‚funktionieren' soll? Auch hier wurden die falschen Fragen gestellt. „Funktioniert sie bei Neurosen?", „Funktioniert sie bei Schizophrenen?". Wie bei den psychotherapeutischen Schulen ist die Bandbreite der individuellen Unterschiede innerhalb der standardisierten diagnostischen Kategorien so groß, daß Fragen oder Aussagen über Individuen, die mit diesen Etiketten versehen worden sind, sinnlos sind. Dieser Prozeß der Klassifikation ist bekanntlich unzuverlässig, und die Kriterien für die Zuordnung zu einer bestimmten Kategorie sind vage und überschneiden sich. Solche Fragestellungen führen unweigerlich zu tödlichen Irrtümern, eine Konfundierung und Verwechslung der Bereiche 1 und 2 findet von Anfang an statt.

Das dritte Problem bei den Fragestellungen der Ergebnisforschung bezieht sich auf den Begriff des ‚Funktionierens', also auf die Kriterien des Erfolges bzw. der Verbesserung. Obwohl man allgemein darin übereinstimmt, daß der Klient, wenn Psychotherapie funktioniert, sich ‚wohler fühlt' und ‚besser funktioniert' (*Frank,* 1959), werden die spezifischen Ziele, die gesetzt werden, um dieses Ergebnis herbeizuführen, genauso verschiedenartig sein wie die Probleme, die in die Behandlung eingebracht werden. Wenn man in der Frage „Bezüglich was funktioniert sie" das „was" nicht präzisiert, bleibt die Frage nach dem Erfolg genauso verwirrend und heterogen wie die Psychotherapie als Ganzes und ihre Klienten.

Wie aber sieht die geeignete Fragestellung der Erfolgsforschung aus? Die komplexe Frage, mit der sich jede Erfolgsforschung befassen sollte, kann folgendermaßen formuliert werden: *Welche* Behandlungsmethode, von *wem* angewendet, ist für *dieses* Individuum mit *diesem* bestimmten Problem unter *welchen* Bedingungen am wirksamsten? Wenn wir diese grundlegende Frage auf die in der Tabelle 1 aufgeführten Bereiche beziehen, ergibt sich folgendes: Welche Behandlungsmethode (2 a, therapeutische Techniken), von wem (2 b, Therapeuten mit relativ stabilen persönlich-sozialen Eigenschaften) angewendet, ist für dieses Individuum (1 b, Klienten mit relativ stabilen persönlich-sozialen Eigenschaften), unter welchen Bedingungen (1 c, die physisch-soziale Lebensumwelt des Klienten und 2 c, die physisch-soziale Behandlungsumwelt) am wirksamsten (die Veränderung von 1 a, der Verhaltensstörungen des Klienten, von 3 b, der Vorbehandlung bis zu 3 f, der Nachbehandlung und 3 g, der Nachuntersuchung)? Wenn man die Frage auf diese Weise formuliert, werden zwei Punkte ganz deutlich: *(a)* Eine einzige Untersuchung, so komplex sie auch sein mag, wird nie in der Lage sein können, diese Frage zu beantworten, und *(b)* jede Untersuchung wird notwendigerweise jede der Variablen oder Bereiche, die in Tabelle 1 aufgeführt sind, auf angemessene Weise beschreiben, messen oder kontrollieren müssen, damit die Erkenntnisse, die durch verschiedene Untersuchungen gewonnen werden, auf sinnvolle Weise zusammengestellt werden können und damit eine solide Grundlage für spätere Forschung gelegt werden kann.

4.3.3. Das Problem des Kriteriums

Eine der am häufigsten wiederkehrenden methodischen Schwierigkeiten bei der Erfolgsforschung stellt das Problem des Kriteriums dar. Die mangelnde Übereinstimmung in bezug auf Kriterien, nicht nur zwischen Forschern, sondern auch zwischen Klienten, Therapeuten und anderen Forschungsquellen war einer der Faktoren, die zur ‚Flucht in den Prozeß' führte. Diese mangelnde Übereinstimmung ist auf die Tatsache zurückzuführen, daß Personen, die unterschiedliche Rollen haben, unterschiedliche Bezugsrahmen verwenden können, um allgemeine Einschätzungen von Erfolg oder Besserung vorzunehmen. Die meisten Forscher haben die Kriterien einem theoretischen Bezugsrahmen entnommen und die Heterogenität der Population der Klienten unbeachtet gelassen. Die auf diese Weise ausgewählten Kriterien sind bestenfalls nur zum Teil mit Kriterien, die aus einem anderen Bezugsrahmen ausgewählt worden sind, vergleichbar. Die Feststellung von *Parloff* und *Rubinstein* (1959), daß „die Auswahl bestimmter Kriterien durch den Forscher ein voreiliges und anmaßendes Werturteil" (S. 278) darstellt, scheint zuzutreffen, wenn die Kriterien aus einem vorgefaßten theoretischen Urteil, das keine nachweisliche Beziehung zu den Problemen des Klienten hat, abgeleitet wird. Das gleiche gilt, wenn die Kriterien sich auf die Verwirklichung irgendeines ‚Ideals' beziehen, das notwendigerweise die Werte und Normen einer bestimmten Schicht, Kultur oder eines bestimmten Forschers widerspiegelt. Die Normalbevölkerung ist äußerst heterogen und weist eine große Bandbreite an unterschiedlichen Lebensweisen auf. Die einzig richtige Frage nach dem Erfolg ist, gleich welche theoretische Position vertreten wird, aus logischen und ethischen Gründen die, ob den Klienten, hinsichtlich der Verhaltensstörungen, die sie zur Behandlung geführt haben, geholfen worden ist (*Betz,* 1962; *Hoppock,* 1953; *Rickard,* 1965). So haben *Jerome Frank* und seine Mitarbeiter unlängst festgestellt (*Battle, Imber, Hoehn-Saric, Stone, Nash* und *Frank,* 1966):

> „Da ausreichende Kenntnisse über die Ursachen von psychiatrisch bzw. psychotherapeutisch zu behandelnden Beschwerden nicht vorhanden sind, nehmen wir an, daß Psychotherapie diese Ursachen beseitigt hat, wenn die Beschwerden auf Dauer behoben und nicht durch neue ersetzt worden sind" (S. 185).

Obwohl die Verwendung solcher maßgeschneiderten Kriterien das Problem der Homogenität, das durch die Verwendung unterschiedlicher Bezugsrahmen entsteht, umgeht, bleibt die Notwendigkeit bestehen, die abhängigen Variablen angemessen zu quantifizieren und zu definieren, und zwar mit einem angemessenen Grad an Reliabilität und Validität. Obwohl in der Vergangenheit viele Techniken zur Messung von Veränderung verwendet worden sind, können nur wenige dieser Methoden als zufriedenstellend bezeichnet werden (*Zax* und *Klein,* 1960). Subjektive Berichte über Veränderungen von Klienten oder Therapeuten sind für ihre mangelnde Reliabilität und Validität bekannt, und bei bestimmten Problemen können psychologische Tests nicht angewendet werden (*Paul,* 1966).

Das wichtigste und bedeutungsvollste Kriterium für den Erfolg ist die Veränderung der gestörten Verhaltensweisen des Klienten außerhalb der Behandlungssituation (*Luborsky* und *Strupp,* 1962). Man kann einige Richtlinien für die Erfassung und Bewertung aus der Analyse des Prozesses, der zum Kontakt zwischen Therapeut und Klient führt, gewinnen; das heißt, der Klient tut etwas unter bestimmten Bedingungen, das jemand so stört, daß daraus Konsequenzen gezogen werden – der Klient geht zur Behandlung (*Ullmann* und *Krasner,* im Druck). Das ‚Etwas', was er tut, wird als die Verhaltensstörungen gekennzeichnet, die ihn zur Behandlung führen. Da jedoch dieses Etwas nur unter bestimmten Bedingungen eintritt, ist es nicht notwendig, eine Messung der Veränderung unter allen Bedingungen vorzunehmen. Die Messung sollte eher mehr oder weniger situationsspezifisch sein. Wie *Zax* und *Klein* (1960) bemerken, sind die vielversprechendsten Kriterien, die jedoch am wenigsten verwendet werden, jene, die sich auf das Verhalten außerhalb der Behandlungssituation beziehen. Der Nutzen solcher Messungen von ‚Arbeitsstichproben', die auch Eigenberichte der Klienten einschließen, sind an anderer Stelle erwähnt worden (*Paul,* 1966). Obwohl multiple Messungen des Ergebnisses notwendig sind, muß die abhängige Variable bei jeder Beurteilung des Ergebnisses entsprechend Tabelle 1 eine Veränderung in den Verhaltensstörungen (1 a), die dazu geführt haben, daß der Klient zur Behandlung kam, darstellen und zwar hinsichtlich des Zeitraums von der Vorbehandlung (3 b) bis zur Nachbehandlung (3 f) und Nachuntersuchung (3 g). Die Beurteilung dieser Veränderung muß unter Verwendung objektiver Verfahren außerhalb der eigentlichen Behandlung gemessen werden.

4.3.4. Ansätze der Erfolgsforschung

Wenn die grundlegende Fragestellung und die Bestimmung der Kriterien feststehen, ist das weitere Vorgehen der Erarbeitung von Antworten oder Teilantworten, wie bei jeder Art von Forschung, ein strategisches Problem. Das heißt, es gilt zu klären, wie die unterschiedlichen Ebenen der Ergebnisforschung einzuordnen sind, welchem Zweck sie dienen und was unterschiedliche Ansätze wie Fallstudien, ‚nomothetisierende' Ansätze (simplifications) und die verschiedenen Arten des kontrollierten Experiments leisten können. Angesichts der Bandbreite und Komplexität der relevanten Variablen scheinen aufeinanderfolgende Reihen von streng kontrollierten Untersuchungen mit faktoriellen Versuchsplänen nicht nur die wirksamste, sondern wahrscheinlich auch die einzige Methode zu sein, mit deren Hilfe Antworten auf die grundlegenden Fragen erwartet werden können (*Edwards* und *Cronbach,* 1952). Niedrigere Ebenen der empirischen Forschung sind sowohl vor als auch nach Experimenten mit faktoriellen Versuchsplänen und bei Untersuchungen, die auf die Erforschung anderer Fragestellungen ausgerichtet sind, sinnvoll: vor allem bei der Erforschung von Veränderungsmechanismen. Diese Untersuchungen müssen jedoch in Hinblick auf ihren möglichen Aussagewert überprüft werden.

Wenn man bedenkt, daß Erfolgsstudien versuchen, Ursache-Wirkungs-Beziehungen zu ergründen, wird die fundamentale Notwendigkeit faktorieller Untersuchungen in dem Augenblick offensichtlich, da die beiden folgenden Grundprinzipien der empirischen Forschung berücksichtigt werden: *(a)* Es gibt eigentlich nur eine Grundregel des experimentellen Versuchsplans, sie besagt, daß man „das Experiment so planen soll, daß die Effekte der unabhängigen Variablen auf unzweideutige Weise erfaßt werden können" (*Underwood,* 1957, S. 86), und *(b)* „Um Schlüsse über den Einfluß einer bestimmten Variable zu ziehen, ist es notwendig, daß diese Variable an irgendeiner Stelle im Versuchsplan unabhängig von den anderen Variablen systematisch manipuliert wird" (*Underwood, 1957,* S. 35). Diese Prinzipien weisen wieder auf die Notwendigkeit hin, jede der Variablen bzw. jeden der Bereiche, die in Tabelle 1 aufgeführt werden, zu beschreiben, zu messen und zu kontrollieren, um eine Konfundierung zu vermeiden.

Das Problem der zur Verhinderung von Konfundierungen notwendigen experimentellen Kontrolle (*Frank,* 1959) liegt bei faktoriellen Versuchsplänen klar auf der Hand. Hinzu kommt, daß taktische Entscheidungen innerhalb einer faktoriellen Untersuchung getroffen werden müssen, die den jeweiligen Kenntnisstand auf einem Gebiet zu einem bestimmten Zeitpunkt berücksichtigen. Da die wichtigsten Punkte in Hinblick auf die notwendige Kontrolle und die praktischen und empirischen Probleme bei der Durchführung von faktoriellen Erfolgsuntersuchungen an anderer Stelle (*Paul,* 1966) dargestellt worden sind, werden diese Punkte hier nur unter besonderer Berücksichtigung jener Strategien zusammengefaßt, die bei unserem gegenwärtigen Kenntnisstand nützlich erscheinen.

Die erste Aufgabe einer Erfolgsuntersuchung besteht in der angemessenen Eingrenzung der Klientenstichprobe; weitere praktische Probleme, die damit zusammenhängen, beziehen sich auf die Bereitstellung von genügend Zeit für die Diagnose, die Sammlung von ausreichenden Informationen vor der Zuordnung zu einer Behandlungsmethode und die Bildung von Gruppen, die groß genug sind. Da die Veränderung der Verhaltensstörungen des Klienten (1 a) immer eine abhängige Variable darstellt, bedingt eine Selektion der Stichprobe immer eine Entscheidung über die Heterogenität. Angesichts der Wahrscheinlichkeit, daß das Ausmaß der Verhaltensstörungen auch innerhalb derselben Kategorie variiert (z. B. korpulente Frauen), und daß der Widerstand gegen eine Veränderung zwischen unterschiedlichen Kategorien (z. B. korpulenten Frauen und Morphinsüchtigen) variieren kann, wäre es hier taktisch, die Auswahl von Klienten danach zu entscheiden, welcher Kategorie das Zielverhalten jeweils zugeordnet werden kann.

Eine größere Variation bei den relativ stabilen persönlich-sozialen Eigenschaften (1 b) ist jedoch auch dann zu erwarten, wenn die Auswahl nach einer homogenen Kategorie von Zielverhaltensweisen vorgenommen wird. Man könnte diese Klienten nach diesen 1 b-Variablen klassifizieren, und diese Kategorien könnten dann als unabhängige Variablen (z. B. ältere Männer aus der Unterschicht mit durchschnittlicher Intelligenz im Vergleich zu weiblichen Jugendlichen aus der Mittelschicht mit überdurchschnittlicher Intelligenz) behandelt werden. Die beste Strategie für anfängliche Untersuchungen wäre jedoch aus praktischen Gründen, homogene Stichproben auszuwählen, die detailliert genug beschrieben werden müßten, um sinnvolle Vergleiche zu anderen Untersuchungen anstellen zu können. Wenn die wichtigsten Eigenschaften quantifiziert werden, können die Ergebnisse von Korrelationsanalysen der Eigenschaften der Klienten auf mögliche beeinflussende Parameter hinweisen und damit auf eine genauere Bestimmung von unabhängigen Variablen für spätere Erfolgsstudien hinwirken.

Während die Verhaltensstörungen des Klienten im Bereich I a immer als unabhängige oder abhängige Variablen auftreten werden, und während die relativ stabilen persönlich-sozialen Eigenschaften des Bereichs 1 b unabhängige Variablen sein können, gleichgültig, ob sie nur beschrieben oder auch kontrolliert werden, kann man die Variablen im Bereich 1 c, die psychisch-soziale Lebensumwelt des Klienten, selten detailliert beschreiben oder als unabhängige Variable behandeln. In diesem Fall können sie nur kontrolliert werden, um festzustellen, ob und inwieweit beobachtete Verhaltensänderungen auf außrexperimentelle Lebenserfahrungen zurückzuführen sind. Die einzige Methode, diese Faktoren zu kontrollieren, scheint die Verwendung einer vergleichbaren Kontrollgruppe zu sein, die nicht behandelt wird. Sie müßte zu denselben Zeitpunkten und während desselben Zeitabschnitts wie die Behandlungsgruppen beobachtet und beurteilt werden. Außerdem bietet eine solche Gruppe auch eine Mögtichkeit zur Kontrolle der Effekte wiederholter Messungen und sogenannter Spontanremissionen, die sich während dieser Zeit einstellen.

Versuchspläne mit Eigenkontrolle (own-control designs; d. h. Vergleiche zwischen der 3 a-3 b-Veränderung mit der 3 b-3 f-Veränderung bei denselben Klienten) sind für die Ermittlung von Basisdaten über die Stabilität von Verhaltensstörungen nützlich, aber sie bieten keine ausreichende Kontrolle der Veränderungen, die mit dem Zeitverlauf, der Jahreszeit oder außerexperimentellen Erfahrungen zusammenhängen. Das Problem besteht darin, die Stichprobe in gleichwertige Experimental- und Kontrollgruppen aufzuteilen. Es gibt im Experiment drei Methoden, die es ermöglichen, gleichwertige Gruppen zu bilden. Die erste Methode ist das Parallelisieren von Gruppen, und zwar nicht nur in bezug auf das Zielverhalten, sondern auch in bezug auf alle anderen wichtigen Variablen der Bereiche I b und I c, die möglicherweise relevant sind; alle anderen Aspekte werden randomisiert. Die zweite Möglichkeit ist die Bildung gleichwertiger Gruppen durch die Auswahl der Stichprobe nach wichtigen Kategorien, ohne die Individuen zu parallelisieren. Die dritte Methode ist die zufällige Zuordnung der Personen zu den Gruppen. Es ist bei jeder Methode wichtig, daß Variablen, die nicht parallelisiert oder gemessen werden, randomisiert werden. Die gegenwärtig optimale Strategie bei faktoriellen Untersuchungen scheint die Auswahl nach dem Zielverhalten und nach der Motivation zu sein. Der Gefahr, daß die Behandlungsverfahren die Gleichwertigkeit der nichtbehandelten Kontrollgruppe in Vergleich zu den behandelten Experimentalgruppen zunichte machen, kann teilweise dadurch begegnet werden, daß man eine Wartezeit vor der eigentlichen Behandlung als interne Kontrolle einsetzt; die Klienten in der Wartezeit bilden dann die Kontrollgruppe für die laufenden Behandlungsgruppen.

Das nächste Problem besteht darin, geeignete Definitionen der Therapeuten und der Behandlungstechniken zu finden; damit zusammenhängende praktische Probleme sind die Bereitstellung von genügend Zeit für die Diagnose bzw. für das Training vor dem ersten Behandlungskontakt, und entstehen bei der Supervision der therapeutischen Behandlungsverfahren und auf der Suche nach einer ausreichenden Anzahl von Individuen, die zur Mitarbeit bereit sind. Die unabhängige Variable, die üblicherweise in Erfolgsstudien am meisten interessiert, ist die spezifische therapeutische Technik (2 a), von der behauptet wird, daß sie bei der Beseitigung von Verhaltensstörungen wirksam sei. Die Frage der Heterogenität wird am wichtigsten im Zusammenhang mit der therapeutischen Technik, wo es um die Reproduktion unabhängiger Variablen geht. Wenn man es dabei auch noch mit etablierten Behandlungsverfahren zu tun hat, wird das Problem noch komplizierter, da die meisten erfahrenen Psychotherapeuten ihre Techniken zu einer mehr oder weniger individuellen Kunstfertigkeit entwickelt haben. Eine Strategie bei der Lösung dieses Problems wäre es, den Therapeuten mit ihren bevorzugten Techniken völlige Freiheit zu lassen und festzustellen, welche davon eine zuverlässige Effektivität aufweisen; Ton- und Videoaufnahmen der effektiven Therapeuten können dann ausgewertet werden, um zu untersuchen, was sie getan haben, oder man kann umfassendere Prozeßuntersuchungen bei diesen Therapeuten durchführen. Das Problematische an diesem Ansatz ist, daß er weder Informationen darüber erbringt, was eine nichteffektive Behandlungsmethode ist, noch einfache Vergleiche mit anderen therapeutischen Techniken ermöglicht.

Wenn dagegen jede Reihe von Behandlungstechniken innerhalb der Behandlungsgruppen und zwischen den Therapeuten relativ homogen ist, kann man daraus unmittelbar folgern, welche Behandlungsmethoden effektiv sind. Ob man es nun mit älteren oder neueren Behandlungsverfahren zu tun hat, die Herstellung einer Homogenität innerhalb der Gruppen stellt die derzeit optimale Taktik dar; diese Homogenität sollte möglichst für alle Therapeuten innerhalb der einzelnen Behandlungsmethoden durch die Aktivitäten eines einzigen Supervisors gewährleistet werden.

Verwendet man homogene Behandlungsverfahren, ist das wichtigste Kontrollproblem die Unterscheidung der Effekte in den Bereichen 2 a und 2 b, das heißt, der Effekt der relativ stabilen persönlich-sozialen Eigenschaften des Therapeuten und der Effekte der jeweiligen Behandlungstechniken. Ein ähnliches Problem ist die Unterscheidung der spezifischen Effekte bestimmter therapeutischer Techniken von den nichtspezifischen Effekten – den ‚Placebo-Effekten' (*Rosenthal* und *Frank*, 1958) – die bei jeder Art therapeutischen Kontaktes auftreten. Als geeignete Kontrolle der Placebo-Effekte käme die Anwendung je einer anderen Behandlungsmethode in Frage, an die die Klienten in gleicher Weise glauben, aber von der nicht erwartet wird, daß sie aus anderen Gründen als denen, die der offiziellen Technik zugeschrieben werden, zu Verhaltensänderungen führen wird. Wenn jeder Therapeut sowohl eine zu untersuchende Behandlung als auch eine Placebo-Behandlung bei mehreren Klienten durchführt, wobei die Dauer und Anzahl der Sitzungen sowie alle anderen Zeitfaktoren gleich sind, lassen sich nicht nur nichtspezifische Placebo-Effekte feststellen und unterscheiden, sondern man kann auch eine Grundrate (base rate) in bezug auf die Verbesserung, die durch die relativ stabilen persönlich-sozialen Eigenschaften des Therapeuten bewirkt werden kann, ermitteln. Ebenso wie die Eigenschaften des Klienten (1 b) kann man auch die Eigenschaften des Therapeuten (2 b) als zusätzliche unabhängige Variablen (z. B. erfahrene Therapeuten versus unerfahrene Therapeuten) auffassen. Jedoch scheint es, angesichts des gegenwärtigen Wissensstandes, für die Durchführung der ersten Untersuchungen strategisch am günstigsten zu sein, die Bewertung der Eigenschaften des Therapeuten darauf zu beschränken, daß man sie mit dem Erfolg korreliert, so daß für spätere Untersuchungen brauchbare Hypothesen entwickelt werden könnten.

In der Praxis wird die physisch-soziale Behandlungsumwelt (2 c) wahrscheinlich über alle Untersuchungen konstant sein. Wenn dem so ist, wird es notwendig, daß die Institution und die üblichen Verfahrensweisen auf angemessene Weise beschrieben werden, weil nur so Vergleiche zwischen Untersuchungen möglich werden. Wenn aber mehr als eine Institution beteiligt sind, sollte eine Kontrolle der möglichen Konfundierung stattfinden, indem alle Behandlungen, einschließlich der Placebo-Behandlung, in allen Institutionen durchgeführt werden. Obwohl der spezifische Einfluß der Behandlungssituation an sich normalerweise zu den am wenig wichtigsten Bereichen gehört, könnte man die Behandlungssituation als eine unabhängige Variable untersuchen, indem jeder Therapeut jede der einzelnen Behandlungen mit mehreren Klienten in zwei oder mehreren Institutionen durchführt.

Im Hinblick auf die zeitliche Dimension sollte jeder der Zeitabschnitte, die in Tabelle 1 aufgeführt sind, spezifiziert und konstant gehalten werden, es sei denn, die Zeit wird als eine unabhängige Variable eingesetzt. Die Beurteilungen sollten zu denselben Zeitpunkten vorgenommen werden und die Anzahl und Dauer der Sitzungen sollten für alle Gruppen gleich sein. Wenn die zeitliche Dimension, z. B. bei der Frage, ob der zeitliche Abstand zwischen den Sitzungen oder die Dauer der Sitzungen von Bedeutung ist, als eine unabhängige Variable eingesetzt wird, ist es notwendig, diese Aspekte in relevanten Kontrollgruppen systematisch zu variieren.

Wenn die zeitliche und finanzielle Investition für alle der erwähnten Therapeuten und Kontrollverfahren vorgenommen wird, wäre es strategisch sinnvoll, innerhalb desselben Versuchsplans zwei oder mehrere Behandlungsmethoden zu untersuchen. Man könnte das verwirklichen, indem man die Therapeuten zusätzlich zu der Placebo-Behandlung mehrere Behandlungsmethoden anwenden ließe, oder indem man Therapeuten unterschiedlicher Provinienz in den Versuchsplan einbezöge und sie sowohl eine unterschiedliche Behandlungsmethode als auch eine Placebo-Behandlung durchführen ließe. So ließen sich für jede Möglichkeit die Haupteffekte der Behandlungsmethoden und der Therapeuten sowie die Interaktionen dieser beiden Faktoren ermitteln. Außerdem wäre es sinnvoll, die vielversprechendsten konkurrierenden Behandlungsmethoden in ihrer Wirkung für eine bestimmte Störung miteinander zu vergleichen. Wenn diese Behandlungsmethoden aus einander widersprechenden Theorien abgeleitet wären, könnten so außerdem noch Beiträge zu grundlegenden wissenschaftlichen und ethisch-technologischen Aspekten geleistet werden.

Da die faktoriellen Untersuchungen dieses Typs eine erhebliche Investition an Zeit, Geld und Mitarbeitern voraussetzen, ist es wichtig zu überprüfen, wie es um die Aufgaben und Möglichkeiten von Untersuchungen auf niedrigerem Niveau steht, die zu unterschiedlichen Fragestellungen vor und nach faktoriellen Untersuchungen durchgeführt werden können. Eine Zusammenfassung der wichtigsten Ansätze der Erfolgsforschung, zusammen mit einer Darstellung möglicher Konfundierungen und möglicher Schlußfolgerungen, wird in Tabelle 2 aufgeführt. Wie vorhin schon festgestellt wurde, ist das Experiment mit einem faktoriellen Versuchsplan und Kontrolle in bezug auf Nichtbehandlung und Placebo-Behandlung die einzige Methode, um Ursache-Wirkungs-Beziehungen für bestimmte Behandlungsmethoden festzustellen und gleichzeitig Konfundierungen auszuschließen. Man kann bei Anwendung dieses Typs von Versuchsplan zu analytischen Schlußfolgerungen über komplexe Variablen, wie z. B. ganze Behandlungssysteme gelangen.

Wenn einmal die Wirksamkeit einer komplexen Behandlungsmethode bei bestimmten Problemen, Populationen und Therapeuten festgestellt worden ist, werden einige dieser alternativen Ansätze zu wertvollen Forschungsstrategien werden können. Einen der wertvollsten Ansätze stellt die ‚Vereinfachung' („simplification") (*Bordin,* 1965) dar, bei der die ursprünglich in der klinischen Situation beobachteten Phänomene abstrahiert und in die Laborsituation übertragen werden, wo bedingt durch die experimentelle Isolierung, Manipulation und Kontrolle größere Präzision möglich ist. Dieser Ansatz wird häufig als Analogiestudie bezeichnet, da man beim Prozeß der Vereinfachung davon ausgeht, daß eine oder mehrere der Variablen oder Bereiche denen vergleichbar sind, die in der wirklichen klinischen Situation vorkommen (*Maher,* 1966). In dem Maße, wie die Analogiestudie die wesentlichen Eigenschaften der klinischen Verfahren und Phänomene berücksichtigt, ist dieser Ansatz eine leistungsfähige und ökonomische Methode zur Untersuchung der Wirkungsmechanismen und spezifischen Einflußparameter der komplexen Variablen, die im faktoriellen Gruppenversuchsplan enthalten sind. Wenn jedoch aus diesen Analogiestudien Veränderungen an Verfahrensweisen resultieren oder Hypothesen für andere Phänomene entwickelt werden, müssen diese in der klinischen Situation überprüft bzw. bestätigt werden.

Während es sowohl bei Laborexperimenten als auch bei faktoriellen Gruppenversuchsplänen in der klinischen Situation möglich ist, analytisch Schlüsse zu ziehen, können auch Untersuchungen auf niedrigerem Niveau für die zentrale Frage des Ergebnisses strategisch wertvoll sein. Nichtfaktorielle Gruppenversuchspläne, bei denen eine Kontrolle durch Nichtbehandlung erfolgt, können Ursache-Wirkungs-Beziehungen zwischen Behandlungsmethode und Ergebnis auf die gleiche Weise wie bei faktoriellen Versuchsplänen feststellen. Da jedoch der nichtfaktorielle Versuchsplan eine Konfundierung innerhalb der Kategorien nicht vermeiden kann, wird seine Nützlichkeit durch das vorhandene Wissen über die Wirksamkeit und Anwendbarkeit von Behandlungstechniken bestimmt. Wenn ein nichtfaktorieller Versuchsplan auf eine faktorielle Untersuchung folgt, kann er die Funktion haben, die Beurteilung der Behandlung auf andere Bereiche auszudehnen, das heißt auf eine andere Art von Klienten, Problemen, Therapeuten, Behandlungssituationen und zeitlichen

Dimensionen. Diese Anwendungsmöglichkeit wird durch die Tatsache eingeschränkt, daß man eine neue Variation jeweils nur einmal in einem neuen Bereich vornehmen kann, wenn man die Präzision des empirischen Vorgehens nicht gefährden will. Die zweite strategische Anwendungsmöglichkeit des nichtfaktoriellen Versuchsplans mit Kontrolle durch Nichtbehandlung liegt vor dem eigentlichen faktoriellen Experiment in einer globalen Validierung erfolgversprechender Behandlungsverfahren und neuer Kombinationen bekannter Methoden. Da eine Konfundierung innerhalb der Kategorien der Variablen möglich ist, ist dieses Vorgehen, vom wissenschaftlichen Standpunkt aus gesehen, nur als Exploration zu verstehen. In der Praxis kann diese explorative Funktion jedoch eine wichtige Aufgabe erfüllen; denn man braucht bei späteren faktoriellen Erfolgsstudien nur jene Therapeuten oder Behandlungsmethoden einzusetzen, die erfolgversprechend sind, und man braucht in der klinischen Praxis nur die wirksamen Behandlungsverfahren anzuwenden. Außerdem können dadurch Therapeuten und/oder Techniken, die den Klienten schaden, umgehend erkannt und folglich modifiziert werden.

Tabelle 2: Zusammenfassung der wichtigsten Ansätze der Erfolgsforschung

Ansatz	mögliche Konfundierung	Aussageniveau
Fallstudie (ohne Messung)	Innerhalb aller und zwischen allen Bereichen	Primitive Hypothesen
Fallstudie (mit Messung)	Innerhalb aller und zwischen allen Bereichen	Korrelative Schlußfolgerungen. Bestätigte Hypothesen.
Nichtfaktorieller Gruppenversuchsplan (ohne Kontrolle durch Nichtbehandlung)*)	Innerhalb aller und zwischen allen Bereichen	Wie oben. Hypothesen werden weiter bestätigt, wenn Einzeluntersuchungen in verschiedenen Bereichen vorgenommen werden.
Nichtfaktorieller Gruppenversuchsplan (mit Kontrolle durch Nichtbehandlung)	Innerhalb des Klienten (1 a, b) Innerhalb der Behandlung (2 a, v, c)	Feststellung von Ursache-Wirkungs-Beziehungen zwischen Kategorien. Weitere Präzisierung der Bestimmungsfaktoren, wenn Einzeluntersuchungen in verschiedenen Bereichen vorgenommen werden.
Faktorieller Gruppenversuchsplan (mit Kontrolle durch Nichtbehandlung und Placebo)	Es braucht zu keiner Konfundierung zu kommen	Feststellung von Ursache-Wirkungs-Beziehungen für spezifische Variablen innerhalb und zwischen Kategorien, analytische Schlußfolgerungen für komplexe Variablen.
Vereinfachung im Labor	Es braucht zu keiner Konfundierung zu kommen	Feststellung von Ursache-Wirkungs-Beziehungen für spezifische Variablen in bezug auf Analogien innerhalb und zwischen Kategorien. Analytische Schlußfolgerungen für spezifische Variablen.

*) Beim ,A-B-A'-Design mit interner Kontrolle, ist die Wahrscheinlichkeit einer Konfundierung niedriger und das Aussageniveau höher (siehe Text).

Mit den Ansätzen auf den drei untersten Ebenen in Tabelle 2 (der nichtfaktorielle Versuchsplan ohne Kontrolle durch Nichtbehandlung und Fallstudien mit oder ohne Messung) können keine Ursache-Wirkungs-Beziehungen festgestellt werden, weil Konfundierungen sowohl zwischen den Bereichen und Kategorien als auch innerhalb beider möglich sind. Die individuelle Fallstudie ohne externe Messung ist nur in der Anfangsphase der klinischen Entwicklung von Techniken sinnvoll. Die Fallstudie, bei der Messungen vor, während und nach der Behandlung vorgenommen werden, stellt einen ersten Schritt in Richtung auf Validierung dar, indem korrelative Schlußfolgerungen gezogen und Verfahren anderen mitgeteilt werden. Die Hypothesen einer erfolgversprechenden Behandlungsmethode und ihrer Parameter können weitere Bestätigungen erfahren, wenn die Zahl der Fallstudien in verschiedenen Bereichen zunimmt und wenn nichtfaktorielle Versuchspläne ohne Kontrolle Anwendung finden; jedoch können diese Ansätze bestenfalls eine in den Anfangsstadien stehende, primitive explorative Funktion erfüllen. Die Validierung einer spezifischen Technik ist mit diesen Ansätzen nicht möglich. Nur auf einen bestimmten Ansatz, bei dem ein nichtfaktorieller Gruppenversuchsplan ohne Kontrolle durch Nichtbehandlung verwendet wird, trifft diese Einschränkung nicht ganz zu. Es handelt sich um den A-B-A-Versuchsplan mit interner Kontrolle, bei dem die Verhaltensstörungen des Klienten durch therapeutische Techniken verringert, verstärkt und wieder verringert werden (*Ullmann* und *Krasner,* 1965). Wenn diese zeitlich bedingten Beziehungen zwischen den Gruppen zuverlässig nachgewiesen werden können, ist es sehr unwahrscheinlich, daß, bedingt durch spontane Fluktuationen während der Behandlungszeit oder außerexperimentelle Lebenserfahrungen, eine Konfundierung zwischen den Gruppen auftreten kann. Die Aussagekraft dieses Versuchsplans nähert sich der des nichtfaktoriellen Gruppenversuchsplans mit Kontrolle durch Nichtbehandlung an.

Ein weiterer Ansatz zur Erfolgsforschung, der von Zeit zu Zeit verwendet wird, ist die ‚retrospektive Untersuchung', bei der klinische Berichte ausgewertet werden, um eine ‚Messung' oder eine Beschreibung aller Variablen, einschließlich des Erfolgskriteriums an sich, zu erhalten. Obwohl die Logik solcher Untersuchungen sich von der prospektiver Experimente nicht zu unterscheiden braucht, sind das Problem der mangelnden Präzision der Daten und sonstige methodologische Schwierigkeiten kaum lösbar, so daß derartige Untersuchungen außer Verwirrung wenig zur Erforschung beizutragen scheinen.

Wenn aber die geeignete Methodologie und die jeweils richtige Strategie bedacht und sorgfältig angewendet werden, besteht die Hoffnung, daß man die Psychotherapie nach weiteren 25 Jahren der Forschung nicht mehr als „eine undefinierte Technik, die bei unspezifizierten Problemen mit ungewissen, unvorhersagbaren Folgen angewendet wird" (*Raimy,* 1950, S. 93) bezeichnen kann.

Literatur

Battle, C. C., Imber, S. D., Hoehn-saric, R., Stone, A. R., Nash, E. R. und *Frank, J. D. Target* complaints as criteria of improvement. American Journal of Psychotherapy, (1966) **20,** 184–192.

Betz, B. Experience in research in psychotherapy with schizophrenic patients. In: *H. H. Strupp* und *L. Luborsky* (Eds.) Research in psychotherapy. Vol. 2. Washington, D. C.: American Psychological Association, (1962) 41–60.

Bordin, E. S. Simplification as a strategy for research in psychotherapy. Journal of Consulting Psychology, (1965), **29,** 493–503.

Edwards, A. L. und *Cronbach, L. J.* Experimental design for research in psychotherapy. Journal of Clinical Psychology, (1952) **8,** 51–59.

Eysenck, H. J. The effects of psychotherapy: An evaluation. Journal of Consulting Psychology, (1952) **16,** 319–324.

Eysenck, H. J. The effects of psychotherapy. In *H. J. Eysenck* (Ed.), Handbook of abnormal psychology, (New York: Basic Books, 1961, 607–725).

Eysenck, H. J. The effects of psychotherapy. International Journal of Psychiatry, (1965) **1,** 99–144.

Frank, J. D. Problems of controls in psychotherapy. In *E. A. Rubinstein* und *M. B. Parloff* (Eds.), Research in psychotherapy. Vol. 1. Washington, D. C.: American Psychological Association, (1959) 10–26.

Greenhouse, S. W. Principles in the evaluation of therapies for mental disorders. In *P. H. Hoch* und *J. Zubin* (Eds.), The evaluation of psychiatric treatment. (New York: Grune und Stratton, 1964, 94–105).

Hoch, P. H. Methods of evaluating various types of psychiatric treatments: Discussion. In *P. H. Hoch* und J.

Zubin (Eds.) The evaluation of psychiatric treatment. (New York: Grune und Stratton, 1964).
Hoch, P. H. und *Zubin, J.* (Eds.), The evaluation of psychiatric treatment. (New York: Grune und Stratton, 1964).
Hoppock. R. What is the "real" problem? American Psychologist, (1953) **8,** 124.
Hyman, R. und *Berger, L.* Discussion of *H. J. Eysenck's* „The effects of psychotherapy". International Journal of Psychiatry, (1965) **1,** 317–322.
Kiesler, D. J. Some myths of psychotherapy research an the search for a paradigm. Psychological Bulletin, (1966) **65,** 110–136.
Levinson, D. J. The psychotherapist's contribution to the patient's treatment career. In *H. H. Strupp* und *L. Luborsky* (Eds.), Research in psychotherapy. Vol. 2. Washington. D. C.: American Psychological Association, (1962) 13–24.
Luborsky, L. und *Strupp, H. H.* Research problems in psychotherapy: A three year follow-up. In *H. H. Strupp* und *L. Luborsky* (Eds.), Research in psychotherapy. Vol. 2. Washington, D. C.: American Psychological Association, (1962) 308–329.
Maher, B. A. Principles of psychopathology. (New York: McGraw-Hill, 1966).
Parloff, M. B. und *Rubinstein, E. A.* Research problems in psychotherapy. In *E. A. Rubinstein* und *M. B. Parloff* (Eds.), Research in psychotherapy. Vol. 1. Washington, D. C.: American Psychological Association, (1959) 276–293.
Paul, G. L. Insight vs. desensitization in psychotherapy: An experiment in anxiety reduction. (Standford University Press, 1966).
Raimy, V. C. (Ed.) Training in clinical psychology. (Englewood Cliffs, N. J.: Prentice-Hall, 1950).
Reichenbach, H. Experience and prediction, (Chicago: University of Chicago Press, 1938).
Rickard, H. C. Tailored criteria of change in psychotherapy. Journal of General Psychology, (1965) **72,** 63–68.
Rosenthal, D. und *Frank, J. D.* Psychotherapy and the placebo effect. In *C. F. Reed, I. E. Alexander* und *S. S. Tomkins* (Eds.), Psychopathology: A source book. (Cambridge: Harvard University Press, 1958, 463–473).
Rubinstein, E. A. und *Parloff, M. B.* (Eds.), Research in psychotherapie. Vol. 1. (Washington, D. C.: American Psychological Association, 1959).
Sanford, N. Discussion of papers on measuring personality change. In *H. H. Strupp* und *L. Luborsky* (Eds.), Research in psychotherapy. Vol. 2. (Washington, D. C.: American Psychological Association, 1962, 155–163).
Shlien, J. M. Cross-theoretical criteria for the evaluation of psychotherapy. American Journal of Psychotherapy, (1966) **1,** 125–134.
Strupp, H. H. und *Luborsky, L.* (Eds.), Research in psychotherapy. Vol. 2. (Washington, D. C.: American Psychological Association, 1962).
Ullmann, L. P. und *Krasner, L.* (Eds.), Case studies in behavior modification. (New York: Holt, 1965).
Ullmann, L. P. und *Krasner, L.* Abnormal behavior: A psychological approach. (Englewood Cliffs, N. J.: Prentice-Hall, in press).
Underwood, B. J. Psychological research. (New York: Appleton-Century-Crofts, 1957).
Zax, M. und *Klein, A.* Measurement of personality and behavior changes following psychotherapy. Psychological Bulletin, (1960) **57,** 435–448.
Zubin, J. Technical issues: Discussion. In *P. H. Hoch* und *J. Zubin* (Eds.), The evaluation of psychiatric treatment. (New York: Grune und Stratton, 1964, 122–128).

4.4. Vergleiche zwischen psychiatrischen Behandlungsmethoden: Probleme und Fallstricke*)

Alex D. Pokorny und *C. James Klett*

In der gegenwärtigen Periode der Veränderung und Innovation der psychiatrischen Behandlung ist die Forderung nach Untersuchungen, die verschiedene Behandlungsmethoden auf ihre relative Wirksamkeit untersuchen, eine der dringendsten. Neuere Ansätze sollten auf jeden Fall älteren, sog. Standardmethoden, gegenübergestellt werden. Und auch untereinander sollte man einige der älteren Methoden auf objektivere und gründlichere Weise miteinander vergleichen.

Solche Vergleiche zwischen Behandlungsmethoden bringen zahlreiche methodologische Probleme für die Versuchsplanung, -durchführung und -interpretation mit sich. Einige davon werden in diesem Aufsatz aufgegriffen und behandelt. Zur Veranschaulichung werden wir Projekt 8 der VA Cooperative Studies in Psychiatry (*Gorham* u. a., 1964) darstellen. Dabei handelt es sich um Vergleiche innerhalb der Gruppenpsychotherapie, der Chemotherapie und einer aus beiden Ansätzen kombinierten Behandlungsmethode; als Versuchspersonen dienten 150 schizophrene Klienten, die schon lange Zeit in stationärer Behandlung waren. Die Behandlungen wurden in mehreren Kliniken durchgeführt. Als wichtigstes Ergebnis kam heraus, daß Chemotherapie für sich oder in Verbindung mit Psychotherapie in den meisten Symptombereichen wirksamer war, als nur Psychotherapie.

Wir werden in der folgenden Erörterung einer Reihe von technischen Problemen, die sich beim Vergleich von Behandlungsmethoden ergeben, die Lösungen, Vorsichtsmaßnahmen und Kompromisse beschreiben, die bei der Planung dieser Untersuchung angewendet wurden. Manche Schwierigkeiten wurden jedoch nicht vorausgesehen, wir bemerkten sie erst im Verlauf der Untersuchung oder bei der nachfolgenden Analyse. Mögliche Lösungen für diese Problembereiche werden vorgeschlagen.

(1) Patienten, die für eine Behandlungsmethode ausgewählt worden sind, sind möglicherweise für eine andere Behandlungsmethode nicht geeignet. Wenn man sich ein extremes oder übertriebenes Beispiel dieses Sachverhalts vorstellt, dann scheint es sich bei dieser These um eine Binsenweisheit zu handeln, die schon fast komisch ist: Man denke z. B. an Patienten, die für eine Herniorrhapie ausgewählt wurden und nach einer Behandlung gegen Malaria keine Besserung aufweisen. Diese allgemeine Regel wird nur dann relevant, wenn die beiden Behandlungsmethoden auf ungefähr die gleiche Kategorie von Patienten bzw. Klienten ausgerichtet sind. Üblicherweise wird die bloße Tatsache, daß zwei Behandlungsmethoden in einem Forschungsprojekt miteinander verglichen werden, automatisch implizieren, daß beide bei den gleichen Patienten anwendbar sind. Das Problem wird erst dann gravierend, wenn die Unterschiede zwischen den Fällen, für die eine Behandlungsmethode geeignet ist, subtiler sind. Wenn die Personen, die die Behandlung durchführen, die

*) Aus: **Diseases of the Nervous System** (1966), **27,** S. 648–652. Genehmigter Nachdruck.

Fälle für jede Behandlungsmethode individuell auswählen würden, wären die beiden Gruppen aller Wahrscheinlichkeit nach nicht identisch – wenn auch die Unterschiede nicht offensichtlich wären.

Die gängigen Kriterien bei der Auswahl von Klienten für Psychotherapie unterscheiden sich etwas von denen bei der Verschreibung von Beruhigungsmitteln. Das impliziert, daß man von einem Kandidaten, der für eine Therapiemethode geeignet ist, nicht erwarten kann, daß er auf eine andere genausogut ansprechen wird. Es kann aber auch Klienten geben, die für beide Behandlungsmethoden ungeeignet sind, oder solche, von denen man erwarten kann, daß sie auf beide ansprechen. Welche Strategie sollte man bei der Auswahl der Klientenstichprobe für den Vergleich der beiden Behandlungsmethoden verfolgen? Es wäre sicher keine zufriedenstellende Lösung, wenn man die geeignetsten Kandidaten für die jeweilige Behandlungsmethode auswählen und dann die Gruppen miteinander vergleichen würde. Klienten, die für Psychotherapie ausgewählt worden sind, unterscheiden sich wahrscheinlich auf systematische Weise von denjenigen, die nicht dafür ausgewählt wurden. Nicht jeder Klient bzw. Patient ist auf gleiche Weise für Chemotherapie geeignet. Nur wenn die Klienten den Behandlungsmethoden zufällig zugeordnet werden, kann man eine statistisch valide Überprüfung der relativen Wirksamkeit vornehmen. Aus diesem Grund sind retrospektive Bewertungen von Behandlungsmethoden immer fragwürdig.

Die Zusammensetzung der Klientenstichprobe bestimmt auch die Generalisierbarkeit der Ergebnisse. Nehmen wir einmal an, daß den Individuen einer Stichprobe von nacheinander aufgenommenen schizophrenen Patienten nach dem Zufallsprinzip entweder Psychotherapie oder Chemotherapie verordnet wurde, und daß die Auswertung ergibt, daß Chemotherapie die geeignetere Behandlungsmethode darstellt. Die Anhänger der Psychotherapie könnten sich mit Recht darüber beschweren, daß Psychotherapie nicht für alle neu aufgenommenen schizophrenen Patienten geeignet ist. Wenn der Versuchsplan ansonsten jedoch einwandfrei ist, beeinträchtigt dieser Einwand in keiner Weise die Validität der Ergebnisse. Die experimentelle Frage lautete in bezug auf die Stichprobe: „Wie hoch ist die relative Wirksamkeit von Chemotherapie und Psychotherapie *bei neu aufgenommenen schizophrenen Klienten*?" Es ist jedoch möglich, daß eine gültige Antwort auf eine falsche Frage gefunden worden ist, und daß gründlicherere Überlegung zu einer anderen Methode der Stichprobenfindung geführt hätte.

Es lassen sich andere Strategien einschlagen, die andere Fragen beantworten können; sie beeinflussen jedoch auch die Generalisierbarkeit. Nehmen wir einmal an, daß nur jene Patienten, die als geeignete Kandidaten für Psychotherapie betrachtet werden, in die Untersuchung aufgenommen werden. Wenn diese Kategorie von Patienten den beiden Behandlungsmethoden zufällig zugeordnet wird und es ergibt sich, daß Chemotherapie die überlegene Methode ist, würde es schwerfallen, ein überzeugendes Plädoyer für die Anwendung von Psychotherapie zu halten. Wenn jedoch Chemotherapie bei dieser Gruppe die weniger wirksame Methode wäre, könnten die Anhänger der Chemotherapie den berechtigten Einwand erheben, daß die Psychotherapie aufgrund der Art der Stichprobenauswahl im Vorteil ist. Diese Kritik würde die Gültigkeit der Schlußfolgerung, Psychotherapie sei der Chemotherapie *bei Klienten, die gute Kandidaten für Psychotherapie sind*, überlegen, nicht beeinträchtigen. Natürlich wäre eine ähnliche Argumentation möglich, wenn die Aufstellung der Stichprobe nach der Eignung für Chemotherapie vorgenommen worden wäre.

Eine der Forderungen im Projekt 8 war, daß die ausgewählten Fälle für beide Behandlungsmethoden geeignet sein sollten. Nachdem ein Patient in die Untersuchung aufgenommen worden war, bekam er eine Kodenummer, die sich auf die zufällige Zuordnung zu den Behandlungsmethoden bezog. Dadurch wurden Schlußfolgerungen, die auf diese Kategorie von Klienten generalisiert werden können, möglich. Diese Art von Untersuchung, bei der mehrere Therapiemethoden angewendet werden, vergrößert die üblichen Probleme der Standardisierung hinsichtlich der Auswahl der Fälle. Die Patienten sollten für beide Behandlungsmethoden geeignet sein. Weiter sollten sie für beide Behandlungsformen *gleichermaßen* geeignet sein; das setzt ein quantitatives Wissen der Wirksamkeit und Anwendbarkeit der Behandlungsmethode voraus – aber gerade das ist ja Gegenstand der Untersuchung. Oft ist es hilfreich, die Art der jeweiligen Störung bzw. die diagnostische Kategorie in Betracht zu ziehen (Greiner, 1962). Es ist viel einfacher, zwei Behandlungsmethoden wie Schocktherapie und die Behandlung mit Antidepressiva, die beim selben Kliententyp effektiv sind, miteinander zu vergleichen, als Behandlungsmethoden gegenüberzustellen, die nur bei sehr unterschiedlichen Kliententypen wirken, wie z. B. Fiebertherapie und Psychotherapie. Jedoch ist dieses Problem wegen der relativ geringen Zahl von spezifischen Behandlungsmethoden im psychiatrischen Bereich weniger gravierend.

(2) Die Erfolgsziele und -kriterien der beiden Behandlungsmethoden können unterschiedlich sein. Bei der Behandlung mit psychotropen Medikamenten ist das Kriterium meist das sofortige Verschwinden der Symptome, sogar einzelner ‚Zielsymptome'. Dagegen ist das Erfolgskriterium bei der Psychotherapie sehr viel diffuser und sehr viel umfassender; wir erwarten meist langfristige oder bleibende Veränderungen nicht nur der Symptome, sondern auch in der sozialen Anpassung und in zwischenmenschlichen Beziehungen, in der Selbständigkeit usw. Will man zwei solcher Behandlungsmethoden beurteilen, ist eine ganze Reihe von Kriterien notwendig, um einen ‚unparteiischen' Vergleich zu gewährleisten. Wenn eine Behandlungsmethode bei allen Kriterien ständig überlegen ist, wie es beim Projekt 8 der Fall war, sind die Schlußfolgerungen einfach darzustellen und die Entscheidung darüber, welche Behandlungsmethode angewendet werden soll, ist leicht getroffen. Wenn jedoch eine Behandlungsmethode in bestimmten Aspekten überlegen ist und die zweite in anderen Aspekten, möchte der Kliniker möglicherweise beide Behandlungsmethoden beibehalten und sie selektiv einsetzen, um bestimmte Ziele zu erreichen. Oder er ist gezwungen, ein Werturteil über die relative Wichtigkeit der verschiedenen Ziele zu fällen.

(3) Vorhandene Meßinstrumente scheinen vorwiegend für den Verlauf oder die Auswirkungen einer Behandlungsmethode standardisiert zu sein. Die verschiedenen behavioralen Rating-Skalen, die bei der Erforschung der Wirkung psychotroper Medikamente, vor allem bei Psychotikern mit großem Nutzen verwendet werden konnten, sind weniger sensibel für jene Art von Veränderungen, die auf Psychotherapie folgen. Des weiteren sind einige Meßinstrumente für andere Formen von Therapie völlig ungeeignet. Alle Meßinstrumente, die sich auf die Art und das Ausmaß des Engagements bei individueller Psychotherapie und Gruppenpsychotherapie beziehen, haben nur für diese jeweiligen Behandlungsmethoden Aussagekraft. Bestimmte Eigenberichts-Verfahren (self-report measures) sowie einige psychologische Tests, die beliebt geworden sind, weil sie Veränderungen, die durch bestehende Behandlungstechniken hervorgerufen werden, sichtbar machen, können bei neuen Behandlungsmethoden eventuell versagen; das heißt, dieselben Meßinstrumente oder Tests sind nicht oder weniger empfindlich für die Auswirkungen der neuen Behandlungsmethoden. Wenn man Behandlungsmethoden vergleicht und die Ergebnisse generalisieren will, ist es unerläßlich, daß die Meßinstrumente für beide gleichermaßen geeignet sind. Sonst müssen die Ergebnisse mit Zusätzen wie „gemessen mit dem MMPI" versehen werden.

Dieses Problem wurde im Projekt 8 nur zum Teil gelöst. Als Kompromiß wurde eine Batterie von Meßinstrumenten angewendet, die aus einigen Tests mit allgemeinerer Meßfunktion und anderen, die speziell auf die eine oder die andere Behandlungsmethode zugeschnitten waren, bestand. Glücklicherweise wiesen die Ergebnisse bei allen Meßinstrumenten interne Konsistenz auf. Wenn das nicht der Fall gewesen wäre, hätte es ernsthafte Interpretationsprobleme geben können.

(4) Die Wirkungsraten der verglichenen Behandlungsmethoden können unterschiedlich sein. Das bezieht sich auf die Zeitspanne zwischen dem Beginn der Behandlung und dem ersten Rückgang der Symptome. Zum Beispiel wirkt Elektroschocktherapie bei der Behandlung von Depressionen schneller als die Behandlung mit Antidepressiva. Die meisten somatischen und medikamentösen Therapien wirken schneller als Psychotherapien. Der oben erwähnte Unterschied bezieht sich auch auf die Dauer der Therapie, d. h. auf die Zeit, während der eine Behandlungsmethode angewendet werden muß, damit sie ihre volle Wirkung entfalten kann. Die Zeit, die für Behandlungsmethoden wie Gehirnchirurgie, Beruhigungsmittel- oder Schocktherapie aufgewendet werden muß, ist sehr viel kürzer als die für Behandlungsmethoden wie Psychoanalyse oder berufliche Umschulung und Rehabilitation.

Wenn man zwei Behandlungsmethoden mit unterschiedlicher Wirkungsrate miteinander vergleicht, ist es schwierig, für die Untersuchung eine Zeitspanne auszuwählen, die der langsameren

Behandlungsmethode gerecht wird, ohne daß die ‚schnelle' Behandlungsgruppe allzusehr aufgehalten wird. Letzteres kann den Verlust vieler Fälle mit sich bringen, da die Patienten nach dem erfolgreichen Abschluß der Behandlung entlassen werden.

Eine Möglichkeit ist, wiederholte Messungen vorzunehmen, damit eine Bewertung zu mehreren Zeitpunkten möglich wird. Dabei kann noch immer ein Unterschied in bezug auf das optimale Zeitintervall zwischen den Messungen bestehen. Eine andere Lösung wäre, die Behandlungszeit innerhalb gewisser Grenzen variabel zu lassen. Obwohl das den Puristen wahrscheinlich weniger gefallen würde, wären so trotzdem valide Schlußfolgerungen möglich.

Im Projekt 8 wurde dieses allgemeine Problem angegangen, indem ein Zeitabschnitt, der eine gute *Versuchsstichprobe* (trial sample) der Reaktion auf die Behandlungen ermöglichte, ausgewählt wurde. Obwohl die Behandlungsmethoden innerhalb der Zeitspanne von 12 Wochen ihre volle Wirksamkeit noch nicht entfalten konnten, war dieser Zeitraum doch groß genug, um deutliche Effekte der beiden Behandlungsmethoden feststellen zu können. Hier sollte festgehalten werden, daß die Festlegung einer bestimmten Zeitspanne diese auch zu einem Teil der experimentellen Fragestellung macht; d. h. Behandlungsmethode A ist Behandlungsmethode B während einer Zeitspanne von X Wochen überlegen.

(5) Der Behandlungsbeginn ist bei den beiden Methoden nicht immer gleich problemlos. Mit medikamentösen Therapien kann fast unmittelbar nach der Aufnahme begonnen werden. Dagegen sind bei somatischen Therapien meist eine Einwilligung, Labortests, möglicherweise Konsultationen usw. erforderlich. Und wahrscheinlich wird mit einer Psychotherapie erst dann begonnen, wenn der Mitarbeiterzeitplan es zuläßt, bzw. mit Gruppentherapie, wenn eine vollständige Gruppe beisammen ist.

Ist es in dieser Situation besser, die Einschätzungen am Tag der Aufnahme oder am Tag des Therapiebeginns vorzunehmen? Wenn man sich für letzteres entscheidet und wenn die Dauer der Wartezeit auf die Klienten der beiden Gruppen bestimmte Auswirkungen hat, entsteht die Möglichkeit eines systematischen Fehlers.

Eine Teillösung dieses Problems wäre, den Behandlungsbeginn solange aufzuschieben, bis mit beiden Behandlungsmethoden angefangen werden kann; so ergäbe sich eine Standard-Wartezeit. Das bedeutet zwar, daß einigen Klienten für einige Tage die Behandlung ‚vorenthalten' wird, ein ernsthaftes Problem ergibt sich daraus jedoch nicht.

(6) Eine Behandlungsmethode kann leichter zu spezifizieren sein als die andere. Im allgemeinen ist es ziemlich wahrscheinlich, daß somatische und medikamentöse Therapien, die auf eine derart standardisierte Weise durchgeführt werden, auch von anderen Personen wiederholt werden können. Es ist aber bei solchen Verfahren wie Aktivitätstherapie (activity therapy), Psychotherapie und bei sozialpsychiatrischen Techniken sehr schwierig, eine Standardisierung vorzunehmen und genau zu spezifizieren, was getan werden soll oder was getan worden ist.

Wir haben versucht, das zu berücksichtigen, indem wir im Projekt 8 die Gruppenpsychotherapie sehr viel ausführlicher und detaillierter beschrieben und indem wir dort, wo es möglich war, die Zeitdauer, den Arbeitsplan, die maximal zulässige Anzahl von Sitzungen, bei denen ein Patient fehlen durfte usw., genau einhielten. Die Anforderungen an den Therapeuten in bezug auf Ausbildung und Erfahrung wurden genau festgelegt. Die Art der Gruppentherapie, ihre Hauptaspekte und -funktionen, die typischen Inhalte bzw. Themen usw., wurden ausführlich dargestellt.

(7) Wenn bei einer Gruppe kombinierte Behandlungsmethoden angewendet werden, ist es noch wichtiger, daß die Behandlungsmethoden standardisiert werden. Ist das nicht der Fall, können die positiven oder negativen Auswirkungen einer Behandlungsmethode durch kompensierende Variationen bei den anderen Behandlungsmethoden verdeckt werden. Wenn beim Projekt 8 ein Klient durch Gruppenpsychotherapie labilisiert wurde, wäre das vielleicht nicht beobachtet worden, wenn der behandelnde Arzt frei über die Erhöhung der Dosierung der Medikamente hätte entscheiden können. Ein anderer Klient könnte als Folge der Psychotherapie eine Abnahme seiner Symptome aufweisen, diese Abnahme könnte aber teilweise dadurch wieder aufgehoben werden,

daß der behandelnde Arzt als Reaktion darauf möglicherweise die Dosierung der Medikamente herabsetzen würde. Eine hohe Medikamentendosis könnte sogar zur Folge haben, daß der Klient für Psychotherapie nicht mehr geeignet wäre.

Um diese Art kompensierender Effekte zu vermeiden, ist es notwendig, die Behandlungsmethoden zu standardisieren. Das bedeutet, daß die Behandlungsmethoden nicht optimal angewendet werden und individuell nicht flexibel sind. Im Projekt 8 wurde das Ausmaß, in dem die Dosierung dem einzelnen Klienten angepaßt werden durfte, beschränkt.

(8) Die Ausfallquote kann unterschiedlich hoch sein. Ein Medikament kann, im Gegensatz zu Psychotherapie, zu Nebenwirkungen führen, die zur Folge haben, daß Klienten nicht mehr an der Behandlung teilnehmen. Dagegen können Medikamente psychotische Symptome schneller unter Kontrolle bringen, so daß mehr Klienten die Behandlung fortsetzen können. Die Verwendung einer festgesetzten unveränderbaren Dosis kann zu Schwierigkeiten führen, wenn sie zu hoch oder zu niedrig angesetzt ist. Einige Behandlungsmethoden, wie z. B. Lobotomie, haben meist überhaupt keine Ausfallquote, weisen dafür aber eine gewisse Sterberate auf. Die Problematik der Ausfallquote ist von *Lasky* behandelt worden (*Lasky*, 1962). Dieses Problem kann jedoch, wenn man sich seiner bewußt ist, meist zufriedenstellend gelöst werden.

(9) Mangelnde Bereitschaft zur Zusammenarbeit kann bei einigen Behandlungsmethoden hinderlicher sein, als bei anderen. Die Bereitschaft zur Zusammenarbeit ist bei der Teilnahme an Schockteiltherapie, medikamentöser Therapie oder Lobotomie nicht so wichtig. Dagegen setzt Einzel- oder Gruppentherapie ein gewisses Maß an Bereitschaft zur Zusammenarbeit voraus. Das kann zu einer unterschiedlichen Ausfallquote mit dementsprechend hoch verfälschten Mittelwerten bei jenen Klienten führen, die die Psychotherapie *zu Ende führen.*

Für dieses Problem bieten sich zwei Lösungsmöglichkeiten an: Entweder wird die ganze *ursprüngliche* Klientengruppe, und nicht nur die Gruppe, die die Behandlung vollständig absolviert, bewertet und analysiert, oder es werden von vornherein nur solche Klienten ausgewählt, von denen man erwartet, daß sie kooperationsbereit sind, gleichgültig, mit welcher Methode sie behandelt werden. Diese Art der Stichprobenauswahl wirkt sich auch auf die Generalisierbarkeit aus.

(10) Wenn grundsätzlich verschiedene Behandlungsmethoden miteinander verglichen werden, sind Blindversuche oft nur bedingt oder gar nicht möglich. Es ist leicht, ein wirksames Medikament durch ein Placebo zu ersetzen, aber es gibt kein geeignetes ‚Placebo' für Psychotherapie. Dieses Problem könnte durch den Einsatz mehrerer Behandlungs- und Kontrollgruppen gelöst werden, z. B. durch Gruppen für jede Behandlungsmethode für sich, Gruppen für die Kombinationen von Behandlungsmethoden, Gruppen mit Placebo (falls möglich), Gruppen mit keiner der Behandlungsmethoden usw. Da für jede Behandlungs- und Kontrollgruppe eine beträchtliche Anzahl von Fällen benötigt wird, ist der Bedarf an Patienten bei der Anwendung solch komplexer Versuchspläne bedeutend größer, wobei eine gewisse Ausfallquote berücksichtigt werden muß.

Die Behandlungen werden meist von Angehörigen unterschiedlicher Berufsgruppen durchgeführt, was möglicherweise zu Fehlern in der Beurteilung der betreffenden Behandelnden führt. Im Projekt 8 untersuchten wir die in den verschiedenen Berufsgruppen vorherrschenden Einstellungen zur Chemotherapie von zu behandelnden psychiatrischen Störungen. Es ergab sich, daß Krankenpfleger und Psychiater eine positivere Einstellung zur Chemotherapie hatten als Psychologen. Dieses Ergebnis entspricht der Tatsache, daß Psychiater psychotrope Medikamente verschreiben und daß die Krankenpfleger sie dann austeilen, während Psychologen nur indirekt damit zu tun haben. Man könnte die Hypothese aufstellen, daß Psychologen und Psychiater eine positivere Einstellung zur Psychotherapie haben als Krankenpfleger.

Dieses Problem wurde zum Teil dadurch gelöst, daß ein Teil der Einschätzungen durch ein ‚Besuchsteam' von Beratern, die an der Behandlung dieser Klienten nicht beteiligt gewesen waren und auch nicht wußten, welche Behandlungsmethode bei welchem Klienten angewendet worden war, vorgenommen wurde. Der Nachteil dieser Verfahrensweise besteht darin, daß die umfassenderen und detaillierteren Kenntnisse des Behandlungspersonals nicht berücksichtigt werden.

Diskussion

Ein allgemeines Thema der obigen Diskussion ist, daß die verschiedenen technischen Probleme zunehmen, wenn die Ziele und die Meßkriterien auf die Behandlungsmethoden ausgerichtet werden. Sie werden jedoch geringer, wenn die Klienten, die Symptome und die langfristigen Veränderungen im Vordergrund stehen. Wenn wir über genügend Kenntnisse, Fähigkeiten und Instrumente verfügten, um Klienten präzise zu identifizieren, zu beschreiben und zu klassifizieren und um ihre Symptome quantitativ zu erfassen, würden die meisten der angeschnittenen Probleme unwichtig werden. Man könnte dann für jede Untersuchung eine bestimmte Kategorie von Klienten auswählen, und die verschiedenen vorhandenen Behandlungsmethoden könnten nacheinander bewertet und miteinander verglichen werden, wobei die einzigen verwendeten Kriterien Ausmaß und Dauer der Symptomveränderungen wären.

Da solche präzisen Kategorisierungen und quantitativen Bewertungen gegenwärtig noch nicht möglich sind, müssen wir die vorhandenen Instrumente verwenden. Das bedeutet, daß wir die zur Verfügung stehenden Meßinstrumente, Tests, diagnostischen Verfahren und andere Indikatoren für Veränderung einsetzen müssen, obwohl viele dieser Verfahren auf spezifische Behandlungsmethoden ausgerichtet sind. Und unter der Annahme, daß es sich dabei um valide Indikatoren für langfristige Veränderungen handelt, müssen wir uns auch auf kurzfristige Veränderungen beziehen. Diese Annahme kann und muß verifiziert werden, aber es ist aus der Sicht der Praxis nicht sinnvoll, erst dann mit der nächsten Behandlung zu beginnen, wenn die Endergebnisse der vorausgegangenen Untersuchung vorliegen.

Die Verwendung der gegenwärtig vorhandenen Instrumente bringt eine Anzahl von technischen Problemen mit sich, die in diesem Aufsatz behandelt worden sind. Es war unsere Absicht, diese Probleme aufzuzeigen, damit Forscher in die Lage kommen können, sie zu beseitigen oder zu verringern. Weiter haben wir versucht zu betonen, daß, welche experimentellen Bedingungen auch immer eingesetzt werden, um das Problem des angemessenen Vergleichens von unterschiedlichen Behandlungsmethoden zu bewältigen, diese ein Teil der experimentellen Fragestellung werden, d. h. die zu überprüfende Frage lautet stets: Ist eine Behandlungsmethode *unter diesen Bedingungen* besser als eine andere? Deshalb sollte man sorgfältig überlegen, ob die ursprüngliche Fragestellung durch die Verwendung bestimmter Forschungsstrategien modifiziert wird.

Zusammenfassung

1. Vergleiche der Wirksamkeit unterschiedlicher psychiatrischer Behandlungsmethoden sind äußerst wichtig. Solche Vergleiche bringen jedoch viele technische Probleme mit sich und weisen einen hohen Komplexitätsgrad auf.

2. Zehn solcher Probleme, die beim Vergleich von zwei Behandlungsmethoden entstehen können, wurden festgestellt und behandelt. Als Beispiel diente eine Untersuchung in mehreren Kliniken, bei der Chemotherapie und Gruppenpsychotherapie miteinander verglichen wurden.

3. Es wurden mögliche Lösungen und vorbeugende Maßnahmen empfohlen.

Literatur

Gorham, D. R., Pokorny, A. D. und *Moseley, E. C.* Effects of a phenothiazine and/or group psychotherapy with schizophrenics. Dis. Nerv. Syst., (1964) **25**, 77–86.

Greiner, T. Selecting patient-participants for drug investigations. J. of New Drugs, (1962) **2**, 199–205.

Lasky, J. J. The Problem of sample attrition in controller treatment trials. J. Nerv. and Ment. Dis., (1962) **135**, 332–337.

TEIL III: KLINISCHE MASSCHNEIDERUNGEN

Mit 18 Tabellen

1. Kommentar

In diesem Teil werden wir einen Überblick über die Literatur zur Psychotherapieforschung geben, um daraus nützliche klinische Maßschneiderungen für die wichtigsten psychodiagnostischen Kategorien abzuleiten. Die Grundlage für jede Maßschneiderung bilden empirische Untersuchungen, bei denen die experimentellen Ergebnisse auf mindestens eine therapeutische Variable unmittelbar zurückgeführt werden konnten. Dieser Ansatz unterscheidet sich von einer Tradition, die seit langem in der Literatur zur Psychotherapie vorgeherrscht hat – jene, in der Empfehlungen für Maßschneiderungen von subjektiven, impressionistischen und oft durch Voreingenommenheit beeinflußten Fallstudien abgeleitet wurden. Während Fallstudien für die Sammlung von Hypothesen, die später überprüft werden, nützlich sein können, lassen die möglichen Konfundierungen von unkontrollierten Therapeuten-, Klienten- und Behandlungsvariablen, wie sie bei Fallstudien vorkommen, Aussagen über Ursache-Wirkungs-Beziehungen nicht zu (*Paul,* 1966). Aus diesem Grund haben wir solche individuellen Fallstudien bei der Erstellung unserer therapeutischen Maßschneiderungen nicht berücksichtigt. Wir haben jedoch die Ergebnisse von Untersuchungen mit ‚Einzelgruppen-Versuchsplan' (‚single-group design'), bei denen die Vorher-Nachher-(Prä-Post-) Behandlungseffekte einer einzigen psychotherapeutischen Variablen (z. B. eine therapeutische Technik) festgestellt werden, durchgesehen, ausgewertet und zum Teil mit aufgenommen. Folgende Beispiele sind für solche Untersuchungen typisch: Der Prozentsatz von Schizophrenen, die nach erfolgter Milieutherapie als gebessert eingeschätzt wurden (z. B. *Foreyt* und *Felton,* 1970) oder die Angstverringerung bei Agoraphobikern nach Systematischer Desensibilisierung (z. B. *Agras,* 1967) oder die Wirksamkeit von Biofeedback als Methode zur Senkung zu hohen Blutdrucks (z. B. *Bensen* u. a., 1971).

Die Wirksamkeit der Behandlungsmethode wird bei jedem Fall gemessen, indem das ‚Funktionsniveau' des Klienten nach Abschluß der Therapie mit dem Niveau vor Beginn der Behandlung verglichen wird. Insofern stellt der Einzelgruppenversuchsplan nichts anderes als eine Zusammenstellung von Fallstudien dar und ist mit den gleichen experimentellen Fehlermöglichkeiten behaftet wir die Fallstudie. Bei beiden Versuchsplänen ist es offensichtlich, daß eine nicht behandelte Kontrollgruppe fehlt, mit Hilfe derer die Grundrate der Verbesserung gemessen werden könnte, die auch dann vorhanden ist, wenn keine Intervention vorgenommen wird. Jedoch ist es, im Gegensatz zu individuellen Fallstudien, beim Einzelgruppenversuchsplan möglich, korrelative Aussagen über Eigenschaften des Klienten und therapeutische Ergebnisse zu machen. Wir verweisen auf die weiter unten erwähnten maßgeschneiderten Behandlungsmethoden für Phobien, wo wir diese Korrelationen zusammengefaßt haben, um die Grundlage für eine nichtdifferentielle Maßschneiderung auf unterer Ebene zu bilden. Wir verwenden den Begriff „nichtdifferentiell", weil die Maßschneiderungen, die wir unter dieser Kategorie empfehlen, von kumulierten Daten abgeleitet sind, statt von direkten Vergleichen zwischen therapeutischen Variablen und einer Kontrollbedingung.

Wie es unser eingangs entwickeltes Schema zur Maßschneiderung darlegt, sind höhere Ebenen der Maßschneiderung differentieller Natur. *Differentielle Maßschneiderungen* werden aus Untersuchungen abgeleitet, die konzipiert wurden, um die relativen Auswirkungen von mindestens zwei experimentell kontrollierten Bedingungen zu messen. Bei der einfachsten Form dieser Art von Untersuchungen wird bei einer Gruppe von Klienten nur eine psychotherapeutische Technik angewendet; die Gruppe wird einer vergleichbaren Kontrollgruppe von Klienten gegenübergestellt, die entweder nicht behandelt werden (z. B. Warteliste, keine Kontrolle der Kontakte) oder eine unwirksame neutrale Behandlung durch unspezifische Zuwendung (Placebo-Kontrolle) erfahren. Bei einer etwas komplexeren Variante werden zwei psychotherapeutische Variablen (z. B. Techniken) unmittelbar miteinander verglichen und zusätzlich werden Kontrollgruppen in bezug auf Nichtbehandlung und/oder Zuwendung gebildet.

Komplexere differentielle Maßschneiderungen werden aus Untersuchungen mit faktoriellen Versuchsplänen abgeleitet. Die wesentlichste Eigenschaft eines solchen Versuchsplans besteht darin, daß zwei oder mehr Ebenen einer Klienten-, Therapeuten- oder Behandlungsvariablen (Faktoren) im Rahmen desselben Experiments untersucht werden. Faktorielle Versuchspläne haben die einzigartige und entscheidende Eigenschaft, eine unmittelbare Überprüfung der Interaktionen zwischen den untersuchten Faktoren zu ermöglichen; daher wird eine umfassende Beschreibung der Wechselwirkungen zwischen den Variablen auf den verschiedenen Ebenen, auf die sich das Experiment bezieht, möglich. Wie *Paul* (1969) feststellt, können

> „. . . die Interaktionen und differentiellen Auswirkungen von Behandlungsvariablen . . . voneinander unterschieden werden – und zwar bezüglich ihrer Zuordnung zu verschiedenen Arten oder Ebenen von störendem Zielverhalten und zu verschiedenen Arten oder Ebenen von relativ stabilen persönlich-sozialen Eigenschaften der Klienten – indem unabhängige Variablen ausgewählt werden und Experimental- und Kontrollgruppen gebildet werden, um die Variablen faktoriell zu berücksichtigen" (S. 51).

Auf diese Art erhält man präszisere Antworten auf die zentrale Frage der Maßschneiderung: Welche Behandlungsmethode, von wem angewendet, ist bei welchen Individuen mit welchen Problemen am wirksamsten? Leider ist die Zahl von Erfolgsstudien mit faktoriellen Versuchsplänen in der Psychotherapieforschung derart gering, daß eine Entwicklung von zuverlässigen Maßschneiderungen auf der Grundlage der Ergebnisse dieser Untersuchungen auf höherem Niveau noch nicht möglich ist.

In Tabelle 1 werden die diagnostischen Kategorien, mit denen wir uns hier befassen wollen, und das Vorhandensein bzw. Nicht-Vorhandensein von Untersuchungen auf den verschiedenen Analyseebenen dargestellt. Wie man sieht, befindet sich die Literatur zur Psychotherapie, die *klinische* Relevanz für die Konstruktion differentieller Behandlungsmethoden aufweist, gegenwärtig in einem mittleren Stadium, ungefähr zwischen Einzelgruppenversuchsplänen und faktoriellen Versuchsplänen.

Der größte Teil der gegenwärtigen Forschung bezieht sich auf das Feststellen von Ursache-Wirkungs-Beziehungen zwischen vorausgegangenen Behandlungen mit spezifischen therapeutischen Techniken und nachfolgenden Veränderungen auf seiten des Klienten. Diese Ausrichtung widerspiegelt sich unmittelbar in Form und Inhalt der klinischen Maßschneiderungen, die in diesem Teil des Buches zu finden sind. Weitaus die meisten Maßschneiderungen schreiben optimale Kombinationen von psychotherapeutischen Techniken, Diagnosen des Klienten und Behandlungsergebnissen vor. Es fällt auf, daß es kaum Untersuchungen gibt, die sich mit der Rolle des Therapeuten und der Interaktion der Eigenschaften des Therapeuten mit den Merkmalen der Behandlungsmethode und den Eigenschaften des Klienten, die zu differentiellen Behandlungsergebnissen führen, beschäftigen.

Auch wenn man einmal davon absieht, daß Informationen über den Beitrag des Therapeuten zur Veränderung des Klienten meist nicht als unabhängige Variablen berücksichtigt worden sind, muß man dennoch feststellen, daß auch auf einer korrelativen Ebene wenig Informationen vorhanden sind. Es ist typisch, daß Beschreibungen der Eigenschaften des Therapeuten nur vage oder wenig präzise sind. Und es entbehrt nicht der Ironie, daß bei Untersuchungen, in denen der Einfluß des Therapeuten direkt untersucht wird, die Beschreibungen der therapeutischen Technik und der Eigenschaften der Klienten zu global sind, um von Nutzen für die Ableitung von Maßschneiderun-

Tabelle 1: Diagnostische Kategorien und das Vorhandensein bzw. Nichtvorhandensein von Forschung auf den einzelnen Analyseebenen

Diagnose	1. nicht-differentiell		2. uni-differentiell			3. bi-differentiell		4. tri-differentiell
Ebene: / Typ:	1 A	1 B	2 A	2 B	2 C	3 A	3 B	4 A
Neurosen:								
phobische Reaktionen	X		X	X	X	X		
neurotische Zwangshandlungen und -vorstellungen	X		X					
Hysterie	X							
Depression	X		X					
psychosomatische Störungen:								
Bronchialasthma	X		X		X			
geschwürige Dickdarmentzündung	X		X					
Bluthochdruck und hypertensiver Kopfschmerz	X							
Migräne	X		X					
sexuelle Störungen:								
Störungen in der sexuellen Orientierung	X		X		X			
Orgasmusstörungen	X			X				
Fetischismus und Transvestismus	X				X			
Exhibitionismus	X				X			
unsoziales Verhalten	X		X					
Rauchen	X		X	X		X		
Übergewicht	X		X					
Schlaflosigkeit	X		X					
Schizophrenie	X		X			X	X	

gen sein zu können. Das Forschungsmaterial, das nachweist, daß die Unterscheidung von Therapeuten nach dem Strong Vocational Interest Blank in die Typen A und B den unterschiedlichen Therapieerfolg bei Schizophrenen (*Whitehorn* und *Betz,* 1954, 1960) und bei Neurotikern (*Carson,* 1967; *McNair, Callahan* und *Lorr,* 1962) vorhersagen kann, ist umfangreich. Trotz dieser seit langem empirisch nachgewiesenen Zusammenhänge, sind die Ergebnisse vor allem deshalb weitgehend ‚funktionell autonom' von der Theorie und Praxis der Psychotherapie geblieben, weil sie nicht systematisch mit verschiedenen therapeutischen Techniken in Beziehung gebracht worden sind. Ausgenommen eine neuere Untersuchung von *James* und *Foreman* (1973), die darauf hinweist, wie wichtig es ist, daß Therapeuten der Typen A und B jeweils mit bestimmten Behandlungsmethoden kombiniert werden. Man fand bei dieser Untersuchung, daß ‚Therapeuten' des Typs B (Mütter) mehr Erfolg bei der Behandlung ihrer bettnässenden Kinder mittels Konditionierungsverfahren nach Mowrer hatten, als ‚Therapeuten' des Typs A. Trotz solcher Ausnahmen „ist es notwendig, daß die Art und Weise, wie die Persönlichkeitseigenschaften des Therapeuten in die technischen Operationen eingehen und sie beeinflussen, sehr viel gründlicher erforscht werden sollte. Es ist zur Zeit völlig unklar, wie die Persönlichkeit des Therapeuten und die Techniken auseinandergehalten werden sollen . . ." (*Strupp* und *Bergin,* 1969, S. 37). Die geringe Menge der Forschungsdaten über die Wechselwirkung zwischen Therapeutenvariablen einerseits und Klienten- und Behandlungsvariablen andererseits bedingt, daß Maßschneiderungen, die nur aus der Interaktion der beiden letzteren Variablen abgeleitet worden sind, nur mit gewissen Einschränkungen als valide gelten können. Da viele psychotherapeutischen Maßschneiderungen keine Angaben darüber machen, wie Therapeutenvariablen – seine Persönlichkeit, sein allgemeiner Hintergrund, seine soziale Anpassung, sein kognitiver Stil, seine Werte – bei der Herstellung der Maßschneiderung berücksichtigt werden sollen, läßt sich die Gültigkeit der Maßschneiderung, die von einem bestimmten Therapeuten angewendet wird, nicht feststellen

Unsere Formulierung von psychotherapeutischen Maßschneiderungen geht von der Annahme aus, daß Psychotherapieforschung auf eine bedeutend relevantere Weise für die Praxis der Psychotherapie nutzbar gemacht werden kann, als das bisher geschehen ist. Wir haben versucht, dem Kliniker Forschungsinformationen, die die Grundlage für nützliche therapeutische Maßschneiderungen bilden können, bereitzustellen und deshalb in den nachfolgenden Tabellen eine Menge psychotherapeutischer Untersuchungen zusammengefaßt. Jede Tabelle bezieht sich auf eine einzige psychodiagnostische Gruppe und enthält über jede zusammengefaßte Untersuchung folgende Angaben:

1. Klienteneigenschaften. Die formelle Diagnose (es wird vorwiegend die DSM II-Nomenklatur verwendet), Geschlecht, Alter und, soweit vorhanden, andere Eigenschaften, die für die Maßschneiderung relevant sein können – z. B. Dauer der Störung, soziale Schicht, Bildung usw.

2. Therapeuteneigenschaften. Beruf, Orientierung, Anzahl, Geschlecht, Berufserfahrung usw. Der Leser wird beim Betrachten der in den Tabellen aufgeführten Forschungsinformationen feststellen, daß die Eigenschaften der teilnehmenden Therapeuten in der gegenwärtigen psychotherapeutischen Forschung meist nicht präzise spezifiziert werden.

3. Eigenschaften der Behandlung(en). Die angewendeten therapeutischen Verfahren, die Anzahl der Sitzungen und die Dauer der Behandlung.

4. Ergebnisse. Die verwendeten Meßinstrumente, differentielle Behandlungseffekte bei Abschluß der Behandlung und, sofern durchgeführt, bei der Nachuntersuchung.

Neben der Tabelle, in der die Ergebnisse von Untersuchungen aufgeführt sind, werden für die jeweilige diagnostische Gruppe eine oder mehrere psychotherapeutische Maßschneiderungen vorgeschlagen, die sich auf diese Ergebnisse stützen. Am Anfang haben wir versucht, dem Kliniker mit diesen Daten Antworten auf die folgende Frage zur Verfügung zu stellen: „Nehmen wir an, wir haben einen Klienten, der als (Diagnose) bezeichnet wird; welche Behandlungsmethode(n) ist bzw. sind, von wem angewendet derzeit am wirksamsten und zu welchen spezifischen Veränderungen wird bzw. werden sie führen?" Da jedoch kaum Forschungsergebnisse über den Beitrag, den der Therapeut zum Ausgang der Therapie leistet, vorliegen, haben wir in den meisten Fällen den allgemeinen Ansatz der Maßschneiderungen so geändert, daß die Ergebnisse folgende Frage beantworten: *„Nehmen wir an, wir haben einen Klienten, der als (Diagnose) bezeichnet wird; welche Behandlungsmethode(n) ist bzw. sind gegenwärtig am wirksamsten und zu welcher spezifischen Veränderung wird bzw. werden sie führen?"*

Unsere Antworten auf diese Frage der Maßschneiderung werden durch einige Tatsachen eingeschränkt. Erstens beschränkte sich unsere Auswahl der relevanten Forschung auf Untersuchungen über individuelle Psychotherapie mit erwachsenen Klienten. Obwohl dadurch Forschungen über die Therapie von Kindern und Jugendlichen, Gruppentherapie, Sensitivitätstraining und psychopharmakologische Behandlung nicht berücksichtigt wurden, ist das Spektrum der behandelten Probleme und der Behandlungsmethoden recht umfassend. Zweitens haben wir Untersuchungen, die sehr heterogene Gruppen von Klienten wie ‚Psychoneurotiker', ‚Psychotiker' oder ‚stationär behandelte Klienten' (bzw. ‚stationäre Patienten') verwendeten, nicht mit aufgenommen. Diese Kategorien sind für die Zwecke der Maßschneiderung zu weit gefaßt und außerdem Überbleibsel des ‚Uniformitätsmythos des Klienten', wie es *Kiesler (1966) nennt.* Drittens ist die empirische Grundlage und somit auch die Validität der Maßschneiderung bei den einzelnen diagnostischen Kategorien unterschiedlich stark ausgeprägt; diese beiden Aspekte beziehen sich unmittelbar auf die Qualität und Quantität der differentiellen Untersuchungen, die innerhalb dieser diagnostischen Kategorie durchgeführt worden sind. So sind sehr viele Forschungsarbeiten über Collegestudenten mit Ängsten im zwischenmenschlichen Bereich und über Schizophrene in stationärer Behandlung durchgeführt worden, wohingegen wenig differentielles Forschungsmaterial über Hysteriker und Personen mit Zwangshandlungen und -vorstellungen vorhanden ist. Daraus folgt, daß die Maßschneiderungen, die aus den erstgenannten Gruppen abgeleitet worden sind, mit weniger Bedenken und umfassender angewendet werden können als jene Maßschneiderungen, die auf Ergebnissen von Untersuchungen über die beiden letzten diagnostischen Gruppen basieren.

Hiermit ist der Abschnitt, in dem wir darzustellen versuchten, wie die Maßschneiderungen abgeleitet wurden und welche Möglichkeiten und Beschränkungen berücksichtigt werden müssen, abgeschlossen. Es folgen nun unsere Maßschneiderungen und ihre in Tabellen zusammengefaßten empirischen Grundlagen; sie richten sich sowohl an die Klienten, bei denen sie vielleicht angewendet werden, als auch an die Kliniker und Forscher, die hoffentlich diese, unsere ersten Bemühungen weiter ausbauen und verbessern werden. Die Maßschneiderungen und Untersuchungen werden in folgender Reihenfolge dargestellt:

2. Neurosen

2.1. Phobische Reaktionen

2.1.1. Soziale Phobien

2.1.1.1. Soziale Ängste und mangelnde Selbstsicherheit

Der Begriff „soziale Ängste" bezieht sich auf Fälle, in denen Individuen über Angst in sozialen Situationen berichten, und wo diese Angstgefühle zu einer Vermeidung des auslösenden Faktors (z. B. Mitglieder des anderen Geschlechts, Verabredungen treffen, Geselligkeit) führen. „Mangelnde Selbstsicherheit" kennzeichnet Personen, die berichten, daß sie große Schwierigkeiten haben, „nein" zu übertriebenen Forderungen zu sagen. Beide Probleme beziehen sich auf wesentliche Defizite bei der Einleitung und Durchführung von sozial angemessenen Verhaltensweisen im zwischenmenschlichen Bereich.

Bis jetzt hat sich die Forschung damit befaßt, wie man diese sozialen Fertigkeiten, die im Reaktionsrepertoire fehlen, lehren kann. Diese Forschungsbemühungen haben sich ausschließlich mit der Durchführung von Verhaltensübungen oder Varianten der Verhaltensübung (z. B. Rollenspiel, Psychodrama, Selbstverstärkung, strukturiertes Führungstraining) beschäftigt. Es ist glaubwürdig nachgewiesen worden, daß die *Verhaltensübung* bei der Verringerung emotionaler Konflikte, die durch soziale Situationen hervorgerufen werden, wirksamer ist als Nichtbehandlung (*Dua,* 1970; *Martinson* und *Zerface,* 1970; *McFall* und *Lillesand,* 1971; *McFall* und *Marston,* 1970; *Rehm* und *Marston,* 1968).

Zu Untersuchungen über die Auswirkungen von Psychotherapie bei sozialen Ängsten und mangelnder Selbstsicherheit sind einsichtsorientierte, introspektiv vorgehende Psychotherapien (z. B. klientenzentrierte Therapie) mit der Verhaltensübung verglichen worden (z. B. *Dua,* 1970; *Lazarus,* 1966; *Martinson* und *Zerface,* 1970; *Rehm* und *Marston,* 1968). In allen Fällen und über eine Vielzahl von kognitiven, emotionalen und verhaltensorientierten Variablen wurde zuverlässig nachgewiesen, daß die *Verhaltensübung* am wirksamsten ist.

Sprechangst. Alle Formen der Psychotherapie, die untersucht worden sind, sind bei der Verringerung von Ängsten im zwischenmenschlichen Bereich wirksamer als gar keine Behandlung. Dabei handelt es sich um folgende Behandlungsmethoden: *Systematische Desensibilisierung (Johnson* u. a., 1971; *Mylar* und *Clement,* 1972; *Paul,* 1967), *einsichtsorientierte Psychotherapie* (*Paul,* 1966, 1967), *Verhaltensübung (Johnson* u. a., 1971), *Implosionstherapie* (*Mylar* und *Clement,* 1972), *rational-emotive Therapie* (*Karst* und *Trexler,* 1970; *Trexler* und *Karst,* 1972), *fixierte Rollentherapie* (fixed-role therapy; *Karst* und *Trexler,* 1970).

Es hat sich gezeigt, daß verschiedene Behandlungsmethoden Ängste, die im Zusammenhang mit dem Reden in der Öffentlichkeit stehen, auf wirksame Weise verringern können. Bei der

Durchsicht der Literatur zu dieser Problematik kommt man zu dem Ergebnis, daß Behandlungsmethoden, die (wie z. B. *Systematische Desensibilisierung, Verhaltensübung, Implosionstherapie, fixierte Rollentherapie*) darauf ausgerichtet sind, konkrete Aspekte der Sprechangst unmittelbar zu verändern, sehr viel erfolgreicher sind als Ansätze, die sich (wie z. B. psychoanalytische Therapie, klientenzentrierte Therapie, rational-emotive Therapie) vorwiegend oder ausschließlich mit tieferliegenden Prozessen beschäftigen, denen eine abstrakte Beziehung zu dem unmittelbaren behavioralen Ausdruck von Ängsten im zwischenmenschlichen Bereich unterstellt wird.

Platzangst (Agoraphobie). Das Platzangstsyndrom kennzeichnet Personen, die, vor allem wenn sie allein sind, eine generalisierte Angst davor haben, nach draußen zu gehen. Nach *Marks* (1970) sind Agoraphobiker in der Mehrzahl Frauen, die parallel zu ihren Ängsten vor dem Hinausgehen Symptome aufweisen, die von diffusen panischen Anfällen, Gefühlen der Depression und der Depersonalisation bis zu ständigem zwanghaften Grübeln reichen. Im Gegensatz zu anderen phobischen Zuständen, die sich auf bestimmte und relativ spezifische auslösende Bedingungen beziehen, neigen Agoraphobiker dazu, allgemein ängstlicher zu sein; manchmal ist die Grenze zu klinischen Syndromen wie Angstzuständen, Störungen im emotionalen Bereich oder neurotischen Zwangsvorstellungen nur schwer zu ziehen. Platzangst scheint die häufigste (etwa 60 %) und die störendste phobische Reaktion zu sein, mit der es praktizierende Kliniker zu tun haben (*Marks,* 1970). Nichtsdestoweniger ist trotz der Verbreitung und der bedrückenden Erlebnisqualität dieser Symptomatologie *nicht nachgewiesen worden, daß irgendeine Therapieform bei der Linderung von Platzangst zuverlässig wirksam ist.* Bis heute sind drei Ansätze experimentell untersucht worden: (a) Systematische Desensibilisierung, (b) Aversions-Erleichterung (Unterbrechungs-Therapie; aversion relief therapy) und (c) Implosionstherapie. Im Gegensatz zu anderen Phobien, bei denen Fragen nach der vergleichsweisen Wirksamkeit von unterschiedlichen Behandlungsmethoden bereits zuverlässig beantwortet sind, muß die absolute Wirksamkeit einer bestimmten Behandlungsmethode (d. h. eine Verbesserung, die sich auf den Zeitraum vom Beginn bis zum Abschluß der Behandlung bezieht) für die Platzangst erst noch allgemein festgestellt werden.

Wie gesagt ist die Forschung zur Agoraphobie, aus der man nichtdifferentielle Maßschneiderungen ableiten könnte, ausgesprochen widersprüchlich. Zwei Untersuchungen, bei denen Messungen vor und unmittelbar nach der Therapie ausgeführt wurden – dabei wurden innerpsychische Veränderungs- oder Unterscheidungsscores verwendet – ergaben signifikante Verbesserungen bei den Klienten. So fand *Agras* (1967), daß 4 von 5 Klienten mit Platzangst nach 30 Sitzungen Systematischer Desensibilisierung imstande waren, eine Meile allein zu gehen. *Orwin* (1973), der eine Form der Aversions-Erleichterungs-Therapie anwendete, die als ‚Lauf-Behandlung' (‚the running treatment') bezeichnet wird, setzte seine Klienten in Maßen angsterregenden Situationen aus, während sie noch nach Atem rangen, weil sie gerade an anstrengenden Laufübungen teilgenommen hatten. Auf diese Weise erfolgte eine ‚Atmungserleichtung' in Situationen, die bisher vermieden worden waren. Die Ergebnisse zeigen, daß alle acht Klienten nach 12 bis 90 Sitzungen von ihren Symptomen befreit waren. Als jedoch die Auswirkungen der Aversions-Erleichtungs-Therapie einer vergleichbaren Kontrollgruppe, die nicht behandelt worden war, gegenübergestellt wurden, zeigten sich keine statistisch signifikanten Unterschiede, wenn auch mehr Klienten aus der Aversions-Erleichterungs-Gruppe in bezug auf mehr Variablen und in einem größeren Ausmaß eine Besserung erkennen ließen, als die Klienten der Kontrollgruppe.

Marks (1970) wies nach, daß Agoraphobiker nach Systematischer Desensibilisierung im Vergleich zu anderen Phobikern signifikant weniger Besserung aufzeigen. Die geringere Effektivität von Desensibilisierung bei Agoraphobikern wurde ihrer Neigung, immer wieder rückfällig zu werden, zugeschrieben. Die Prognose für Klienten, die über panische Anfälle oder Zwangsvorstellungen berichten, war außerdem schlechter. In Übereinstimmung damit fand *Glick* (1970), daß nur bei 30 % der Klienten mit Platzangst, die mittels Systematischer Desensibilisierung behandelt wurden, eine Besserung festgestellt werden konnte; dagegen wiesen Klienten mit anderen Phobien (z. B. Ängste vor Aufzügen, Menschenmengen, Tieren, Schulen und vor dem Alleinsein), die auch mittels Systematischer Desensibilisierung behandelt wurden, eine Besserungsrate von 60 % auf.

Die Zahl der Forschungsergebnisse über die relative Wirksamkeit von unterschiedlichen Behandlungsmethoden ist zu gering und die Ergebnisse sind zu provisorisch, um sinnvolle Spekulationen über optimale Behandlungsergebnisse zu erlauben. In der einzigen systematischen Untersuchung über Platzangst verglichen *Gelder* und *Marks* (1966) Systematische Desensibilierung mit einem „einsichtsorientierten" Ansatz, der darauf ausgerichtet war, frühere Erfahrungen mit gegenwärtigen Problemen im zwischenmenschlichen Bereich in Verbindung zu bringen. Weder die Meßergebnisse in bezug auf Symptomverbesserung noch in bezug auf soziale Anpassung noch in bezug auf Angstverminderung bei den Klienten der beiden Gruppen wiesen signifikante Unterschiede auf. Nach erfolgter Desensibilisierung wurde lediglich eine bessere Anpassung an die Arbeit festgestellt als nach einsichtsorientierter Psychotherapie.

Marks, Gelder und ihre Mitarbeiter untersuchten in einer Reihe ähnlicher Forschungsprojekte die relative Wirksamkeit von Systematischer Desensibilisierung bei heterogen zusammengestellten Gruppen von Klienten, die unter Phobien leiden. Obwohl die Gruppen aus einer Vielzahl unterschiedlicher Typen von Phobikern (z. B. mit spezifischen Phobien, sozialen Phobien usw.) bestanden, wurde bei 45 % der Klienten Platzangst diagnostiziert, und deshalb können die Ergebnisse möglicherweise für das Verstehen der differentiellen Behandlung dieses Problems von Bedeutung sein. Es wurde festgestellt, daß Systematische Desensibilisierung wirksamer war als Hypnose (*Marks, Gelder* und *Edwards*, 1968) oder ‚einsichtsorientierte' Gruppenpsychotherapie (*Gelder* und *Marks*, 1968). Jedoch war Reizüberflutung (Implosionstherapie) bei den Klienten mit Platzangst wirksamer als Systematische Desensibilisierung, aber Desensibilisierung war wiederum bei der Beseitigung bzw. Linderung der spezifischen Phobien wirksamer (*Boulougouris* u. a., 1971).

Es ist bemerkenswert, daß die therapeutischen Erfolge, die durch Bewertungen durch den Therapeuten, durch Eigenberichte über die Ängste, durch Messung der Herzschlagfrequenz und der galvanischen Hautreaktion während der Vorstellungsübungen festgestellt wurden, sich bis zu einer Nachuntersuchung 12 Monate später erhalten hatten. Darüber hinaus kann die Feststellung einer differentiellen Wirksamkeit von zwei Behandlungsmethoden, die mit zwei verschiedenen Klienteneigenschaften korreliert, als ein sehr wichtiges und vielversprechendes Ergebnis angesehen werden, das repliziert und weiter untersucht werden sollte.

2.1.1.2. Spezifische Phobien

Prüfungsangst. Die Analye von Therapieergebnissen bei Prüfungsangst hat sich vorwiegend mit folgenden Aspekten befaßt: (a) Eigenbericht-Messungen der Angst (z. B. Fear Survey Schedule, *Alpert-Haber* Achievement Anxiety Scale, die Test Anxiety Scale von *Sarason, Taylor* Manifest Anxiety Scale) und (b) Verbesserung der Prüfungszensuren. Da optimale Maßschneiderungen sich unmittelbar auf spezifische Ergebnisse beziehen, behandelt der erste der folgenden Abschnitte Maßschneiderungen, die sich auf das subjektive Erleben der Angst beziehen; darauf folgen Maßschneiderungen, die von den Zensuren als Indikator für Besserung ausgehen.

Der größte Teil der Untersuchungen, in denen eine einzige Behandlungsmethode mit Nichtbehandlung verglichen wurde, weist auf die Wirksamkeit von *Systematischer Desensibilisierung* (es wurde eine Erfolgsrate von etwa 90 % verzeichnet) bei der Linderung bzw. Beseitigung von Prüfungsangst hin (*Cohen*, 1969; *Crighton* und *Jehu*, 1969; *Donner*, 1970; *Donner* und *Guerney*, 1969; *Emery* und *Krumboltz*, 1967; *Freeling* und *Shemberg*, 1970; *Garlington* und *Cotler*, 1968; *Katahn, Strenger* und *Cherry*, 1966; *Kondas*, 1967; *Meichenbaum*, 1972; *Mitchell* und *Ng*, 1972; *Smith* und *Nye*, 1973; *Suinn*, 1968).

Trotzdem sind Aussagen über die Wirksamkeit von Systematischer Desensibilisierung im Vergleich zu anderen Behandlungsmethoden eher mehrdeutig, widersprüchlich und provisorisch. Während *Proschaska* (1971) nachwies, daß Implosionstherapie, gleichgültig, ob sie bei symptomatischen oder psychodynamischen Hinweisreizen von Prüfungsangst ansetzt, gleich wirksam ist, hat es gleichermaßen den Anschein, daß Systematische Desensibilisierung wirksamer als Implosionstherapie sein kann (*Smith* und *Nye*, 1973). Untersuchungen, die auf die Identifizierung der spezifischen aktiven Bestandteile bei der Systematischen Desensibilisierung ausgerichtet sind, haben jedoch uneinheitliche Ergebnisse erbracht. Bei zweien der vier Untersuchungen, die Systematische Desensibilisierung mit Muskelentspannungsübungen verglichen, wurde gefunden, daß beide Behandlungsmehtoden bei der Verminderung von Angst gleich wirksam waren (*Johnson* und *Sechrest,* 1968; *Laxer* und *Walker,* 1970), eine Untersuchung ergab, daß Systematische Desensibilisierung wirksamer war (*Freeling* und *Schemberg,* 1970) und eine Untersuchung kam zu dem Ergebnis, daß Muskelentspannungsübungen effektiver seien (*Laxer* u. a., 1969).

Neuerdings hat die kombinierte Anwendung von *Systematischer Desensibilisierung* und *,kognitiven Problemlösungs'-Ansätzen* beeindruckende Erfolge bei der Verringerung von Prüfungsangst erzielen können (*Allen,* 1971; *Meichenbaum,* 1972; *Mitchell* und *Ng,* 1972). Kombinationen der Systematischen Desensiblisierung mit Gruppenberatung über effektivere Studientechniken (*Allen,* 1971; *Mitchell* und *Ng,* 1972) oder mit einsichtsorientierter Therapie, die sich mit Vorstellungsübungen zur besseren Bewältigung der Problematik und mit dem Üben von Selbstinstruktionen, die aufgabenrelevantes Verhalten fördern sollen, befaßte (*Meichenbaum,* 1972), waren bei der Verringerung der emotionalen Komponente der Prüfungsangst stets wirksamer als Systematische Desensibilisierung allein.

Im Gegensatz zu der nachgewiesenen Wirksamkeit von Systematischer Desensibilisierung bei der Verringerung von Prüfungsangst sind die Ergebnisse über die Effektivität einer bestimmten Form von Therapie widersprüchlich, wenn die Verbesserung der Prüfungsnoten das Erfolgskriterium darstellt und eine unbehandelte Gruppe von Klienten als Kontrollgruppe fungiert. Die Mehrzahl der Untersuchungen zeigt, daß weder Systematische Desensibilisierung allein (*Allen,* 1971; *Emery* und *Krumboltz,* 1967; *Garlington* und *Cotler* 1968; *Kondas,* 1967; *Laxer* u. a., 1969; *Laxer* und *Walker,* 1970; *Mitchell* und *Ng,* 1972) noch Entspannungsübungen allein (*Johnson* und *Sechrest,* 1968; *Laxer* u. a., 1969; *Laxer* und *Walker,* 1970) signifikantere Auswirkungen zeigt, als bei Kontrollgruppen von Personen zu beobachten sind, die an Prüfungsangst leiden und nicht behandelt werden.

Verbesserungen der Prüfungszensuren konnten nachgewiesen werden, wenn *Systematische Desensibilisierung mit kognitiven Ansätzen kombiniert wurde.* So fand *Meichenbaum* (1972), daß ein kognitives Modifikationsverfahren effektiver war als Systematische Desensibilisierung. *Allen* (1972), *Katahn, Strenger* und *Cherry* (1966) und *Mitchell* und *Ng* (1972) führten Systematische Desensibilisierung in Gruppen kombiniert mit einer traditionellen Form der Beratung durch; sie fanden, daß diese Zusammenstellung signifikant bessere Ergebnisse als die Anwendung jeder Behandlungsmethode für sich erbrachte.

Möglicherweise kommt die Überlegenheit von Systematischer Desensibilisierung kombiniert mit Ansätzen des kognitiven Problemlösens von der spezifischen Wirkung dieser Kombination auf die ,Natur' der Prüfungsangst. Nach *Liebert* und *Morris* (1967) und *Wine* (1971) sind die Hauptkomponenten der Prüfungsangst ,Sorge' (d. h. man zweifelt an der eigenen Leistungsfähigkeit) und ,Emotionalität bzw. Erregung'. Die kombinierte Anwendung von Ansätzen des kognitiven Problemlösens und Systematischer Desensibilisierung könnte der Kombination dieser beiden Mechanismen genau entsprechen; Veränderungen werden daher *sowohl* bei den Angstreaktionen *als auch* bei den Leistungsreaktionen bei Prüfungen bewirkt.

Angst vorm Fliegen. Das einzige kontrollierte Experiment mit Personen, die über Flugangst berichteten, wurde von *Goorney* (1970) durchgeführt. Die Klienten waren sechs britische Piloten und Navigatoren, die zur Behandlung überwiesen worden waren. Die Therapie bestand aus *Systematischer Desensibilisierung;* zu Beginn wurden die gefürchteten Situationen nur in der Vorstellung dargeboten, später führte man Sitzungen *in vivo* durch. Die Ergebnisse weisen auf eine Verringerung der Angst hin, die Klienten selbst berichten, weniger Angst zu haben, und die entsprechenden MMPI-Werte waren geringer; beide Kriterien hatten die gleichen Ausprägungen wie bei Flugzeugbesatzungen, die nicht an Phobien gelitten hatten. Fünf der Klienten nahmen den Flugdienst wieder in vollem Umfang auf und waren auch zum Zeitpunkt einer Nachuntersuchung, die 3 Jahre später vorgenommen wurde, noch im Dienst.

Angst vorm Wasser (Aquaphobie). Sherman (1972) verglich Systematische Desensibilisierung mit einer Methode, bei der Aquaphobiker einer hierarchisch geordneten Reihe von Aktivitäten im Wasser *in vivo* ausgesetzt wurden. Die wiederholten Situationen *in vivo* hatten signifikante Verbesserungen im Verhalten und in der subjektiven Einschätzung der Angst zur Folge; dagegen schien die Angstverringerung, die durch die Systematische Desensibilisierung bewirkt wurde, sich kaum auf wirkliche Situationen im Wasser zu übertragen. Die Ergebnisse dieser gut kontrollierten Untersuchung weisen darauf hin, daß die gegenwärtig optimalste Therapie bei Aquaphobie *die wiederholte Durchführung in vivo von Aktivitäten im Wasser* ist.

Höhenangst (Akrophobie). Ritter fand in zwei Untersuchungen (1969 a, 1969 b), daß eine *„Kontaktdesensibilisierung"*, bei der der Therapeut zuerst das erwünschte Verhalten demonstriert oder als Modell für das erwünschte Verhalten fungiert und dann dem Klienten bei der erfolgreichen Ausführung des Verhaltens physisch hilft (z. B. indem er die Beine des Klienten festhält, während dieser auf einer Leiter steht), signifikant wirksamer war, als wenn der Therapeut das erwünschte Verhalten demonstrierte und die Klienten nur verbal ermutigte oder unterstützte oder nur als Modell fungierte.

2.1.2. Phobien hinsichtlich interner Reize

2.1.2.1. Furcht vor Herzanfällen, Krebs, mysteriösen Krankheiten und Tod

Kumar und *Wilkinson* (1971) berichteten über die Wirksamkeit eines Gedankenstopp-Verfahrens, mit dem die Häufigkeit, die pathologische Qualität und die Intensität von phobischen Gedanken beträchtlich verringert wurden. Kurz gesagt unterbrach der Therapeut bei diesem Verfahren wiederholt den Klienten, sobald bei diesem ein unerwünschter Gedanke auftauchte, indem er das Wort „stop" ausrief. Außerdem übten die Klienten subvokale Selbstinstruktionen, die auf den Abbruch unerwünschter Gedanken abzielten und denen angenehmere Gedanken folgen sollten. Die bei jedem Klienten eingeschätzte Besserung wurde auch noch 12 Monate später bei einer Nachuntersuchung festgestellt. Da diese Ergebnisse sich jedoch nur auf Vorher-Nachher-Veränderungen beziehen, wobei eine nichtbehandelte Kontrollgruppe fehlte, sind sie, auch was ihre Relevanz für Maßschneiderungen anbetrifft, als provisorisch und vorläufig anzusehen.

Tabelle 2: Phobische Reaktionen

	Klienten					Therapeuten	
Name	Diagnose	Anzahl	Geschlecht	Alter	Sonstiges	Ausbildung	Anzahl
1. Ebene: Nichtdifferentielle Maßschneiderungen *Typ 1A: Psychotherapie A für Klienten X*							
Agras, 1967	Platzangst	5	3w, 2m	$\bar{x}$=31,6	Dauer der Phobie	keine Angabe	—
Garlington u. *Cotler*, 1968	Prüfungsangst	3	nur w	25	—	Studenten höherer Semester	4
Glick, 1970	multiple Phobien	23	16w, 7m	14–52 $\bar{x}$=30,8	ambulante Behandlung; durchschn. Dauer der Störung 5 Jahre	Arzt	1
Goorney, 1970	Flugangst	6	nur m	$\bar{x}$=30,5	Piloten und Navigatoren	Versuchsleiter	1
Kumar u. *Wilkinson*, 1971	„innere Stimuli"	4	3w, 1m	22–44	Furcht vor Herzanfällen, Krebs und Tod	keine Angabe	1
Orwin, 1971	multiple Phobien	—	—	—	—	keine Angabe	—
Orwin, 1973	Platzangst	8	6w, 2m	23–45	Dauer der Störung 1,5–32 J.	Krankenschwestern, Halbberufliche	—
Snider u. *Oetting*, 1966	Prüfungsangst	12	nur m	—	Collegestudenten	Versuchsleiter	1
Solyom u. *Miller*, 1968	multiple Phobien	8	7w, 1m	$\bar{x}$=32	—	keine Angabe	—

	Behandlung		Ergebnisse		
Art	Anzahl der Sitzungen	Gesamtdauer	Beurteilungsverfahren	Erfolg	Nachuntersuchung
Systematische Desensibilisierung	$\bar{x}$=30 (15–70)	—	körperliche Untersuchung ; Verhaltenstest	4 Kl.*) als gebessert eingeschätzt	keine
Systematische Desensibilisierung vs. nichtbehandelte Kontrollgruppe	10–11	6–7 Wo.	Selbsteinschätzung der Angst; Zensuren	Systematische Desensibilisierung > Nichtbehandlung	nach 1 Mon.; unveränderte Zensuren
Systematische Desensibilisierung	$\bar{x}$=7,1 (1–18)	—	t-Rating	Besserungsrate = 52 %	nach 5–20 Mon.; 39 % gebessert
Systematische Desensibilisierung	—	1–6 Mon.	Eigenbericht über die Angst; psychometrische Tests	Verringerung auf normales Niveau	nach 2–3 J.; Ergebnisse stabil
Gedankenstopp und Entspannungstraining	8–10	4 Wo.	Eigenbericht über die Angst	Verringerung der Häufigkeit phobischer Gedanken und der Angst bei allen Kl.	nach 1 J.; Veränderungen stabil
Aversionserleichterung (Atmung)	1–2	—	t-Rating	6 Kl. verloren ihre phobischen Symptome	keine
Aversionserleichterung (Atmung); rennen	12–90	—	Verhaltenstest	alle Kl. symptomfrei	keine
Autogenes Training	—	3 Wo.	Eigenbericht über die Angst; Zensuren	Kl. beurteilten die Behandlung als erfolgreich; bessere Zensuren	keine
Aversionserleichterung	$\bar{x}$=19,5	—	Eigenbericht über die Angst und des Verhaltens	6 von 7 Kl. frei von phobischen Symptomen	10 Mon.–3 J.

*) Wir haben die im amerik. Original verwendete Abkürzung für „Versuchspersonen" (Ss) mit „Kl." (Klienten) übersetzt, weil es sich sogar bei den Untersuchungen, die unter Laborbedingungen durchgeführt wurden, um echte Therapien handelt, von denen die von den Autoren „Versuchspersonen" genannten Individuen – ebenso wie die sog. Betroffenen im Rahmen von Aktionsforschungsprojekten – existentiell nicht nur peripher betroffen sind (Anm. d. Übers.)

Fortsetzung von Tabelle 2:

	Klienten					Therapeuten	
Name	Diagnose	Anzahl	Geschlecht	Alter	Sonstiges	Ausbildung	Anzahl
Suinn, 1968	Prüfungsangst	28	—	—	College-studenten	Stundenten höherer Semester	3
Watson u. *Marks,* 1971	spezifische Phobien	10	8w, 2m	19–41	chronische Symptome	Psychiater	—
2.Ebene:Unidifferentielle Maßschneiderungen *Typ 2A: Psychotherapie A vs. Psychotherapie B für Klienten X*							
McFall u. *Lillesand,* 1971	soziale Ängste	33	18m, 15w	—	nicht-assertive; College-studenten	—	1m, 1w
McFall u. *Marston,* 1970	soziale Ängste	42	24w, 18m	—	nicht-assertive; College-studenten	Studenten höherer Semester	3m
Martinson u. *Zerface,* 1970	soziale Ängste	24	nur m	—	trafen keine Verabredungen mit Frauen; College-studenten	—	5m
Rehm u. *Marston,* 1968	soziale Ängste	36	nur m	—	Collegestudenten; Unbehagen bei Anwesenheit weibl. Personen	Studenten höherer Semester	4
Johnson u. a., 1971	Sprechangst	30	—	—	Schüler der 8. Klasse	keine Angabe	—

Behandlung			Ergebnisse		
Art	Anzahl der Sitzungen	Gesamtdauer	Beurteilungsverfahren	Erfolg	Nachuntersuchung
Systematische Desensibilisierung vs. nichtbehandelte Kontrollgruppe	7,8	4 Wo.	Eigenbericht über die Angst; Verhaltenstest	Systematische Desensibilisierung > keine Behandlung	keine
Reizüberflutung	2–3	4–5 Std.	t-Rating; Selbsteinschätzung der Angst; Verhaltenstest, Interview; körperliche Untersuchung	sign. Verminderung der mit allen Meßverfahren festgestellt	nach 3–6 Mon.; Ergebnisse stabil
Verhaltensübung (offen) vs. Verhaltensübung (verdeckt) vs. norm. Zuwendung (Kontrollgruppe)	4	2–3	Eigenbericht über die Angst; Verhaltenstest	Verhaltensübg. (verdeckt) > Verhaltensübung (offen) > norm. Zuwendung (Kontrollgruppe)	keine
Verhaltensübung mit Feedback vs. Verhaltensübung vs. kontrollierte Zuwendung vs. nichtbehandelte Kontrollgruppe	4	3 Wo.	Eigenbericht über die Angst; Verhaltenstest; körperliche Untersuchung	Verhaltensübung mit Feedback = Verhaltens-übung > kontrollierte Zuwendung = keine Behandlung	keine
individuelle Beratung vs. arrangierte Interaktionen mit Studentinnen vs. Nichtbehandlung	5	5 Wo.	Eigenbericht über die Angst; Verhaltenstests	arrangierte Interaktionen mit Studentinnen > individuelle Beratung = keine Behandlung	nach 8 Wo.; Ergebnisse stabil
Selbstbekräftigung vs. Beziehungs-Therapie (relationship therapy) vs. Nichtbehandlung (Kontrollgruppe)	—	5 Wo.	Eigenbericht über die Angst; Verhaltenstest; psychometrische Tests	Selbstbekräftigung > Beziehungs-Therapie u. keine Behandlung	nach 7–9 Mon.
Systematische Desensibilisierung vs. Verhaltensübung vs. Nichtbehandlung (Kontrollgruppe)	9	5 Wo.	Eigenbericht über die Angst	Systematische Desensibilisierung = Verhaltensübung > keine Behandlung	keine

Fortsetzung von Tabelle 2:

	Klienten					Therapeuten	
Name	Diagnose	Anzahl	Geschlecht	Alter	Sonstiges	Ausbildung	Anzahl
Karst u. *Trexler*, 1970	Sprechangst	22	15w, 7m	—	Collegestudenten	Psychologen; Studenten höherer Semester	2
Mylar u. *Clement*, 1972	Sprechangst	39	nur m	—	Studenten höherer Semester	Tonbandaufnahmen	—
Paul, 1967	Sprechangst	89	62m, 27w	17–24 $x = 19$	Collegestudenten unterer Semester; aus eigenem Antrieb zur Therapie gekommen	erfahren in gesprächspsychotherapeutischen und Neo-Freudianischen Methoden	5
Trexler u. *Karst*, 1972	Sprechangst	33	17w, 16m	—	Collegestudenten	Studenten höherer Semester	1
Gelder u. *Marks*, 1966	Platzangst	20	15w, 5m	$\bar{x}$=34,5	$\bar{x}$ Dauer der Störung: 7 J.	Psychiater	—

Behandlung			Ergebnisse		
Art	Anzahl der Sitzungen	Gesamtdauer	Beurteilungsverfahren	Erfolg	Nachuntersuchung
Fixierte-Rollen-Therapie vs. Rational-Emotive-Therapie vs. Nichtbehandlung (Kontrollgruppe)	3	—	Eigenbericht über die Angst	Fixierte-Rollen-Therapie > Rational-Emotive-Therapie > keine Behandlung	nach 6 Mon.
Systematische Desensibilisierung vs. Implosionstherapie vs. Nichtbehandlung (Kontrollgruppe)	5	3 Wo.	Eigenbericht über die Angst; Verhaltenstests	Systematische Desensibilisierung = Implosionstherapie > keine Behandlung	nach 1 Mon.; die Veränderungen blieben stabil oder hatten sich weiter entwickelt
Systematische Desensibilisierung vs. Beziehungstherapie vs. kontrollierte Zuwendung vs. Nichtbehandlung (Kontrollgruppe)	5	6 Wo.	Selbsteinschätzung, Verhaltenstests	zum Zeitpunkt der Nachuntersuchung: Systematische Desensibilisierung → 85 % gebessert; Beziehungstherapie und kontrollierte Zuwendung → 50 % gebessert; keine Behandlung → 22 % gebessert	2 J.
Rational-Emotive-Therapie vs. kontrollierte Zuwendung (Entspannung) vs. Nichtbehandlung (Kontrollgruppe)	4	—	Eigenbericht über die Angst; Verhaltenstest; physiologische Messungen	Rational-Emotive-Therapie > kontrollierte Zuwendung und keine Behandlung	6–7 Mon.; Veränderungen stabil oder weiter entwickelt
Systematische Desensibilisierung vs. Beziehungstherapie	63	21 Wo.	psychometrische Testung der Symptome; Eigenbericht über die Angst; Verhaltensratings	Systematische Desensibilisierung = Beziehungstherapie (bei beiden Methoden keine Veränderung); Systematische Desensibilisierung > Beziehungstherapie in bezug auf gebesserte Anpassung an die Arbeit	nach 12 Mon.

Fortsetzung von Tabelle 2:

	Klienten					Therapeuten	
Name	Diagnose	Anzahl	Geschlecht	Alter	Sonstiges	Ausbildung	Anzahl
Ritter, 1969 (a)	Höhenangst	15	13w, 2m	20–55		keine Angabe	1
Solyom u. a., 1972	Platzangst	27	23w, 4m	$\bar{x}$=35	$\bar{x}$ Dauer der Störung: 12,7	Psychiater	3
Gelder u. *Marks,* 1968	multiple Phobien	7	2m, 5w	$\bar{x}$=38	5 Agoraphobiker; 1 Kl. mit sozialen Phobien; 1 Kl. mit Furcht vor dem Donnern	Psychiater; unerfahrene Therapeuten	4 1
Hussain, 1971	Platzangst, soziale Phobien	40	13m, 27w	$\bar{x}$=28,4	ernsthafte Behinderung durch die Symptome	keine Angabe	—
Marks u. a. 1968	Platzangst, soziale Phobien	28	10m, 18w	33	12 Agoraphobiker; 8 Kl. mit sozialen Phobien; 8 mit spezifischen Phobien	keine Angabe	—
Watson u. *Marks,* 1971	spezifische Phobien; Platzangst	16	—	$\bar{x}$=30	$\bar{x}$ Dauer der Störung = 12,3 J.	Psychiater	7

Behandlung			Ergebnisse		
Art	Anzahl der Sitzungen	Gesamtdauer	Beurteilungsverfahren	Erfolg	Nachuntersuchung
Kontaktdesensibilisierung vs. Desensibilisierung ohne Kontakt vs. Nichtbehandlung (Kontrollgruppe)	1	24 Min.	Eigenbericht über die Angst; Verhaltenstest	Kontaktdesensibilisierung > Desensibilisierung ohne Kontakt = keine Behandlung	keine
Aversionserleichterung vs. Pseudokonditionierung vs. Gewöhnung (Kontrollgruppe)	24	3 Mon.	psychometrische Tests; Selbsteinschätzung der Angst	keine Unterschiede zwischen den Gruppen	keine
Gruppentherapie vs. Systematische Desensibilisierung (Überkreuzversuch)	—	4 Mon.	Selbsteinschätzung der Angst, t-Ratings, Ratings durch Beurteiler	Systematische Desensibilisierung > Gruppentherapie	keine
Systematische Desensibilisierung (Thiopental oder Saline) vs. Reizüberflutung (Thiopentas oder Saline) (Überkreuzversuch)	12	45 Min. zweimal wöchentlich	Selbsteinschätzung der Angst; t-Rating über die Besserung	Systematische Desensibilisierung (Thiopental) = Systematische Desensibilisierung (Saline); Reizüberflutung (Thiopental) > Reizüberflutung (Saline)	keine
Systematische Desensibilisierung vs. Hypnose	12–24	12–24 Wo.	psychometrische Tests; Eigenbericht über die Angst; t-Ratings	Systematische Desensibilisierung > Hypnose (nicht sign.)	nach 6 Wo. und 4 1 / 2 Mon.
Reizüberflutung vs. Reizüberflutung (unwichtige Ängste)	16	6 Wo.	Eigenbericht über die Angst; physiologisch; t-Ratings	beide Behandlungen gleich wirksam	6 Mon.

Fortsetzung von Tabelle 2:

	Klienten					Therapeuten	
Name	Diagnose	Anzahl	Geschlecht	Alter	Sonstiges	Ausbildung	Anzahl
Allen, 1971	Prüfungsangst	75	36m, 39w	$\bar{x}=19{,}4$	Collegestudenten	Studenten höherer Semester	2
Allen, 1973	Prüfungsangst	84	63w, 21m	—	Collegestudenten	Studenten höherer Semester	2
Cohen, 1969	Prüfungsangst	19	—	—	Collegestudenten	Studenten höherer Semester	1
Crighton u. *Jehu*, 1969		28	—	—	Collegestudenten	keine Angabe	2
Emery u. *Krumboltz*, 1967	Prüfungsangst	54	36m, 18w	—	Collegestudenten	Studenten höherer Semester	9

Behandlung			Ergebnisse		
Art	Anzahl der Sitzungen	Gesamtdauer	Beurteilungsverfahren	Erfolg	Nachuntersuchung
Systematische Desensibilisierung vs. Beratung vs. Systematische Desensibilisierung + Beratung vs. kontrollierte Zuwendung vs. Testen (Kontrolle) vs. Minimalkontakt (Kontrolle)	7	7 Wo.	Eigenbericht über die Angst; physiologisch; Zensuren	Systematische Desensibilisierung + Beratung > Systematische Desensibilisierung = Beratung = Kontrollgruppen	keine
Beratung + Entspannung vs. Beratung vs. kontrollierte Zuwendung vs. Nichtbehandlung (Kontrollgruppe)	21	7 Wo.	Eigenbericht über die Angst; Zensuren	Beratung = Beratung + Entspannung > kontrollierte Zuwendung = keine Behandlung	keine
Systematische Desensibilisierung in Gruppen mit oder ohne Gruppeninteraktion und progressive Hierarchien vs. Nichtbehandlung (Kontrollgruppe)	12	6 Wo.	Eigenbericht über die Angst; Zensuren	alle Gruppen mit Systematischer Desensibilisierung > keine Behandlung; keine Unterschiede zwischen den Experimentalgruppen	keine
Systematische Desensibilisierung vs. non-direktive Therapie vs. Nichtbehandlung (Kontrollgruppe)	20+	ca. 10 Wo.	psychometrische Tests zu Messungen im emotionalen Bereich; Schlafstörungen; Zensuren; Eigenbericht über die Angst	Systematische Desensibilisierung = non-direktive Therapie (beide wirksam)	keine
Systematische Desensibilisierung (individuelle vs. Standardhierarchie) vs. Nichtbehandlung (Kontrollgruppe)	16	8 Wo.	Selbsteinschätzung der Angst; Zensuren	Systematische Desensibilisierung (individuell) = Systematische Desensibilisierung (Standard) > keine Behandlung; keine Zensurenunterschiede	keine

Fortsetzung von Tabelle 2:

	Klienten					Therapeuten	
Name	Diagnose	Anzahl	Geschlecht	Alter	Sonstiges	Ausbildung	Anzahl
Freeling u. *Shemberg,* 1970	Prüfungsangst	28	24w, 4m	—	Collegestudenten	keine Angabe	—
Johnson u. *Sechrest,* 1968	Prüfungsangst	41	—	—	Collegestudenten	Versuchsleiter	1
Katahn u. a., 1966	Prüfungsangst	14	8w, 6m	—	Collegestudenten	Psychologen u. Studenten höherer Semester	3
Kondas, 1967	Prüfungsangst	13	—	21,9	Collegestudenten	Psychologen	2
Laxer u. a., 1969	Prüfungsangst	116	—	—	Schüler einer höheren Schule	CollegeAbsolventen mit Unterrichtserfahrung	4
Laxer u. *Walker,* 1970	Prüfungsangst	110	—	—	Schüler einer höheren Schule	Berater	3

Behandlung			Ergebnisse		
Art	Anzahl der Sitzungen	Gesamtdauer	Beurteilungsverfahren	Erfolg	Nachuntersuchung
Systematische Desensibilisierung vs. bildliche Vorstellung vs. Entspannung	6	6 Wo.	Anagramm-Aufgaben	Systematische Desensibilisierung = Entspannung = bildliche Vorstellung	keine
Systematische Desensibilisierung vs. Entspannung vs. Nichtbehandlung (Kontrollgruppe)	5	45 min. pro Sitzung	Eigenbericht über die Angst; Zensuren	Systematische Desensibilisierung > Entspannung = keine Behandlung	nach 1–6 Mon.
Gruppentherapie + Systematische Desensibilisierung vs. Nichtbehandlung (Kontrollgruppe)	8	8 Std.	Eigenbericht über die Angst; Zensuren	Gruppentherapie + Systematische Desensibilisierung > keine Behandlung	nach 1 Semester
Systematische Desensibilisierung vs. Entspannung vs. Nichtbehandlung (Kontrollgruppe)	10	$3^1/_2$–10 Wo.	Eigenbericht über die Angst; physiologische Messungen	Systematische Desensibilisierung > Entspannung = keine Behandlung	nach 5 Mon.
Systematische Desensibilisierung vs. Entspannung vs. Nichtbehandlung (Kontrollgruppe)	30	6 Wo.	Selbsteinschätzung der Angst; Zensuren	Entspannung = Systematische Desensibilisierung = keine Behandlung; Entspannung > keine Behandlung	keine
Systematische Desensibilisierung vs. Entspannung vs. Verhaltensübung vs. Entspannung + Verhaltensübung vs. kontrollierte Zuwendung vs. Nichtbehandlung (Kontrollgruppe)	20	8 Wo.	Eigenbericht über die Angst; Zensuren	Systematische Desensibilisierung = Entspannung > Kontrollgruppen = Verhaltensübung = Verhaltensübung + Entspannung	keine

Fortsetzung von Tabelle 2:

	Klienten					Therapeuten	
Name	Diagnose	Anzahl	Geschlecht	Alter	Sonstiges	Ausbildung	Anzahl
Mann, 1972	Prüfungsangst	80	40m, 40w	—	Schüler der 7. und 8. Klasse	keine Angabe	—
Meichenbaum, 1972	Prüfungsangst	21	15m, 6w	17–25	Collegestudenten, Schüler aus einer höheren Klasse der High School	Studenten höherer Semester	1
Mitchell u. *Ng*, 1972	Prüfungsangst	30	—	—	Collegestudenten	keine Angabe	—
Osterhouse, 1972	Prüfungsangst	54	—	—	Collegestudenten	Psychologen	2
Prochaska, 1971	Prüfungsangst	61	nur m	—	Collegestudenten	Tonbandaufnahmen	—

Behandlung			Ergebnisse		
Art	Anzahl der Sitzungen	Gesamt-dauer	Beurteilungs-verfahren	Erfolg	Nach-untersuchung
Modellernen (incl. Verhaltensübung) vs. lediglich Modellbeobachtung vs. Nichtbehandlung (Kontrollgruppe)	6	3 Wo.	Eigenbericht über die Angst; Verhaltenstest	Experimentalgruppen > Kontrollgruppe	nach 4 Wo.; Ergebnisse stabil
Systematische Desensibilisierung vs. kognitive Modifikation vs. Nichtbehandlung (Kontrollgruppe)	8	8 Wo.	Verhaltenstest; Eigenbericht über die Angst; Zensuren	kognitive Modifikation = Systematische Desensibilisierung > keine Behandlung	nach 1 Mon.
Systematische Desensibilisierung vs. Gruppenberatung vs. Systematische Desensibilisierung + Beratung vs. Nichtbehandlung (Kontrollgruppe)	9	9 Wo.	Eigenbericht über die Angst; Zensuren; Studiengewohnheiten	Systematische Desensibilisierung + Beratung > Systematische Desensibilisierung > Beratung =keine Behandlung	nach 23 Wo.
Systematische Desensibilisierung vs. Training von Studientechniken vs. Nichtbehandlung (Kontrollgruppe)	6	6 Wo.	Eigenbericht über die Angst; Verhaltenstest	Systematische Desensibilisierung > keine Behandlung = Verhaltenstraining (nur bzgl. Angstverminderung)	
Implosionstherapie (Symptome) vs. Implosionstherapie (psychodynamische Aspekte) vs. Implosionstherapie (Ängste allgemein) vs. kontrollierte Zuwendung vs. Nichtbehandlung (Kontrollgruppe)	3	3 Wo.	Zensuren; Eigenbericht über die Angst	Implosionstherapie (Symptome) = Implosionstherapie (Psychodynamik) > die anderen Gruppen	nach 12 Wo.

Fortsetzung von Tabelle 2:

	Klienten					Therapeuten	
Name	Diagnose	Anzahl	Geschlecht	Alter	Sonstiges	Ausbildung	Anzahl
Smith u. *Nye,* 1973	Prüfungsangst	34	18w, 16m	—	Collegestudenten	Studenten höherer Semester	4
Sherman, 1972	Aquaphobie	54	nur w	17–19	Collegestudenten	Studenten höherer Semester	11
Ritter, 1969 (b)	Höhenangst	22	13w, 9m	$\bar{x}$=36,9 14–49	aus eigenem Antrieb in die Behandlung gekommen	weiblich	1
McReynolds u. *Tori,* 1972	Wunden, Blut, Operationen	28	nur w	—	Collegestudentinnen	keine Angabe	—
Richardson u. *Suinn,* 1973	Furcht vor Mathematik	52	37 w, 15m	—	Collegestudenten	—	—

Behandlung			Ergebnisse		
Art	Anzahl der Sitzungen	Gesamtdauer	Beurteilungsverfahren	Erfolg	Nachuntersuchung
Systematische Desensibilisierung vs. Implosionstherapie vs. Nichtbehandlung (Kontrollgruppe)	7	$3^1/_2$ Wo.	Eigenbericht über die Angst; Verhaltenstest; Zensuren	Systematische Desensibilisierung = Implosionstherapie > keine Behandlung; Systematische Desensibilisierung > Implosionstherapie (nur bzgl. Zensuren)	nach einem akademischen Vierteljahr (nur bzgl. Zensuren)
Systematische Desensibilisierung vs. Vordesensibilisierung vs. Kontrollgruppen (mit oder ohne wiederholte Darbietungen)	3–10	—	Eigenbericht über die Angst; Verhaltenstest	Wiederholte Darbietungen > nicht wiederholte Darbietungen	nach 4 Wo.
Systematische Kontakt-Desensibilisierung vs. Modellernen (incl. Verhaltensübung) vs. Modellernen	1	35 min.	Eigenbericht über die Angst; Verhaltenstest	Systematische Kontakt-Desensibilisierung > Modellernen (incl. Verhaltensübung) > Modellernen. Nur durch die Systematische Kontakt-Desensibilisierung wurde die Angst sign. verringert	keine
Systematische Desensibilisierung vs. Entspannung vs. Nichtbehandlung (Kontrollgruppe)	1	50 min.	Eigenbericht über die Angst; Verhaltenstest	Systematische Desensibilisierung > Entspannung und keine Behandlung	keine
Systematische Desensibilisierung vs. gehäufte Systematische Desensibilisierung vs. Nichtbehandlung (Kontrollgruppe)	2-9	2-3 Wo.	Selbsteinschätzung der Furcht; Verhaltenstest	Systematische Desensibilisierung = gehäufte Systematische Desensibilisierung > keine Behandlung; im Verhaltenstest keine Unterschiede zwischen den Gruppen	keine

Fortsetzung von Tabelle 2:

	Klienten					Therapeuten	
Name	Diagnose	Anzahl	Geschlecht	Alter	Sonstiges	Ausbildung	Anzahl
Suinn u. *Richardson,* 1971	Furcht vor Mathematik	143	—	—	Collegestudenten	—	—
Graff u. a., 1971	schulbezogene Ängste	84	31w, 53m	—	Collegestudenten	Studenten höherer Semester	4
Typ 2B: Psychotherapeut 1 vs. Psychotherapeut 2 für Klienten X							
Donner u. *Guerney,* 1969; *Donner,* 1970	Prüfungsangst	28	nur w	—	Collegestudentinnen	Psychologen	1
Kahn u. *Baker,* 1968	soziale Ängste, Höhenangst, Prüfungsangst	16	—	—	Collegestudenten	Studenten höherer Semester	7
Typ 2C: Psychotherapie A für Klienten X vs. Klienten Y							
McMillan u. *Osterhouse,* 1972	Prüfungsangst	20	—	—	10 Kl. wiesen hohe, 10 Kl. niedrige Ängstlichkeitswerte auf	keine Angabe	—

	Behandlung		Ergebnisse		
Art	Anzahl der Sitzungen	Gesamtdauer	Beurteilungsverfahren	Erfolg	Nachuntersuchung
Systematische Desensibilisierung vs. Angstbewältigungs-Training vs. Nichtbehandlung (Kontrollgruppe)	3	—	Eigenbericht; Eignungsprüfung für Mathematik	beide Behandlungsgruppen wiesen Angstverminderung auf; die Systematische Desensibilisierung führte zu einer erhöhten Eignung für Mathematik	keine
Systematische Desensibilisierung vs. Löschung vs. Nichtbehandlung (Kontrollgruppe) vs. kontrollierte Zuwendung	11	4 Wo.	Skalen zur Prüfungsangst	Systematische Desensibilisierung = Löschung > keine Behandlung = kontrollierte Zuwendung	nach 2 Mon.; Ergebnisse
Systematische Desensibilisierung (Therapeut war anwesend) vs. Systematische Desensibilisierung (Therapeut war abwesend) vs. Nichtbehandlung (Kontrollgruppe)	8	7 + Wo.	Zensuren; Eigenbericht über die Angst	Systematische Desensibilisierung (Therapeut anwesend) = Systematische Desensibilisierung (Therapeut abwesend) > keine Behandlung	nach 5 Mon.; Systematische Desen sibilisierung (Therapeut anwesend) → bessere Zensuren
Systematische Desensibilisierung (Therapeut anwesend) vs. Systematische Desensibilisierung (Therapeut abwesend)	12	6Std.	Eigenbericht über die Angst	Systematische Desensibilisierung (Therapeut anwesend) = Systematische Desensibilisierung (Therapeut abwesend) (Besserung bei beiden Methoden)	keine
Systematische Desensibilisierung	3	6 Std. (3 Wo.)	Eigenbericht über die Angst; Zensuren	Gruppe mit niedrigen Ängstlichkeitswerten > Gruppe mit hohen Ängstlichkeitswerten (nur in bezug auf Zensuren)	keine

Fortsetzung von Tabelle 2:

	Klienten					Therapeuten	
Name	Diagnose	Anzahl	Geschlecht	Alter	Sonstiges	Ausbildung	Anzahl
3. Ebene: Bidifferentielle Maßschneiderungen							
Typ 3A: Psychotherapie A vs. Psychotherapie B für Klienten X vs. Klienten Y							
Boulougouris u. a., 1971	Platzangst, spezifische Phobien	16	7m, 9w	—	„ernsthafte Phobien" 11 ambulante, 5 stationäre Klienten	Psychiater, Amtsärzte, Medizinstudenten	10
Solyom u. a., 1971	Platzangst, spezifische Phobien	20	13w, 7m	$\bar{x}=35$	18 ambulante, 2 stationäre Klienten	Psychiater	3
DiLoreto, 1971	Soziale Ängste	100	58w, 42m	18,8 19,3	Collegestudenten	1½–4jährige Erfahrung	6

Behandlung			Ergebnisse		
Art	Anzahl der Sitzungen	Gesamtdauer	Beurteilungsverfahren	Erfolg	Nachuntersuchung
Systematische Desensibilisierung vs. Reizüberflutung (Überkreuzdesign)	12	5 Wo.	t-Rating; Eigenbericht über die Angst; physiologische Messungen	Reizüberflutung > Systematische Desensibilisierung (bei der Angstverminderung); Systematische Desensibilisierung für spezifische Phobien geeigneter als für Platzangst. Reizüberflutung besser für Platzangst und = Systematische Desensibilisierung bei spezifischen Phobien	nach 1 J.; Veränderungen stabil
Aversionserleichterung vs. Systematische Desensibilisierung	$\bar{x}=34$	22 Wo.	t-Rating; psychometrische Tests; Eigenbericht über die Angst	Aversionserleichterung am wirksamsten bei Kl. mit vorwiegend zwanghaften, hysterischen und hypochondrischen Symptomen. Systematische Desensibilisierung am wirksamsten bei hochgradig ängstlichen Kl.	keine
Systematische Desensibilisierung vs. Rational-Emotive-Therapie vs. Beziehungstherapie vs. kontrollierte Zuwendung vs. Nichtbehandlung (Kontrollgruppe)	—	11 Std.	Eigenbericht über die Angst; t-Rating	alle Behandlungen > Kontrollgruppen; Beziehungstherapie bei Introvertierten wirksamer; Rational-Emotive Therapie bei Extravertierten wirksamer; Systematische Desensibilisierung bei Introvertierten und Extravertierten gleichermaßen wirksam	nach 3 Mon.; Veränderungen stabil

2.2. Neurotische Zwangshandlungen und -vorstellungen

Dieses neurotische Syndrom weisen Personen auf, die entweder störende, sich immer wieder aufdrängende Gedanken haben, die sie im täglichen Leben ernsthaft behindern, sowie Personen, die unter unwiderstehlichen Impulsen leiden, die wiederholte und ritualisierte Verhaltensweisen erzwingen. Zwangsvorstellungen können ebenso im Zusammenhang mit Zwangshandlungen auftreten, wie auch jedes dieser klinischen Störungsbilder in Abwesenheit des anderen vorherrschend sein kann. Zwangsvorstellungen sind gedanklicher Natur, sie können sich entweder in der Form von ‚zwanghaften Gedanken' oder ‚zwanghaften Zweifeln' manifestieren. Zwanghafte Gedanken bestehen aus sich wiederholenden Vorstellungen, die auf hartnäckige Weise in das Bewußtsein eindringen. Dabei handelt es sich meist um verbotene oder persönlich unannehmbare sexuelle und/ oder aggressive Wünsche oder um affektlose und scheinbar sinnlose Phantasien, die trotz dieser Eigenschaften die ganze Aufmerksamkeit beanspruchen. Zwanghaftes Zweifeln ist gekennzeichnet durch Zustände andauernder Unentschiedenheit, Gefühle der Unsicherheit und längere Perioden des Nachgrübelns über die Unangemessenheit früherer Entscheidungen. Das Gegenstück zum zwanghaften Zweifeln ist zwanghaftes ritualisiertes Verhalten (*Buss*, 1966). Die entsprechenden stereotypen Verhaltenssequenzen scheinen durch die Angstverminderung, die ihr Auftreten begleitet, sowie durch das verstärkte Gefühl von Unbehagen, das das Individuum erlebt, wenn es der Versuchung widersteht, das jeweilige Ritual auszuführen, aufrechterhalten zu werden.

Der Begriff „Zwangshandlungen und -vorstellungen" ist, um einen bestimmten Stil des Denkens, des Wahrnehmens und des Empfindens zu beschreiben, auch auf eine weniger symptom- und diagnosebezogene Weise verwendet worden (*Shapiro*, 1965). Kennzeichnend für Personen mit Zwangshandlungen und -vorstellungen ist, daß sie auf rigide Weise denken, ihre Aufmerksamkeit auf technische Einzelheiten beschränken, dazu neigen, starrsinnig und wenig spontan zu sein und anscheinend nach selbstauferlegten Regeln leben, die bestimmen, was getan, gewünscht, erlebt und gedacht werden soll. Obwohl spezifische, sich wiederholende Zwangshandlungen und -vorstellungen nicht vorhanden sein müssen, weisen Psychotherapie-Klienten mit zwanghafter Charakterstruktur im wesentlichen die gleiche lähmende Unentschlossenheit wie Neurotiker mit symptomatischen Zwangshandlungen und -vorstellungen auf.

Gegenwärtig ist wenig Forschungsmaterial über die Wirksamkeit von psychologischen Behandlungsmethoden bei der Therapie von symptomatischen oder charakterologischen Erscheinungsformen des Zwangssyndroms vorhanden. *Kringlen* (1965) fand, daß bei den meisten Neurotikern mit Zwangsvorstellungen somatische Therapien, vor allem Elektroschockbehandlungen, angewendet wurden und führte das auf die weit verbreitete Ansicht zurück, daß Psychotherapie bei diesem Kliententyp nur beschränkt wirksam sei. Jedoch spricht das Forschungsmaterial über die relative Wirksamkeit von Elektroschockbehandlungen nicht für eine maßgeschneiderte Anwendung bei Neurotikern mit Zwangsvorstellungen. In Tabelle 3 sind die Behandlungsergebnisse von verschiedenen Therapieformen bei 100 Fällen von neurotischen Zwangsvorstellungen zusammengefaßt (*Grimshaw*, 1965). Wie man sieht, weist etwa die Hälfte der Fälle, bei denen eine Elektroschockbehandlung durchgeführt wurde, eine Verbeserung auf, während in der anderen Hälfte entweder keine Veränderungen oder nur Verschlechterungen zu finden sind. Hingegen wurde eine Besserungsrate von 66 % nach 1 bis 4 Jahren einsichtsorientierter Psychotherapie (nicht psychoanalytischer Art) und von 64 % nach unterstützender Psychotherapie (z. B. Ermutigung, Gespräche über aktuelle Probleme usw.) verzeichnet. Dazu ist noch zu bemerken, daß bei beiden Psychotherapieformen zusätzlich noch Beruhigungsmittel verabreicht wurden. Trotz der höheren Besserungsraten nach Psychotherapie ist der Anteil der Klienten, die über eine Besserung oder eine Verschlechterung berichten, in den Gruppen von Klienten mit Zwangsvorstellungen, die keine spezifische Therapie erhielten, dem in den Therapiegruppen sehr ähnlich. Wennauch keine spezifische Wirksamkeit der psychologischen Behandlungsmethoden festgestellt werden konnte, widersprechen diese Daten dennoch der breiten Anwendung von Elektroschocktherapie bei neurotischen Zwangsvorstellungen.

Tabelle 3: Behandlungsergebnisse bei 100 Fällen mit neurotischen Zwangsvorstellungen (*Grimshaw*, 1965).

Behandlungsmethode	Anzahl der Fälle	Ergebnis
Elektroschocktherapie	31	9 sehr gebessert 7 gebessert 15 unverändert oder verschlechtert
Systematische Psychotherapie	14	5 sehr gebessert 4 gebessert 5 unverändert
Unterstützende Psychotherapie	36	15 sehr gebessert 9 gebessert 12 unverändert oder verschlechtert
Leukotomie	3	1 sehr gebessert 2 unverändert
Keine Behandlung	16	11 sehr gebessert 5 unverändert oder verschlechtert

Einiges empirisches Material liegt auch über zwei psychodynamische Ansätze vor: Über die „paradoxe Intention" (paradoxical intention) genannte Logotherapie-Technik von *Frankl* und über psychoanalytische Kurztherapie. Schlußfolgerungen über die Wirksamkeit dieser beiden Arten von psychodynamischer Therapie dürfen jedoch nur als vorsichtige Hypothesen formuliert werden, da die Daten aus einer Sammlung von Fallstudien stammen, bei denen gleichwertige Kontrollgruppen oder anders behandelte Gruppen fehlten. *Sifneos* (1966) beschrieb eine psychoanalytische Kurztherapie zur Behandlung von Neurotikern mit wenig ausgeprägten Zwangsvorstellungen. Die Therapie zielte darauf ab, „Angst zu provozieren", und konzentrierte sich auf spezifische emotionale Konfliktbereiche, die mit den manifesten Symptomen des Klienten zusammenhingen; der Klient sollte einerseits Einsicht in seine Abwehrmechanismen gewinnen, andererseits neue Strategien der Angstbewältigung entwickeln. Einige der spezifischen Bestandteile der Therapie waren: (a) die Übertragungsbeziehung wurde positiv gestaltet, indem der Klient mit seiner Abwehrhaltung konfrontiert wurde und indem versucht wurde, ihm klarzumachen, wie seine Gefühle dem Therapeuten gegenüber eine Wiederholung seiner früheren Gefühle für andere Menschen darstellten, (b) man konzentrierte sich vor allem auf Bereiche, in denen ungelöste Konflikte vorhanden waren, um so zu einem besseren Verständnis der Abwehrmechanismen zu gelangen, die der Angstvermeidung dienen, (c) man vermied die Aufarbeitung von seit langem vorhandenen Charakterproblemen und die Entwicklung von negativen Übertragungsaspekten, und (d) es wurde aufgezeigt, wie die Schwierigkeiten des Klienten in zwischenmenschlichen Beziehungen von den ambivalenten Einstellungen herzuleiten sind, die in der ödipalen Phase entstanden waren. Leider wurden die Ergebnisse der Behandlung in vagen, subjektiven und impressionistischen Begriffen ausgedrückt, man bezog sich z. B. auf „positive Veränderungen in der Einstellung der Klienten zu ihren Symptomen, erhöhte Selbstachtung aber minimale Veränderungen der Symptomatologie". Diese Ergebnisse widerspiegeln die zumeist beschränkten und wenig eindrucksvollen Veränderungen nach ‚unterstützender' oder ‚einsichtsorientierter' Psychotherapie bei Klienten mit Zwangsvorstellungen, wie sie *Grimshaw* (1965) berichtet und zeigen, daß die Wirksamkeit solcher Methoden bei der Veränderung von spezifischen zwanghaften Verhaltensweisen erst noch empirisch nachgewiesen werden muß.

Gerz (1966) berichtet, daß die Technik der ‚paradoxen Intention', wenn sie mit psychodynamischer Psychotherapie und einer Behandlung mit Beruhigungsmitteln (z. B. Imipramin, Chlordiazepoxide, Diazepam) kombiniert wird, bei 4 von 6 Personen mit neurotischen Zwangshandlungen und -vorstellungen erfolgreich war. Bei dieser Methode versucht der Therapeut, die therapeutische Beziehung zu kontrollieren, indem er den Klienten auffordert, er solle seine Symptome ausagieren. Diese Strategie zielt darauf ab, den Klienten in eine ‚therapeutische double-bind'-Situation zu bringen (*Haley,* 1963). Wenn das Symptom auftritt, hat der Klient die Anweisungen des Therapeuten befolgt, aber die sekundären Verstärkungen, die normalerweise mit dem Auftreten des Symptoms gekoppelt sind, bleiben aus; wenn dagegen das Symptom ausbleibt, wird das verminderte Auftreten des Problemverhaltens als ein therapeutischer Fortschritt betrachtet, auch wenn dadurch die Anweisungen des Therapeuten nicht befolgt werden. *Victor* und *Krug* (1967) berichten über eine Fallstudie, bei der zur Behandlung von zwanghaften Spielern nur ‚paradoxe Intention' angewendet wurde. Der Klient konnte zwar zum ersten Mal seit zwanzig Jahren dem zwanghaften Drang zum Glücksspiel widerstehen, berichtete aber auch über Gefühle der inneren Unruhe, über Bedürfnisse nach anderen Formen der sinnlichen Erregung und fing an, häufig zu onanieren.

Man hat mit verhaltenstherapeutischen Methoden versucht, die Klienten an die störenden Situationen, die mit den zwanghaften Verhaltensweisen zusammenhängen, zu gewöhnen. *Rachman, Hodgson* und *Marks* (1971) und *Hodgson, Rachman* und *Marks* (1972) fanden, daß Desensibilisierung *in vivo* und Reizüberflutung, die entweder für sich oder kombiniert angewendet wurden, bei Personen mit neurotischen Zwangshandlungen und -vorstellungen signifikant wirksamer waren, als Muskelentspannung. Bei der Reizüberflutung wurden die Klienten für immer längere Zeiträume hochgradig beunruhigenden Situationen ausgesetzt und ermutigt, die zwanghaften Rituale nicht auszuführen. Den Klienten, bei denen eine Desensibilisierung *in vivo* angewendet wurde, wurde Mut gemacht, sich nach und nach den in einer hierarchisch angeordneten Reihe aufgelisteten beunruhigenden Situationen auszusetzen und während dieser Situationen die Verhaltensweisen des Therapeuten, die Vermeidungsverhalten und rituelles Verhalten ausschlossen, nachzuahmen. Bei stationär behandelten Klienten mit Zwangshandlungen und -vorstellungen zog man die Verwandten hinzu, um einen erfolgreichen Transfer der Therapiefortschritte auf Situationen außerhalb der Behandlung zu fördern. Die Verwandten sollten alternative nicht-zwanghafte Verhaltensweisen unterstützen und zu ihrer Ausführung ermutigen und zwanghaftes Verhalten nicht verstärken.

Zusammenfassend läßt sich feststellen, daß Behandlungsmethoden, wie *paradoxe Intention, Desensibilisierung in vivo* und *Reizüberflutung,* die darauf ausgerichtet sind, die Antriebsmechanismen, die die zwanghaften Rituale eines Individuums (z. B. Angst, Schuldgefühle) aufrechterhalten, zu beseitigen und außerdem Möglichkeiten zum Praktizieren von alternativen, nicht-zwanghaften Verhaltensweisen bieten, bei der Behandlung von Zwangshandlungen und -vorstellungen wirksam sind. Diese Feststellung bezieht sich nur auf die Behandlung von Zwangshandlungen, da es keine kontrollierten Erfolgsuntersuchungen über die Modifikation von Zwangsvorstellungen (bzw. -gedanken) gibt. Jedoch weisen mehrere Fallstudien, bei denen behaviorale Methoden wie Gedankenstopp (*Stern,* 1970) und die Änderungen der Erwartungen des Klienten (*Meyer,* 1966) angewendet wurden, auf Techniken hin, die möglicherweise für die Behandlung von Zwangsvorstellungen nützlich sein könnten.

Tabelle 4: Neurotische Zwangshandlungen und -vorstellungen

	Klienten					Therapeuten	
Name	Diagnose	Anzahl	Geschlecht	Alter	Sonstiges	Ausbildung	Anzahl
1. Ebene: Nichtdifferentielle Maßschneiderungen *Typ 1A: Psychotherapie A für Klienten X*							
Gerz, 1966	Zwangshandlungen und -vorstellungen	—	—	—		keine Angabe	—
Kringlen, 1965	Zwangshandlungen und -vorstellungen	122	$\bar{x} = 34$	55m, 67w	$\bar{x}$ Dauer des Klinikaufenthalts = 2,1 Mon.	keine Angabe	—
Sifneos, 1966	Zwangshandlungen und -vorstellungen	nicht spezifiziert	—	—	akut, hochmotiviert in bezug auf Veränderung, überdurchschnittlicher IQ	Psychiater	—
2. Ebene: Nichtdifferentielle Maßschneiderungen *Typ 2A: Psychotherapie A vs. Psychotherapie B für Klienten X*							
Grimshaw, 1965	Zwangshandlungen und -vorstellungen	100	—	—	nicht psychotisch	keine Angabe	—
Hodgson u. a., 1972	Zwangshandlungen und -vorstellungen	5	$\bar{x} = 32$	4w, 1m	$\bar{x}$ Dauer der Symptome = 8 J.	keine Angabe	—
Ingram, 1961	Zwangshandlungen und -vorstellungen	64	—	—	stationär behandelte Kl.	keine Angabe	—

Behandlung			Ergebnisse		
Art	Anzahl der Sitzungen	Gesamtdauer	Beurteilungsverfahren	Erfolg	Nachuntersuchung
Paradoxe Intention + Medikamente + psychodynamische Therapie	—	6 J.	t-Rating	4 völlig geheilt, 2 entscheidend gebessert	keine Angabe
Elektroschock	—	—	t-Rating	50 % unverändert, 35 % geringe Besserung, 9 % gebessert, 5 % verschlechtert	nach 30 J.; 6 wurden psychotisch
psychoanalytische Kurztherapie	—	—	t-Rating	Verhaltenssymptome kaum verändert; Symptome werden nicht mehr als störend erlebt	keine Angabe
einsichtsorientierte Psychotherapie vs. Leukotomie vs. Elektroschock vs. Nichtbehandlung (Kontrollgruppe)	—	—	t-Rating	bzgl. sozialer Anpassung kein Unterschied zwischen den Gruppen; 64 % aller Kl. gebessert	nach 6 Mon.-14 J. ($\bar{x}$ = 5,08 J.)
in-vivo-Desensibilisierung + Reizüberflutung vs. *in-vivo*-Desensibilisierung vs. Reizüberflutung	30	6 Wo.	t-Rating; Eigenbericht der Klienten über die Angst	*in-vivi*-Desensibilisierung + Reizüberflutung > jedes für sich	nach 6 Mon.
Leukotomie vs. lediglich Klinikaufenthalt	—	—	t-Rating	Leukotomie > lediglich Klinikaufenthalt	nach 5,9 J.

2.3. Hysterie

Die Literatur über Erfolge bei der psychotherapeutischen Behandlung von hysterischen Klienten besteht, wenn man einmal von einzelnen Fallstudien absieht (z. B. *Beyme*, 1964; *Malmo*, 1970; *Meichenbaum*, 1966), ausschließlich aus Untersuchungen über Gruppen von Klienten, bei denen relativ ähnliche Behandlungsmethoden angewendet wurden. Die ‚gesammelten Fallstudien', die in Tabelle 5 aufgeführt sind, wurden ohne irgendwelche Kontrollbedingungen durchgeführt und sind daher von der Struktur des Ansatzes her vergleichbar mit Berichten von einzelnen Fallstudien. Wegen der weitgehenden Konfundierung von Klienten-, Therapeuten- und Behandlungsvariablen bei solchen Untersuchungen sind therapeutische Maßschneiderungen in diesem Bereich gegenwärtig nicht sinnvoll möglich.

2.4. Depression

Im Gegensatz zur umfangreichen Literatur über die Ursachen und Ausdrucksformen von Depression (z. B. *Beck,* 1967) ist zur Zeit nur wenig empirisches Forschungsmaterial über psychotherapeutische Behandlungen dieser Störung vorhanden. Der Hauptteil der Literatur über Therapieergebnisse auf diesem Gebiet bezieht sich auf die Anwendungsmöglichkeiten von Verfahren des *Kontingenzmanagements,* die darauf abzielen, die Rate der positiven Verstärkung des Auftretens sozial konstruktiver und geschickter Verhaltensweisen zu steigern. In dieser Hinsicht sind die Pionierarbeiten von *Lewinsohn* und seinen Mitarbeitern (z. B. *Lewinsohn* und *Atwood,* 1969; *Lewinsohn* und *Shaffer,* 1971) vielversprechend. Die Methode impliziert eine dynamische und funktionale Beziehung zwischen einer Verhaltensanalyse der typischen Interaktionsmuster, die niedrige Raten positiver Verstärkung in der eigenen Umwelt des Klienten hervorbringen, und dem Auftreten von Verhaltensindikatoren der Depression. Von dieser Analyse ausgehend werden die Behandlungsziele festgesetzt und Verfahrensweisen, für die man sich im gegenseitigen Einvernehmen entscheidet, durchgeführt. Diese Verfahrensweisen dienen dazu, wieder geeignetere implizite Verstärkungspläne herzustellen, die zu intensiveren Raten positiver Verstärkung führen, so daß sukzessive Annäherungen an sozial angepaßte Verhaltensweisen bewirkt werden können.

Die Wirksamkeit von direktiven und aktiven Formen der Intervention bei neurotischer Depressivität wird durch die neueren Ergebnisse von *Weissman* und seinen Mitarbeitern (1974) bestätigt. Sie berichten von den positiven Ergebnissen einer *unterstützenden Psychotherapie* bei ambulant behandelten depressiven weiblichen Klienten, die sich im Grad der sozialen Anpassung ausdrückten. Bei der unterstützenden Psychotherapie wurden die aktuellen praktischen und zwischenmenschlichen Probleme aufgearbeitet und der Therapeut schlug alternative und angepaßtere (d. h. verstärkende) Bewältigungsmechanismen für die Problemsituationen vor. Diese Form der unterstützenden Therapie ist strukturell mit den Kontingenzmanagement-Ansätzen vergleichbar. Außerdem interagierten die Auswirkungen von Medikamenten (Amitryptyline Hydrochlorid, 100–150 mg/Tg.) nicht mit den Auswirkungen der Psychotherapie, und die „Medikamente hatten keine negativen Auswirkungen auf die Psychotherapie und die Psychotherapie hatte keine negativen Auswirkungen auf die Symptomreduktion, die durch Medikamente bewirkt wurde" (*Weissman* u. a., 1974, S. 777). Während unterstützende Psychotherapie die Arbeitsleistung der Klienten verbesserte und die Konflikte im zwischenmenschlichen Bereich, die angsterfüllten Grübeleien und die gehemmten Kommunikationen, unter denen die Klienten früher gelitten hatten, verringerte, waren solche Verbesserungen der sozialen Anpassung bei Klienten, die nur mit Medikamenten behandelt wurden, nicht festzustellen. Es ist bemerkenswert, daß diese positiven Veränderungen erst nach 6 bis 8 Monaten Therapie auftraten; das weist darauf hin, daß diese Form der unterstützenden Therapie zur Verbesserung der zwischenmenschlichen Beziehungen der Klienten nicht als ‚Kurztherapie' angesehen werden sollte.

Tabelle 5: Hysterie

	Klienten					Therapeuten	
Name	Diagnose	Anzahl	Geschlecht	Alter	Sonstiges	Ausbildung	Anzahl
Bhattacharyya u. *Singh*, 1971	hysterische Anfälle	8	3m, 5w	unter 20 (verheiratete Frauen)	Inder; Anfälle mit anschließender Bewußtlosigkeit einmal am Tage, nur im Beisein von Verwandten	keine Angabe	1
Powers, 1972	hysterische Persönlichkeit	13	nur w	17–34	verheiratete und unverheiratete	Sozialarbeiter aus der Psychiatrie	1
Woolson u. *Swanson*, 1972	hysterische Persönlichkeit	4	nur w	23, 23 26, 47	angespannt, suizidale Ideationen	weiblich	1

Behandlung			Ergebnisse		
Art	Anzahl der Sitzungen	Gesamtdauer	Beurteilungsverfahren	Erfolg	Nachuntersuchung
Elektroschock während und nach jedem Anfall und Entzug von sozialer Verstärkung (Zuwendung)	49–62	—	Verhalten	alle Kl. hatten während 7 aufeinanderfolgenden Tagen keine Anfälle und der Therapeut konnte mit Elektroschock keinen Anfall auslösen	nach 6 Mon.; 2 Kl. hatten einen Anfall beim Nachhausegehen; 6 Kl. hatten keine Anfälle mehr
psychoanalytische Kurztherapie	1–2 Sitzungen/Wo.	8–10 Mon.	t-Rating	„minimale Verhaltensänderung bis erfolgreiche Persönlichkeitsänderung in Richtung auf emotionalen Reife"	keine
problematische und ineffektive Verhaltensweisen wurden durch spezifische alternative Verhaltensweisen ersetzt; Training mittels Verfahren der operanten Konditionierung	—	ca. 4 Mon.	t-Rating	häufiger „akzeptableres Verhalten; größere Kapazität für Gefühlsäußerungen; weniger Frigidität und ... größere Selbstsicherheit ..."	keine

Tabelle 6: Depression

	Klienten					Therapeuten	
Name	Diagnose	Anzahl	Geschlecht	Alter	Sonstiges	Ausbildung	Anzahl
1. Ebene: Nichtdifferentielle Maßschneiderungen *Typ 1A: Psychotherapie A für Klienten X*							
Burgess, 1969	neurotische Depression	6	nur m	18, 18, 19, 21, 26, 40	alle hatten Zweifel an ihrer Leistungsfähigkeit; Klienten einer Beratungsstelle	Autor	1
Hersen u. a., 1973	neurotische Depression	3	nur m	32, 53, 54	stationäre Kl. einer gerontol. Klinik		
Lazarus, 1968	neurotische (reaktive) Depression	11	—	—	—	Autor	1
Lewinsohn u. *Shaffer*, 1971	neurotische Depression	3	2m, 1w	20, 28 28	ambulant behandelte Kl.	—	5
Shipley u. *Fazio*, 1973 (1. Exp.)	Depression	22	—	—	Collegestudenten (Freiwillige); Diagnose mittels standardisierter Rating-Skalen für Depression	Studenten höherer Semester	1

Behandlung			Ergebnisse		
Art	Anzahl der Sitzungen	Gesamtdauer	Beurteilungsverfahren	Erfolg	Nachuntersuchung
Operante Konditionierung (Komplexität einer Ein/Ausblendungs-Aufgabe, Kontingenzmanagement)	—	3 Wo.	t-Rating über die Besserung	alle Kl. kamen mit ihrer Lebenssituation zurecht	nach 6–9 Mon.; 4 Kl. symptomfrei, 2 blieben in der Therapie
Münzökonomie (Verstärkung für Arbeitsverhalten)	—	16 Tg.	Verhaltensratings (Reden, Lächeln, motorische Aktivität)	Zunahme nichtdepressiver Verhaltensweisen und Verringerung depressiver Verhaltensweisen	keine
Zeitprojektion	1	—	t-Rating	„6 reagierten sehr positiv, 2 hatten sich etwas gebessert, 3 unverändert"	keine
Operante Konditionierung (Erhöhung der Rate der Verstärkung in zwischenmenschlichen Beziehungen bei den Kl. zu Hause)	—	3Mon. maximal	Verhaltensrating der sozialen Interaktionen; Eigenbericht-Fragebogen (zur Stimmungslage)	bisher hatten alle Kl. geringe positive Verstärkungen erhalten; die Erhöhung der positiven sozialen Verstärkung führte in 2 Fällen zu einer Verringerung der Depression	keine
Problemlösen (alternative Verhaltensweisen wurden vorgeschlagen) vs. Nichtbehandlung (Kontrollgruppe)	Dauer 1 Std. (keine Angabe zur Anzahl der Sitzungen)	3 Wo.	MMPI; Selbsteinschätzung	Problemlösen > keine Behandlung	keine

Fortsetzung von Tabelle 6:

	Klienten					Therapeuten	
Name	Diagnose	Anzahl	Geschlecht	Alter	Sonstiges	Ausbildung	Anzahl
2. Ebene: Unidifferentielle Maßschneiderungen							
Typ 2A: Psychotherapie A vs. Psychotherapie B für Klienten X							
Shipley u. *Fazio,* 1973, (2. Exp.)	Depression	27	—	—	wie 1. Exp.	Studenten höherer Semester	1
Weissman u. a., 1974	neurotische Depression (gemäßigt)	106	nur w	25–60 ($\bar{x}$=39)	Depression dauerte schon mindestens 2 Wo.; keine Schizophrenen; Alkoholiker, Drogenabhängige; unterdurchschnittlicher IQ; sozioökonomischer Status: Arbeiter und untere Mittelschicht	erfahrene Sozialarbeiter aus der Psychiatrie	5

	Behandlung		Ergebnisse		
Art	Anzahl der Sitzungen	Gesamtdauer	Beurteilungsverfahren	Erfolg	Nachuntersuchung
Problemlösen + hohe Erfolgserwartung vs. nur Problemlösen vs. kontrolliertes Interesse und kontrollierte Zuwendung (hohe vs. keine Erfolgserwartung)	3	3 Wo.	MMPI; Selbsteinschätzung	kein Erwartungseffekt; Problemlösen > kontrolliertes Interesse und kontrollierte Zuwendung	keine
unterstützende Psychotherapie (intensive Kontakte) vs. Kurzinterviews (wenig intensive Kontakte); beide Methoden wurden mit einem Medikament (Amitriptyline), einem Placebo oder keinem Medikament kombiniert	1–2/Wo.	8 Mon.	Skala zur Messung der sozialen Anpassung (Arbeitsleistung, soziale Kommunikation, Abhängigkeit, familienbezogene Ängste	keine Auswirkung der medikamentösen Behandlung nach 4 bzw. 8 Mon.; unterstützende Psychotherapie > Kurzinterviews (nach 8 Mon. Behandlung)	keine

3. Psychosomatische Störungen

3.1. Bronchialasthma

Experimentelle Untersuchungen der relativen Wirksamkeit von Psychotherapien bei asthmatischen Klienten haben sich vor allem mit Verfahren beschäftigt, die die emotionale Reaktionsweise des Klienten mildern. Übungen zur Muskelentspannung korrelieren nachweislich mit verbesserter Atmung (*Alexander,* 1972; *Alexander* u. a., 1972; British Tuberculosis Association, 1968), und zwar vor allem bei Klienten, die keine Reaktionen auf subkutane Injektionen von Allergenen zeigen und deren asthmatische Anfälle vorwiegend von erkennbaren situativen, affektiven oder kognitiven Faktoren ausgelöst zu werden scheinen (*Philip* u. a., 1972). Betrachtet man jedoch das gesamte Forschungsmaterial, dann scheint *Systematische Desensibilisierung,* im Vergleich zu den anderen Methoden, die wirksamste Behandlungsform für Asthma zu sein (*Moore,* 1965; *Moorefield,* 1971). Die beeindruckendsten Ergebnisse, sowohl in Hinblick auf den experimentellen Versuchsplan als auch hinsichtlich des Therapieerfolgs, sind von *Moore* (1965) erbracht worden. Sie fand, daß Systematische Desensibilisierung, bei der Hierarchien in bezug auf einen asthmatischen Anfall, einen allergiebedingten Anfall und eine streßhafte Situation verwendet wurden, insbesondere nach fünfwöchiger Behandlung erfolgreicher war, als Entspannungstraining oder suggerierte Entspannung zur Förderung der maximalen Atmungsrate.

3.2. Geschwürige Dickdarmentzündung (Colitis ulcerosa)

Obwohl nur wenig ergebnisbezogenes Forschungsmaterial zu dieser Störung vorliegt, sind dennoch einige höchst interessante, jedoch nur als sehr vorläufig anzusehende Ergebnisse vorhanden, die auf die potentielle Rolle von Psychotherapie bei der Behandlung von geschwüriger Dickdarmentzündung hinweisen. Die umfassendste, systematischste und für Maßschneiderungen relevanteste Forschung auf diesem Gebiet ist von *Karush* und seinen Mitarbeitern (1969) und *O'Connor* und seinen Mitarbeitern (1964) geleistet worden. Sie haben die Wechselwirkungen ausgewählter Klienten- und Therapeutenvariablen bei der psychoanalytischen Behandlung von Colitis ulcerosa untersucht. Aus ihren umfassenden und komplexen Forschungsberichten aus der Psychoana-

---

*) Alle *Karush*-Zitate auf dieser und der folgenden Seite stammen aus *Karush, A., Danials, G. E., O'Connor, J. F.* und *Stern, L. O.:* The response to psychotherapy in chronic ulcerative colitis, **Psychosomatic Medicine,** (1969) **31,** S. 201-226.

lytic Clinic for Training and Research am College of Physicians and Surgeons der Columbia University lassen sich möglicherweise spezifische aktive Bestandteile identifizieren, die zu den erfolgreichen Ergebnissen von psychoanalytischen Behandlungen bei Klienten mit geschwüriger Dickdarmentzündung beigetragen haben. Tabelle 7 enthält eine zusammenfassende Darstellung dieser potentiellen Bestandteile, die diesem Forschungsmaterial entnommen wurde. Die erste Spalte bezieht sich auf die Klassifikation von Colitis-Klienten (bzw. Patienten) nach ihren vorherrschenden affektiven Stilen in Hinblick auf den Ausdruck von Gefühlen gegenüber wichtigen Bezugspersonen. Eine detaillierte Beschreibung dieser unterschiedlichen Typen findet sich in der Arbeit von *Karush* und seinen Mitarbeitern (1969). Kurz gesagt scheinen z. B. die symbiotischen Klienten „... mehr oder weniger hilflose Opfer anderer sein, ... sie neigen dazu, zu grübeln und andere für ihre Unzulänglichkeiten und Frustrationen verantwortlich zu machen, ... ihre Störung findet allgemein in einer chronischen Depression Ausdruck, die in einer passiven Einstellung der Resignation und sogar der Apathie begründet ist, ... oft haben sie paranoide Gedanken über andere" (*Karush* u. a., 1969, S. 212).

Im Gegensatz dazu „verhalten sich" individualisierte Klienten so, „als ob sie das selbstverständliche Recht hätten, ihre Umwelt nach ihren eigenen Wünschen zu beeinflussen und zu beherrschen ... und sie fühlen sich leistungsfähig und allmächtig, halten es für rechtens, daß sie wichtige Bezugspersonen zu manipulieren versuchen und ... wenn sie ihre Ziele nicht erreichen, bekommen sie Depressionen und Ängste, die unterschiedliche Ausmaße annehmen können" (*Karush* u. a., 1969, S. 210). Schließlich weisen Klienten, die sich bzgl. ihrer Objektbeziehungen in einem Übergangsstadium befinden (Transitional patients), eine Mischung von individualisierten und symbiotischen Einstellungen auf, bei der keine der beiden deutlich vorherrscht. Alle drei Gruppen lassen sich weiter nach ihren charakteristischen emotionalen Reaktionsstilen unterscheiden: vorwiegend labil, gehemmt oder eine Kombination von beiden. Die Therapeuten wurden ungefähr je zur Hälfte als aktiv oder passiv bezeichnet und es zeigte sich, daß diese Dimension mit Klienteneigenschaften und der therapeutischen Effektivität zusammenhing. Diesbezüglich wurde festgestellt, daß nichtpsychotische Klienten mehr somatische Besserungen aufwiesen, wenn sie von aktiven Therapeuten behandelt wurden, während passive Therapeuten bei psychotischen Klienten mehr Erfolg hatten. Dazu ist noch zu erwähnen, daß das Interesse, das Einfühlungsvermögen und der Optimismus des Therapeuten als ein nichtspezifischer aktiver Bestandteil wirksam war, der eine Korrelation von .90 mit somatischer Besserung über die verschiedenen Typen von Klienten hinweg aufwies. Im allgemeinen waren die Klienten, deren Gesundheitszustand sich am meisten besserte und die dauerhafte somatische Veränderungen aufwiesen, am zuversichtlichsten gewesen, was die angebotene Hilfe betraf, und zeigten sich in der Lage, eine Beziehung aufzunehmen, bei der der Therapeut ein hohes Maß an Interesse, Einfühlungsvermögen und Optimismus veräußern konnte. Eine weitere Eigenschaft des Therapeuten, die auf signifikante Weise mit Therapiefortschritten zusammenhing, war die Fähigkeit, geduldig zu bleiben, eine akzeptierende Haltung zu bewahren und kritische Äußerungen trotz Stimmungs- und Temperamentsschwankungen seitens des Klienten zurückzuhalten. Zusammen weisen diese Faktoren, die sich positiv auf Beziehungen auswirken, eine starke Ähnlichkeit mit den Bestandteilen auf, die von *Rogers* (1957) als notwendige und hinreichende Bedingungen für therapeutische Veränderungen identifiziert wurden.

Daß differentielle Beziehungen zwischen Klienteneigenschaften und unterschiedlichen Behandlungsmethoden auftreten, weist auf die Wirksamkeit von spezifischen aktiven Bestandteilen hin, die zusätzlich zu den oben erwähnten nichtspezifischen Faktoren eine Rolle spielen. Die Interpretationen bezogen sich auf die Analyse von unbewußten aggressiven und libidonösen Antrieben, Widerständen und die charakterologischen Abwehrmechanismen des Klienten sowie auf die Übertragungsbeziehung. Diese Art der Intervention war bei individualisierten Klienten und bei den Klienten, die sich bzgl. ihrer Objektbeziehungen in einem Übergangsstadium befinden, am wirksamsten, und bei den symbiotischen Klienten völlig wirkungslos. Dort bestand die produktivste Form von psychoanalytisch orientierter Psychotherapie aus Unterstützung und aus Hinweisen auf mögliche alternative Konstruktionen der Wirklichkeit. „Dem symbiotischen Klienten wird am

Tabelle 7. Mögliche spezifische und nichtspezifische aktive Bestandteile bei der psychoanalytischen Therapie von geschwüriger Dickdarmentzündung

Klientenfaktoren	Therapeutenfaktoren	Behandlungsmethode	Ergebnisse
Objektbeziehungen:	*Aktivitätsniveau:*	*Interventionen:*	*somatische Besserung*
symbiotisch	aktiv-gesprächig, direktiv	Interpretationen	*psychische Besserung*
labil gehemmt gemischt	passiv-nondirektiv, ruhig	Unterstützung, Abreaktion (Katharsis), Vorschläge	Ich-Stärke Stimmungen (Depression) Wut, Hilflosigkeit
individualisiert	*Einstellungen:*	Manipulationen der Umwelt	Anpassungsfähigkeit an die Umwelt (Familie, Arbeitsstelle, Ehe)
labil gehemmt gemischt	Interesse	*Dauer*	Objekteinstellungen und -beziehungen
	Empathie	*Intensität*	
im Übergang	Optimismus		
labil gehemmt gemischt	unkritisch		
	tolerant		

meisten von einem Therapeuten geholfen, der die Entwicklung einer von starker Abhängigkeit geprägten Übertragung zuläßt, eine von klagender Hilflosigkeit getragene Haltung kritiklos akzeptiert und – was auch immer es sei – auf die Gefühle, die der Klient ausdrückt, eingeht und sie stillschweigend unterstützt" (*Karush* u. a., 1969, S. 216). Erst wenn eine solche Beziehung aufgebaut worden war, war bei den symbiotischen Klienten eine Abreaktion (Katharsis) von Nutzen. Allgemein galt, daß „je mehr die Klienten zu individualisiertem und von Selbstvertrauen geprägtem Verhalten fähig waren, umso wahrscheinlicher war es, daß auf die Abreaktion von intensiven Gefühlen ein Nachlassen der Colitis folgen würde" (*Karush* u. a., 1969, S. 217). Im Gegensatz zu den differentiellen Auswirkungen von Interpretationen und Unterstützung hatten unmittelbare Manipulationen der Umwelt durch Interventionen im Familienleben und im Schul- oder Arbeitsbereich der Klienten keine dauerhaften somatischen oder psychischen Besserungen zur Folge. Vielmehr wiesen die Verbesserungen in den verschiedenen Lebensbereichen der Klienten eine signifikante Korrelation mit der Dauer und dem Ausmaß der somatischen Besserung auf, die wiederum von der Dauer und Häufigkeit der Therapie abhängig waren.

Zusammenfassend kann festgehalten werden, daß diese Ergebnisse, ebenso wie die von *Weinstock* (1962), darauf hinweisen, daß *psychoanalytisch orientierte Psychotherapie* zur Behandlung jener Klienten, die an geschwüriger Dickdarmentzündung leiden, geeignet ist, deren Objektbeziehungen relativ gut differenziert sind (individualisiert bzw. im Übergangsstadium) und die versuchen, in ihren zwischenmenschlichen Beziehungen unabhängig zu bleiben. Und für Klienten, die in ihren zwischenmenschlichen Beziehungen stark abhängig und symbiotisch sind, scheint eine unterstützende oder *non-direktive Psychotherapie* am geeignetsten zu sein.

3.3. Bluthochdruck und hypertensiver Kopfschmerz

Trotz der grundlegenden Unterschiede zwischen zu hohem Blutdruck und hypertensivem Kopfschmerz (z. B. *Alexander* und *Flagg*, 1965) haben neuere Fortschritte auf dem Gebiet des *Biofeedback* die beständigsten und positivsten Ergebnisse bei der Behandlung dieser Störungen erbracht (z. B. *Bensen* u. a., 1971; *Budzynski* u. a., 1969; *Shapiro* u. a., 1970). Im allgemeinen wenden die Techniken des Biofeedback zwei grundlegende Prinzipien des operanten Konditionierens an: (a) sofortige Kenntnis über das Ergebnis und (b) Reaktions-Shaping. Zum Beispiel gaben *Budzynski, Stoyva* und *Adler* (1969) Klienten mit hypertensiven Kopfschmerzen akustisches Feedback, das den Grad der Muskelspannung im Stirnbereich angab. Töne niedriger Frequenz zeigten an, daß der Frontalmuskel entspannt war, und Töne höherer Frequenz wurden dargeboten, wenn der Frontalmuskel angespannt war. Die Aufgabenstellungen wurden nach und nach schwieriger, so daß ein größeres Ausmaß an Muskelentspannung notwendig war, um die Töne niedriger Frequenz aufrechtzuerhalten. Zusätzlich wurden zwischen den Übungen mit Rückkopplung immer häufiger Übungen ohne Rückkopplung eingestreut; damit sollte die Übertragung der Trainingseffekte auf Situationen, in denen keine Rückkopplungstöne vorhanden sind, gefördert werden. Zur Verminderung von Bluthochdruck sind die im wesentlichen gleichen Verfahrensweisen und Prinzipien mit Erfolg angewendet worden (*Shapiro* u. a., 1970), obwohl die Reliabilität, Generalisierbarkeit und Beständigkeit der Effekte von Biofeedback-Training bisher von der klinischen Forschung noch nicht untersucht worden sind.

3.4. Migräne

Das Migränesyndrom ist gekennzeichnet durch in regelmäßigen Zeitabständen wiederkehrende heftige Kopfschmerzen, die einseitig beginnen, sich jedoch ausbreiten, wenn der Anfall fortdauert. Die anfänglichen Schmerzen können von Reizbarkeit, Übelkeit, Photophobie, prodromalen Störungen der Skotome, Parästhesie und Sprechstörungen begleitet sein (*Wolf,* 1948). Physiologisch scheint sich bei Migräneanfällen folgendes abzuspielen: Anfangs verengen sich die Gehirn- und Schädelarterien, um sich dann wieder zu erweitern. Daher bewirken Ergot und andere gefäßverengende Medikamente eine Linderung der Schmerzen, die nach der anfänglichen prodromalen Phase des Migräneanfalls einsetzen.

Erfolgreiche psychotherapeutische Interventionen bei Migräne haben Verfahren der ‚Selbstkontrolle' angewendet; sie sollen dem Klienten helfen, das Funktionieren seines autonomen Nervensystems zu regulieren, das möglicherweise bei der Gefäßerweiterung bzw. -verengung oder in bezug auf die emotionalen Aspekte des Anfalls eine Rolle spielt. *Autogenes Training* (z. B. *Sargent* u. a., 1973; *Shultz* und *Luthe,* 1969) und *Systematische Desensibilisierung* (z. B. *Mitchell,* 1971 a) waren hier die vorherrschenden Interventionsmethoden. Das autogene Training hat sich bei der Vorbeugung und Unterbrechung des Anfangsstadiums von Anfällen als wirksam erwiesen: Die Klienten führten autogene Übungen durch, sobald sich die ersten prodromalen Symptome zeigten. Es stellte sich zum Beispiel heraus, daß die autogene Übung des Händewärmens, die dazu dient, die Blutzufuhr in den Händen zu erhöhen, zu 80 % bei der Verbesserung von Reaktionen auf Migränen wirksam war (*Sargent* u. a., 1973). Systematische Desensibilisierung, mit Selbstsicherheits-Training kombiniert, ist möglicherweise bei der Linderung von Migränen und allgemeinen Problemen im zwischenmenschlichen Bereich wirksam (*Mitchell,* 1971 a, 1971 b).

Tabelle 8: Psychosomatische Störungen

	Klienten					Therapeuten	
Name	Diagnose	Anzahl	Geschlecht	Alter	Sonstiges	Ausbildung	Anzahl
1. Ebene: Nichtdifferentielle Maßschneiderungen *Typ 1A: Psychotherapie A für Klienten X*							
Alexander, 1972	Asthma	25	14m, 11w	10–15	Kl. leben in Behandlungszentren	erfahren	3
Alexander u. a., 1972	Asthma	36	18m, 18w	10–15	Kl. leben in Behandlungszentren	erfahren	3
Collison, 1968	Asthma	20	13m, 7w	x=26	ambulant	keine Angabe	—
Moorefield, 1971	Asthma	9	6m, 3w	13–47; x=27	x Dauer = 5,3 J.	keine Angabe	—
Weiss u. a., 1970	Asthma	16	10m, 6w	12–14	Kinder, Behandlungszentrum (x= 7 Mon.)	keine Angabe	—
Karush u. a., 1969	geschwürige Dickdarmentzündung	30	—	—	chronisch; mittelschwer; 1 Kl. mit früherem Klinikaufenthalt	Psychiater mit psychoanalytischer Ausbildung	1
O'Connor u. a., 1964	geschwürige Dickdarmentzündung	57	32w, 25m	—	x Dauer = 25 J.	Psychiater	1

Behandlung			Ergebnisse		
Art	Anzahl der Sitzungen	Gesamtdauer	Beurteilungsverfahren	Erfolg	Nachuntersuchung
Entspannung vs. Nichtbehandlung (Versuchsplan mit Eigenkontrolle)	10	2 Wo.	optimale Ausatmungsraten	Zunahme der optimalen Ausatmungsraten über die Sitzungen während der Entspannung	keine
Entspannung vs. Nichtbehandlung (Kontrollgruppe)	6	8 Tg.	optimale Ausatmungsraten	Entspannung > keine Behandlung	
Entspannung (hypnotisch induziert) + Vorschläge	1–21	14 Wo.	Verhaltensrating	11 Kl. - keine Anfälle; 5 Kl. - weniger schwere Anfälle; 4 Kl. - keine Besserung	keine
Systematische Desensibilisierung + Hypnose	4–23 $\bar{x}=13{,}4$	—	Verhaltensrating	bei allen Kl. normalisierte sich die Atmungsfunktion	nach 8 Mon. - 2 J.; keine Rückfälle
Suggestion	1	—	Atmungsfrequenz	keine Veränderung	keine
psychoanalytisch orientierte Psychotherapie	1–4/Wo.	mind. 3 Mon.	t-Rating	bzgl. Symptome: 20 gebessert, 10 unverändert; bzgl. Anpassung: 23 gebessert, 7 unverändert	nach 1–11 J. ($\bar{x}=5{,}8$ J.)
psychoanalytisch orientierte Psychotherapie	variabel	—	Interview, t-Rating (berufliche Laufbahn, Sexualität, Familie, Selbstwertgefühl)	körperliche Besserung ist unabhängig von der Dauer der Psychotherapie; Dauer und Intensität der Psychotherapie hängt mit der psych. Besserung zusammen	—

Fortsetzung von Tabelle 8:

	Klienten					Therapeuten	
Name	Diagnose	Anzahl	Geschlecht	Alter	Sonstiges	Ausbildung	Anzahl
Weinstock, 1962	geschwürige Dickdarmentzündung	28	—	—	vorausgegangener Klinikaufenthalt	erfahrene Psychoanalytiker	20
Sargent u. a., 1973	Migräne, Spannungskopfschmerz	28	22w, 6m	21–63	—	—	—
Budzynski u. a., 1969	Spannungskopfschmerz	5	4w, 1m	—	—	keine Angabe	—
Bensen u. a., 1971	Bluthochdruck	7	5m, 2w	x=47,9	zahlten $ 5/Sitzung	keine Angabe	—
Glen, 1968	Zwölffingerdarmgeschwüre	45	37m, 8w	x=28	x Dauer = 5 J.	Psychiater, Ärzte	—

Behandlung			Ergebnisse		
Art	Anzahl der Sitzungen	Gesamtdauer	Beurteilungsverfahren	Erfolg	Nachuntersuchung
psychoanalytisch orientierte Psychotherapie und klassische Psychoanalyse	1-4/W.	1½ – 5 J.	Verhaltenssymptome, t-Ratings	klassische Psychoanalyse: 10/14 Kl. symptomfrei; psychoanalytisch orientierte Psychotherapie – 12/14 symptomfrei; Anzahl und Intensität der Symptome vor der Besserung korrelieren negativ mit der Besserung	nach 3–18 J.; 79 % symptomfrei
Entspannung (autogenes Training)	—	1–22 $\bar{x}$=7,7	t-Rating; Eigenberichte	12/15 Migränefälle gebessert, 3 unverändert; 2/4 Fälle von Spannungskopfschmerz gebessert, 2 unverändert	keine
Biofeedback	2–3/Wo.	4 Wo.– 2 Mon.	Eigenbericht über die Häufigkeit und Intensität der Kopfschmerzen; EMG (Elektromuskulogramm) der Frontalis	signifikante Verringerung oder Beseitigung der Kopfschmerzen	nach 2–3 Mon.; Ergebnisse stabil
Biofeedback (Operante Konditionierung, Shaping)	x=21,7	—	Blutdruck	bei 5 Kl. signifikante Verringerung des Blutdrucks	keine
Psychoanalyse vs. kontrollierte Zuwendung	24 (nur Therapiegruppe)	3 Wo. – 6 Mon. (nur Kontrollgruppe	Säureproduktion	Psychoanalyse = kontrollierte Zuwendung	nach 12 Mon.

Fortsetzung von Tabelle 8:

	Klienten					Therapeuten	
Name	Diagnose	Anzahl	Geschlecht	Alter	Sonstiges	Ausbildung	Anzahl
2. Ebene: Unidifferentielle Maßschneiderungen *Typ 2A: Psychotherapie A vs. Psychotherapie B für Klienten X*							
Britisch TB Association, 1968	Asthma	176	—	10–60	mind. 2 Anfälle während des letzten Jahres	Ärzte	—
Moore, 1965	Asthma	12	—	—	6 Erwachsene; 6 Kinder	Versuchsleiter	1
Grace u. a., 1954	geschwürige Dickdarmentzündung	177	107w, 70m	15–54	Dauer der Störung: 1 Mon.–10 J.	Ärzte	—
Mitchell, 1971 (b)	Migräne	17	—	17–44	$\bar{x}$ Häufigkeit der Anfälle: 11,1/Wo.	keine Angabe	—

Behandlung			Ergebnisse		
Art	Anzahl der Sitzungen	Gesamtdauer	Beurteilungsverfahren	Erfolg	Nachuntersuchung
Selbsthypnose vs. Entspannung	12	1 J.	Verhalten (pfeifender Atem, Verwendung von Bronchodilatoren)	bei den männlichen Kl.: Hypnose = Entspannung (Besserung durch beide Methoden); bei den weib- lichen Kl.: Hypnose > Entspannung; erfahrene Hypnotiseure > unerfahrene Hypnotiseure	keine
Systematische Desensibilisierung vs. Entspannung vs. Entspannung u. Suggestion (Überkreuzdesign)	$1^1/_2$ Std./Wo.	2 Mon.	Verhalten (keine Anfälle, Leichtigkeit der Atmung, Zunahme der optimalen Ausatmungsraten	Systematische Desensibilisierung > Entspannung + Suggestion = nur Entspannung	keine
Psychoanalyse + Salbe vs. Entspannung + Salbe vs. nur Salbe	—	2 J.	Sterblichkeitsrate, Erfolgsrate von Operationen, Rate ernsthafter Komplikationen	direkte Psychotherapie > Diät + Medikamente	keine
Entspannung vs. Nichtbehandlung (Kontrollgruppe)	15	7–8	psychometrische Tests zur Messung der Angst und sozialen Anpassung; Häufigkeit der Anfälle	Systematische Desensibilisierung + Selbstsicherheitstraining > Entspannung = keine Behandlung	nach 16 Wo.

Fortsetzung von Tabelle 8:

	Klienten					Therapeuten	
Name	Diagnose	Anzahl	Geschlecht	Alter	Sonstiges	Ausbildung	Anzahl
Typ 2C: Psychotherapie A für Klienten X vs. Klienten Y							
Brown u. *Bettley,* 1971	Ekzeme	72	—	18–65	Dauer = 6 Wo.–3 J.	Psychiater; Dermatologen	2
Phillip u. a., 1972	Asthma	20	—	14–49	ambulant behandelte Kl.; intrinsische Asthmatiker (I) vs. extrinsische Asthmatiker (E)	keine Angabe	—

Behandlung			Ergebnisse		
Art	Anzahl der Sitzungen	Gesamtdauer	Beurteilungsverfahren	Erfolg	Nachuntersuchung
direkte Psychotherapie vs. Diät + Medikamente	—	4–18	t-Rating; Eigenberichte	keine Unterschiede zwischen den Gruppen; psychologische + dermatologische Behandlung am wirksamsten bei hochmotivierten Kl. und bei Kl., bei denen in jüngster Zeit psychologische Symptome aufgetreten waren	nach 18 Mon.
Systematische Desensibilisierung + Selbstsicherheitstraining vs. Entspannung vs. Nichtbehandlung (Kontrollgruppe)	5	—	Atmungsleistung in Reaktion auf Reizstoffe bzw. in Reaktion auf neutrale Stoffe	I-Asthmatikern nutzte Entspannungstraining mehr als E-Asthmatikern	—

4. Sexualstörungen

4.1. Störungen in der sexuellen Orientierung (Homosexualität)*)

Die Forschungstätigkeit über die Ergebnisse von Psychotherapie bei Homosexuellen hat sich vorwiegend auf die Wirksamkeit von Psychoanalyse oder Verhaltenstherapien, bei denen eine Vielzahl von Techniken der aversiven Konditionierung angewendet werden, beschränkt. Ironischerweise gehen beide Ansätze von der Annahme aus, Homosexualität sei vor allem eine Folge einer Angst vor Frauen (*Barlow*, 1973). Die Therapie richtet sich daher auf die Beseitigung dieser Ängste, indem die Attraktivität von Männern verringert und heterosexuell bedingte Erregung verstärkt wird. Die Anwendung von verschiedenen Techniken der aversiven Konditionierung durch Verhaltenstherapeuten stellt den Versuch dar, spezifische motivationale Lagen oder Erregungszustände, von denen angenommen wird, daß sie bei offenen homosexuellen Verhaltensweisen eine vermittelnde Rolle spielen, zu modifizieren. Zum Beispiel versucht die Angstkonditionierung (z. B. *McGuire* und *Vallance*, 1964), negative Erregung (konditionierte Reaktion – CR) auf homosexuelle Reize (konditionierte Stimuli – CS) auf spezifische Weise zu erhöhen, indem die CS mit unvermeidbaren und unentrinnbaren elektrischen Schlägen (unkonditionierte Stimuli – UCS) gekoppelt werden. Das Paradigma der Angstkonditionierung ist auch im Zusammenhang mit Aversions-Erleichterungs-Training angewendet worden (z. B. *Freund*, 1960; *Solyom* und *Miller*, 1965; *Thorpe* u. a., 1964). Bei diesem Verfahren nimmt man an, daß das Aufhören des aversiven UCS einen Zustand der ‚Erleichterung' zur Folge hat, der mit einem heterosexuellen CS gekoppelt wird. Auf diese Weise soll die Phase der Angstkonditionierung das Interesse an Männern (die CS) durch unterstützende aversive CR verringern, während die Phase der Aversions-Erleichterung die Zuwendung zu weiblichen CS durch die Assoziation mit dem Gefühl der Erleichterung zu erhöhen versucht. Zuletzt hat eine dritte Variante der aversiven Konditionierung ein Flucht-Vermeidungs-Lernparadigma zur Therapie von Homosexuellen eingeführt (*Feldman* und *MacCulloch*, 1965;

---

*) Die American Psychiatric Association beschloß vor kurzem, Homosexualität nicht mehr als „Krankheit" zu bezeichnen und strich den Begriff aus dem *Diagnostic and Statistical Manual of Mental Disorders (DSM-II)*. An seine Stelle wird eine neue diagnostische Kategorie gesetzt: „Störung der sexuellen Orientierung"; diese Kategorie bezieht sich auf Homosexuelle, die Probleme mit ihrer sexuellen Orientierung haben und die diese entweder verändern wollen oder lernen wollen, besser damit umzugehen. Die hier vorliegende Übersicht und Analyse sowie die Maßschneiderungen gründen sich auf Forschungsarbeiten, die von der früheren, der konventionellen diagnostischen Kategorie der „Homosexualität" ausgingen und die nicht zwischen solchen Homosexuellen unterscheiden, die Probleme mit ihrer sexuellen Identität haben und solchen, bei denen das nicht der Fall ist. Da die neue Klassifikation sich eher auf Homosexuelle zu beschränken scheint, die eine Motivation zur Veränderung aufweisen, muß die Frage, inwieweit die derzeit vorliegenden Schlußfolgerungen auf die neu entstandene Population übertragbar sind, noch empirisch geklärt werden.

MacCulloch und *Feldman,* 1967; *Tanner,* 1974). Bei diesem Verfahren folgt auf Dias von Männern (die CS), die länger als 8 Sekunden dargeboten werden, ein vermeidbarer elektrischer Schlag (USC). Wenn der Klient die richtige Reaktion zeigt, d. h. das Dia vor Ablauf der 8 Sekunden ausschaltet, wird der UCS vermieden. Dias von Frauen werden in regelmäßigen Zeitabständen gleichzeitig mit der Angsterleichterung, die theoretisch gesehen auf erfolgreiche Vermeidungsreaktionen folgen soll, dargeboten. Der Fluchtbestandteil soll die positive Erregung in bezug auf homosexuelle CS verringern und der aktive Vermeidungsbestandteil soll die positive Erregung in bezug auf heterosexuelle Reize steigern.

Im Gegensatz dazu haben die psychoanalytischen Ansätze versucht, Veränderungen im homosexuellen Verhalten dadurch zu bewirken, daß der Klient Einsicht in die unbewußten Prozesse bekommt, in denen Frauen angstauslösende Faktoren darstellen, und daß er die Entwicklung jener Motive, die zu einer generalisierten Vermeidung der Übernahme der männlichen Rolle führen, erkennt (*Bieber* u. a., 1963; *Curran* und *Paar,* 1957; *Ellis,* 1956; *Ovesey* u. a., 1963; *Woodward,* 1958). Laut *Ellis* (1956) besteht das Ziel

„nicht darin, den Klienten dazu zu bringen, daß er alle homosexuellen Aktivitäten oder jedes homosexuelle Begehren aufgibt ... es ist das Ziel der Psychotherapie, den in seiner Rolle bestätigten Homosexuellen von seiner Angst vor bzw. Feindseligkeit gegenüber heterosexuellen Beziehungen zu befreien und ihm die Möglichkeit zu geben, befriedigende Liebes- und Sexualbeziehungen mit Andersgeschlechtlichen zu haben" (S. 191).

Auch wenn sich die Behandlungsmethoden grundlegend voneinander unterscheiden, wie es bei den *Formen der aversiven Konditionierung und der psychoanalytisch orientierten Psychotherapie* der Fall ist, erzielen sie doch beide ähnliche Ergebnisse. Konkret bedeutet das, daß die Therapieerfolge sich meist auf erhöhte heterosexuelle Erregung und eine Zunahme an heterosexuellen Gedanken beschränken, ein entsprechendes Anwachsen des heterosexuellen Verhaltens bleibt jedoch aus. Bei Verfahren der Angstkonditionierung, der Aversions-Erleichterung und des Vermeidungslernens wurden ‚verbesserte' Erregungen und Kognitionen in Reaktion auf heterosexuelle Stimuli bei ungefähr 69 % der Fälle berichtet, systematische Unterschiede zwischen den einzelnen Konditionierungstechniken wurden aber nicht beobachtet. Im ähnlichen Sinne weisen die nichtdifferentiellen Untersuchungen zu den Auswirkungen von Psychoanalyse eine durchschnittliche Besserungsrate von 64 % in bezug auf die Erregungskomponente der heterosexuellen Reaktionsfähigkeit auf. Weder die Techniken der aversiven Konditionierung noch die Psychoanalyse können nachweisen, daß es ihnen gelingt, zuverlässig die sozio-behaviorale Komponente der heterosexuellen Reaktionsfähigkeit zu verändern.

Das allgemeine Ergebnis, daß sowohl aversive Konditionierung als auch Psychoanalyse eine Zunahme der heterosexuellen Erregungfähigkeit bewirken, eine Zunahme des heterosexuellen Verhaltens jedoch nicht stattfindet, ist im Grunde mit den Therapiezielen vereinbar. Bei beiden Methoden wird versucht, die die Erregung vermittelnden Faktoren (z. B. Furcht vor Frauen) und die Kognitionen zu verändern, wobei von der Annahme ausgegangen wird, daß eine Verringerung der heterosexuellen Ängste irgendwie zu einer Zunahme des heterosexuellen Verhaltens führen wird. Diese Annahme ist angesichts der erzielten Resultate jedoch höchst fragwürdig. Vielmehr weisen die Ergebnisse darauf hin, daß die Therapien, zusätzlich zu den Veränderungen der motivationalen und der kognitiven Struktur, angemessene zwischenmenschliche heterosexuelle soziale Fähigkeiten lehren sollten. Diese Forderung stimmt mit *Barlow* (1972) darin überein, daß

„... heterosexuelle Reaktionsfähigkeit kein einheitliches Konzept darstellt, sondern in Wirklichkeit aus mehreren unterschiedlichen Verhaltenskomponenten besteht. Wenn das tatsächlich der Fall ist, wäre eine Kombination der oben erwähnten Techniken, ... die die heterosexuelle Erregung fördern, mit sozialem Training, bei dem heterosexuelle Fähigkeiten erlernt werden, wohl die wirksamste Methode, um das Problem anzugehen" (S. 667).

Untersuchungen, die die relative Wirksamkeit verschiedener Behandlungsmethoden miteinander verglichen, führten zu dem Ergebnis, daß Angstkonditionierung, Aversions-Erleichterungs-Training und Vermeidungslern-Training zu ähnlichen Resultaten führen (*Feldman* und *MacCulloch,* 1971; *McConaghy,* 1971; *McConaghy* und *Barr,* 1973). Jede dieser Behandlungsmethoden ist – auf der nichtdifferentiellen Ebene – bzgl. einer Erhöhung der Erregung bei der Wahrnehmung heterosexueller Reize wirksam; eine Zunahme des heterosexuellen sozialen Verhaltens konnte jedoch keine erreichen. Der einzige direkte Vergleich zwischen aversiver Konditionierung und einer dynamischen, einsichtsorientierten Psychotherapie ist von *Feldman* und *MacCulloch* (1971) vorgenommen worden. Sie fanden, daß Angstkonditionierung und Vermeidungslernen gleichermaßen effektiv waren und daß beide Methoden bei der Veränderung von Einstellungen und der Art der Erregung mehr Erfolg hatten, als 12 Stunden ‚Psychotherapie', bei der vorwiegend die Einstellungen der Klienten zu Frauen und damit zusammenhängende Persönlichkeitsprobleme exploriert und mit den Klienten besprochen worden waren. Wegen der beschränkten Dauer der ‚Psychotherapie' und der zahlreichen Möglichkeiten einer Konfundierung zwischen der Behandlungsmethode und dem einen Therapeuten, der die Behandlung durchführte, ist es jedoch nicht einmal zulässig, aus dieser Untersuchung auch nur vorläufige Schlußfolgerungen über die differentielle Wirksamkeit der angewandten Methoden zu ziehen.

Wir können auch die Eigenschaften von homosexuellen Klienten untersuchen, die mit den Therapieerfolgen verschiedener Techniken zusammenhängen. Die Beziehungen zwischen Klientenvariablen und der erfolgreichen Durchführung von Vermeidungskonditionierung und psychoanalytischen Psychotherapien haben wir in Tabelle 9 zusammengefaßt. Bei beiden Therapieansätzen kor-

Tabelle 9: Klienteneigenschaften, die mit positiven Therapieergebnissen bei Homosexualität zusammenhängen

Vermeidungskonditionierung	*Psychoanalyse*
Vorgeschichte mit Interesse an angenehmen, lustvollen heterosexuellen Erfahrungen und entsprechend positiven Erlebnissen auf heterosexuellem Gebiet (*Feldman* und *MacCulloch,* 1971) Geringe Ängstlichkeit bzw. geringer Neurotizismus (*Feldman* und *MacCulloch,* 1971) Geringe Gewissenhaftigkeit (*Feldman* und *MacCulloch,* 1971)	Vorgeschichte mit Interesse an angenehmen, lustvollen heterosexuellen Erfahrungen und entsprechend positiven Erlebnissen auf heterosexuellem Gebiet (*Feldman* und *MacCulloch,* 1971; *Bieber* u. a., 1963; *Ellis,* 1956). Selbstunsicherer Persönlichkeitstypus – unsicher, zwanghaft, tendiert zu Selbstvorwürfen (*Feldman* und *MacCulloch,* 1971). Hoch motiviert, sich zu ändern (*Bieber* u. a., 1963; *Ellis,* 1956).

relierte die Vorgeschichte des Klienten, sofern sie angenehme, lustvolle heterosexuelle Erfahrungen aufwies, positiv mit einem erfolgreichen Behandlungsabschluß. *Feldman* und *MacCulloch* (1971) führten an, daß es wahrscheinlich ist, daß so jemand kognitive Dimensionen in bezug auf seine sexuelle Identität erlebt und daher für den Veränderungsprozeß und das Therapievorhaben stark motiviert ist. In Übereinstimmung mit dieser Behauptung fanden *Bieber* u. a. (1963) und *Ellis* (1956), daß Klienten, deren Motivation in bezug auf Veränderung als sehr hoch eingeschätzt wurde, nach psychoanalytischer Psychotherapie die höchste Besserungsrate aufwiesen.

Feldman und *MacCulloch* kamen auch zu dem Ergebnis, daß das Ausmaß einer ‚selbstunsicheren Persönlichkeit' positiv mit Veränderungen der heterosexuellen Orientierung nach Abschluß einer psychoanalytischen Psychotherapie zusammenhing; bei Behandlungsmethoden wie Angstkonditionierung oder Vermeidungslernen trat diese Beziehung nicht auf. Die selbstunsichere Persönlichkeit wird wie folgt beschrieben:

> „erhöhte Empfänglichkeit für Eindrücke, geringe aktive Ausdruckskraft, unterdrückte Aufarbeitung von Erfahrungen, ständige Selbstunsicherheit und ein Hang zu Selbstvorwürfen ... Persönlichkeiten mit Zwangshandlungen oder -vorstellungen sind nach außen hin pedantisch, korrekt und gewissenhaft, innerlich jedoch äußerst unsicher. Die Gruppe der Selbstunsicheren als Ganzes ist durch hohe Ausprägungen von Angst-, Schuld-, Unzulänglichkeits- und Minderwertigkeitsgefühlen gekennzeichnet" (S. 136).

Es ist bislang nicht bekannt, welche Bestandteile der psychoanalytischen Therapie mit diesen Klientenvariablen interagieren; sollte sich diese Beziehung aber als zuverlässig erweisen, hätte sie bedeutende Implikationen für die Maßschneiderungen solcher Therapien.

4.2. Orgasmusstörungen

4.2.1. Frigidität

Der Begriff „Frigidität" wird gegenwärtig äußerst mehrdeutig verwendet. Für einige Autoren ist die relative Seltenheit orgasmischer Reaktionen die wichtigste Dimension bei der Definition von Frigidität. Seltenheit bzw. Häufigkeit ist jedoch ein unpräzises Kriterium – sie kann von einem völligen Ausbleiben von Orgasmen bis zu einem unspezifizierten intermittierenden Aufreten von Orgasmen reichen. Andere Autoren haben die Arten der Stimulierung, nach denen bei einer bestimmten Frau Orgasmen auftreten, berücksichtigt. Zum Beispiel haben *Masters* und *Johnson* (1970) drei Formen der „situativ bedingten Orgasmusstörungen" unterschieden – masturbatorische, koitale und zufällige Orgasmusstörungen. Eine Frau, die während des Geschlechtsverkehrs, jedoch nicht bei anderen Formen der sexuellen Stimulierung Orgasmen erlebt, hat eine „masturbatorische Orgasmusstörung". „Koitale Orgasmusstörung" bezieht sich auf Frauen, die Orgasmen durch Masturbation erleben, während des Beischlafs jedoch nicht. Weiterhin gibt es Frauen, die in unregelmäßigen Zeitabständen und auf unvorhersehbare Weise Orgasmen während der Masturbation oder beim Geschlechtsverkehr erleben, und Frauen, die zwar während des Urlaubs, jedoch nie zu Hause Orgasmen haben. Solche Fälle werden als „zufällige Orgasmusstörungen" bezeichnet.

Die Methoden, die sich bei der Behandlung der verschiedenen Formen von Orgasmusstörungen als wirksam erwiesen haben, waren auf die Löschung von Gefühlen, Kognitionen und Einstellungen gerichtet, die die Reaktionsfähigkeit der Frau auf sexuelle Stimulationen hemmen. In dieser Hinsicht hat sich die *Systematische Desensibilisierung* als ein effektives und rationelles Verfahren bei der Beseitigung von Ängsten erwiesen, die mit sexueller Intimität assoziiert werden (*Brady*, 1966). Sie ist vor allem bei introvertierten Klientinnen, die, wie *Lazarus* (1963) gezeigt hat, dazu neigen, über Ängste vor sexuellem Verkehr zu berichten, mit Erfolg angewendet worden, während extravertierte Frauen eher über Vaginismus (eine unwillkürliche spastische Kontraktion im äußeren Drittel der Vagina, die die Frau meist daran hindert, sexuellen Verkehr zu haben) klagen.

Die umfassendsten, am meisten die Tiefe der Problematik auslotenden und beeindruckendsten Ergebnisse sind, sowohl vom klinisch-praktisch als auch vom theoretischen Standpunkt aus gesehen, durch *das Therapieprogramm, das von Masters und Johnson (1970) entwickelt worden ist,* erbracht worden. Dieses Programm basiert auf der umfangreichen analytischen Erforschung der ‚sexuellen Reaktion des Menschen', die die Autoren vornahmen und ist in ihrem Buch *Impotenz und Anorgasmie*) (Human Sexual Inadequacy)* ausführlich beschrieben worden. Es handelt sich dabei um den bisher anspruchvollsten Versuch, die physiologischen, intrapsychischen und zwischenmenschlichen Aspekte der Dynamik, der komplexen Struktur der sexuellen Störungen zu behandeln. Das Therapieprogramm besteht aus einer kurzen (zweiwöchigen) aufklärenden und unterstützenden Psychotherapie, die sich vorwiegend mit der ehelichen Beziehung, die als veränderungsbedürftig angesehen wird, befaßt. Das Ziel, die Beseitigung spezifischer Symptome der sexuellen Störung, wird durch die Arbeit von Teams, die aus Therapeuten beiderlei Geschlechts bestehen, zu erreichen versucht. Sie geben jedem Paar Informationen über das Wesen der sexuellen Reaktion, interpretieren die Kommunikationsprobleme und Versagungsängste des Paares und begleiten die Klienten bei einer Reihe von Übungen zur sinnlichen Wahrnehmung, die dazu dienen sollen, die physischen und psychischen Lustempfindungen, die bei einem gegenseitigen Geben und Nehmen von sinnlicher Stimulation auftreten, schätzen zu lernen.

> „Die Ehepartner lernen, daß Sexualität nicht nur eine körperliche Angelegenheit ist. Es ist das Tasten, das Riechen, das Hören und das Sehen, das Verstehen, wie Männer oder Frauen als sexuelle Wesen zeigen, was sie fühlen und denken, das dem Sexualakt seine Bedeutung gibt" (*Masters* und *Johnson*, 1970, S. 71).

---

*) Frankfurt am Main, 1973 (Anm. d. Übers.)

Die Behandlung von Orgasmusstörungen ist darauf ausgerichtet, jeden Ehepartner zu lehren, wie er seine sexuellen Verhaltensweisen verändern kann, um die Empfänglichkeit für erotische Reize zu steigern. Für die Frau kann das z. B. aus einer abgestuften Reihe von sexuellen Begegnungen mit ihrem Mann bestehen, die auf ihre gegenwärtig positiven erotischen Erlebnisse während ihrer sexuellen Aktivitäten aufgebaut sind. Gleichzeitig lernt der Ehemann, seine sexuellen Ausdrucksweisen so zu verändern, daß sie im Rahmen des sexuellen Wertsystems seiner Ehefrau akzeptiert werden können. Auf diese Weise lernt jeder Partner, empfänglich und kompetent zu sein für die physiologischen und psychologische Bedingungen, unter denen die sexuelle Stimulation gegeben und empfangen wird und die die Voraussetzung für orgasmische Befriedigung ist. Die spezifischen Techniken, mit denen diese Ziele erreicht werden können, werden in allen Einzelheiten von *Masters* und *Johnson* (1970) beschrieben.

Die unmittelbaren Ergebnisse der Behandlung und die Erfolgsrate bei einer Nachuntersuchung 5 Jahre später sind in Tabelle 10 zusammengefaßt worden. Die Erfolgsrate bei der Behandlung von primären und situativ bedingten Orgasmusstörungen ist etwa gleich, und zwar sowohl unmittelbar nach Abschluß der Therapie als auch bei der Nachuntersuchung. Die Kategorie der zufälligen Orgasmusstörungen stellt eine Ausnahme dar: Die Behandlung war in 37,5 % der Fälle erfolglos.

Tabelle 10: Erfolgreiche Behandlung von Orgasmusstörungen durch *Masters* und *Johnson* (1970)

Diagnose	Zahl der Klienten	Nach der Behandlung	Nachuntersuchung nach 5 Jahren
Primäre Orgasmusstörungen	193	83,4 %	82,4 %
Situativ bedingte Orgasmusstörungen	149	77,2 %	75,2 %
Masturbatorische Orgasmusstörungen	11	90,9 %	
Koitale Orgasmusstörungen	106	80,2 %	
Zufällige Orgasmusstörungen	32	62,5 %	

4.2.2. Impotenz

Masters und *Johnson* (1970) unterscheiden zwei Erscheinungsformen der Impotenz bei Männern. Bei der primären Impotenz ist der Mann noch nie fähig gewesen, geschlechtlich zu verkehren, weil er außerstande war, eine Erektion zu bekommen oder lange genug aufrechtzuerhalten, um innerhalb der Vagina ejakulieren zu können. Sekundäre Impotenz bezieht sich auf Männer, die Erektionsstörungen bei mindestens 25 % ihrer sexuellen Erfahrungen erleben.

Die therapeutischen Techniken, die sich als wirksam erwiesen haben, haben versucht, die Ängste, die mit dem Geschlechtsverkehr assoziiert werden, abzumildern. Unterschiedliche Behandlungsmethoden haben jedoch unterschiedliche Ursachen der Angst hervorgehoben. *Friedman* (1968) berichtet, daß die *Systematische Desensibilisierung* von Ängsten, die mit sexuellen Aktivitäten zusammenhingen, zur Folge hatte, daß in 80 % der Fälle, in denen die Impotenz durch Erektionsstörungen gekennzeichnet war, ein befriedigender Geschlechtsverkehr möglich wurde. Jedoch bei Klienten, deren Impotenz vorwiegend durch Ejakulationsstörungen bedingt war, kam es nur in 50 % der Fälle zu einem befriedigenden Geschlechtsverkehr.

Masters und Johnson (1970) beschrieben ein Verfahren, das der Systematischen Desensibilisierung von Impotenz ähnlich ist. Es besteht aus (a) Aufklärung über jene Faktoren, die spontaner sexueller Ausdrucksfähigkeit im Wege stehen, (b) sinnesbetonten Übungen (sensate exercises), die den Mann lehren sollen, wie er seine Leistungsängste, die sich auf den Verlust der Erektion während des Geschlechtsverkehrs beziehen, nach und nach überwinden kann und (c) zunehmend längeren und intensiveren Versuchen, den Geschlechtsverkehr ohne Leistungsanforderungen auszuführen. *Masters* und *Johnson* (1970) berichten von einer mittleren Erfolgsquote (etwa 74 %) bei der Behandlung von sekundärer Impotenz, bei primärer Impotenz betrug die Erfolgsquote nur 59 %.

4.3. Fetischismus und Transvestismus

Die Literatur zur Therapieforschung über Fetischisten und Transvestiten beschränkt sich auf nichtdifferentielle verhaltenstherapeutische Untersuchungen, bei denen Techniken der aversiven Konditionierung angewendet wurden. Diese beiden Arten sexuell abweichenden Verhaltens werden zusammen betrachtet, da sie, mit Ausnahme nur einer Studie, auch stets zusammen untersucht wurden und es sich gezeigt hat, daß die Behandlungsverfahren und -ergebnisse ähnlich sind. *Yates* (1970) hat nach einer Durchsicht der Fallstudien zu diesen Problemen vorgebracht, daß eine „Differenzierung der beiden in Hinblick auf die Behandlung oft schwierig und vielleicht unnötig ist" (S. 236).

Die einzelnen Verfahren der Aversionstherapie, die eine Besserung zur Folge haben, sind Bestrafung, Angstkonditionierung und Aversionserleichterung. *Marks* und *Gelder* (1967) und *Marks, Gelder* und *Bancroft* (1970) wendeten ein Bestrafungsverfahren an; sie beantworteten das Auftreten von Verhalten und Phantasievorstellungen, die sich auf Fetischismus oder Transvestismus bezogen, mit elektrischen Schlägen, woraufhin die abweichenden Handlungen von durchschnittlich 4,5 pro Woche vor der Behandlung auf 0,2 etwa zwei Wochen nach Abschluß der Behandlung zurückgingen. In ähnlicher Weise verringerte sich auch die Häufigkeit abweichender Phantasien von durchschnittlich 6,9 auf 2,3 während eines vergleichbaren Zeitabschnitts. Diese Veränderungen in den abweichenden Verhaltensweisen und Phantasien hielten sich während der nächsten zwei Jahre.

Angstkonditionierung, bei der entweder ein elektrischer Schlag (*McGuire* und *Vallance*, 1964) oder Apomorphin (*Morgenstern* u. a., 1965) als aversiver Stimulus verwendet wird, der mit Reizen, die sich auf Fetischismus oder Transvestismus beziehen, gekoppelt wird, ist positiv beurteilt worden; jedoch ist die Gesamtzahl der Fälle, die mit dieser Methode behandelt wurden, ziemlich gering. Von einer Untersuchung (*Morgenstern* u. a., 1965) wurde berichtet, daß 7 von 13 Transvestiten ganz damit aufhörten, Kleider des anderen Geschlechts anzuziehen; die restlichen 6 Klienten wurden von den Therapeuten als „sehr gebessert" eingeschätzt. *Thorpe* und seine Mitarbeiter (1964) erweiterten das Modell der Angstkonditionierung, indem sie Erleichterungskonditionierungen mit einbezogen; sie koppelten Worte, die sexuelle Abweichungen denotierten, mit dem Auftreten eines elektrischen Schlags und Worte, die normales sexuelles Verhalten und Erleben denotierten, mit dem Ausbleiben desselben. Sie berichten, daß nach Abschluß der Behandlung Gedanken über abweichendes Verhalten Ekelgefühle hervorriefen.

Zusammenfassend deutet das spärliche und methodisch wenig überzeugende Forschungsmaterial darauf hin, daß *aversive Konditionierungstechniken (Bestrafung, Angstkonditionierung, Aversionserleichterung)* möglicherweise wirksame Verfahren zur Beseitigung der offenen Verhaltensweisen und sexuellen Einstellungen sind, die bei Fetischismus und Transvestismus vorkommen.

4.4. Exhibitionismus

Obwohl in der Literatur mehrere Einzelfallstudien vorliegen, die über die erfolgreiche Behandlung von Exhibitionismus mittels Systematischer Desensibilisierung (*Bond* und *Hutchinson,* 1960), Bestrafung (*Kushner* und *Sandler,* 1966), Angstkonditionierung (*Evans,* 1968; 1970) und psychodynamisch orientierter Psychotherapie (*Zechnich,* 1971) berichten, wurden bei keiner dieser Untersuchungen Kontrollverfahren verwendet, so daß eine kausale Beziehung zwischen der Behandlung und den therapeutischen Ergebnissen kaum zuverlässig festgestellt werden kann. Die systematischste, umfassendste und beeindruckendste korrelative Untersuchung wurde unlängst von *Maletzky* (1974) durchgeführt. Hier zeigte sich, daß eine modifizierte Form von *verdeckter Sensibilisierung* bei 9 von 10 Exhibitionisten auf wirksame Weise offenes Entblößen, Phantasien, Impulse und Träume beseitigte. Die Behandlung bestand aus der hierarchisch geordneten Darbietung von Vorstellungsbildern exhibitionistischen Verhaltens, die bei dem Klienten Gefühle der sexuellen Erregung hervorriefen. Unmittelbar auf diese Vorstellungen folgten verbale Beschreibungen von unangenehmen bzw. ekelerregenden Bildern (z. B. sich übergeben, Berührung von Kot und Urin, Gefühle von Verlegenheit) sowie die wirkliche Darbietung einer übelriechenden Chemikalie (Valeriansäure). Außerdem wurde eine ‚Erleichterungs'komponente eingesetzt; dabei wurde die Entfernung des ekelhaften Geruchs von Szenen, die die Flucht aus der Entblößungssituation darstellten, begleitet. Zuletzt wurde Training *„in vivo"* einbezogen; jeder Klient roch in wirklichen Situationen, die früher mit Entblößung assoziiert worden waren, an einem Säurefläschchen. Bei Nachuntersuchungen wahrend einer Zeitspanne von 12 Monaten wurde festgestellt, daß bei allen Klienten jegliches offenes und verdecktes exhibitionistisches Verhalten völlig beseitigt worden war. Diese beeindruckenden Ergebnisse sollten jedoch in einer kontrollierten Untersuchung repliziert werden, für die mindestens eine Vergleichsgruppe, die nicht behandelt wird, gebildet werden sollte. Es wäre optimal, wenn Gruppen gebildet würden, die durch Zuwendung und andere Methoden behandelt werden, um so die spezifischen aktiven Bestandteile dieser vielversprechenden Therapiemethode zur Behandlung von Exhibitionismus festzustellen.

Tabelle 11: Sexualstörungen

	Klienten					Therapeuten	
Name	Diagnose	Anzahl	Geschlecht	Alter	Sonstiges	Ausbildung	Anzahl
1. Ebene: Nichtdifferentielle Maßschneiderungen *Typ 1A: Psychotherapie A für Klienten X*							
Bieber u. a., 1963	Homosexualität	206	nur m	—	106 = homosexuell; 72 ausschließlich homosexuell; 100 = heterosexuell; kamen aus eigenem Antrieb zur Therapie, 70 % hatten Collegebildung	Psychiater	77
Birk u. a., 1971	Homosexualität	18	nur m		nicht psychotisch; hochmotiviert bzgl. Veränderung	Autoren	4
Ellis, 1956	Homosexualität	40	28m, 12w	unter 25–36+	36 Kl. hatten offene homosexuelle Beziehungen; 4 Kl. hatten zwanghafte homosexuelle Gedanken; 31 Kl. waren ledig, 5 verheiratet, 4 geschieden	Autor	1

Behandlung			Ergebnisse		
Art	Anzahl der Sitzungen	Gesamtdauer	Beurteilungsverfahren	Erfolg	Nachuntersuchung
psychoanalytische Psychotherapie	max. 150	—	t-Ratings auf der Grundlage von Eigenberichten	42/106 blieben homosexuell; 30/106 blieben bisexuell; 27 % wurden ausschließlich heterosexuell; die Erfolgsrate hing mit höherer Motivation, geringerem Alter und früheren genital-heterosexuellen Erfahrungen zusammen	nicht angeben nach welcher Zeit
Vermeidungskonditionierung + Psychotherapie vs. kontrollierte Zuwendung	20–25	6 Wo.	Eigenbericht über das Sexualverhalten; MMPI; projektive Tests; Kin sey-Ratings; Beur teiler-Ratings	Vermeidungs-konditionierung > kontrollierte Zuwendung bzgl. Kinsey-Ratings und Eigenbericht über das Sexualverhalten; keine Unterschiede bei MMPI und Beurteiler-Ratings	nach 3½ J.
psychoanalytisch orientierte Psychotherapie; Ziel: Befreiung der Kl. von der Angst vor heterosexuellen Beziehungen	5–220	—	Eigenbericht und t-Rating über die Besserung	die weiblichen Kl. wiesen signifikant höhere Besserungsrate auf; waren häufiger verheiratet oder geschieden, häufiger schwer gestört; der Erfolg hing signifikant mit dem Wunsch des Klienten, angepaßt zu sein, zusammen; 64 % der männlichen Kl. gebessert, 100 % der weiblichen	keine

Fortsetzung von Tabelle 11:

	Klienten					Therapeuten	
Name	Diagnose	Anzahl	Geschlecht	Alter	Sonstiges	Ausbildung	Anzahl
Feldman und MacCulloch, 1965	Homosexualität	16	nur m	19–47	Kinsey-Rating = 3–6; 12 ledig, 4 verheiratet	Psychologen, Psychiater	2
Freund, 1960	Homosexualität	47	nur m	—	unerwiederte homosexuelle Liebe (9 Kl.); von Verwandten zur Therapie gebracht (7 Kl.); keine offensichtlichen äußeren Zwänge (31 Kl.)	keine Angabe	—
Ovesey u. a., 1963	Homosexualität	3	m	unter 30	—	Psychiater	—
Solyom u. *Miller,* 1965	Homosexualität	6	nur m	20–42	2 verheiratet	keine Angabe	—

Behandlung			Ergebnisse		
Art	Anzahl der Sitzungen	Gesamtdauer	Beurteilungsverfahren	Erfolg	Nachuntersuchung
Vermeidungs-Konditionierung + Angsterleichterung (antizipierte Vermeidung)	$\bar{x} = 15$	—	Verhalten; Phantasie	11/16 gebessert; bessere Prognose bei Klienten, die jünger als 40 waren	nach 1–14 Mon.
Furcht-Konditionierung (chemische + Angsterleichterungs-Konditionierung)	max. 24	—	Eigenbericht über das heterosexuale Verhalten	51 % – keine Verbesserung; 15 % kurzfristige heterosexuelle Anpassung; 26 % – Anpassung für einige Jahre; 5 % – unbekannt	nach 3 J.
psychoanalytische Psychotherapie – vorwiegend heterosexuelles Vermeidungsverhalten bezogen, das auch angstbedingt ist	—	317 Std.	t-Rating	Erfolg bei allen 3 Kl.; gute heterosexuelle Anpassung	nach 5 J. +
Furcht-Konditionierung + Angsterleichterung	$\bar{x} = 23{,}5$	30 min./ Sitzung	psychologisch; Verhalten	Zunahme der plethysmographischen Reaktionen auf Bilder, die weibliche Personen zeigen; Einstellung des homosexuellen Verhaltens bei allen Kl.; keine Zunahme des heterosexuellen Verhaltens	keine

Fortsetzung von Tabelle 11:

	Klienten					Therapeuten	
Name	Diagnose	Anzahl	Geschlecht	Alter	Sonstiges	Ausbildung	Anzahl
Tanner, 1974	Homosexualität	16	nur m	—	—	keine Angabe	—
Brady, 1966	Frigidität		nur w	x = 24,6	alle verheiratet; keine Orgasmen während des Koitus	keine Angabe	—
Cooper, 1969	Impotzenz		nur m	—	ambulant behandelte Kl.	keine Angabe	—
Masters u. *Johnson,* 1970	Ejakulationsstörungen, Impotenz, „Frigidität", Vabinismus		ca. 50 % m, 50 % w	23–76	überwiesen, gute Motivation, gebildet	Team – 1 Mann, 1 Frau	2
Marks u. *Gelder,* 1967	Fetischismus, Transvestismus		nur m	30,2	stationäre Kl.; kooperativ	keine Angabe	—

Behandlung			Ergebnisse		
Art	Anzahl der Sitzungen	Gesamtdauer	Beurteilungsverfahren	Erfolg	Nachuntersuchung
Vermeidungs-Konditionierung vs. Nichtbehandlung (Kontrollgruppe)	20	8 Wo.	Penisschwellung als Reaktion auf die Dias; Eigenbericht über die Erregung und das sexuelle Verhalten; MMPI	Vermeidungskonditionierung > keine Behandlung bzgl. weniger Erregung beim Betrachten von Dias, die Männer zeigen, häufigeren Umgang mit weiblichen Personen, niedrigere Werte auf Skala 5 des MMPI	keine
Systematische Desensibilisierung; intravenöse Injektion von Natriummethohexital (Brevital) zur Entspannung	$\bar{x} = 11$; 10–14	20 min./ Sitzung	Auftreten von Orgasmen während des Koitus	1 Kl. vorzeitiger Abbruch der Therapie; alle 4 Kl. hatten Orgasmen, durchschnitt. Häufigkeit bei 50 %	3–8 Mon.
Entspannung + sexuelle Aufklärung + Psychotherapie	20	1 J.	Eigenbericht der Partner	19 gebessert, 25 unverändert oder verschlechtert	keine
unterstützende Psychotherapie + sexuelle Aufklärung und Sex-Training	1/Tg.	2 Wo.	sexuelle „Leistung"; Eigenbericht über Einstellungen, Interessen, Gefühle	Ejaculatio praecox = 98 % erfolgreich; primäre Impotenz bei Männern = 59 % erfolgreich; sekundäre Impotenz bei Männern = 74 % erfolgreich; „Frigidität" = 81 % erfolgreich; Vaginismus = 100 % erfolgreich	5 J.
Aversionstherapie (elektrisch); (Bestrafung von Verhalten und Phantasien)	ca. 28	2 Wo. + zusätzliche Sitzungen	t-Rating; Verhalten, Eigenbericht über Einstellungen	Erektionen und Phantasien bei abweichendem Verhalten hörten auf; positive Einstellungsänderung	nach wenigstens 6 Mon.

Fortsetzung von Tabelle 11:

Name	Klienten					Therapeuten	
	Diagnose	Anzahl	Geschlecht	Alter	Sonstiges	Ausbildung	Anzahl
McGuire u. *Vallance,* 1964	Homosexuelle, zwanghafte Masturbierer, Transvestiten, Sadisten Fetischisten	6 3 2 1 2	nur m	—	—	keine Angabe	—
Thorpe u. a., 1964	Homosexuelle, Transvestiten, Fetischisten	3 1 1	nur m	27, 31 40 21 32	—	keine Angabe	—
Maletzky, 1974	Exhibitionisten	10	nur m	21–52	8 verheiratet, Bildung: 9. Grade bis College; Dauer der Störung: 1–31 J.; Häufigkeit des exhibitionistischen Verhaltens: 1–10mal mtl.	Autor	1
Semans, 1956	Ejaculatio praecox	8	nur m	25–47	—	Arzt	1

Behandlung			Ergebnisse		
Art	Anzahl der Sitzungen	Gesamtdauer	Beurteilungsverfahren	Erfolg	Nachuntersuchung
Klassische Angstkonditionierung (CS = Phantasien, UCS = Elektroschock)	—	—	t-Ratings	3 Homosexuelle brachen die Behandlung vorzeitig ab; alle anderen Kl. zeigten geringe bis vollständige Besserung	nach 1 Mon.
Aversionserleichterung (Schockausgleich + Wort, das normales sexuelles Verhalten denotiert	16–30	—	Eigenbericht über das Verhalten; psychometrische Tests	Gefühle des Ekels bei Gedanken an abweichendes Verhalten nahmen bei allen Kl. zu	nach 1–3 Mon.; Ergebnisse stabil
verdeckte Sensibilisierung (Baldriansäure = ekelerregender UCS)	11–19	15 Wo.	Eigenbericht über verdecktes exhibitionistisches Verhalten (Impulse, Phantasien, Träume); offenes Verhalten	$\bar{x}$ der verdeckten exhibitionistischen Reaktionen verringerten sich von 16,5/mtl. vor Beginn der Psychotherapie auf 0,6/mtl. kurz nach Abschluß der Psychotherapie; $\bar{x}$ der offenen exhibitionistischen Reaktionen nahmen von 5/mtl. auf 0,1/mtl. ab	nach 1 J.; Ergebnisse stabil
operantes Shaping von immer länger dauernden Intervallen ohne Ejakulation	variabel	variabel	Eigenbericht über die Verhaltensänderungen	bei allen Fällen erfolgreich	nach 5 Wo. – 1 J.

Fortsetzung von Tabelle 11:

	Klienten					Therapeuten	
Name	Diagnose	Anzahl	Geschlecht	Alter	Sonstiges	Ausbildung	Anzahl
2. Ebene: Unidifferentielle Maßschneiderungen *Typ 2A: Psychotherapie A vs. Psychotherapie B für Klienten X*							
Feldman u. *MacCulloch,* 1967, 1971	Homosexualität	30	28m, 2w	15–40+	Kinsey-Rating = 3–6; primäre vs. sekundäre Homosexualität; nicht psychotisch; IQ > 80	1 Mann, 2 Frau; Psychiater	2
McConaghy, 1971	Homosexualität	40	nur m	—	18 vorbestrafte Kl., 10 verheiratet	keine Angabe	—
McConaghy u. *Barr,* 1973	Homosexualität	46	nur m	15–59	7 Kl. verheiratet; alle Kl. erlebten Homosexualität als belastend	keine Angabe	—
Meyer, 1966	Homosexualität	173	nur m	—	—	erfahrene Psychoanalytiker, erfahrene Verhaltenstherapeuten	77 1

Behandlung			Ergebnisse		
Art	Anzahl der Sitzungen	Gesamtdauer	Beurteilungsverfahren	Erfolg	Nachuntersuchung
Vermeidungs-Konditionierung vs. Klassische Konditionierung (Furcht) vs. Psychotherapie (Einstellungen gegenüber weiblichen Personen)	24 (Vermeidungs-Konditionierung), 12 (Psychotherapie)	25 mon. pro Sitzung	Eigenbericht-Fragebogen zur sexuellen Orientierung (Daten über Reliabilität und Validität vorhanden)	Bei den Kl. mit sekundärer Homosexualität war die Behandlung wirksamer als bei den Kl. mit primärer Homosexualität; unabhängig von der Behandlungsmethode; die beiden lerntheoretischen Ansätze waren in bezug auf die Aufrechterhaltung des pos. Ergebnisses > Psychotherapie; Kl. < 30 J. wiesen höhere Besserungsrate auf	nach $\bar{x}$ 46,2 Wo.
Aversionstherapie mit Apomorphin vs. Aversionserleichterung	28 u. 15	5 Tg.	Penisschwellung bei der Betrachtung von Dias, die männliche Personen zeigen; Eigenbericht	keine Unterschiede zwischen den Gruppen; beide zeigten Besserung	nach 1 J.
Vermeidungs-Konditionierung vs. Furcht-Konditionierung vs. rückwärtige Konditionierung	19	5 Tg. + 1/Mon. über 5 Mon.	Penisschwellung; Eigenbericht; Verhalten	keine signifikanten Unterschiede zwischen den Behandlungen	keine
psychoanalytische Psychotherapie vs. Vermeidungs-Konditionierung (die Ergebnisse von 2 Untersuchungen werden miteinander verglichen)	70–450	—	Eigenbericht; heterosexuelles Verhalten	psychoanalytische Psychotherapie > Vermeidungskonditionierung	keine

Fortsetzung von Tabelle 11:

	Klienten					Therapeuten	
Name	Diagnose	Anzahl	Geschlecht	Alter	Sonstiges	Ausbildung	Anzahl
Typ 2C: Psychotherapie A für Klienten X vs. Klienten Y							
MacCulloch u. *Feldman,* 1967	Homosexualität	29	nur m	$\bar{x}$=29,2	mangelnde Selbstsicherheit vs. Zuwendungsbedürftigkeit vs. geringe Willenskraft	keine Angabe	—
Cooper, 1969, 1970	Frigidität	58	nur w	—	$\bar{x}$ Dauer der Störung = 5–7 J.; 3 Gruppen, eingeteilt nach gerateter Freude am Koitus und Häufigkeit von Orgasmen	keine Angabe	—
Faulk, 1971	Frigidität	40	nur w	—	—	keine Angabe	—

Behandlung			Ergebnisse		
Art	Anzahl der Sitzungen	Gesamtdauer	Beurteilungsverfahren	Erfolg	Nachuntersuchung
antizipatorische Vermeidung	$\bar{x}$=20 (5–30+)	20 min./ Sitzung	Eigenbericht über sexuelle Einstellungen	Kl. mit mangelnder Selbstsicherheit > zuwendungsbedürftige Kl. und Kl. mit geringer Willenskraft	nach 13,3 Mon.
Entspannung + Beratung + sexuelle Aktivität zu Hause	20	1 J.	Orgasmen; Eigenbericht über die Freude am Geschlechtsverkehr	signifikante negative Beziehung zwischen der Besserung und dem Ausmaß des Genusses und der Häufigkeit von Orgasmen vor Beginn der Therapie und positive Beziehung zu Ehestand, vorausgegangenen angenehmen Erfahrungen beim Geschlechtsverkehr und dem plötzlichen Auftreten von Symptomen; 48 % gebessert	keine
„Einsicht"-Psychotherapie	1–50	—	Verhalten; Eigenbericht über den sexuellen Genuß; Einstellungen	1/10 Erfolg bei Kl., die Angst und Ekel vor dem Geschlechtsverkehr erlebten; 15/27 Erfolge bei Kl., die keine Angst vor dem Geschlechtsverkehr hatten	keine

Fortsetzung von Tabelle 11:

	Klienten					Therapeuten	
Name	Diagnose	Anzahl	Geschlecht	Alter	Sonstiges	Ausbildung	Anzahl
Friedman, 1968	Impotenz	19	nur m	21–55	16 verheiratet; Dauer der Störung: 3 Mon.; Erektions- und Ejakulationsstörungen; Empfängnisprobleme bei den Frauen der Kl.	keine Angabe	—
Evans, 1970	Exhibitionisten	20	nur m	—	von Psychiatern überwiesen	keine Angabe	—
Marks u. a., 1970	Transvestiten, Fetischisten, Transsexuelle, Sadomasochisten	24	nur m	$\bar{x}$=33	—	keine Angabe	—
Morgenstern u. a., 1965	Transvetismus	13	nur m	—	—	keine Angabe	—

Behandlung			Ergebnisse		
Art	Anzahl der Sitzungen	Gesamtdauer	Beurteilungsverfahren	Erfolg	Nachuntersuchung
Systematische Desensibilisierung	4–31	—	Eigenbericht über befriedigenden Geschlechtsverkehr	80 % der Erektionsstörungen erfolgreich behandelt; 50 % der Ejakulationsstörungen erfolgreich behandelt; 0 % bei Empfängnisstörungen	nach 6 Mon. - 1 J.
Angst-Konditionierung + Flucht (CS=Sätze über abweichendes Verhalten, UCS= Elektroschock)	16	26 Wo.	Eigenbericht über das Verhalten	der Erfolg ist abhängig von der geringen Häufigkeit abweichender Masturbationsphantasien und einer kürzeren Vorgeschichte des Exhibitionierens	nach 6 Mon.
Aversions-Therapie (elektrisch); Bestrafung von Verhalten und Vorstellungen	19	2–3 Wo.	t-Rating sexueller Einstellungen, Eigenbericht über sexuelles Verhalten und Phantasien; Grad der heterosexuellen Ausrichtung	keine Besserung bei Transsexuellen; die Besserungsrate war bei allen Gruppen in bezug auf alle Meßinstrumente gleich	nach 2 J.; Ergebnisse stabil
Furcht-Konditionierung (Brechreiz)	39	—	Verhalten, Eigenbericht	7 Kl. zeigten kein transvestitisches Verhalten mehr; 6 Kl. wurden bei späterem Streß rückfällig, aber die Häufigkeit des transvestitischen Verhaltens war geringer als zu Beginn der Behandlung; Kl., die hohe Werte auf der MF-Skala des MMPI und niedrige Werte im MPI aufwiesen, sprachen besser auf die Therapie an	keine

5. Unsoziales Verhalten

Realitätstherapie scheint die geeignete Maßschneiderung für die Verminderung unsozialen Verhaltens zu sein. *Glasser* (1965) beschreibt diese Methode folgendermaßen:

> „Realitätstherapie besteht aus drei verschiedenen Verfahren, die jedoch eng miteinander verflochten sind. Am Anfang steht die Aufnahme einer engen Beziehung; der Therapeut muß eine Beziehung zum Klienten aufbauen, damit dieser beginnen kann, sich mit der Wirklichkeit auseinanderzusetzen und wahrzunehmen, wie unrealistisch sein Verhalten ist. Zweitens muß der Therapeut das unrealistische Verhalten ablehnen, den Klienten jedoch trotzdem akzeptieren und die Beziehung mit ihm aufrechterhalten. Zuletzt ... muß der Therapeut dem Klienten bessere Verhaltensweisen, mit denen er seine Bedürfnisse innerhalb der Grenzen der Realität befriedigen kann, lehren" (S. 21).

(1) Die Aufnahme der Beziehung durch den Therapeuten, (2) die Akzeptierung des prosozialen und die Zurückweisung des unsozialen Verhaltens und (3) das explizite Lehren von prosozialen Verhaltensweisen stellen also die wichtigsten Bestandteile der Realitätstherapie dar. Das Beweismaterial für die Wirksamkeit der maßgeschneiderten Anwendung dieser Therapiemethode bei unsozialen Klienten beschränkt sich nicht nur auf die relativ wenigen (jedoch positiven) Auswirkungen angewandter Realitätstherapie. Die gleiche oben erwähnte Triade von aktiven Bestandteilen ist auch bei drei anderen Therapiemethoden zur Behandlung unsozialer Klienten vorhanden. Und ebenso ist die Wirksamkeit jeder dieser drei Methoden empirisch bestätigt worden. Wir beziehen uns hier auf die umfassende, berufsorientierte Therapie von *Massimo* und *Shore* (1967), auf die Verwendung von Modellernen beim Verhaltenstraining (*Sarason,* 1968) und auf eine Kombination von Unterstützung und aktivem Lehren von akzeptablen Verhaltensweisen (*Persons,* 1966). Bei jeder dieser Methoden werden, wie in der Realitätstherapie, folgende Aspekte berücksichtigt: Die Entwicklung von prosozialen Verhaltensweisen, die Förderung der Selbstverantwortlichkeit des Klienten, indem er lernt, prosoziale von unsozialen Verhaltensweisen zu unterscheiden, und der aktive Einsatz der therapeutischen Beziehung, dessen Ziel es ist, die Effektivität dieser Lehrmethoden zu steigern. Allerdings ist zu beachten, daß die Aussagekraft dieser übereinstimmenden Befunde durch das nahezu völlige Fehlen von relevanten Nachuntersuchungen eingeschränkt wird.

Tabelle 12: Unsoziales Verhalten

	Klienten					Therapeuten	
Name	Diagnose	Anzahl	Geschlecht	Alter	Sonstiges	Ausbildung	Anzahl
1. Ebene: Nichtdifferentielle Maßschneiderungen							
Typ 1A: Psychotherapie A für Klienten X							
Burchard, 1967	unsozial	12	—	10–20	geistig etwas zurückgeblieben	Dienstpersonal, Lehrer, Sozialarbeiter	9
Burchard u. *Barrera*, 1972	unsozial	11	11m	15–19	geistig etwas zurückgeblieben	Mitglieder des Personals	—
Glasser, 1965	unsozial	—	—	14–18	„Insassen" einer Besserungsanstalt	Psychiater, Psychologen, Sozialarbeiter	—
Massimo und *Shore*, 1967	unsozial	20	20m	15–17	von der Schule verwiesen oder die Schule freiwillig verlassen	—	—
Meichenbaum u. a., 1968	unsozial	10	10w	x=15	Berufsschüler	Psychologie-Praktikanten	5
Moore u. a., 1962	unsozial	70	70m	—	Gefangene	Psychologe (1) und Psychologiestudenten höherer Semester (2)	3
Persons, 1965	unsozial	52	52m	x=22	Gefangene	Psychologe	1

Behandlung			Ergebnisse		
Art	Anzahl der Sitzungen	Gesamtdauer	Beurteilungsverfahren	Erfolg	Nachuntersuchung
Kontingenz-Management (Verstärkung und Einstellung der Verstärkung)	15	15 Tg.	Ratings über das Verhalten im Klassenzimmer und über das Verhalten	die Häufigkeit positiver Verhaltensweisen hing unmittelbar mit dem Kontingenz-Management zusammen	—
Aussperren und Verstärkerentzug (Token)	48	48 Tg.	Veränderung des unsozialen Verhaltens	erhöhter Verstärkungsentzug und längeres Aussperren führte bei 5/6 der analysierten Kl. zu geringerer Häufigkeit unsozialen Verhaltens	—
Realitätstherapie vs. Nichtbehandlung (Kontrollgruppe)	—	—	Verringerung der Verstöße gegen bedingte Strafaussetzungen	Realitätstherapie > keine Behandlung	—
umfassende berufsorientierte Therapie vs. Nichtbehandlung (Kontrollgruppe)	—	10 Mon.	Ratings des schulischen und beruflichen Verhaltens	umfassende berufsorientierte Therapie bei den meisten Kriterien > keine Behandlung	—
Kontingenz-Management (Verstärkungsprogramm)	—	ca. 4 Wo.	Ratings über das Verhalten im Klassenzimmer	sichtbarer Erfolg über alle Kriterien	—
Realitätherapie	—	—	Rating durch Gefangenenwärter; Anzahl der Tage, die in der „Disziplinierungsabteilung" verbracht wurden	sichtbarer Erfolg bei beiden Kriterien	—
eklektische Therapie vs. Nichtbehandlung (Kontrollgruppe)	20	10	Skalen zur Messung der Angst und der Delinquenz; disziplinarische Handlungen	elektische Therapie über alle Kriterien > keine Behandlung	—

Fortsetzung von Tabelle 12:

Name	Klienten: Diagnose	An-zahl	Ge-schlecht	Alter	Sonstiges	Therapeuten: Aus-bildung	An-zahl
Persons, 1966	unsozial	82	82m	15–19 x=16,5	Insassen einer Besserungsanstalt; x Dauer des Aufenthaltes = 11 Mon.	Psychologen (2) und Sozialarbeiter (3)	5
Schwitzgebel, 1967	unsozial	35	35m	$\bar{x}$=16	vorbestraft	Psychologen, Studenten unterer Semester	—
Szymanski u. *Fleming*, 1971	unsozial	8	8m	14–16	auf Bewährung entlassen	Gefangene	3
2. Ebene: Unidifferentielle Maßschneiderungen							
Typ 2A: Psychotherapie A vs. Psychotherapie B für Klienten X							
Arbuckle u. *Boy*, 1961	unsozial	36	36m	—	8. und 9. Schuljahr	Schulberater	2
Croft u. a., 1964	unsozial	50	50 m	13–25	auf Bewährung entlassen	Mitglieder des Personals	—

Behandlung			Ergebnisse		
Art	Anzahl der Sitzungen	Gesamtdauer	Beurteilungsverfahren	Erfolg	Nachuntersuchung
individuelle Therapie (Unterstützung + Lehren von angepaßten Verhaltensweisen) + Gruppentherapie vs. reguläres Anstaltsprogramm	40	20 Wo.	Skalen zur Messung der Angst und der Delinquenz, MMPI	individuelle Therapie + Gruppentherapie > reguläres Anstaltsprogramm bzgl. Verringerung der Werte auf den Skalen zur Angst- und Delinquenzmessung und den meisten Subskalen des MMPI	—
Interview + Kontingenz-Management vs. Nichtbehandlung (Kontrollgruppe)	20	2–3 Mon.	Verhaltens-Rating (soziales und verbales Verhalten)	Interview plus Kontingenzmanagement > keine Behandlung	—
Beziehungstherapie	—	—	Rückfälligkeit	anscheinend nur minimale Besserungen	nach 3 Mon.
Klientenzentrierte Psychotherapie vs. Nachsitzen vs. Nichtbehandlung (Kontrollgruppe)	12	12 Wo.	Diskrepanz zwischen Real- und Idealselbst; Ratings durch Lehrer; Ausmaß, in dem Kl. von Peer-Gruppe akzeptiert wird	signifikante Prä-Post-Besserung innerhalb der mit klientenzentrierter Psychotherapie behandelten Gruppe nur in bezug auf die Diskrepanz zwischen Real- und Idealselbst, Lehrer-Ratings und Ausmaß, in dem Kl. von der Peer-Gruppe akzeptiert wird	Trend zeigt, daß Gruppe, bei der klientenzentrierte Therapie angewendet wurde, seltener Disziplinarverfahren hatte
autoritäre, disziplinbetonte Behandlung vs. Gruppe mit Selbstverwaltung	—	—	MMPI, IQ, Anzahl der Festnahmen, Arbeitsleistung	signifikante Zunahme des IQ bei der autoritären, disziplinbetonten Behandlung	nach 14 Mon.; Kl. aus der autoritär, disziplinbetonten Gruppe verübten weniger Straftaten

Fortsetzung von Tabelle 12:

	Klienten					Therapeuten	
Name	Diagnose	Anzahl	Geschlecht	Alter	Sonstiges	Ausbildung	Anzahl
Parlett u. *Ayers,* 1971	unsozial	65	65 m	—	Gefangene	—	—
Sarason, 1968	unsozial	—	—	15–18	Bewohner eines Jugendzentrums	Psychologiestudenten höherer Semester	2
Tyler u. *Brown,* 1967	unsozial	15	15 m	13–15	zur Verfügung des Gerichts	Heimpersonal	6

Behandlung			Ergebnisse		
Art	Anzahl der Sitzungen	Gesamtdauer	Beurteilungsverfahren	Erfolg	Nachuntersuchung
programmierter (Schul-)Unterricht vs. traditioneller (Schul-)Unterricht vs. Berufstraining	—	95 Tg.	Persönlichkeits- und Wahrnehmungsskalen	programmierter Unterricht > traditioneller Unterricht = Berufstraining in bezug auf Über-Ich-Stärke und Selbstkonzept	—
Modellernen vs. Rollenspiel vs. keine Behandlung (Kontrollgruppe)	15	—	Verhaltens-Ratings, Selbsteinschätzung	Modellernen > Rollenspiel > keine Behandlung	—
Aussperren vs. Tadel bei schlechtem Betragen	—	40 Wo.	Verhaltens-Ratings	Aussperren > Tadel	—

6. Rauchen

Von den verschiedenen Behandlungsmethoden, die empirisch untersucht worden sind, scheint *emotionales Rollenspiel* zur Zeit die geeignete Maßschneiderung für die Verminderung des Rauchens zu sein. Es ist mir einer genügend großen Anzahl von Untersuchungen nachgewiesen worden, daß der Bestandteil „Rollenspiel" oder „Verhaltensübung", kombiniert mit und gesteigert durch den Aspekt der Erregungs- bzw. Angststeigerung, eine wirksame Methode zur Verminderung des Rauchens darstellt. Ein breites Spektrum anderer verhaltenstherapeutischer Ansätze ist mit signifikanten Verminderungen des Rauchens in Verbindung gebracht worden (Vergleiche innerhalb von Bedingungen), aber ihre Wirksamkeit im Vergleich zu anderen Behandlungsmethoden (Vergleiche zwischen Bedingungen) ist nicht zuverlässig nachgewiesen worden. Es ist daher denkbar, daß die nichtspezifischen Verfahren, die diese Methoden gemeinsam haben, die aktiven Bestandteile, die eine Verminderung des Rauchens bewirken, darstellen – d. h. die Struktur der Therapie, positive Erwartungen des Therapeuten, eine gute therapeutische Beziehung usw. Jedoch ist der Aspekt der Nachuntersuchung wahrscheinlich am wichtigsten. Die Frage, inwieweit langfristige bzw. dauerhafte Erfolge erzielt werden, scheint in diesem Zusammenhang am bedeutsamsten zu sein. Keine der untersuchten Methoden erbrachte bei den Nachuntersuchungen gleichbleibend positive Ergebnisse. Auch emotionales Rollenspiel, das die wirksamste aller untersuchten Methoden zu sein scheint, ergab, *langfristig* gesehen, eher gemischte Ergebnisse. Neuere Übersichten der Literatur über das Rauchen (*Bernstein,* 1969; *Keutzer* u. a., 1968; *Lichtenstein* und *Keutzer,* 1971) berichten, daß das Grundproblem bei der Modifikation des Rauchverhaltens nicht in der Erzeugung einer kurzfristigen Veränderung, sondern im Aufrechterhalten des Nichtraucherverhaltens über längere Zeit besteht.

Tabelle 13: Rauchen

	Klienten					Therapeuten	
Name	Diagnose	Anzahl	Geschlecht	Alter	Sonstiges	Ausbildung	Anzahl
1. Ebene: Nichtdifferentielle Maßschneiderungen *Typ 1A: Psychotherapie A für Klienten X*							
Azrin u. *Powell,* 1968	Rauchen	5	3w, 2m	über 21	30–50 Zigaretten am Tag	Psychologe	1
Chapman u. a., 1971	Rauchen	23	8m, 15w	$\bar{x}$=40,3	15–60 Zigaretten am Tag	Autoren	2
Elliot u. *Tighe,* 1968	Rauchen	25	2w, 23m	18–40	mindestens 20 Zigaretten am Tag	Psychologen	2
Franks u. a., 1966	Rauchen	9	4w, 5m	—	20–40 Zigaretten am Tag	—	—
Harris u. *Rothberg,* 1972	Rauchen	5	—	—	—	—	—
Platt u. a., 1969	Rauchen	61	61m	20–59; $\bar{x}$=42	mindestens 10 Zigaretten am Tag	—	—
Powell u. *Azrin,* 1968	Rauchen	3	3m	über 21	30–50 Zigaretten am Tag	—	—
Resnick, 1968	Rauchen	9	3w, 6m	$\bar{x}$=19,2	$\bar{x}$=22,3 Zigaretten am Tag	Autor	1

Behandlung			Ergebnisse		
Art	Anzahl der Sitzungen	Gesamtdauer	Beurteilungsverfahren	Erfolg	Nachuntersuchung
Verhaltenstechnologie (Zigarettenetui mit Zeitschloß, die Öffnungsintervalle werden immer länger)	—	7–13 Wo.	Häufigkeit des Rauchens	allmähliche Reduktion auf 1/2 Päckchen am Tag	nach Abschluß der Behandlung wurde das Rauchen wieder voll aufgenommen
aversive Konditionierung + Selbstmanagement	5–10	3–12 Wo.	Häufigkeit des Rauchens	21 von 23 Kl. hörten nach Abschluß der Behandlung ganz auf zu rauchen	nach 1 J. 8 von 23 entwöhnt; Häufigkeit und Dauer der Behandlung hängt mit dem Ausmaß der Verringerung des Rauchens zusammen
Kontingenzvertrag + Literatur gegen das Rauchen	—	16 Wo.	Häufigkeit des Rauchens	21 Kl. rauchten während des 4monatigen Programms nicht	nach 1 J. 38 % entwöhnt
aversive Konditionierung	12	4 Wo.	Häufigkeit des Rauchens	die meisten Kl. rauchten weniger	nach 6 Mon.; Ergebnisse stabil
Selbstkontroll-Training	8	4 Wo.	Häufigkeit des Rauchens	alle Kl. rauchten weniger	nach 2 Mon. „partielle Rückfälle"
emotionales Rollenspiel vs. Nichtbehandlung (Kontrollgruppe)	1	—	Häufigkeit des Rauchens	emotionales Rollenspiel > keine Behandlung	nach 4 Mon. Ergebnisse bei 65 % nicht stabil
Verhaltenstechnologie (Zigarettenetui mit tragbarer Schockvorrichtung, Intensitätsabstufung)	—	—	Häufigkeit des Rauchens	höhere Intensität des Schocks erhöhte Abnahme des Rauchens	das Rauchen wurde im ursprünglichen Umfang wieder aufgenommen
Ekelerregung	—	1 Wo.	Häufigkeit des Rauchens	66 % hörten ganz auf zu rauchen	nach 4 Mon. Ergebnisse stabil

Fortsetzung von Tabelle 13:

Name	Klienten: Diagnose	An-zahl	Ge-schlecht	Alter	Sonstiges	Therapeuten: Aus-bildung	An-zahl
Schmahl u. a., 1972	Rauchen	28	17w, 11m	$\bar{x}$=27	$\bar{x}$=30 Zigaretten am Tag	Psychologiestudenten höherer Semester	2
2. Ebene: Unidifferentielle Maßschneiderungen Psychotherapie A vs. Psychotherapie B für Klienten X							
Engeln, 1969	Rauchen	82	82m	—	mindestens 10 Zigaretten am Tag	—	—
Gerson u. *Lanyon*, 1972	Rauchen	21	14w, 7m	$\bar{x}$=28	$\bar{x}$ Jahre Raucher: 10	Psychologe	1
Grimaldi u. *Lichtenstein*, 1969	Rauchen	29	—	$\bar{x}$=42,6	$\bar{x}$=26,1 Zigaretten am Tag	weiblich	2
Hark, 1970	Rauchen	51	—	—	—	—	—
Janis u. *Mann*, 1965	Rauchen	26	26w	18–23	mindestens 15 Zigaretten am Tag	—	

Behandlung			Ergebnisse		
Art	Anzahl der Sitzungen	Gesamtdauer	Beurteilungsverfahren	Erfolg	Nachuntersuchung
aversive Konditionierung vs. Placeboapplikation (Kontrollgruppe)	$\bar{x}=8$	unterschiedlich	Häufigkeit des Rauchens	keine signifikanten Unterschiede zwischen den Bedingungen; signifikante Prä-Post-Verringerungen unter beiden Bedingungen	nach 6 Mon. Ergebnisse stabil
Systematische Desensibilisierung vs. aversive Konditionierung vs. Selbstbeobachtung vs. Nichtbehandlung (Kontrollgruppe)	8	2 Wo.	Häufigkeit des Rauchens	alle Behandlungsgruppen > keine Behandlung	nach 1 Mon.; signifikante Stabilität der Ergebnisse
verdeckte Sensibilisierung + Systematische Desensibilisierung vs. verdeckte Sensibilisierung + Gruppendiskussion	10	5 Wo.	Häufigkeit des Rauchens	signifikante Prä-Post-Reduktion unter allen Bedingungen	nach 13 Wo.; nur für die erste Gruppe stabile Ergebnisse
Kontingenz-Bestrafungs-Verfahren vs. Nicht-Kontingenz-Bestrafungs-Verfahren vs. kontrollierte Zuwendung	7	3 Wo.	Häufigkeit des Rauchens	keine signifikanten Unterschiede zwischen den unterschiedlichen Bedingungen; signifikante Prä-Post-Reduktion unter allen Bedingungen	nach 1 Mon.; Ergebnisse nicht stabil
Coverant-Konditionierung + Beobachtung vs. Beobachtung + Zuwendungsbeobachtung	—	8 Wo.	Häufigkeit des Rauchens	Coverant-Konditionierung plus Beobachtung > Beobachtung	—
emotionales Rollenspiel vs. Darbietung	1	—	Häufigkeit des Rauchens; Skala zur Einstellungsmessung	Rollenspiel >Darbietung	—

Fortsetzung von Tabelle 13:

	Klienten					Therapeuten	
Name	Diagnose	Anzahl	Geschlecht	Alter	Sonstiges	Ausbildung	Anzahl
Keutzer, 1968	Rauchen	213	118w, 95m	20–69	—	—	2
Keutzer u. a., 1969	Rauchen	54	54w	19–27	—	—	—
Koenig u. *Masters,* 1965	Rauchen	42	16w, 26m	19–25	mindestens 20 Zigaretten am Tag	Psychologen (2) und Psychologiestudenten höherer Semester (5)	7
Lawson u. *May,* 1970	Rauchen	12	12m	$\bar{x}$=25	$\bar{x}$=28 Zigaretten am Tag	Psychologe	1
Lichtenstein u. *Keutzer,* 1968	Rauchen	170	—	—	—	—	—

Behandlung			Ergebnisse		
Art	Anzahl der Sitzungen	Gesamtdauer	Beurteilungsverfahren	Erfolg	Nachuntersuchung
Coverant-Konditionierung vs. aversive Konditionierung vs. negative Übung vs. Placebo-Applikation (Kontrollgruppe) vs. Nichtbehandlung (Kontrollgruppe)	3	3 Wo.	Häufigkeit des Rauchens	alle Behandlungsgruppen > keine Behandlung; keine weiteren Unterschiede zwischen den Gruppen	—
emotionales Rollenspiel vs. Darbietung	1	—	Häufigkeit des Rauchens	emotionales Rollenspiel = Darbietung	—
Systematische Desensibilisierung vs. aversive Konditionierung vs. unterstützende nondirektive Therapie	9	6 Wo.	Häufigkeit des Rauchens	keine signifikanten Unterschiede zwischen den verschiedenen Bedingungen; signifikante Prä-Post-Reduktion unter allen Bedingungen	nach 6 Mon. Ergebnisse stabil
verdeckte Sensibilisierung vs. Kontingenz-Management vs. Therapievertrag vs. Beobachtung - Diskussionen	14	5 Wo.	Häufigkeit des Rauchens	keine signifikanten Unterschiede zwischen den Bedingungen	—
Negative Übung vs. Atem anhalten vs. Coverant-Kontrolle vs. Kombination der obigen Techniken vs. kontrollierte Zuwendung vs. Nichtbehandlung (Kontrollgruppe)	5	5 Wo.	Häufigkeit des Rauchens	siehe Keutzer, 1968	Rückfall auf das Niveau vor Beginn der Behandlung

Fortsetzung von Tabelle 13:

	Klienten					Therapeuten	
Name	Diagnose	Anzahl	Geschlecht	Alter	Sonstiges	Ausbildung	Anzahl
Mann, 1967	Rauchen	64	32w, 32m	—	mindestens 10 Zigaretten am Tag	—	—
Mann u. *Janis*, 1968	Rauchen	57	57w	18–26	—	—	1
Marston u. *McFall*, 1971	Rauchen	65	35w, 30m	$\bar{x}$=21	$\bar{x}$=26 Zigaretten am Tag	Psychologen	2
McCallum, 1971	Rauchen	46	46m	18–22	—	—	—
McFall u. *Hammen*, 1971	Rauchen	38	18w, 20m	18–22	Minimum=20 Zigaretten am Tag	Psychologiestudenten höherer Semester (3) und unterer Semester (3)	6
Miller u. *Gimpl*, 1971	Rauchen	12	—	—	Minimum=20 Zigaretten am Tag: Studenten unterer Semester	—	—

Behandlung			Ergebnisse		
Art	Anzahl der Sitzungen	Gesamtdauer	Beurteilungsverfahren	Erfolg	Nachuntersuchung
emotionales Rollenspiel (Furcht) vs. emotionales Rollenspiel (Schamgefühl) vs. kognitives Rollenspiel	1	—	Häufigkeit des Rauchens	emotionales Rollenspiel (Furcht) > Schamgefühl = kognitives Rollenspiel	nach 2 Wo.; 50 % der Rollenspielgruppe (Furcht) und 31 % der kognitiven Rollenspielgruppe: Reduktion stabil
Rollenspiel vs. Darbietung vs. Nichtbehandlung (Kontrollgruppe)	1	—	Häufigkeit des Rauchens	Rollenspiel > Darbietung > keine Behandlung	nach 18 Mon. Ergebnisse stabil
Ekelerregung vs. aversive Konditionierung vs. allmähliche Verringerung vs. „kalter Truthahn"	6	3 Wo.	Häufigkeit des Rauchens	keine signifikanten Unterschiede zwischen den Bedingungen; signifikante Prä-Post-Reduktionen unter allen Bedingungen	nach 6 Mon. Ergebnisse nicht stabil
Ekelerregung vs. verdeckte Sensibilisierung vs. Kontrollgruppe mit dem Vorsatz, das Rauchen einzustellen vs. Nichtbehandlung (Kontrollgruppe)	6	1 Wo.	Häufigkeit des Rauchens	keine signifikanten Unterschiede zwischen den Bedingungen; signifikante Prä-Post-Reduktion unter allen Bedingungen (ausgenommen Nichtbehandlung)	nach 2 Mon.; Ergebnisse stabil
fixierte positive Selbstbeobachtung vs. positive Selbstbeobachtung vs. negative Selbstbeobachtung vs. minimale Selbstbeobachtung	6	3 Wo.	Häufigkeit des Rauchens	keine signifikanten Unterschiede zwischen den Bedingungen; signifikante Prä-Post-Reduktion unter allen Bedingungen	nach 6 Mon.; Ergebnisse nicht stabil
Selbstinstruktion vs. Selbstbeobachtung vs. Verstärkung	—	3 Wo.	Häufigkeit des Rauchens	keine signifikanten Unterschiede zwischen den Bedingungen; signifikante Prä-Post-Reduktion unter allen Bedingungen	—

Fortsetzung von Tabelle 13:

	Klienten					Therapeuten	
Name	Diagnose	Anzahl	Geschlecht	Alter	Sonstiges	Ausbildung	Anzahl
Ober, 1968	Rauchen	60	19w, 41m	18–22	Minimum=20 Zigaretten am Tag	Psychologiestudenten höherer Semester	2
O'Brien, 1972	Rauchen	100	—	—	—	Student höheren Semesters	1
Pyke u. a., 1966	Rauchen	55	—	18–22	—	—	—
Resnick, 1968	Rauchen	60	30w, 30m	17–28	$\bar{x}$=23 Zigaretten am Tag	—	—
Sachs u. a., 1970	Rauchen	24	12w, 12m	$\bar{x}$=20	—	—	2

Behandlung			Ergebnisse		
Art	Anzahl der Sitzungen	Gesamtdauer	Beurteilungsverfahren	Erfolg	Nachuntersuchung
Selbstkontroll-Training vs. aversive Konditionierung vs. Transaktionsanalyse vs. Nichtbehandlung (Kontrollgruppe)	10	4 Wo.	Häufigkeit des Rauchens	alle Behandlungsgruppen > keine Behandlung (basierend auf N=50)	nach 1 Mon.; signifikante Differenzen
Negative Übung in Gruppen vs. verdeckte Sensibilisierung vs. Beobachtung der Zuwendung	—	14 Wo.	Häufigkeit des Rauchens	keine signifikanten Unterschiede zwischen den Bedingungen; signifikante Prä-Post-Reduktion unter allen Bedingungen	nach 6 Mon.; Ergebnisse nicht stabil
Systematische Desensibilisierung + Diskussion und Feedback + Selbstbeobachtung vs. Selbstbeobachtung (umfassend) vs. Selbstbeobachtung (minimal)	20	10 Wo.	Häufigkeit des Rauchens	Systematische Desensibilisierung + Diskussion und Feedback + Selbstbeobachtung > Selbstbeobachtungsgruppen	nach 4 Mon.; signifikante Ergebnisse nicht stabil
Ekelerregung (dreimal so stark wie normal) vs. Ekelerregung (doppelt so stark wie normal) vs. Nicht-Behandlung (Kontrollgruppe)	—	1 Wo.	Häufigkeit des Rauchens	Ekelerregung (dreifach) > keine Behandlung	nach 4 Mon.; Ergebnisse stabil und doppelte Ekelerregung stabil
verdeckte Sensibilisierung vs. abgestufte Selbstkontrolle vs. Placebo-Applikation (Kontrollgruppe)	3	3 Wo.	Häufigkeit des Rauchens	verdeckte Sensibilisierung > Selbstkontrolle; signifikante Prä-Post-Reduktion unter experimentellen Bedingungen	nach 1 Mon.; Ergebnisse stabil

Fortsetzung von Tabelle 13:

	Klienten					Therapeuten	
Name	Diagnose	Anzahl	Geschlecht	Alter	Sonstiges	Ausbildung	Anzahl
Sushinsky, 1972	Rauchen	—	—	—	—	—	—
Upper u. *Meredith*, 1970	Rauchen	51	—	—	—	—	—
Wagner u. *Bragg*, 1970	Rauchen	54	28w, 26m	$\bar{x}$=40	$\bar{x}$=30 Zigaretten am Tag	Psychologen	2
Whitman, 1969	Rauchen	73	39w, 34m	$\bar{x}$=42	$\bar{x}$=29,7 Zigaretten am Tag	nebenberuflich tätige Männer	3
Typ 2B: Psychotherapeut 1 vs. Psychotherapeut 2 für Klienten X							
Streltzer u. *Koch*, 1968	Rauchen	30	30w	18–22	—	Studentin unteren Semesters; Arzt	2

Behandlung			Ergebnisse		
Art	Anzahl der Sitzungen	Gesamtdauer	Beurteilungsverfahren	Erfolg	Nachuntersuchung
Ekelerregung vs. individuelle Anstrengung vs. minimale Behandlung	—	—	Häufigkeit des Rauchens	keine signifikanten Unterschiede zwischen den Bedingungen; signifikante Prä-Post-Reduktionen unter allen Bedingungen	nach 2 Mon.; alle Gruppen Rückfall in die Ausgangsposition
Kontrolle durch Zeitgeber vs. Zuwendung vs. Nichtbehandlung (Kontrollgruppe)	—	6 Wo.	Häufigkeit des Rauchens	Kontrolle durch Zeitgeber erzielt 53 %ige Reduktion; in den anderen Gruppen 16 bzw. 15 %	
Systematische Desensibilisierung + verdeckte Sensibilisierung vs. Systematische Desensibilisierung vs. Entspannung vs. Beratung vs. Nicht-Behandlung (Kontrollgruppe)	8	31 Tg.	Häufigkeit des Rauchens	keine signifikanten Unterschiede zwischen den Bedingungen	nach 7, 30, 90 Tagen; signifikante Reduktionen aufgrund aller Behandlungen stabil
Aversive Konditionierung vs. Informationen vs. inkompatibles Verhalten vs. Nichtbehandlung (Kontrollgruppe)	5	5 Wo.	Häufigkeit des Rauchens	keine signifikanten Unterschiede zwischen den Behandlungen; signifikante Prä-Post-Reduktion unter allen Bedingungen	nach 3 Mon.; Ergebnisse nicht stabil
emotionales Rollenspiel (Mitspieler mit hohem Status) vs. emotionales Rollenspiel (Mitspieler mit niedrigem Status) vs. Nichtbehandlung (Kontrollgruppe)	1		Häufigkeit des Rauchens; Skala zur Einstellungsmessung	beide Rollenspielbedingungen > keine Behandlung; hoher-Status-Gruppe > niedriger-Status-Gruppe in bezug auf negative Einstellungen zum Rauchen	nach 3–4 Wo. Ergebnisse stabil

Fortsetzung von Tabelle 13:

	Klienten					Therapeuten	
Name	Diagnose	Anzahl	Geschlecht	Alter	Sonstiges	Ausbildung	Anzahl
3. Ebene: Bidifferentielle Maßschneiderungen							
Typ 3A: Psychotherapie A vs. Psychotherapie B für Klienten X vs. Klienten Y							
Berecz, 1972	Rauchen	110	70m, 40w	17–30	Durchschnitt: 50–130 Zigaretten in der Wo.; schwere Fälle: 130–236 Zigaretten in der Wo.	—	—

Behandlung			Ergebnisse		
Art	Anzahl der Sitzungen	Gesamtdauer	Beurteilungsverfahren	Erfolg	Nachuntersuchung
Schock bei tatsächlichem Rauchen vs. Schock bei vorgestelltem Rauchen vs. kontrollierter minimaler Kontakt vs. Placebo-Applikation (Kontrollgruppe) vs. Warteliste (Kontrollgruppe)	6	3 Wo.	Häufigkeit des Rauchens	nur bei starken männlichen Rauchern: Schock bei vorgestelltem Rauchen > Schock bei tatsächlichem Rauchen > Placebo-Applikation; bei männlichen Durchschnittsrauchern: vorgestelltes Rauchen = tatsächliches Rauchen; vorgestelltes Rauchen > Placebo; bei weiblichen Rauchern: alle Behandlungen gleich	nach 5 Wo.; Ergebnisse nicht spezifiziert

7. Übergewicht

Die Forschungsliteratur über die psychotherapeutische Modifikation von Übergewicht, bei der Gewichtsverlust das primäre und explizite Ziel der Behandlung ist, wird von verschiedenen verhaltenstherapeutischen Ansätzen dominiert. Diese Ansätze können folgenden Kategorien zugeordnet werden: (1) Verfahren der aversiven Konditionierung, vor allem verdeckte Sensibilisierung, die versuchen, den Klienten dazu zu bringen, Situationen und Nahrungsmittel, die mit übermäßigem Essen zusammenhängen, zu vermeiden, (2) Verfahren der Selbstregulation, die die Beziehungen zwischen offenen und verdeckten Verhaltensweisen und ihren positiven Konsequenzen zu manipulieren versuchen (z. B. Kontingenzverträge), Selbstbewertung und -verstärkung, Coverant-Kontrolle (coverant control) und (3) die kombinierte Anwendung von individuell maßgeschneiderten Verfahren der operanten Konditionierung, die die antezedenten behavioralen und die konsequenten Variablen, die eine funktionelle Beziehung zum Übergewicht aufweisen, manipulieren. Leider ist gegenwärtig wenig gesichertes Beweismaterial über die relative Wirksamkeit dieser Methoden bei der Behandlung von Übergewicht vorhanden; und eine genaue Darstellung, wie diese Methoden mit differentiellen Eigenschaften des Klienten interagieren, fehlt auch weitgehend. Obwohl einige Ansätze der operanten Konditionierung ernsthaft versucht haben, bestimmte Behandlungsmethoden an die einzigartigen situativen und behavioralen Aspekte des Klienten anzupassen, haben diese Versuche bis jetzt noch keine empirisch abgesicherten Maßschneiderungen hervorgebracht (z. B. *Stuart,* 1967; *Stuart* und *Davis,* 1972).

Auf der nichtdifferentiellen Ebene hat die Mehrzahl der Untersuchungen, die sich mit der Beziehung zwischen verdeckter Sensibilisierung und Gewichtsverlust befaßt haben, statistisch signifikante Effekte festgestellt (z. B. *Janda* und *Rimm,* 1972; *Manno* und *Marston,* 1972; *Meynen,* 1970; *Murray* und *Harrington,* 1972; *Sachs* und *Ingram,* 1972). Im Gegensatz dazu fanden *Foreyt* und *Hagen* (1973) in bezug auf Gewichtsveränderung keinen Unterschied zwischen einer mit verdeckter Sensibilisierung behandelten Gruppe,einer Placebo-(Zuwendungs)-Gruppe und einer nicht behandelten Kontrollgruppe. Bei diesen Untersuchungen bestand die verdeckte Sensibilisierung aus der Instruktion, sich die Annäherung an ein höchstbegehrtes aber verbotenes Nahrungsmittel vorzustellen; unmittelbar darauf wurde der Person suggeriert, daß es ihr übel werde und daß sie anfange, sich zu erbrechen. Die Flucht aus diesen Situationen wird von vorgestellten Gefühlen der Behaglichkeit und der Zufriedenheit begleitet. Einige Forscher (z. B. *Stuart,* 1967) haben die Anwendung von verdeckter Desensibilisierung vorwiegend auf die Modifikation von solchen spezifischen Assoziationen zwischen bestimmten Situationen und dem Überessen beschränkt, die anderen Verfahren (auf der Basis von positiver Verstärkung) widerstanden haben.

Die explizite Manipulation und Neugestaltung der Beziehungen zwischen dem Eßverhalten und seinen positiven Folgen ist durch Verfahren der coveranten Konditionierung und Techniken des Kontingenzvertrages versucht worden. Coverante Konditionierung ist zum ersten Mal von *Homme* (1965) als ein Verfahren zur Veränderung der ‚Operanten des Geistes' (operants of the mind), die das Verhalten vorwiegend steuern, beschrieben worden. Es geht vom ‚*Premack*-Prinzip' der Verstärkung aus, wonach jede Verhaltensweise, deren Auftretenswahrscheinlichkeit gering ist, verstärkt werden kann, wenn ihr unmittelbar eine Verhaltensweise folgt, deren Auftretenswahrscheinlichkeit hoch ist. Zum Beispiel ist es möglich, die Wahrscheinlichkeit des Auftretens, sowohl von unangenehmen Gedanken, die sich mit dem Übergewicht beschäftigen, als auch von angenehmen Vorstellungen, die sich auf das Schlanksein beziehen, zu erhöhen, indem eine Aktivität, deren Auftretenswahrscheinlichkeit hoch ist, kontingent auf das Auftreten dieser Gedanken und Vorstellungen folgt. Auf diese Weise wird die Auftretenswahrscheinlichkeit von Gedanken, die nicht mit dem Eßverhalten vereinbar sind, erhöht und das Essen an sich möglicherweise weniger wahrscheinlich, d. h. seltener. Leider ist bis dato das wenige Forschungsmaterial über dieses Verfahren zur Regulierung des Gewichtsverlustes nicht sehr beeindruckend und ermutigend (z. B. *Horan* und *Johnson,* 1971; *Tyler* und *Straughan,* 1970).

Die Ergebnisse, die bei der Anwendung des Kontingenz-Vertrag-Verfahrens erzielt wurden, sind vielversprechender. Wie der Begriff besagt, handelt es sich hier im Grunde um eine Vereinbarung zwischen dem Klienten und dem Therapeuten über die Regeln, die explizit die behavioralen Voraussetzungen festlegen, die erfüllt sein müssen, damit der Klient einen bestimmten Verstärker erhält. Zum Beispiel vereinbarte *Mann* (1972) einen Kontingenzvertrag mit acht übergewichtigen Erwachsenen, die dem Therapeuten vor der Behandlung eine größere Anzahl von Gegenständen, die für sie wertvoll wären, übergaben. Die Klienten unterzeichneten einen rechtsgültigen Vertrag, in dem festgelegt wurde, welche Gewichtsverlustrate und welches endgültige Gewicht notwendig wären, um die Wertgegenstände (Verstärker) wiederzuerlangen. Darüber hinaus legte der Vertrag fest, daß bei bestimmten Gewichtszunahmen und bestimmten Gewichtsverlustraten, die unterhalb der vereinbarten Rate lagen, ein Teil der Wertobjekte für immer verloren sein würde. Die Ergebnisse zeigten einen durchschnittlichen Gewichtsverlust von 825 Gramm pro Woche (Streuung = –3,050 kg bis –100 g) im Laufe der Zeit, für die der Vertrag gültig war. Leider wurden, insbesondere innerhalb des Zeitabschnitts, in dem der Kontingenzvertrag nicht mehr gültig war, keine Nachuntersuchungen vorgenommen. Es ist möglich, daß die Klienten nach Ablauf des Vertrages ihre ‚vorvertraglichen Verhaltensweisen' wieder aufnehmen; vor allem, wenn man die Feststellung von *Mann* berücksichtigt, daß die Aufhebung der vereinbarten Konsequenzen von Gewichtszunahmen begleitet wurden, die etwa gleich groß waren, wie die Gewichtsverluste während der Laufzeit des Kontingenzvertrages. Trotz allem sind die Ergebnisse recht ermutigend und das Verfahren ist flexibel genug, um zuzulassen, daß der Therapeut bei jedem Klienten individuell vorgehen kann, ohne daß dadurch die wesentlichen Aspekte und Bestandteile des Verfahrens verlorengingen. Zum Beispiel ließen *Mahony, Moura* und *Wade* (1973) übergewichtige Klienten 21 US-Dollar auf ein Konto einzahlen. Das Geld wurde in 21 Aktien umgewandelt, deren Wert stieg, wenn die anderen Teilnehmer ihre Einlagen verwirkten, wenn sie die behavioralen Voraussetzungen, die notwendig waren, um den Verlust des Geldes zu verhindern, nicht erfüllten. Die Klienten fingen das Behandlungsprogramm mit einem leeren Konto an und konnten ‚sich selbst belohnen', indem sie beantragten, daß bei einem bestimmten Gewichtsverlust (z. B. 500 Gramm) eine Einzahlung (z. B. 2 Aktien) auf ihr Konto vorzunehmen sei. Diese Form des Kontingenzvertrages war bei Gewichtsreduzierung signifikant wirksamer als Selbstbestrafung, Selbstbewertung oder Kontrollverfahren, die nur aus Zuwendung bestanden.

Ein dritter Ansatz, mit dem beeindruckende Erfolge bei der Behandlung von Übergewicht erzielt wurden, setzt sich aus der gleichzeitigen Anwendung einer Vielzahl von Techniken der operanten Konditionierung zusammen. Zum Beispiel trainierte *Harris* (1969, 1971) mit übergewichtigen Personen die Anwendung von Techniken der Selbstbewertung; diese Techniken waren ausgerichtet auf: (1) die Prinzipien der positiven und negativen Verstärkung und die Anwendung dieser Prinzipien bei der Einschränkung des Essens, (2) die Stimuluskontrolle des Eßverhaltens und darauf, wie Manipulation der Umwelt die Häufigkeit des Essens beeinflussen können (z. B. indem man es vermeidet , am Kühlschrank vorbeizugehen) und (3) auf eine Analyse des tatsächlichen Eßverhaltens und darauf, wie Veränderungen der Parameter der Essensreaktionen die konsumierte Menge beeinflussen können (z. B. durch die Verlangsamung des Essens, indem erst wieder etwas in den Mund gesteckt werden darf, nachdem der letzte Bissen heruntergeschluckt wurde). Einige Personen wurden auch mit verdeckter Sensibilisierung trainiert; diese Methode zeigte aber in der vorliegenden Untersuchung keine Auswirkungen. Im Gegensatz dazu hatte die Anwendung eines Programms des operanten Konditionierens im Vergleich zu den Anstrengungen von Personen, die lediglich gebeten worden waren, selbst zu versuchen, Gewicht zu verlieren, signifikant höhere Gewichtsverluste zur Folge. *Stuart* (1967) führte ein ähnliches Behandlungsprogramm auf der Grundlage der operanten Konditionierung durch, das die Teilnehmer ‚Selbstkontrolle' des Überessens lehren sollte. Um dieses Ziel zu verwirklichen, erarbeitete Stuart sechs allgemeine Lernaspekte mit entsprechenden Verhaltensübungen, die die Kontrolle über das Überessen fördern sollten. Wir haben sie in Tabelle 14 aufgeführt. Während einer Behandlungsperiode von einem Jahr wurde ein durchschnittlicher Gewichtsverlust von etwa 500 Gramm pro Woche verzeichnet.

Tabelle 14: Lernprinzipien und Behandlungstechniken zur Selbstkontrolle des Eßverhaltens

Lernthema	*Verhaltensübung*
Essen ist eine Reaktion, die in verschiedene Bestandteile zerlegt werden kann, welche nach und nach kontrolliert und beherrscht werden können.	Unterbrechen Sie die Mahlzeiten anfänglich für kurze, später für immer längere Zeiträume.
Werden Sie sich der Verhaltensweisen bewußt, die vernünftiges Essen fördern und übermäßiges Essen verhindern!	Entfernen Sie alle Nahrungsmittel aus der Wohnung (die Küche ausgenommen) und verwahren Sie nur Nahrungsmittel, die zubereitet werden müssen.
Trennen Sie das Essen von anderen Verhaltensweisen, die für das Essen möglicherweise eine diskriminative Funktion haben!	Verbinden Sie das Essen nicht mit anderen Aktivitäten (z. B. Lesen, Fernsehen)!
Die Bestandteile der Essensreaktion können manipuliert und kontrolliert werden; die Folge ist, daß weniger Nahrung aufgenommen und das Essen mehr genossen wird.	Nehmen Sie nur wenig Essen in den Mund und legen Sie das Besteck hin, bis Sie alles geschluckt haben!
Erlernen Sie eine neue Reaktion auf die fixen diskriminativen Stimuli des Essens!	Üben Sie zu den gewohnten Essenszeiten alternative Verhaltensweisen, die eine hohe Auftretenswahrscheinlichkeit haben (Verstärker), aber nicht mit dem Essen zusammenhängen!
Assoziieren Sie begehrte Nahrungsmittel mit unangenehmen Gedanken, um sie dadurch weniger verlockend zu machen!	Verdeckte Sensibilisierung

Penick, Filion, Fox und *Stunkard* (1971) berichten ebenfalls über die erfolgreiche Anwendung von Verfahren der operanten Konditionierung zur Gewichtsreduktion. Sie verglichen die Ergebnisse eines Verhaltensmodifikationsprogramms mit den Ergebnissen einer ‚unterstützenden Gruppenpsychotherapie'. Das dreimonatige Verhaltensprogramm setzte sich aus folgenden Aspekten zusammen: (a) Die Personen mußten ein Tagebuch über die Mengen, die sie aßen, die Zeit und die situativen Bedingungen des Essens führen, (b) die Personen wurden ermutigt, nur an einem Ort zu essen, um eine diskriminative Kontrolle über die Stimuli zu bekommen, die das Eßverhalten steuerten, (c) den Personen wurden Techniken der Selbstkontrolle gelehrt (z. B. das Zählen jedes einzelnen Bissens) und (d) Verhaltensweisen, die das Essen hinauszögerten oder steuerten, wurden verstärkt (z. B. wurden Punkte, die in Geld umgetauscht werden konnten, kontingent vergeben, wenn vorgeschlagene Kontrollverfahren während einer Mahlzeit angewendet wurden oder eine Alternative zum Essen ersonnen wurde, sobald die Versuchung zu essen sich bemerkbar machte). Die Ergebnisse wurden ausgewertet, indem der prozentuale Anteil der Personen einer Gruppe, die mehr als 10, mehr als 15 oder mehr als 20 Kilo verloren hatten, festgestellt wurde. Im Vergleich zu den Personen, die am Programm der unterstützenden Gruppenpsychotherapie teilgenommen hatten, verloren etwa doppelt so viele Personen aus dem Verhaltensmodifikationsprogramm auf jeder Ebene das entsprechende an Gewicht. Jedoch ist es bezüglich dieser Variablen trotz des höheren durchschnittlichen Gewichtsverlusts der Teilnehmer am Verhaltensmodifikationsprogramm nicht möglich, statistisch zuverlässige Unterschiede zwischen den Behandlungsmethoden abzuleiten, da, was den Gewichtsverlust anbelangt, erhebliche individuelle Unterschiede zwischen den Personen innerhalb der standardisierten Programme auftraten.

Im Bestreben, sowohl die einzigartigen situativen Bedingungen, die das übermäßige Essen bei jedem Individuum steuern, unmittelbar zu berücksichtigen, als auch die Faktoren der Ernährung und des Energieverbrauchs, die das Gewicht beeinflussen, zu erfassen, haben *Stuart* und *Davis* (1972) ein detailliertes und umfangreiches Programm zur Gewichtsreduktion entwickelt. Im großen und ganzen stellt das Programm eine Erweiterung der Prinzipien der Verhaltensmodifikation dar, die früher von *Stuart* (1967) und seinen Mitarbeitern im Zusammenhang mit Diätkontrolle und körperlichen Übungen erarbeitet wurden. Die Einzelheiten dieses Programms werden im ausgezeichneten Buch von *Stuart* und *Davis*, *Slim Chance in a Fat World* (1972), umfassend dargestellt. Die Verhaltenskomponente des Programms besteht aus Techniken der operanten Konditionierung, die die antezedenten und konsequenten Bedingungen, die kontrolliertes Eßverhalten stören, beseitigen und gleichzeitig jene Ereignisse, die diesen Verhaltensweisen förderlich sind, unterstützen sollen. Es folgen einige Beispiele für die empfohlenen Verfahrensweisen:*)

1. Essen Sie nur in ein und demselben Raum!
2. Essen Sie nur an ein und derselben Stelle in diesem Raum!
3. Beschäftigen Sie sich während des Essens nicht mit etwas anderem!
4. Kaufen Sie keine problematischen Lebensmittel ein!
5. Verwenden Sie keine kalorienreichen Zutaten!
6. Lassen Sie Ihre Kinder und Ihren Ehepartner den Nachtisch allein essen!
7. Werfen Sie die auf den Tellern verbliebenen Reste vom Nachtisch sofort nach dem Essen in den Abfalleimer!
8. Sorgen Sie dafür, daß problematisches Essen so schwer wie möglich wird!
9. Verändern Sie Ihre soziale Umwelt so, daß die Nahrungsaufnahme so konstruktiv wie möglich wird!
10. Lassen Sie Ihre Eßgewohnheiten von anderen kontrollieren!
11. Vermeiden Sie es, mit vielen Nahrungsmitteln in Berührung zu kommen!
12. Lassen Sie kleine Portionen so groß wie möglich erscheinen!
13. Kontrollieren Sie Zustände der Deprivation!
14. Stellen Sie eine vernünftige Auswahl von erlaubten Nahrungsmitteln bereit!
15. Geben Sie sich Rückmeldungen über die Menge, die Sie essen dürfen!
16. Heben Sie sich übriggebliebene Nahrungsmittel für spätere Imbisse auf!
17. Gestalten Sie erlaubte Nahrungsmittel so attraktiv wie möglich!
18. Essen Sie langsamer!
19. Reagieren Sie auf neutrale Weise auf alle negativen Abweichungen von Ihrem Gewichtsverlustplan!
20. Stellen Sie sich die sofortigen und späteren Folgen des übermäßigen Essens vor!
21. Bringen Sie die graphischen Darstellungen des Essens, der körperlichen Übungen und der Gewichtsänderung täglich auf den neuesten Stand!
22. Belohnen Sie sich nach der Einhaltung von Essens- und Übungsvorschriften und / oder Gewichtsverlustvorschriften materiell!
23. Sorgen Sie für soziale Verstärkungen aller konstruktiven Bemühungen zur Modifikation all jener Verhaltensweisen, die mit dem Übergewicht zusammenhängen!

---

*) Verändert übernommen aus: *Stuart, R. B.* und *Davis, B.*: **Slim chance in a fat world.** (Champaign, Ill., Research Press 1972.)

Stuart und *Davis* (1972) stellen fest:

> „Die verschiedenen empfohlenen Schritte stellen die Techniken dar, die bei einer experimentellen Stichprobe von über 200 Frauen erfolgreich angewendet wurden. Für jeden Fall wurden die spezifischen Verfahrensweisen innerhalb des Kontextes eines allgemeinen Ansatzes zur Kontrolle der situativen Bedingungen individuell gestaltet. Wenn der übermäßige Esser mit anderen zusammenlebt ... hat es sich als notwendig erwiesen, wichtige Bezugspersonen in die anfängliche Planung und spätere Durchführung des Programms miteinzubeziehen ... 83 % derjenigen, die eine Person nennen und mit ihr bei der Kontrolle und Verstärkung des Eßverhaltens zusammenarbeiten konnten, verloren 20 oder mehr Prozent ihres Körpergewichtes; dieser Gewichtsverlust blieb mindestens bis zur Nachuntersuchung, 12 Monate nach Abschluß der Behandlung, erhalten. Nur 31 % derjenigen, die nicht mit mindestens einer Person zusammenarbeiteten, wiesen die gleiche Erfolgsrate auf" (S. 95 f.).

Zusammenfassend läßt sich feststellen, daß die Anwendung von *Verfahren der operanten Konditionierung, die ein breites Spektrum an persönlich relevanten antezedenten, behavioralen und konsequenten Variablen ändern,* gegenwärtig die optimale Maßschneiderung für die Modifikation von Übergewicht auf der nichtdifferentiellen Ebene darstellt. Das gilt sowohl für die kombinierte Anwendung von behavioralen Techniken, wie sie von Stuart und seinen Mitarbeitern beschrieben werden, als auch für Verfahren des *Kontingenzvertrags,* die theoretisch und praktisch in ein ‚Breitband'-Programm aufgenommen werden können.

Tabelle 15: Übergewicht

	Klienten					Therapeuten	
Name	Diagnose	Anzahl	Geschlecht	Alter	Sonstiges	Ausbildung	Anzahl
1. Ebene: Nichtdifferentielle Maßschneiderungen							
Typ 1A: Psychotherapie A für Klienten X							
Foreyt u. *Hagen,* 1973	Übergewicht	39	39w	18–24	mindestens 10 % Übergewicht	Psychologen	2
Foreyt u. *Kennedy,* 1971	Übergewicht	12	12w	$\bar{x}$=40	Mitglieder von TOPS	—	—
Janda u. *Rimm,* 1972	Übergewicht	18	15w, 3m	—	freiwillige Studenten der Anfangssemester; $\bar{x}$= 20,5 kg Übergewicht	Psychologiestudent höheren Semesters	1
R. A. Mann, 1972	Übergewicht	8	7w, 1m	18–33	vereinbarten, 12,5 kg oder mehr abzunehmen	—	—
Murray u. *Harrington,* 1972	Übergewicht	16	nur w	—	Mitglieder von TOPS	2 promovierte männliche Psychologen, 2 weibliche Auszubildende	4
Stuart, 1967	Übergewicht	8	8w	$\bar{x}$=32	Gewicht: 86–112 kg	—	—
Swanson u. *Dinello,* 1970	Übergewicht	25	1w, 24m	23–55	lange Vorgeschichte der Übergewichtigkeit; mindestens 50 % waren übergewichtig	keine Angabe	—

	Behandlung		Ergebnisse		
Art	Anzahl der Sitzungen	Gesamtdauer	Beurteilungsverfahren	Erfolg	Nachuntersuchung
verdeckte Sensibilisierung vs. Zuwendung vs. Nichtbehandlung (Kontrollgruppe)	18	9 Wo.	Gewichtsveränderung	verdeckte Sensibilisierung = Zuwendung = keine Behandlung	nach 9 Wo.
Furcht-Konditionierung vs. Nichtbehandlung (Kontrollgruppe)	22	9 Wo.	Gewichtsveränderung	Furcht-Konditionierung > keine Behandlung	nach 48 Wo.; Veränderung nicht stabil
verdeckte Sensibilisierung + verdeckte Verstärkung vs. Zuwendung vs. Nichtbehandlung (Kontrollgruppe)	6	6 Wo.	Gewichtsveränderung	verdeckte Sensibilisierung + verdeckte Verstärkung > Zuwendung = keine Behandlung	nach 6 Wochen signifikante Veränderungen stabil
Kontingenz-Vertrag	—	bis zu 200 Tagen	Gewichtsveränderung	bemerkenswerter Gewichtsverlust bei allen Kl. ($\bar{x}$=1050 g/Wo.)	—
verdeckte Sensibilisierung	13–15	10 Wo.	Gewichtsveränderung	signifikante Gewichtsabnahme	nach 6 Mon.; x= 2 kg Gewichtszunahme
„Verhaltens-Curriculum"	18	16 Wo.	Gewichtsveränderung	$\bar{x}$ Gewichtsverlust = 18,5 kg	nach 12 Mon.
Hungern (in der Klinik)	—	$\bar{x}$=38 Tg.	Gewichtsveränderung	anfänglicher Gewichtsverlust = 33,5 kg	nach 12 Mon.–20/25 Kl. wieder bis zur Höhe des ursprünglichen Gewichts zugenommen

Fortsetzung von Tabelle 15:

	Klienten					Therapeuten	
Name	Diagnose	Anzahl	Geschlecht	Alter	Sonstiges	Ausbildung	Anzahl
2. Ebene: Unidifferentielle Maßschneiderungen *Typ 2A: Psychotherapie A vs. Psychotherapie B für Klienten X*							
Harmatz u. *Lapuc,* 1968	Übergewicht	21	21m	29–48	Psychiatrie-Patienten; $\bar{x}$ Gewicht = 97,850 kg	—	—
Harris, 1969	Übergewicht	24	15w, 9m	—	mindestens 7,5 kg Übergewicht	—	—
Harris u. *Bruner,* 1971	Übergewicht	32	26w, 6m	18–48	entschlossen, mindestens 10 kg abzunehmen	Psychologiestudent höheren Semesters	1
Horan u. *Johnson,* 1971	Übergewicht	96	96w	—	20–30 % Übergewicht; Collegestudentinnen	Psychologiestudenten höherer Semster (des Faches „Beratung")	7
Mahoney u. a., 1973	Übergewicht	53	48w, 5m	x=40	mindestens 10 % Übergewicht; x=83,150 kg	—	—

Behandlung			Ergebnisse		
Art	Anzahl der Sitzungen	Gesamtdauer	Beurteilungsverfahren	Erfolg	Nachuntersuchung
Verhaltensmodifikation (Verlust der Kaution bei Gewichtszunahme) + Diät vs. Gruppentherapie + Diät vs. nur Diät	6	6 Wo.	Gewichtsveränderung; semantisches Differential	Verhaltensmodifikation + Diät = Gruppentherapie + nur Diät	nach 4 Wo.; Verhaltensmodifikation + Diät-Gruppen-Therapie + Diät = nur Diät
Selbstbeobachtung (Entspannung + Vorträge) + verdeckte Sensibilisierung vs. Selbstbeobachtung vs. Kontrolle mit Instruktion	20	10 Wo. unterschiedlich lang	Gewichtsveränderung	Selbstbeobachtung + verdeckte Sensibilisierung > Selbstbeobachtung > Kontrolle mit Instruktion	—
Therapievertrag vs. Selbstkontrolle vs. kontrollierte Zuwendung	—	12 Wo.	Gewichtsveränderung	Therapievertrag > Selbstkontrolle; signifikante Prä-Post-Reduktion durch Therapievertrag und Selbstkontrolle	nach 10 Mon. kein Unterschied zwischen den Gruppen
verdeckte Konditionierung vs. festgesetzte Coverants vs. kontrollierte Zuwendung (Diät) vs. Nichtbehandlung (Kontrollgruppe)	3	8 Wo.	Gewichtsveränderung	verdeckte Konditionierung = Zuwendungskontrolle > keine Behandlung	—
Selbstbelohnung plus Selbstbestrafung vs. Selbstbestrafung vs. Selbstbeobachtung vs. Kontrolle mit Information	8	4 Wo.	Gewichtsveränderung	Selbstbelohnung > Selbstbeobachtung = Kontrolle mit Information	nach 4 Mon. Selbstbelohnung und Selbstbelohnung + -bestrafung > Selbstbestrafung oder Kontrolle

Fortsetzung von Tabelle 15:

	Klienten					Therapeuten	
Name	Diagnose	Anzahl	Geschlecht	Alter	Sonstiges	Ausbildung	Anzahl
Manno u. *Marston, 1972*	Übergewicht	41	36w, 5m	—	entschlossen, mindestens 7,5 kg abzunehmen	Psychologiestudent höheren Semesters	1
Meynen, 1970	Übergewicht	36	36w	18–45	mindestens 20 % Übergewicht	—	—
Penick u. a., 1971	Übergewicht	32	24w, 8m	x=42	mindestens 20 % Übergewicht; Kl. bei denen eine Rehabilitation durchgeführt wurde	Internist (1) Krankenschwester (1); erfahren	4
Sachs u. *Ingram,* 1972	Übergewicht	10	—	—	Erwachsene	Psychologiestudenten höherer Semester	—

Behandlung			Ergebnisse		
Art	Anzahl der Sitzungen	Gesamtdauer	Beurteilungsverfahren	Erfolg	Nachuntersuchung
verdeckte Sensibilisierung (positiv) vs. verdeckte Sensibilisierung (negativ) vs. Kontrolle durch Minimal-Behandlung	6	4 Wo.	Gewichtsveränderung	verdeckte Sensibilisierung (positiv) = verdeckte Sensibilisierung (negativ) > Kontrolle durch Minimalbehandlung	nach 3 Mon. signifikante Veränderungen stabil
verdeckte Sensibilisierung vs. Systematische Desensibilisierung vs. Entspannung + Bitten vs. Nichtbehandlung (Kontrollgruppe)	8	8 Wo.	Gewichtsveränderung	verdeckte Sensibilisierung = Systematische Desensibilisierung = Entspannung + Bitten > keine Behandlung	—
Verhaltensmodifikation Beobachtung + Kontrolle der diskriminativen Stimuli des Essens + Verstärkung usw.) vs. Gruppentherapie	12	12Wo.	Gewichtsveränderung	Verhaltensmodifikation > Gruppentherapie	nach 3,6 Mon.; Ergebnisse stabil
verdeckte Sensibilisierung (vorwärts) vs. verdeckte Sensibilisierung (rückwärts)	2	3 Wo.	Gewichtsveränderung	keine signifikanten Unterschiede zwischen den Bedingungen, signifikante Prä-Post-Gewichtsverringerung unter allen Bedingungen	—

Fortsetzung von Tabelle 15:

Name	Klienten					Therapeuten	
	Diagnose	Anzahl	Geschlecht	Alter	Sonstiges	Ausbildung	Anzahl
Stollack, 1967	Übergewicht	99	—	18–55	20–30 % Übergewicht	Psychologiestudenten höherer und unterer Semester	6
Tyler u. *Straughan*, 1970	Übergewicht	57	57w	x=39,4	x Gewicht = 3,2 kg	—	—
Wollersheim, 1970	Übergewicht	79	nur w	18–36	$\bar{x}$ % Übergewicht = 14,3 kg	—	—

Behandlung			Ergebnisse		
Art	Anzahl der Sitzungen	Gesamtdauer	Beurteilungsverfahren	Erfolg	Nachuntersuchung
Essen-Assoz.-Schock + Tagebuch + Kontakt vs. unspezifischer Schock + Tagebuch + Kontrolle vs. Kontakt + Tagebuch vs. kein Kontakt + Tagebuch vs. kein Kontakt - über das Experiment unterrichtet vs. kein Kontakt - nicht über das Experiment unterrichtet	16	8 Wo.	Gewichtsveränderung	Kontakt plus Tagebuch > alle anderen Gruppen	10 Wo.; signifikante Änderung nicht stabil
verdeckte Konditionierung vs. Atem anhalten vs. Entspannung	7	9 Wo.	Gewichtsveränderung	verdeckte Konditionierung = Atem anhalten = Entspannung	—
Gruppe mit sozialem Druck vs. Gruppe mit einsichtsorientierter Therapie vs. Gruppe mit operanter Konditionierung vs. Nichtbehandlung (Kontrollgruppe)	10	12 Wo.	Gewichtsveränderung	Gruppe mit operanter Kond. = Gruppe mit sozialem Druck = einsichtsorientierte Gruppe > keine Behandlung	nach 8 Wo.; kein Unterschied zwischen den Gruppen

8. Schlaflosigkeit

Über Schlaflosigkeit liegt bis heute nur wenig Forschungsmaterial vor, und zwar sowohl in Hinblick auf die Gesamtzahl der Untersuchungen als auch hinsichtlich der Untersuchung verschiedener Methoden. Wie aus der Tabelle zu ersehen ist, haben sich sämtliche Untersuchungen mit der Wirksamkeit verschiedener Arten der Muskelentspannung befaßt, mit Muskelentspannung allein (z. B. *Borkovec* und *Fowles*, 1973; *Kahn* u. a., 1968) oder in Verbindung mit anderen spezifischen aktiven therapeutischen Bestandteilen (z. B. *Davison* u. a., 1973). Die Ergebnisse dieser Untersuchungen zeigen, daß *Übungen zur muskulären Tiefenentspannung* mit einer signifikanten Verkürzung der Zeitspanne, die zum Einschlafen benötigt wird, zusammenhängen; und auch die Aufwachrate verringert sich auf signifikante Weise. Um die Effektivität dieser Methode zu steigern, wird vorgeschlagen, die *Entspannungsübungen als Selbstkontrolltechniken einzusetzen* (*Goldfried*, 1971); das Individuum übernimmt dabei eine aktive Rolle bei der Anwendung dieser neuen Fähigkeit. Dadurch wird wahrscheinlicher, daß das Individuum die Fortschritte auf seine eigenen Verhaltensänderungen zurückführt (z. B. *Weil* und *Goldfried*, 1972). Diese Vorgehensweise steht im Einklang mit den Befunden von *Davison* u. a. (1973), die darauf hinweisen, daß die Attribuierung der Therapiefortschritte auf eigene Bemühungen möglicherweise zum Aufrechterhalten der positiven Veränderungen beitragen kann.

Tabelle 16: Schlaflosigkeit

	Klienten					Therapeuten	
Name	Diagnose	Anzahl	Geschlecht	Alter	Sonstiges	Ausbildung	Anzahl
1. Ebene: Nichtdifferentielle Maßschneiderungen *Typ 1A: Psychotherapie A für Klienten X*							
Kahn u. a., 1968	Schlaflosigkeit	17	15m, 2w	—	Collegestudenten der Anfangssemester und Studenten höherer Semester	keine Angabe	—
2. Ebene: Unidifferentielle Maßschneiderungen *Typ 2A: Psychotherapie A vs. Psychotherapie B für Klienten X*							
Borkovec u. *Fowles,* 1973	Schlaflosigkeit	37	nur w	—	freiwillige Collegestudentinnen	männliche Studenten höherer Semester	4
Davison u. a., 1973	Schlaflosigkeit	15	10m, 5w	19–25	Collegestudenten	keine Angabe	—
Nicassio u. *Bootzin,* 1974	Schlaflosigkeit	30	9m, 21w	$\bar{x}$=45,1	keine Medikation	Psychologe	1

Behandlung			Ergebnisse		
Art	Anzahl der Sitzungen	Gesamtdauer	Beurteilungsverfahren	Erfolg	Nachuntersuchung
Entspannung (Autogenes Training)	2	2 Wo.	Eigenbericht	84 % gebessert	nach 1 J.; Ergebnisse stabil
Entspannung vs. Entspannung durch Hypnose vs. Selbstentspannung vs. Nichtbehandlung (Kontrollgruppe)	3	3 Wo.	Verhalten; Eigenbericht; physiologische Messungen	Entspannung = Entspannung durch Hypnose = Selbstentspannung > keine Behandlung	keine
Stimuluskontrolle + Entspannung + Medikamente + Instruktionen über die zu erwartende Wirksamkeit des Medikaments (minimal vs. maximal)	—	1 Wo.	Verhalten; Eigenbericht über das Maß, in dem der Kl. sich ausgeschlafen fühlt	Stimuluskontrolle + Entspannung + Medikamente + Instruktion über die minimale Wirksamkeit > Stimuluskontrolle + Entspannung + Medikamente + Instruktion über die maximale Wirksamkeit	keine
Entspannung vs. Autogenes Training vs. Kontrolle durch Selbstentspannung vs. Nichtbehandlung (Kontrollgruppe)	4	4 Wo.	Eigenbericht über das Schlafverhalten; Berichte von Ehepartnern oder Zimmergenossen; Pupillographie	Entspannung = Autogenes Training > Selbstentspannung = keine Behandlung	nach 6 Mon.; Ergebnisse stabil

9. Psychosen

9.1. Schizophrenie

Vieles weist darauf hin, daß Schizophrenie, mehr als irgendeine andere Störung, die in diesem Buch behandelt wird, als eine *Gruppe* von Störungen - die Schizophrenien - aufzufassen ist, oder, wie es *Rosenthal* (1968) vorschlägt, als „das schizophrene Spektrum" verstanden werden kann. Abgesehen von möglichen ätiologischen Unterschieden, differieren die verschiedenen schizophrenen Störungen in dem Maße voneinander, in dem sie aus Störungen der Stimmungslage, des sozialen Verhaltens, Ängsten, bestimmten Fähigkeitsdefiziten usw. bestehen oder diese widerspiegeln. Mit anderen Worten bilden und widerspiegeln die schizophrenen Störungen auf differentielle Weise eine Reihe von Charakteristika und Syndromen. Damit ist schon eine ganze Reihe von Maßschneiderungen garantiert.

Pharmakologische Interventionen scheinen bei Ängsten, Störungen der Stimmungslage, Hyperaktivität und anderen Zuständen der ‚erhöhten Erregung', die mit einigen Formen der Schizophrenie einhergehen, am geeignetsten zu sein. Verschiedene Formen der Psychotherapie können bei diesen Klienteneigenschaften eine geeignete sekundäre Maßschneiderung darstellen. Sehr wirksam sind sie jedoch nicht, wie aus den Ergebnissen einer Reihe von Untersuchungen hervorgeht, die mit der kombinierten Anwendung von Medikamenten und Psychotherapie nicht mehr Erfolge erzielten, als mit medikamentöser Therapie allein.

Durch die Teilnahme an einer *Münzökonomie* können Apathie und Zurückgezogenheit auf wirksame Weise verringert und soziale Interaktionen und Kommunikationen auf wirksame Weise gesteigert werden; das gilt auch für die Anwendung von Verfahren des Kontingenzmanagements oder von Verfahren auf der Basis von *Verstärkung.* Bestimmte andere Formen der Psychotherapie - wie Milieutherapie, therapeutische Gemeinschaft, Therapie durch Kameradschaft (companionship therapy) und sozioökologische Therapie - haben ebenfalls eine, wenn auch weniger konsistente, Zunahme der Interaktionen und der Kommunikation zur Folge. Die persönliche Zuwendung stellt einen zentralen Bestandteil dieser Art von Therapien dar; vom Standpunkt des Maßschneiderns aus gesehen ist von Bedeutung, daß persönliche Zuwendung allgemein als generalisierte soziale Verstärkung aufgefaßt wird, die zu signifikanten Verhaltensänderungen führen kann. Verfahren, bei denen Verstärkung angewendet wird, sind also als Maßschneiderungen geeignet, wenn das therapeutische Ziel die Verringerung von Apathie und die Förderung sozialer Interaktionen ist.

Auch wenn apathisches Verhalten verringert und die Fähigkeit zur sozialen Interaktion gesteigert wird, können bestimmte Typen von Schizophrenen (z. B. chronisch Schizophrene oder Schizophrene mit mangelhafter prämorbider Anpassung) noch ausgeprägte Defizite an bestimmten Fertigkeiten aufweisen. Es hat sich gezeigt, daß für solche Klienten das *Trainieren von Fertigkei-*

ten von Nutzen ist. Die Therapien, deren Wirksamkeit beim Trainieren von Fertigkeiten nachgewiesen ist, sind *Aktivitätstraining, Übungen im strukturierenden Lernen und das Training von Gewohnheiten.*

Es kommt nur selten vor, daß bei den oben erwähnten Therapien und bei den Therapien, die sich jedenfalls unmittelbar nach Abschluß der Behandlung als unwirksam erweisen, Nachuntersuchungen zur Überprüfung möglicher Langzeitwirkungen vorgenommen werden. Die Maßschneiderungen, die wir hier zur Behandlung von Schizophrenie vorschlagen, sind also eher vorläufiger Art; die Untersuchung von langfristigen Auswirkungen ist eine notwendige Forschungsaufgabe, die erst noch geleistet werden muß.

Während der zwei letzten Jahrzehnte ist umfangreiches, für die Maßschneiderung relevantes Forschungsmaterial erarbeitet worden, das sich mit der Rolle der Persönlichkeit des Therapeuten bei der Behandlung von Schizophrenie befaßt (*Chartier,* 1971; *Raxin,* 1971). *Whitehorn* und *Betz* (1954) waren die ersten, die zwischen Psychotherapeuten, die vergleichsweise hohe Erfolgsraten (etwa 75 %) bei der Behandlung von stationären Schizophrenen erzielt hatten, und Psychotherapeuten mit niedrigen Erfolgsraten (etwa 27 %) unterschieden. Die erfolgreichen Therapeuten wurden als „Typ A", die weniger erfolgreichen als „Typ B" bezeichnet. Zusätzlich zu den unterschiedlichen Erfolgsraten stellten *Betz* und *Whitehorn* (1956) fest, daß A-Therapeuten hohe Werte auf der „Anwalts"- und der „CPA"-Skala des Strong Vocational Interest Blank und niedrige Werte auf der „Drucker"- und der „Mathematik-Physik-Lehrer"-Skala aufwiesen. Bei den B-Therapeuten fanden sich entgegengesetzte Antwortmuster. Weiter hatten sowohl A- als auch B-Therapeuten hohe Werte auf der „Arzt"-, der „Psychologen"- und der „Beamten"-Skala auf. Noch wichtiger war die Feststellung, daß die beiden Typen von Therapeuten sich hinsichtlich folgender klinischer Dimensionen, die mit den unterschiedlichen Erfolgsraten zusammenhingen, unterschieden:

„*1. Die Art der Beziehung:* A-Therapeuten gelang es eher, das Vertrauen ihrer Klienten zu gewinnen;

2. Die Art der Formulierung der Probleme des Klienten: A-Therapeuten tendierten dazu, auf den Sinn des Klientenverhaltens und die zugrundeliegenden Motivationen einzugehen, während B-Therapeuten dazu tendierten, ihr ‚Verstehen' nur in deskriptiven, biographischen Dimensionen zu fassen;

3. Die Art der ausgewählten strategischen Therapieziele: A-Therapeuten tendierten dazu, folgende Therapieziele zu formulieren: (a) Der Klient soll seine Möglichkeiten und Fähigkeiten, die er zur konstruktiven Lösung seiner Konflikte einsetzen kann, besser kennenlernen, und (b) eine bedeutungsvolle und zuverlässige Klient-Therapeut-Beziehung, die den Neuanfang einer Entwicklung in Richtung auf größere Selbstsicherheit und Reifung der Persönlichkeit fördern soll, sollte hergestellt werden . . .;

4. Die Art des taktischen Vorgehens: A-Therapeuten waren aktiv und persönlich engagiert. Sie ergriffen häufig die Initiative, zeigten teilnahmsvolles Einfühlungsvermögen, drückten es offen aus, wenn sie anderer Meinung waren, widersprachen der Selbstverachtung der Klienten und setzten dem Verhalten der Klienten realistische Grenzen; demgegenüber nahmen B-Therapeuten eine passive, deutende und/oder lehrerhafte oder pragmatische Rolle ein" (*Razin,* 1971, S. 2).

Zusammenfassend kann man die A-Therapeuten als nichtdirektive Problemlöser bezeichnen, die diese Einstellung auf einfühlsame und überzeugende Weise vermitteln können (*Razin,* 1971). Im Gegensatz dazu scheinen B-Therapeuten eher voreingenommen und rigide zu sein, Anpassung an Konventionen zu verlangen und außerstande zu sein, sich auf einfühlsame Weise mit den phänomenalen Erfahrungen des schizophrenen Klienten auseinanderzusetzen.

Die Nützlichkeit dieser Ergebnisse für die Maßschneiderung wird durch die allgemeine und unpräzise Bezeichnung „Psychotherapie", mit der in den Untersuchungen, die sich mit dem Einfluß von A- und B-Therapeutenstilen bei Schizophrenen befaßt haben, die Behandlungsmethoden bezeichnet werden, leider wieder eingeschränkt. Wie notwendig es ist, bei der Untersuchung der Eigenschaften von A- und B-Therapeuten stärker auf Maßschneiderung ausgerichtete Ansätze zu verwenden, wird durch die Feststellung bekräftigt, daß die Art der Behandlungsmethode tatsächlich mit dem therapeutischen Stil interagiert. Zum Beispiel stellten *Whitehorn* und *Betz* (1957) keine Unterschiede zwischen den Erfolgsraten von A- und B-Therapeuten fest, wenn Insulintherapie mit ‚Psychotherapie' kombiniert wurde. Weiterhin sind die Eigenschaften des schizophrenen Klienten, zusätzlich zu den Behandlungsvariablen, wichtige Determinanten der Erfolgsraten von A- und B-Therapeuten. So fand *Betz* (1963), daß A- und B-Therapeuten bei der Behandlung von Prozeßschizophrenen unterschiedlichen Erfolg hatten, während sie bei Nicht-Prozeßschizophrenen gleich effektiv waren. Nach *Carson* (1967) „beschränkt sich die unterschiedliche Effektivität von A- und B-Therapeuten möglicherweise auf die unzugänglichsten und am schwersten gestörten Klienten . . ." (S. 47 f.) und „tendieren A-Therapeuten dazu, auf mißtrauische extrapunitive Personen mit mehr Engagement, Aktivität und Effektivität zu reagieren und scheinen mehr davon überzeugt zu sein, daß der andere sich flexibel und kooperativ verhält. Für B-Therapeuten mit vertrauensvollen, intrapunitiven Klienten gilt dasselbe" (S. 52).

Tabelle 17: Schizophrenie

Name	Klienten					Therapeuten	
	Diagnose	Anzahl	Geschlecht	Alter	Sonstiges	Ausbildung	Anzahl
1. Ebene: Nichtdifferentielle Maßschneiderungen *Typ 1A: Psychotherapie A für Klienten X*							
Atthowe u. *Krasner*, 1968	Schizophrenie (chronisch)	60	60m	$\bar{x}$ =57	$\bar{x}$ Jahre in der Klinik = 22	Versuchsleiter; Stationspersonal	—
Baker, 1971	Schizophrenie (chronisch)	18	4w, 14m	$\bar{x}$ =53	$\bar{x}$ Jahre in der Klinik = 29; stumm	Krankenschwestern	—
Bennet u. *Robertson*, 1955	Schizophrenie (chronisch)	20	20m	$\bar{x}$ =37,5	$\bar{x}$ Dauer der Krankheit = 15 J.	—	—
Bookhammer u. a., 1966	Schizophrenie (akut)	51	—	15–34	—	—	—
Eliseo, 1964	Schizophrenie (chronisch)	84	—	$\bar{x}$=40,4	$\bar{x}$ Jahre in der Klinik = 7,75	Pflege-Hilfspersonal	7
Foreyt u. *Felton*, 1970	Schizophrenie	67	35w, 37m	17–86; $\bar{x}$=35,6	18 Kl. nicht psychotisch	—	6

Behandlung			Ergebnisse		
Art	Anzahl der Sitzungen	Gesamtdauer	Beurteilungsverfahren	Erfolg	Nachuntersuchung
Münzökonomie	—	14 Mon.	Verhaltens-Rating; Entlassungsrate	gebesserte soziale Interaktion und Kommunikation, höhere Entlassungsrate	—
Verstärkung bei verbalen Reaktionen vs. Verstärkung bei Schweigen	26	13 Wo.	Verhaltens-Rating der Kommunikation	Verstärkung bei verbalen Reaktionen > Verstärkung bei Schweigen	nach 1 J.; Ergebnisse stabil
Training von Gewohnheiten vs. Nichtbehandlung (Kontrollgruppe)	—	2 J.	Verhaltens-Rating, Interviews, Wahrnehmungstests und kognitive Tests	keine signifikanten Unterschiede zwischen den Bedingungen; signifikante Prä-Post-Besserung lt. Verhaltens-Rating bei Training von Gewohnheiten bzgl. der persönlichen Erscheinung	—
direkte Analyse vs. reguläre Krankenhausbehandlung	—	—	Rating des Personals über Veränderungen im Selbstkonzept, in den Einstellungen zu anderen Personen, in den Arbeitsleistungen usw.	direkte Analyse = reguläre Krankenhausbehandlung	nach 5,0–5,5 J.
Neumotivierung vs. Nichtbehandlung (Kontrollgruppe) vs. Neumotivierung + Beschäftigungstherapie	24	24 Wo.	Skala zur Messung der Anpassung; Sozialisations-Rating	Neumotivierung = keine Behandlung = Neumotivierung + Beschäftigungstherapie	—
Milieutherapie	—	unterschiedlich	Verhaltens-Rating	Veränderung proportional zur Dauer der Behandlung	—

Fortsetzung von Tabelle 17:

	Klienten					Therapeuten	
Name	Diagnose	Anzahl	Geschlecht	Alter	Sonstiges	Ausbildung	Anzahl
Gorham u. *Green,* 1970	Schizophrenie (chronisch)	66	66m	$\bar{x}$=43	$\bar{x}$ Jahre in der Klinik = 18	Krankenschwestern; Schwesternhelferinnen	—
Grinspoon u. a., 1967	Schizophrenie (chronisch)	10	nur m	18–35	mindestens seit 3 Jahren in der Klinik	leitendes, psychoanalytisch orientiertes Personal	18
Horwitz u. a., 1958	Schizophrenie	12	—	—	—	John Rosen	1
Katkin u. a., 1971	Schizophrenie	72	72w	$\bar{x}$=43	ambulant behandelte Klienten	25 weibliche Freiwillige	—
Ludwig, 1968	Schizophrenie (chronisch)	30	14w, 16m	21–50	$\bar{x}$ Dauer des Klinikaufenthalts = 6,7 J.	—	—
Maley u. a., 1973	Schizophrenie (chronisch)	40	40w	$\bar{x}$=36,7	$\bar{x}$ Jahre in der Klinik = 8	—	—
Meichenbaum u. *Cameron,* 1973	Schizophrenie	10	10m	$\bar{x}$=36	$\bar{x}$ Jahre in der Klinik = $1^1/_2$	—	1
Mendel u. *Rapport,* 1963	Schizophrenie	166	166w	$\bar{x}$=32	$\bar{x}$ Jahre in der Klinik = 2,6	Klinikpersonal (aller Art)	—

	Behandlung		Ergebnisse		
Art	Anzahl der Sitzungen	Gesamtdauer	Beurteilungsverfahren	Erfolg	Nachuntersuchung
Münzökonomie	—	9 Mon.	Verhaltens-Rating	Verringerung des Rückzugsverhaltens, wirrer Gedanken und des Mißtrauens	—
analytische Therapie + Medikamente vs. analytische Therapie + Placebo	mindestens 92	2. J.	Verhaltens-Rating; Tagebücher der Kl.	analytische Therapie + Medikamente > analytische Therapie + Placebo	—
direkte Analyse	täglich	$\bar{x}$=2–3 Mon.	Therapeuten-Ratings über die Stabilität und das Fehlen psychotischer Schübe	kein Kl. erfüllte bezgl. emotionaler Stabilität und dem Ausbleiben psychotischer Schübe die Erfolgsnorm	nach 10 J.
unterstützende Therapie vs. Nichtbehandlung (Kontrollgruppe)	24 maximal	12 Mon.	Wiedereinlieferungsrate	unterstützende Therapie > keine Behandlung	—
Kontingenz-Management + Milieutherapie vs. Milieutherapie	—	10 Wo.	Verhaltens-Ratings, Skalen zur Einstellungsmessung	Kontingenz-Management + Milieutherapie bei einer Reihe von Verhaltens- und Skalendimensionen > Milieutherapie	—
Münzökonomie	—	22–31 Wo.	Verhaltens-Rating, standardisiertes Interview	Münzökonomie > keine Behandlung bzgl. Stimmung, Zusammenarbeit und Kommunikation	—
Selbstinstruktion vs. Nichtbehandlung (Kontrollgruppe)	8	3 Wo.	Interview, projektiv, Verhaltens-Rating	Selbstinstruktion bzgl. Zuwendungskriterien > keine Behandlung	—
Existential-Therapie	51	51 Mon.	Interview, Wiedereinlieferung	70 % der Kl. wurden nicht wieder eingeliefert	—

Fortsetzung von Tabelle 17:

	Klienten					Therapeuten	
Name	Diagnose	Anzahl	Geschlecht	Alter	Sonstiges	Ausbildung	Anzahl
Roos u. a., 1963	Schizophrenie	52	—	$\bar{x}$=52	—	—	—
Schaefer u. *Martin*, 1966	Schizophrenie (chronisch)	40	40w	—	apathisch	Krankenschwestern; Schwesternhelfer(innen)	—
Schnore, 1961	Schizophrenie (chronisch)	24	24m	$\bar{x}$=47	$\bar{x}$ Jahre in der Klinik = 18	Heilpraktiker, Beschäftigungs- und Musiktherapeuten	—
Stevenson u. *Viney*, 1973	Schizophrenie (chronisch und organ.)	100	25w, 75m	$\bar{x}$=56	$\bar{x}$ Jahre in der Klinik = 21	freiwillige Laien; 8 Männer, 42 Frauen	50
Weingaertne,, 1970	Schizophrenie (paranoid)	45	45m	—	halluzinierend	—	—

Behandlung			Ergebnisse		
Art	Anzahl der Sitzungen	Gesamtdauer	Beurteilungsverfahren	Erfolg	Nachuntersuchung
Neumotivierung vs. reguläre Behandlung (Kontrollgruppe)	—	6 Wo.	Verhaltens-Rating	Neumotivierung = reguläre Behandlung	nach 6 Wo.
kontingente Verstärkung von erwünschten Verhaltensweisen vs. Kontrollgruppe ohne kontingente Verstärkung	—	3 Mon.	Verhaltens-Rating über die Apathie	kontingente Verstärkung > Kontrollgruppe ohne kontingente Verstärkung	—
Aktivitätstherapie vs. Nichtbehandlung (Kontrollgruppe)	—	2 J.	Intelligenzmessung, projektive Tests, Einstellungsmessung	Aktivitätstherapie > keine Behandlung bei der Reduktion der Symptome	—
Kameradschaft vs. Nichtbehandlung (Kontrollgruppe)	—	—	Verhaltens-Rating	Kameradschaft bzgl. Rückzugsverhalten, Aggressivität, Depression und Desorganisation = keine Behandlung	—
Schock-Selbstapplikation vs. Placebo vs. Nichtbehandlung (Kontrollgruppe)	—	2 Wo.	Rating durch das Personal	Schock-Selbstapplikation = Placebo = keine Behandlung in bezug auf halluzinatorisches Verhalten (signifikanter Prä-Post-Rückgang unter allen Bedingungen)	—

Fortsetzung von Tabelle 17:

	Klienten					Therapeuten	
Name	Diagnose	Anzahl	Geschlecht	Alter	Sonstiges	Ausbildung	Anzahl
2. Ebene: Unidifferentielle Maßschneiderungen *Typ 2A: Psychotherapie A vs. Psychotherapie B für Klienten X*							
Appelby, 1963	Schizophrenie (chronisch)	53	53w	$\bar{x}$=38	$\bar{x}$ Jahre in der Klinik = 12	Klinikpersonal (unterschiedlicher Art)	—
Azima u. a., 1958	Schizophrenie	18	18w	$\bar{x}$=35	$\bar{x}$ Jahre in der Klinik = 10	Psychiater und Beschäftigungstherapeut	2
Baker u. *Thorpe,* 1956	Schizophrenie (chronisch)	48	—	—	$\bar{x}$ Jahre in der Klinik = 15	Krankenschwestern	3
Cockshott, 1971	Schizophrenie (Prozeß)	36	36w	—	—	—	—
Gelbart, 1971	Schizophrenie	28	28m	—	mangelnde Selbstsicherheit und zurückgezogen	—	—

Behandlung			Ergebnisse		
Art	Anzahl der Sitzungen	Gesamtdauer	Beurteilungsverfahren	Erfolg	Nachuntersuchung
kontinuierliche Therapie vs. Stoßtherapie vs. Krankenhausbehandlung vs. Nichtbehandlung (Kontrollgruppe)	—	1 J.	Verhaltens-Rating, Skalen zur Einstellungsmessung	kontinuierliche Therapie = Stoßtherapie = Krankenhausbehandlung > keine Behandlung in bezug auf Verbesserung der Kommunikation; signifikante Prä-Post-Besserung der Morbidität und Verbesserung der Eigenpflege und der sozialen Verantwortlichkeit der Kl. in allen Gruppen	nach 20 Mon.
Objektbeziehungen (Darbietung symbolischer infantiler Situationen) vs. Beschäftigungstherapie	120	6 Mon.	Verhaltens-Rating	keine statistischen Vergleiche; augenscheinliche Verbesserungen bei den Kl. der Objektbeziehungs-Gruppe bzgl. Kommunikation und Realitätsprüfung	nach 2 J.; Erfolge bei den gemäßigt, aber nicht bei den stark regridierten Kl. stabil
Training von Gewohnheiten vs. Elektroschocks vs. reguläre Krankenhaus-Behandlung	—	17 Wo.	Verhaltens-Rating	Training von Gewohnheiten > Elektroschocktherapie: Es wurde tagsüber weniger geschlafen, mehr geredet und die Kl. zogen sich häufiger selbst an	—
induzierte Angst vs. Zuwendung vs. Nichtbehandlung (Kontrollgruppe)	8	8 Wo.	Skalen zur Einstellungsmessung, Adjektiv Check-Listen, MMPI; Verhalten auf der Station	induzierte Angst > Zuwendung = keine Behandlung	—
Systematische Desensibilisierung vs. Entspannung	36	3 Mon.	Verhaltens-Rating, Selbsteinschätzung	Systematische Desensibilisierung = Entspannung	—

Fortsetzung von Tabelle 17:

	Klienten					Therapeuten	
Name	Diagnose	Anzahl	Geschlecht	Alter	Sonstiges	Ausbildung	Anzahl
Gutride u. a., 1973	Schizophrenie	78	33w, 45m	$\bar{x}$=37	sozial zurückgezogen	spez. ausgebildete Studenten der Anfangssemester	20
Gutride u. a., 1974	Schizophrenie	92	43w, 49m	$\bar{x}$=40	sozial zurückgezogen	spez. ausgebildete Studenten der Anfangssemester	40
Hartlage, 1970	Schizophrenie (chronisch)	44	44 w	$\bar{x}$=42	$\bar{x}$ Jahre in der Klinik = 17	Schwesternschülerinnen	22
Hogan, 1966	Schizophrenie	50	—	—	—	Psychologen	—
King u. a., 1960	Schizophrenie (chronisch)	48	48m	$\bar{x}$=34	$\bar{x}$ Jahre in der Klinik =9; zurückgezogen	erfahren	3
Marks u. a., 1968	Schizophrenie (chronisch)	22	22m	$\bar{x}$=36	$\bar{x}$ Jahre in der Klinik = 15	Stationspersonal	9
May, 1968	Schizophrenie	228	—	16–45	Ersteinweisung	Psychiater	41

Behandlung			Ergebnisse		
Art	Anzahl der Sitzungen	Gesamtdauer	Beurteilungsverfahren	Erfolg	Nachuntersuchung
strukturiertes Lernen (Modellernen, Rollenspiel, u. soziale Verstärkung) vs. traditionelle Therapie vs. Nichtbehandlung (Kontrollgruppe)	12	4 Wo.	Verhaltens-Rating, Skalen zur Messung der Stimmungslage	strukturiertes Lernen > traditionelle Therapie > keine Behandlung in bezug auf Zunahme der sozialen Interaktion	—
strukturiertes Lernen + Übertragungs-Training vs. strukturiertes Lernen vs. Kameradschaft vs. Nichtbehandlung (Kontrollgruppe)	15	5 Wo.	Verhaltens-Rating, Skalen zur Messung der Stimmungslage	strukturiertes Lernen + Übertragungs-Training = strukturiertes Lernen > Kameradschaft = keine Behandlung in bezug auf Zunahme der sozialen Interaktion	—
Verstärkung vs. „traditionelle" Psychotherapie (d. h. Interpretation, Beziehung)	35	7 Wo.	Skalen zur Einstellungsmessung, Therapeuten-Rating	Verstärkung > traditionelle Therapie bzgl. Einstellungen und Therapeuten-Kriterien	—
implosive vs. einsichtsorientierte Therapie	—	$\bar{x}$=4,9 -8,2 Mon.	MMPI, Entlassungen	implosive > einsichtsorientierte Therapie	1 J.; Erfolge stabil
operant interpersonal vs. Erholung vs. Zuwendung vs. Nichtbehandlung (Kontrollgruppe)	45 bis > 90	15 Wo.	Beobachtungen auf der Station; Skalen zur Einstellungsmessung, verbales Verhalten	operant interpersonal > Erholung = Zuwendung = keine Behandlung bzgl. mehrerer Kriterien	—
Münzökonomie vs. Beziehung (Überkreuzdesign)	—	20–26 Wo.	Skalen zur Einstellungsmessung; Messungen zur Sprache und zum Selbstkonzept	Münzökonomie = Beziehung (signifikante Prä-Post-Verbesserung durch beide Methoden)	—
unterstützende Psychotherapie + Medikamente vs. jede Behandlung für sich vs. Milieutherapie	$\bar{x}$=49	—	Selbst- und Therapeuten-Ratings, Skalen zur Einstellungsmessung, MMPI	unterstützende Therapie + Medikamente > unterstützende Therapie = Milieutherapie	—

Fortsetzung von Tabelle 17:

	Klienten					Therapeuten	
Name	Diagnose	Anzahl	Geschlecht	Alter	Sonstiges	Ausbildung	Anzahl
May u. *Tuma*, 1965	Schizophrenie	100	53w,47 m	$\bar{x}$=27	—	Psychiatriepatienten, Psychiater	17
Meichenbaum, 1966	Schizophrenie (akut)	64	64 m	$\bar{x}$=39	$\bar{x}$ mtl. Klinikaufenthalt = 13	—	—
Morris, 1968	Schizophrenie (akut)	70	—	—	$\bar{x}$ Jahre in der Klinik = 9	—	—
Pentony, 1971	Schizophrenie	48	—	—	—	Psychologen	4
Rogers u. a., 1967	Schizophrenie	48	24w, 24m	—	nach Geschlecht, Alter und SES gegliedert	Psychologen	8

Behandlung			Ergebnisse		
Art	Anzahl der Sitzungen	Gesamtdauer	Beurteilungsverfahren	Erfolg	Nachuntersuchung
analytische Therapie + Medikamente vs. jede Behandlung für sich vs. Elektroschock vs. reguläre Klinikbehandlung	—	maximal 1 J.	Therapeuten-Rating, Wiedereinweisung, Dauer des Klinikaufenthalts, Verhalten auf der Station	analytische Therapie + Medikament = Medikamente > analytische Therapie = Elektroschock = reguläre Klinikbehandlung	—
kontingent vs. nichtkontingente Verstärkung der Absonderung vs. Bestrafung von Nichtabsonderung vs. Nichtbehandlung vs. Nichtbehandlung (Kontrollgruppe)	2	2 Tage	Sprichwörtertest zur Messung des Abstraktionsniveaus	kontingente Verstärkung > alle anderen Bedingungen bzgl. Nachtest und generalisierte Abstraktion	—
Systematische Desensibilisierung + Selbstsicherheitstraining vs. Systematische Desensibilisierung vs. Konzentrationstherapie vs. Visualisierungstherapie vs. Nichtbehandlung (Kontrollgruppe)	—	—	Verhaltens-Rating, Selbsteinschätzung	signifikante Prä-Post-Reduktion der Angst bei Systematischer Desensibilisierung (beide Arten)	—
Systematische Desensibilisierung vs. Implosionstherapie vs. Zuwendung vs. reguläre Klinikbehandlung	10	—	Therapeuten-Rating, Selbsteinschätzung, MMPI	Systematische Desensibilisierung = Implosionstherapie = Zuwendung = reguläre Klinikbehandlung	—
klientenzentrierte Psychotherapie vs. Milieutherapie vs. Nichtbehandlung (Kontrollgruppe; keine Klienten)	—	2 Mon. bis $2^1/_2$ J.	projektive Tests, Beziehungs- u. Verhaltens-Ratings	klientenzentrierte Therapie = Milieutherapie = keine Behandlung	nach 1 J.; keine signifikanten Unterschiede

Fortsetzung von Tabelle 17:

	Klienten					Therapeuten	
Name	Diagnose	Anzahl	Geschlecht	Alter	Sonstiges	Ausbildung	Anzahl
Serber u. *Nelson,* 1971	Schizophrenie	24	9w, 15m	21–68	$\bar{x}$ Dauer des Klinikaufenthalts = 4 Mon.	—	2
Steinmetz, 1971	Schizophrenie	38	—	$\bar{x}$=37	$\bar{x}$ Jahre in der Klinik = 13	Autor	1
Tourney u. a., 1960	Schizophrenie (chronisch)	40	20w, 20m	$\bar{x}$=31,8	$\bar{x}$ Jahre in der Klinik = 7	Klinikpersonal (aller Art)	—
Ullmann u. a., 1965	Schizophrenie (chronisch)	60	60m	$\bar{x}$=41	$\bar{x}$ Jahre in der Klinik = 7	Psychologiestudenten höherer Semester	5
Wilson u. *Walters,* 1966	Schizophrenie	12	12m	$\bar{x}$=46	reden kaum	—	—

Behandlung			Ergebnisse		
Art	Anzahl der Sitzungen	Gesamtdauer	Beurteilungsverfahren	Erfolg	Nachuntersuchung
Systematische Desensibilisierung + Selbstsicherheits-Training vs. jede Methode für sich	max. 18	6 Wo.	Verhaltens-Rating, Selbsteinschätzung	Systematische Desensibilisierung + Selbstsicherheitstraining = Systematische Desensibilisierung = Selbstsicherheitstraining	nach 6 Mon.; Ergebnisse nur für die Systematische Desensibilisierung stabil
Verstärkung vs. Modellernen vs. Nichtbehandlung (Kontrollgruppe)	12	4 Wo.	Beobachtung des Vermögens, bei der Arbeit auszuharren	Verstärkung = Modellernen = keine Behandlung; unter der Verstärkungsbedingung signifikantes Anwachsen des Vermögens, bei der Arbeit auszuharren	—
reguläre Klinikbehandlung vs. Resozialisierung	—	9 Mon.	Skala zur Einstellungsmessung, Verhaltens-Rating	nur bei den Männern signifikante Prä-Post-Verbesserung bei den Einstellungen; keine signifikanten Unterschiede zwischen den Bedingungen	nach 20 Mon.; Erfolge nicht stabil
Verstärkung gesunder verbaler Äußerungen vs. Verstärkung gestörter Äußerungen vs. Verstärkung von Substantiven im Plural	1	20 min.	Häufigkeit gestörter Äußerungen	Verstärkung gesunder verbaler Äußerungen > Verstärkung gestörter verbaler Äußerungen = Verstärkung von Substantiven im Plural bzgl. des Rückgangs gestörter verbaler Äußerungen	—
Modellernen + Verstärkung vs. Modellernen vs. Nichtbehandlung (Kontrollgruppe)	16–30	—	Verhaltens-Rating des Sprechverhaltens	Modellernen + Verstärkung = Modellernen > keine Behandlung bzgl. verbale Produktivität	—

Fortsetzung von Tabelle 17:

	Klienten					Therapeuten	
Name	Diagnose	Anzahl	Geschlecht	Alter	Sonstiges	Ausbildung	Anzahl
Zeisset, 1968	Schizophrenie	48	48m	$\bar{x}$=40	$\bar{x}$ mtl. in der Klinik = 8	Psychologiestudent höheren Semesters	1
3. Ebene: Bidifferentielle Maßschneiderungen *Typ 3A: Psychotherapie A vs. Psychotherapie B für Klienten X vs. Klienten Y*							
Ludwig u. *Marx*, 1971	Schizophrenie	28	14w, 14m	$\bar{x}$=31	$\bar{x}$ Jahre in der Klinik = 10; sozial zurückgezogen vs. aufgeschlossen	—	—
Weinmann u. a., 1972	Schizophrenie	63	63m	$\bar{x}$ = 45	xJahre in der Klinik =12; geringe Selbstsicherheit und Zurückgezogen; jüngere Kl. (31, 9 J.) vs. ältere Kl. (54, 2 J.)	Psychologen und halbprofessionelle Auszubildende	9

Behandlung			Ergebnisse		
Art	Anzahl der Sitzungen	Gesamtdauer	Beurteilungsverfahren	Erfolg	Nachuntersuchung
Systematische Desensibilisierung vs. Entspannung + Applikation vs. Zuwendung vs. Nichtbehandlung (Kontrollgruppe)	4	2 Wo.	Verhaltens-Rating und Selbsteinschätzung der Angst	Systematische Desensibilisierung = Entspannung + Applikation > Zuwendung = keine Behandlung bzgl. Angstreduktion	—
Zuwendung + Strukturtherapie vs. jede Behandlung allein vs. Nichtbehandlung (Kontrollgruppe; Überkreuzdesign)	—	24 Wo.	Verhaltens-Rating, Skalen zur Einstellungsmessung	bei sozial zurückgezogenen Kl.: Zuwendung + Strukturtherapie > Zuwendung = Strukturtherapie > keine Behandlung; bei sozial aufgeschlossenen Kl.: Zuwendung + Strukturtherapie > keine Behandlung > Zuwendung >Strukturtherapie	—
Sozio-Umwelt-Therapie vs. Systematische Desensibilisierung vs. Entspannung	36	3 Mon.	Verhaltens-Rating, Skalen zur Angstmessung	Sozio-Umwelt-Therapie > Systematische Desensibilisierung = Entspannung (bei den älteren Kl.); Sozio-Umwelt-Therapie am wirksamsten bei den älteren Kl., bei den jüngeren Kl. keine Unterschiede zwischen den Behandlungen	—

Fortsetzung von Tabelle 17:

	Klienten					Therapeuten	
Name	Diagnose	Anzahl	Geschlecht	Alter	Sonstiges	Ausbildung	Anzahl
Typ 3 B: Psychotherapeut 1 vs. Psychotherapeut 2 für Klienten X vs. Klienten Y							
Karon u. *Vandenbos,* 1970	Schizophrenie	36	—	—	—	Psychiater und Psychologen; erfahren vs. unerfahren	12

Behandlung			Ergebnisse		
Art	Anzahl der Sitzungen	Gesamtdauer	Beurteilungsverfahren	Erfolg	Nachuntersuchung
analytische Therapie + Medikamente vs. analytische Therapie vs. unterstützende Therapie + Medikamente	60 (bei den analytischen Gruppen)	1 J.	Test über Konzeptbildung, Dauer des Klinikaufenthalts	analytische Therapie + Medikamente > unterstützende Therapie bzgl. Verkürzung des Klinikaufenthalts und Verringerung desorganisierter Gedanken; bei unerfahrenen Therapeuten und fehlender Medikation längerer Klinikaufenthalt aber weniger desorganisierter Gedanken; bei unerfahrenen Therapeuten + Medikation kürzerer Klinikaufenthalt aber keine Besserung bzgl. Gedanken	—

10. Zusammenfassung und Ausblick

Wir haben uns in diesem Abschnitt des Buches mit der Literatur zur Psychotherapieforschung befaßt, um Kombinationen von Klienten, Therapeuten und Behandlungsmethoden zu ermitteln, bei denen spezifische therapeutissche Ergebnisse voherzusagen sind. Weiter haben wir für jede diagnostische Kategorie die gegenwärtig optimale psychotherapeutische Maßschneiderung festgestellt. Diese jeweils anderen therapeutischen Methoden überlegenen Maßschneiderungen sind in Tabelle 18 zusammengefaßt worden. Diese Zusammenfassung macht deutlich, wie wichtig, notwendig und klinisch nützlich differentielle Behandlungsmethoden sind. Der ‚Paradigmawechsel' von eindimensionalen Psychotherapieuntersuchungen zu Untersuchungen mit faktoriellen Versuchsplänen, bei denen die Interaktion zwischen Klienten-, Therapeuten- und Therapievariablen berücksichtigt wird, hat zu ersten, aber klinisch bereits äußerst relevanten Kenntnissen darüber geführt, welche Klienten auf spezifische Weisen aus welchen Behandlungsformen Nutzen ziehen können. Wir verfügen jedoch über viel weniger Kenntnisse darüber, welchen Beitrag der Therapeut zu diesem Veränderungsprozeß leistet. Bis auf wenige Ausnahmen wurden bei Untersuchungen die spezifischen aktiven therapeutschen Bestandteile weder präzisiert noch analysiert. Es ist daher unbedingt notwendig, daß die zukünftige Forschung zur Maßschneiderung untersucht, wie bekannte Therapeutendimensionen innerhalb bestimmter Therapieansätze mit Klienteneigenschaften über verschiedene Behandlungskontexte hinweg interagieren. Eine zweite und ebenso dringende Notwendigkeit ist die Entwicklung eines theoretischen Bezugsrahmens, innerhalb dessen die empirisch ermittelten Maßschneiderungsbeziehungen integriert und erklärt werden können. Obwohl wir gezeigt haben, daß Diagnosen zweifellos für die psychotherapeutische Praxis relevant sein können, folgt daraus nicht unbedingt, daß eine Differenzierung von Klienten nach diagnostischen Etiketten den optimalen Ansatz zur Maßschneiderung darstellt. Vielmehr benötigen wir ein theoretisches und praktisches diagnostisches System, das sowohl die Heterogenität, die innerhalb der bestehenden diagnostischen Kategorien gewiß vorhanden ist, berücksichtigt, als auch die aktiven Therapeuten- und Therapievariablen, die während der Behandlung eine Rolle spielen, auf sinnvolle Weise zueinander in Beziehung setzen kann. Wenn das verwirklicht würde, wären Therapeuten sicher mehr in der Lage, spezifische Behandlungsmethoden oder Kombinationen von Behandlungsmethoden auszuwählen, die auf die einzigartigen Eigenschaften des je individuellen Klienten zugeschnitten sind. Gegenwärtig haben die verhaltensorientierten Therapiemethoden diesen Ansatz, in dem Diagnose und Therapie sowohl in der Theorie als auch in der Praxis aufeinander bezogen sind, im allgemeinen übernommen, was, jedenfalls zum Teil, eine Erklärung dafür sein könnte, daß dieser methodische Ansatz so weitreichende Beiträge zur Formulierung von derzeit optimalen psychotherapeutischen Maßschneiderungen geleistet hat und auf diesem Gebiet momentan eine Vormachtstellung einnimmt.

Tabelle 18: Zusammenstellung der nach heutigem Wissen wirksamsten Maßschneiderungen

Klient Diagnose	Charakteristika	Therapeut		Ergebnis
Neurosen				
phobische Reaktionen:				
Höhenangst	weiblich	—	Kontakt-Desensibilisierung	Verringerung der Angst (lt. Eigenbericht); Verbesserung des Verhaltens
Platzangst	—	—	unbekannt	—
Aquaphobie	Collegestudenten	Laien	Desensibilisierung *in vivo*	Verringerung der Angst (lt. Eigenbericht); Verbesserung des Verhaltens
Flugangst	Piloten	—	Systematische Desensibilisierung	Verringerung der Angst; (lt. Eigenbericht)
Furcht vor Krankheit und Tod	—	—	Gedankenstopp	Verringerung der Angst und der aus ihr resultierenden Gedanken
mangelnde Selbstsicherheit	Collegestudenten	Laien	Verhaltensübung	Verringerung der Angst (lt. Eigenbericht); Verbesserung des Verhaltens
soziale Ängste	Collegestudenten	Laien	Verhaltensübung	Verringerung der Angst (lt. Eigenbericht); Verbesserung des Verhaltens
Sprechangst	Collegestudenten	Laien und Fachleute	Systematische Desensibilisierung; Verhaltensübung; Implosionstherapie; Fixierte-Rollen-Therapie	Verringerung der Angst (lt. Eigenbericht); Verbesserung des Verhaltens

Diagnose	Klient Charakteristika	Therapeut	Behandlung	Ergebnis
Prüfungsangst	Grundschüler, High-School-Schüler, College Studenten	Fachleute und Laien	Systematische Desensibilisierung (plus kognitives Problemlösen)	Verringerung der Angst (lt. Eigenbericht); Verbesserung der Zensuren
Zwangshandlungen und -vorstellungen	männliche und weibliche Erwachsene	—	paradoxe Intention; Desensibilisierung *in vivo;* Reizüberflutung	Verringerung der Angst (lt. Eigenbericht); Verbesserung des Verhaltens
Hysterie	—	—	unbekannt	—
Depression	Erwachsene	Fachleute	Kontingenz-Management	Verringerung der Häufigkeit depressiven Verhaltens,
	weibliche Erwachsene	Fachleute	unterstützende Therapie; interpersonelles Problemlösen	verbesserte soziale Haltung
Psychosomatische Störungen				
Bronchialasthma	Erwachsene und Kinder	Fachleute	Systematische Desensibilisierung	Verringerung der asthmatischen Anfälle, gebessertes Atmen
Geschwürige Dickdarmentzündung	Personen mit eindeutig kategorisierbaren Objektbeziehungen	Fachleute	Psychoanalyse	Symptome gebessert; verbesserte Anpassung
	Personen mit schlecht kategorisierbaren Objektbeziehungen	Fachtherapeuten	nondirektive Therapie	Symptome gebessert; verbesserte Anpassung
Bluthochdruck und hypertensiver Kopfschmerz	männliche und weibliche Erwachsene	—	Biofeedback	Senkung des Blutdrucks und Verringerung der Häufigkeit von Kopfschmerzen
Migräne	männliche und weibliche Erwachsene	—	Systematische Desensibilisierung; Autogenes Training	Verringerung der Häufigkeit von Migräneanfällen

Klient Diagnose	Charakteristika	Therapeut	Behandlung	Ergebnis
Sexuelle Störungen				
Störungen in der sexuellen Orientierung (Homosexualität)	männliche Erwachsene; Vorgeschichte bzgl. lustorientierter Interessen im heterosexuellen Bereich	Fachleute	aversive Konditionierung; Psychoanalyse	Abnahme der homosexuellen Erregung und Zunahme an heterosexueller Erregbarkeit
Orgasmusstörungen (Frigidität)	introvertierte Frauen; gebildet	Fachleute	Systematische Desensibilisierung; „Masters und Johnson-Programm"	Ansteigen der Orgasmushäufigkeit
Orgasmusstörungen (Impotenz)	Erektionsstörungen (Männer)	Fachleute	Systematische Desensibilisierung; „Masters und Johnson-Programm"	gesteigerte Befriedigung durch Geschlechtsverkehr; Rückgang des erektiven Versagens
Fetischismus und Transvestismus	männliche Erwachsene	—	aversive Konditionierung	Rückgang des verdeckten und offenen Problemverhaltens
Exhibitionismus	männliche Erwachsene	Fachleute	verdeckte Sensibilisierung	Rückgang des verdeckten und offenen exhibitionistischen Verhaltens
Unsoziales Verhalten	Jugendliche und Erwachsene	Fachleute und Laien	Realitätstherapie	weniger Wortbruch und Rückgang der verbalen Aggressivität
Rauchen	männliche und weibliche Erwachsene	—	emotionales Rollenspiel	Reduktion des Zigarettenkonsums
Übergewicht	männliche und weibliche Erwachsene	Fachleute und Laien	Techniken des operanten Konditionierens; Kontingenz-Vertrag	Gewichtsverlust
Schlaflosigkeit	männliche und weibliche Erwachsene	Fachleute und Laien	Entspannungsübungen (Selbstkontrolltechniken)	Verkürzung der Einschlafzeit
Psychosen				
Schizophrenie	hospitalisierte männliche und weibliche Erwachsene	Fachleute und Laien	Kontingenz-Management	Rückgang der Apathie und Anwachsen der sozialen Interaktionen
	hospitalisierte männliche und weibliche Erwachsene	Fachleute und Laien	strukturiertes Lernen	Zunahme an sozialen Fertigkeiten

Literatur

Agras, W. S. Transfer during systematic desensitization therapy. Behaviour Research and Therapy, (1967) **5,** 193–199.

Alexander, A. B. Systematic relaxation and flow rates in asthmatic children: Relationship to emotional precipitants and anxiety. Journal of Psychosomatic Research, (1972) **16,** 405–410.

Alexander, A. B., Miklich, D. R. und *Hershkoff, H.* The immediate effects of systematic relaxation training on peak expiratory flow rates in asthmatic children. Psychosomatic Medicine, (1972) **34,** 388–394.

Alexander, F. und *Flagg, G. W.* The psychosomatic approach. In *B. B. Wolman* (Ed.), Handbook of clinical psychology. New York: McGraw-Hill, (1965) 855–947.

Alexander, L. Contribution of physical treatment to the process and goals of psychotherapy. American Journal of Psychiatry, (1966) **123,** 87–91.

Allen, G. J. Effectiveness of study counseling and desensitization in alleviating test anxiety in college students. Journal of Abnormal Psychology, (1971) **77,** 282–289.

Allen, G. J. The behavioral treatment of test anxiety: Recent research and future trends. Behavior Therapy, (1972) **3,** 253–262.

Allen, G. J. Treatment of group-administered or self-administered relaxation and study counseling. Behavior Therapy, (1973) **4,** 349–360.

American Psychiatric Association. Diagnostic and statistical manual of mental disorders. Washington, D. C., (1968).

Appleby, L. Evaluation of treatment methods for chronic schizophrenics. Archives of General Psychiatry, (1963) **8,** 8–21.

Arbuckle, D. S. und *Boy, A. V.* Client-centered therapy in counseling students with behavior problems. Journal of Counseling Psychology, (1961) **8,** 136-139

Astin, A. W. The functional autonomy of psychotherapy. American Psychologist, (1961) **16,** 75–78.

Atthowe, J. M. und *Krasner, L.* Preliminary report on the application of contingent reinforcement procedures (token economy) on a „chronic" psychiatric ward. Journal of Abnormal Psychology, (1968) **73,** 37–43.

Auld, F., Jr. und *Murray, E. J.* Content-analysis studies of psychotherapy. Psychological Bulletin, (1955) **52,** 377–395.

Azima, H., Wittkower, E. D. und *Latendresse, J.* Object relations therapy in schizophrenic states. American Journal of Psychiatry, (1958) **115,** 60–62.

Azrin, N. H. und *Powell, J.* Behavioral engineering: The reduction of smoking behavior by a conditioning apparatus and procedure. Journal of Applied Behavior Analysis (1968) **1,** 193–200.

Bach, G. R. Intensive group psychotherapy. New York: Ronald Press, (1954).

Baker, A. A. und *Thorpe, J. G.* Deteriorated psychotic patients – their treatment and its assessment. Journal of Mental Science, (1956) **102,** 780–789.

Baker, R. The use of operant conditioning to reinstate speech in mute schizophrenics. Behaviour Research and Therapy, (1971) **9,** 329–336.

Barlow, D. H. Increasing heterosexual responsiveness in the treatment of sexual deviation: A review of the clinical and experimental evidence. Behavior Therapy, (1973) **4,** 655–671.

Beck, A. T. Depression: causes and treatment. Philadelphia: University of Pennsylvania Press, (1967).

Beier, E. G. The silent language of psychotherapy. Chicago: Aldine, (1966).

Bennet, D. H. und *Robertson, J. P. S.* The effects of habit training on chronic schizophrenic patients. Journal of Mental Science, (1955) **101,** 664.

Bensen, H., Shapiro, D., Turskey, B. und *Schwartz, G.* Decreased systolic blood pressure through operant conditioning techniques in patients with essential hypertension. Science, (1971) **173,** 740–741.

Berecz, J. Modification of smoking behavior through self-administered punishment of imagined behavior: A new approach to aversion therapy. Journal of Consulting and Clinical Psychology, (1972) **38,** 244–250.

Bergin, A. E. und *Strupp, H. H.* Changing frontiers in the science of psychotherapy. Chicago: Aldine, (1972).

Bernstein, D. A. Modification of smoking behavior: An evaluative review. Psychological Bulletin, (1969) **71,** 418–440.

Betz, B. Validation of the differential treatment success of „A" and „B" therapists with schizophrenic patients. American Journal of Psychiatry, (1963) **119,** 1090–1091.

Betz, B. J. und *Whitehorn, J. C.* The relationship of the therapist to the outcome of therapy in schizophrenia. Psychiatric Research Reports, (1956) **5,** 89–105.

Beyme, J. Hyperesthesia of taste and touch treated by reciprocal inhibition. Behaviour Research and Therapy, (1964) **2,** 7–14.

Bhattacharyya, D. D. und *Singh, R.* Behavior therapy of hysterical fits. American Journal of Psychiatry, (1971) **128,** 602–606.

Bieber, B., Bieber, I., Dain, H. J., Dince, P. R., Drellich, M. G., Grand, H. G., Grundlach, R. H., Kremer, M. W., Wilber, C. B. und *Bieber, T. D.* Homosexuality. New York: Basic Books, (1963).

Birk, L., Huddleston, W., Miller, E., und *Cohler, B.* Avoidance conditionin for homosexuality. Archives of General Psychiatry, (1971) **25,** 313–323.

Blocher, D. What counseling can offer clients: Implications for research on selection. In J. M. Whiteley (Ed.), Research in counseling. Columbus, Ohio: Merrill, (1968) 5–21.

Blumberg, R. W. Therapist leadership and client dogmatism in a therapy analogue. Psychotherapy: Theory, Research and Practice, (1972) **9,** 132–138.

Bond, I. K. und *Hutchinson, H. C.* Application of reciprocal inhibition therapy to exhibitionism. The Canadian Medical Association Journal, (1960) **83,** 23–25.

Bookhammer, R. S., Meyers, R. W., Schober, C. C. und *Piotrowski, Z. A.* A five-year clinical follow-up study of schizophrenics treated by Rosen's „Direct analysis" compared with controls. American Journal of Psychiatry, (1966) **123,** 602–604.

Borkovec, T. D., Fowles, D. C. Controlled investigation of the effects of progressive and hypnotic relaxation on insomnia. Journal of Abnormal Psychology, (1973) **82,** 153–158.

Boulougouris, J. C., Marks, I. M. und *Marset, P.* Superiority of flooding (implosion) to desensitization for reducing pathological fear. Behaviour Research and Therapy, (1971) **9,** 7–16.

Brady, J. P. Brevital-relaxation treatment of frigidity. Behaviour Research and Therapy, (1966) **4,** 71–77.

Braginsky, B. M., Braginsky, D. D. und *Ring, K.* Methods of madness. New York: Holt, Rinehart und Winston, (1969).

Breger, L. und *McGaugh, J.* Critique and reformulation of learning theory approaches to psychotherapy and neurosis. Psychological Bulletin, (1965) **63,** 338–358.

British Tuberculosis Association. Hypnosis for asthma – controlled trial. A report to the research committee of the British Tuberculosis Association. British Medical Journal, (1968) **4,** 71–76.

Brody, B. Freud's case-load. Psychotherapy: Theory, Research and Practice, (1970) **7,** 8–12.

Brown, B. M. Cognitive aspects of Wolpe's behavior therapy. American Journal of Psychiatry, (1967) **124,** 854–859.

Brown, D. G. und *Bettley, F. R.* Psychiatric treatment of eczema: A controlled trial. British Medical Journal, (1971) **2,** 729–734.

Budzynski, T., Stoyva, J., und *Adler, C.* Feedback induced muscle relaxation: Application to tension headache. Paper presented at the Ninth Annual Meeting of the Society for Psychophysiological Research, Monterey, California, October 1969.

Burchard, J. Systematic socialization: A programmed environment for the habilitation of antisocial retardates. Psychological Record, (1967) **17,** 461–476.

Burchard, J. D. und *Barrera, B.* An analysis of time-out and response cost in a programmed environment. Journal of Applied Behavior Analysis, (1972) **5,** 271–282.

Burgess, E. P. The modification of depressive behaviors. In R. D. Rubin and C. M. Franks (Eds.), Advances in behavior therapy, 1968. New York: Academic Press, (1969) 193–199.

Buss, A. H. Psychopathology. New York: Wiley, (1966).

Carson, R. C. A and B therapist „types": a possible critical vaiable in psychotherapy. Journal of Nervous and Mental Disease, (1967) **144,** 47–54.

Cartwright, D. S. Annotated bibliography of research and theory construction in client-centered therapy. Journal of Counseling Psychology, (1957) **4,** 82–100.

Chapman, R. F., Smith, J. W. und *Layden, T.* Elimination of cigarette smoking by punishment and self-management training. Behaviour Research and Therapy, (1971) **9,** 255–264.

Chartier, G. M. A-B therapist variable: Real or imagined? Psychological Bulletin, (1971) **75,** 22–33.

Cockshott, J. B. The efficacy of induced anxiety with chronic hospitalized schizophrenics. Dissertation Abstracts International, (1971) **32,** 3631.

Cohen, R. The effects of group interaction and progressive hierarchy presentation on desensitization of test anxiety. Behaviour Research and Therapy, (1969) **7,** 15–26.

Cole, N. J., Branch, C. H H. und *Allison, R. B.* Some relationships between social class and the practice of dynamic psychotherapy. American Journal of Psychiatry, (1962) **118,** 1004–1012.

Collison, D. R. Hypnotherapy in the management of asthma. The American Journal of Clinical Hypnosis, (1968) **11,** 6–11.

Cooper, A. J. Outpatient treatment of impotence. The Journal of Nervous and Mental Disease, (1969) **149,** 360–371.

Cooper, A. J. Frigidity, treatment and short-term prognosis. Journal of Psychosomatic Research, (1970) **14,** 133–147.

Crighton, J. und *Jehu, D.* Treatment of examination anxiety by systematic desensitization or psychotherapy in groups. Behaviour Research and Therapy, (1969) **7,** 245–248.

Croft, M., Stephenson, G. und *Granger, C.* A controlled trial of authoritarian and self-governing regimes with adolescent psychopaths. American Journal of Orthopsychiatry, (1964) **34,** 543–554.

Curran, D. und *Parr, D.* Homosexuality: An analysis of 100 male cases seen in private practice. British Medical Journal, (1957) **1,** 797–801.

Davison, G. C., Tsujimoto, R. N. und *Glaros, A. G.* Attribution and the maintenance of behavior change in falling asleep. Journal of Abnormal Psychology, (1973) **82,** 124–133.

Devine, D. A. und *Fernald, P. S.* Outcome effects of receiving a preferred, randomly assigned and non-preferred therapy. Journal of Consulting and Clinical Psychology, (1973) **41,** 104–107.

DiLoreto, A. O. A comparison of the relative effectiveness of systematic desensitization, rational-emotive and client-centered group psychotherapy in the reduction of interpersonal anxiety in introverts and extroverts. Dissertation Abstracts International, (1970) **30,** 5230–5231.

DiLoreto, A. O. Comparative psychotherapy, an experimental analysis. Chicago: Aldine-Atherton, (1971).

Donner, L. Automated group desensitization – a follow-up report. Behaviour Research and Therapy, (1970) **8,** 241–248.

Donner, L. und *Guerney, B. G.* Automated group desensitization for test anxiety. Behaviour Research and Therapy, (1969) **7,** 1–13.

Druss, R. G., O'Connor, J. F. und *Stern, L. O.* Psychologic response to colectomy: II. Adjustment to a permanent colostomy. Archives of General Psychiatry, (1969) **20,** 419–427.

Dua, P. S. Comparison of the effects of behaviorally oriented action and psychotherapy reduction of introversion-extroversion, emotionality, and internal-external control. Journal of Counseling Psychology, (1970) **17,** 567–572.

D'Zurilla, T. J. und *Goldfried, M. R.* Problem solving and behavior modification. Journal of Abnormal Psychology, (1971) **78,** 107–126.

Eliseo, T. Effectiveness of remotivation technique with chronic psychiatric patients. Psychological Reports, (1964) **14,** 171–178.

Elliot, R., und *Tighe, T.* Breaking the cigarette habit: Effects of a technique involving threatened loss of money. Psychological Record, (1968) **18,** 503–513.

Ellis, A. The effectiveness of psychotherapy with individuals who have severe homosexual problems. Journal of Consulting Psychology, (1956) **20,** 191–195.

Emery, J. R. und *Krumboltz, J. D.* Standard versus individualized hierarchies in desensitization to reduce test anxiety. Journal of Counseling Psychology, (1967) **14,** 204–209.

Engeln, R. G. A comparison of desensitization and aversive conditioning as treatment methods to reduce cigarette smoking. Dissertation Abstracts International, (1969) **30,** 1357.

Evans, D. R. Masturbatory fantasy and sexual deviation. Behaviour Research and Therapy, (1968) **6,** 17–19.

Evans, D. R. Subjective variables and treatment effects in aversion therapy. Behaviour Research and Therapy, (1970), **8,** 147–152.

Eysenck, H. J. The effects of psychotherapy. In *H. J. Eysenck* (Ed.), Handbook of abnormal psychology: An experimental approach. New York: Basic Books, (1961) 697–725.

Faulk, M. Factors in the treatment of frigidity. British Journal of Psychiatry, (1971) **119,** 53–56.

Feinsilver, D. B. und *Gunderson, J. G.* Psychotherapy for schizophrenics – is it indicated? A review of the relevant literature. Schizophrenia Bulletin, (1972) **6,** 11–23.

Feldman, M. P. und *MacCulloch, M. J.* The application of anticipatory avoidance learning to the treatment of homosexuality. Behaviour Research and Therapy, (1965) **2,** 165–183.

Feldman, M. P. und *MacCulloch, M. J.* The results of aversion therapy on a series of homosexual patients. In *M. P. Feldman and M. J. MacCulloch,* Homosexual behavior: Therapy and assesment. New York: Pergamon Press, (1971) 65–94.

Foreyt, J. P. und *Felton, G. S.* Change in behavior of hospitalized psychiatric patients in a milieu therapy setting. Psychotherapy: Theory, Research and Practice, (1970) **1,** 139–142.

Foreyt, J. P. und *Hagen, R. L.* Covert sensitization: Conditioning or suggestion? Journal of Abnormal Psychology, (1973) **82,** 17–23.

Foreyt, J. P. und *Kennedy, W. A.* Treatment of overweight by aversion therapy. Behaviour Research and Therapy, (1971) **9,** 29–34.

Frank, J. D. Persuasion and healing: A comparative study of psychotherapy. Baltimore: Johns Hopkins Press, (1961).

Franks, C. M., Fried, R. und *Ashem, B.* An improved apparatus for the aversive conditioning of cigarette smokers. Behaviour Research and Therapy, (1966) **4,** 301–308.

Freeling, N. W. und *Shemberg, K. M.* The alleviation of test anxiety by systematic desensitization. Behaviour Research and Therapy, (1970) **8,** 293–299.

Freund, K. Some problems in the treatment of homosexuality. In H. J. Eysenck (Ed.), Behavior therapy and the neuroses. London: Pergamon Press, (1960) 312–326.

Friedman, D. The treatment of impotence by brevital relaxation therapy. Behaviour Research and Therapy, (1968) **6,** 257–261.

Gardner, G. G. The psychotherapeutic relationship. Psychological Bulletin, (1964) **61,** 426–437.

Garlington, W. K. und *Cotler, S. B.* Systematic desensitization of test anxiety. Behaviour Research and Therapy, (1968) **6,** 247–256.

Gelbart, P. A study of the use of systematic desensitization with relaxation and relaxation alone with withdrawn hospitalized male schizophrenic patients. Dissertation Abstracts International, (1971) **32,** 1334.

Gelder, M. G., und *Marks, I. M.* Severe agoraphobia: A controlled prospective trial of behavior therapy. British Journal of Psychiatry, (1966) **112,** 309–319.

Gelder, M. G. und *Marks, I. M.* Desensitization and phobia: A cross-over study. British Journal of Psychiatry, (1968) **114,** 323–328.

Gerson, P. und *Lanyon, R. I.* Modification of smoking behavior with an aversion – desensitization procedure. Journal of Consulting and Clinical Psychology, (1972) **38,** 399–402.

Gerz, H. O. Experience with the logotherapeutic technique of paradoxical intention in the treatment of phobic and obsessive-compulsive patients. American Journal of Psychiatry, (1966) **123,** 548–553.

Glasser, W. Reality therapy: A new approach to psychiatry. New York: Harper and Row, (1965).

Glen, A. Psychotherapy and medical treatment for duodenal ulcer compared using the augmented histamine test. Journal of Psychosomatic Research, (1968) **12,** 163–169.

Glick, B. S. Conditioning therapy with phobic patients: Success and failure. American Journal of Psychotherapy, (1970) **24,** 92–101.

Goldfried, M. R. Systematic desensitization as training in self control. Journal of Consulting and Clinical Psychology, (1971) **37,** 228–234.

Goldfried, M. R. und *Pomeranz, D. M.* Role of assessment in behavior and modification. Psychological Reports, (1968) **23,** 75–87.

Goldstein, A. P. Therapist-patient expectancies in psychotherapy. New York: Pergamon Press, (1962).

Goldstein, A. P. Domains and dilemmas. International Journal of Psychiatry, (1969) **7,** 128–134.

Goldstein, A. P. Psychotherapeutic attraction. New York: Pergamon Press, 1971.

Goldstein, A. P. Structured learning therapy: Toward a psychotherapy for the poor. New York: Academic Press, 1973.

Goorney, A. B. Treatment of aviation phobias by behavior therapy. British Journal of Psychiatry, (1970) **117,** 535–544.

Gorham, D. R. und *Green, L. W.* Effect of operant conditioning techniques on chronic schizophrenics. Psychological Reports, (1970) **27,** 223–234.

Grace, W. J., Pinsky, R. H. und *Wolff, H. G.* The treatment of ulcerative colitis. Gastroenterology, (1954) **26,** 462–468.

Graff, R. W., MacLean, G. D. und *Loving, A.* Group reactive inhibition and reciprocal inhibitions therapies with anxious college students. Journal of Counseling Psychology, (1971) **18,** 431–436.

Grimaldi, K. E. und *Lichtenstein, E.* Hot, smoky air as an aversive stimulus in the treatment of smoking. Behaviour Research and Therapy, (1969) **7,** 275 -282.

Grimshaw, L. The outcome of obsessional disorder: A follow-up study of 100 cases. British Journal of Psychiatry, (1965) **111,** 1051–1056.

Grinker, R. R. Emerging concepts of mental health and models of treatment: The medical point of view. American Journal of Psychiatry, (1969) **125,** 865–869.

Grinspoon, L., Ewalt, J. R. und *Shader, R.* Long term treatment of chronic schizophrenia: A preliminary report. International Journal of Psychiatry, (1967) **4,** 116–128.

Grossberg, J. M. Behavior therapy: A review. Psychological Bulletin, (1964) **62,** 73–88.

Gutride, M. E., Goldstein, A. P. und *Hunter, G. F.* The use of modeling and role playing to increase social interaction among asocial psychiatric patients. Journal of Consulting and Clinical Psychology, (1973) **40,** 408–415.

Gutride, M., Goldstein, A. P. und *Hunter, G. F.* Structured learning therapy for increasing social interaction skills. Journal of Clinical Psychology, (1974, July) 277–280.

Guttmacher, J. A. und *Birk, L.* Group therapy: What specific therapeutic advantages. Comprehensive Psychiatry, (1971) **12,** 546–556.

Haley, J. Strategies of psychotherapy. New York: Grune and Stratton, (1963).

Hark, R. D. An examination of the effectiveness of coverant conditioning in the reduction of cigarette smoking. Dissertation Abstracts International, (1970) **31,** 2958.

Harmatz, M. G. und *Lapuc, P.* Behavior modification of overeating in a psychiatric population. Journal of Consulting and Clinical Psychology, (1968) **32,** 583–587.

Harper, R. A. Psychoanalysis and psychotherapy, Englewood Cliffs, N. J.: Prentice Hall, (1959).

Harris, M. B. Self-directed program for weight control: A pilot study. Journal of Abnormal Psychology, (1969) **74,** 263–270.

Harris, M. B. und *Bruner, C. G.* A comparison of a self-control and a contract procedure for weight control. Behaviour Research and Therapy, (1971) **9,** 347–354.

Harris, M. B. und *Rothberg, C. A.* Self-control approach to reducing smoking. Psychological Reports, (1972) **31,** 165–166.

Hartlage, L. C. Subprofessional therapists' use of reinforcement versus traditional psychotherapeutic techniques with schizophrenics. Journal of Consulting and Clinical Psychology, (1970) **34,** 181–183.

Heller, K. A broader perspective for interview therapy. Presented at Midwestern Psychological Association, Chicago, (1965).

Hersen, M., Eisler, R. M., Alford, G. S. und *Agras, W. S.* Effects of token economy on neurotic depression: An experimental analysis. Behavior Therapy, (1973) **4,** 392–397.

Herzog, Elizabeth. Some guidelines for evaluative research. (United States Department of Health, Education and Welfare, Social Security Administration Children's Bureau, pamphlet) Washington, D. C.: Government Printing Office, (1959).

Hobbs, N. Sources of gain in psychotherapy. American Psychologist, (1962) **17,** 741–747.

Hodgson, R., Rachman, S. und *Marks, M.* The treatment of chronic obsessive-compulsive neurosis: Follow-up and further findings. Behaviour Research and Therapy, (1972) **10,** 181–189.

Hoehn-Saric, R., Frank, J. D., Imber, S. D., Nash, E. H., Stone, A. R. und *Battle, C. C.* Systematic preparation of patients for psychotherapy. I. Effects on therapy behavior and outcome. Journal of Psychiatric Research, (1964) **2,** 267–281.

Hogan, R. A. Implosive therapy in the short term treatment of psychotics. Psychotherapy: Theory, Research, and Practice, (1966) **3,** 25–32.

Homme, L. Perspectives in psychology: XXIV. Control of coverants, the operants of the mind. Psychological Record, (1965) **15,** 501–511.

Homme, L., Csany, A. P., Gonzales, M. A. und *Rechs, J. R.* How to use contingency contracting in the classroom. Champaign, III.: Research Press, (1970).

Horan, J. J. und *Johnson, R. G.* Coverant conditioning through a self-management application of the Premack principle: Its effects on weight reduction. Journal of Behaviour Therapy and Experimental Psychiatry, (1971) **2,** 243–249.

Horwitz, W., Polatin, P., Kolb, L. und *Hoch, P.* A study of cases of schizophrenia treated by „direct analysis". American Journal of Psychiatry, (1958) **114,** 780–783.

Hussain, M. Z. Desensitization and flooding (implosion) in treatment of phobias. American Journal of Psychiatry, (1971) **127,** 1509–1514.

Ingram, I. M. Obsessional illness in mental hospital patients. Journal of Mental Science, (1961) **107,** 382–402.

James, L. E. und *Foreman, M. E.* A-B status of behavior therapy technicians as related to success of Mower's conditioning treatment for enuresis. Journal of Consulting and Clinical Psychology, (1973) **47,** 224–229.

Janda, L. H. und *Rimm, D. C.* Covert sensitization in the treatment of obesity. Journal of Abnormal Psychology, (1972) **80,** 37–42.

Janis, I. L., und *Mann, L.* Effectiveness of emotional role-playing in modifying smoking habits and attitudes. Journal of Experimental Research in Personality, (1965) **1,** 84–90.

Johnson, S. M. und *Sechrest, L.* Comparison of desensitization and progressive relaxation in treating test anxiety. Journal of Consulting and Clincial Psychology, (1968) **32,** 280–286.

Johnson, T., Tyler, V., Thompson, R. und *Jones, E.* Systematic desensitization and assertive training in the treatment of speech anxiety in middle-school students. Psychology in the Schools, (1971) **8,** 263–267.

Kahn, M. und *Baker, B.* Desensitization with minimal therapist contact. Journal of Abnormal Psychology, (1968) **73,** 198–200.

Kahn, M., Baker, B. L. und *Weiss, J. M.* Treatment of insomnia by relaxation training. Journal of Abnormal Psychology, (1968) **73,** 556–558.

Kanfer, F., und *Phillips, J.* Learning foundations of behavior therapy. New York: Wiley, (1970).

Kanfer, F. H. und *Saslow, G.* Behavioral diagnosis. In C. M. Franks (Ed.), Behavior therapy: Appraisal and status. New York: McGraw-Hill, (1969) 417–444.

Karon, B. P. und *Vandenbos, G. R.* Experience, medication and the effectiveness of psychotherapy with schizophrenics. British Journal of Psychiatry, (1970) **116,** 427–428.

Karst, T. O. und *Trexler, L. D.* Initialstudy using fixed-role and rational-emotive therapy in treating public-speaking anxiety. Journal of Consulting and Clinical Psychology, (1970) **34,** 360–366.

Karush, A., Daniels, G. E., O'Connor, J F. und *Stern, L. O.* The response to psychotherapy in chronic ulcerative colitus. Psychomatic Medicine, (1969) **31,** 201–226.

Katahn, M., Strenger, S. und *Cherry, N.* Group counseling and behavior therapy with test anxious college Ss. Journal of Consulting Psychology, (1966) **30,** 544–549.

Katkin, S., Ginsburg, M., Rifkin, M. J. und *Scott, J. T.* Effectiveness of female volunteers in the treatment of outpatients. Journal of Counseling Psychology, (1971) **18,** 97–100.

Kellam, S. G., Goldberg, S. C., Schooler, N. R., Berman, A. und *Schelzev, J. L.* Ward atmosphere and outcome of treatment of acute schizophrenia. Journal of Psychiatric Research, (1967) **5,** 145–163.

Kelly, F. S., Farina, A. und *Mosher, D. L.* Ability of schizophrenic women to create a favorable or unfavorable impression on an interviewer. Journal of Consulting and Clinical Psychology, (1971) **36,** 404–409.

Keutzer, C. S. Behavior modification of smoking: The experimental investigation of diverse techniques. Behaviour Research and Therapy, (1968) **6,** 137–157.

Keutzer, C. S., Lichtenstein, E. und *Himes, K. H.* „Emotional" role playing and changes in smoking attitudes and behavior. Proceedings of the 77th Annual Convention of the American Psychological Association, (1969) **4,** 373–374.

Keutzer, C. S., Lichtenstein, E. und *Mees, H. L.* Modification of smoking behavior: A review. Psychological Bulletin, (1968) **70,** 520–533.

Kiesler, D. J. Some myths of psychotherapy research and the search for a paradigm. Psychological Bulletin, (1966) **65,** 110–136.

King, G. F., Armitage, S. G. und *Tilton, J. R.* A therapeutic approach to schizophrenics of extreme pathology: An operant-interpersonal method. Journal of Abnormal and Social Psychology, (1960) **61,** 276–286.

Klett, C.J. und *Moseley, E.C.* The right drug for the right patient. Cooperative Studies in Psychiatry, Veterans Administration, Report No. 54, November 1963.

Koenig, K.P. und *Masters, J.* Experimental treatment of habitual smoking. Behaviour Research and Therapy, (1965) **3,** 235–243.

Kondas, O. Reduction of examination anxiety and „stage fright" by group desensitization and relaxation. Behaviour Research and Therapy, (1967) **5,** 275–281.

Kringlen, E. Obsessional neurotics. British Journal of Psychiatry, (1965) **111,** 709–722.

Kumar, K. und *Wilkinson, J.C.M.* Thought stopping: A useful treatment in phobias of „internal stimuli". British Journal of Psychiatry, (1971) **119,** 305–307.

Kushner, M. und *Sandler, J.* Aversion therapy and the concept of punishment. Behaviour Research and Therapy, (1966) **4,** 179–186.

Lawson, D.M. und *May, R.B.* Three procedures for the extinction of smoking behavior. Psychological Record, (1970) **20,** 151–157.

Laxer, R.M., Quarter, J., Kooman, A. und *Walker, K.* Systematic desensitization and relaxation of high test-anxious secondary school students. Journal of Counseling Psychology, (1969) **16,** 446–451.

Laxer, R.M. und *Walker, K.* Counterconditioning versus relaxation in the desensitization of test anxiety. Journal of Counseling Psychology, (1970) **17,** 431–436.

Lazarus, A.A. The treatment of chronic frigidity by systematic desensitization. Journal of Nervous and Mental Disease, (1963) **136,** 272–278.

Lazarus, A.A. Behavior rehearsal vs. non-directive therapy vs. advice in effecting behavior change. Behaviour Research and Therapy, (1966) **4,** 209–212.

Lazarus, A.A. In support of technical eclecticism. Psychological Reports, (1967) **21,** 415–416.

Lazarus, A.A. Learning theory and the treatment of depression. Behaviour Research and Therapy, (1968) **6,** 83–89.

Lennard, H.L. und *Bernstein, A.* The anatomy of psychotherapy. New York: Columbia University Press, (1960).

Lewinsohn, P.M. und *Atwood, G.E.* Depression: A clinical-research approach, Psychotherapy: Theory, Research and Practice, (1969) **6,** 166–171.

Lewinsohn, P.M. und *Shaffer, M.* Use of home observations as an integral part of the treatment of depression: Preliminary report and case studies. Journal of Consulting and Clinical Psychology, (1971) **37,** 87–94.

Lichtenstein, E. und *Keutzer, C.S.* Experimental investigation of diverse techniques to modify smoking: A follow-up report. Behaviour Research and Therapy, (1968) **7,** 139–140.

Lichtenstein, E. und *Keutzer, C.S.* Modification of smoking behavior: A later look. In R.D. Rubin, H. Fensterheim, A. A. Lazarus, C. M. Franks (Eds.), Advances in behavior therapy, 1969. New York: Academic Press, (1971).

Lichtenstein, E., Keutzer, C.S. und *Himes, K.H.* „Emotional" role playing and changes in smoking attitudes and behavior. Psychological Reports, (1969), **25,** 379–387.

Liebert, R.M. und *Morris, L.W.* Cognitive and emotional components of test anxiety: A distinction and some initial data. Psychological Reports, (1967) **20,** 975–978.

London, P. The modes and morals of psychotherapy. New York: Holt, Rinehart, and Winston, (1964).

Love, L.R., Kaswan, J. und *Bugental, D.E.* Differential effectiveness of three clinical interventions for different socialeconomic groupings. Journal of Consulting and Clinical Psychology, (1972) **39,** 347–360.

Ludwig, A.M. The influence of nonspecific healing techniques with chronic schizophrenics. American Journal of Psychotherapy, (1968) **22,** 382–404.

Ludwig, A.M. und *Marx, A.J.* The response of chronic schizophrenics to attention and structure. British Journal of Psychiatry, (1971) **118,** 447–450.

Lyons, J. Experience. An introduction to a personal psychology. New York: Harper and Row, (1973).

MacCulloch, M.J., Birtles, C.J. und *Feldman, M.P.* Anticipatory avoidance learning for the treatment of homosexuality: Recent developments and an automatic aversion therapy system. Behavior Therapy, (1971) **2,** 151–169.

MacCulloch, M.J. und *Feldman, M.P.* Personality and the treatment of homosexuality. Acta Psychiatrica Scandinavica, (1967) **43,** 300–317.

Magaro, P.A. A prescriptive treatment model based upon social class and premorbid adjustment. Psychotherapy: Theory, Research and Practice, (1969) **6,** 57–70.

Mahoney, M.J., Moura, N.G. und *Wade, T.C.* Relative efficacy of self-reward, self-punishment, and self-monitoring techniques for weight loss. Journal of Consulting and Clinical Psychology, (1973) **40,** 404–407.

Maletzky, B.M. „Assisted" covert sensitization in the treatment of exhibitionism. Journal of Consulting and Clinical Psychology, (1974) **42,** 34–40.

Maley, R.F., Feldman, G.L. und *Ruskin, R.S.* Evaluation of patient improvement in a token economy treatment program. Journal of Abnormal Psychology, (1973) **82,** 141–144.

Malmo, R.B. Emotions and muscle tension: The story of Anne. Psychology Today, (1970) **3,** 64–67, 83.

Mann, J. Vicarious desensitization of test anxiety through observation of videotaped treatment. Journal of Counseling Psychology, (1972) **19,** 1–7.

Mann, L. The effects of emotional role playing on desire to modify smoking habits. Journal of Experimental Social Psychology, (1967) **3,** 334–348.

Mann, L. und *Janis, I.L.* A follow-up study on the long-term effects of emotional role-playing. Journal of Personality and Social Psychology, (1968) **8,** 339–342.

Mann, R.A. The behavior-therapeutic use of contingency contracting to control an adult behavior problem: Weight control. Journal of Applied Behavior Analysis, (1972) **5,** 99–109.

Manno, B. und *Marston, A.R.* Weight reduction as a function of negative covert reinforcement (sensitization) versus positive covert reinforcement. Behaviour Research and Therapy, (1972) **10,** 201–207.

Marcia, J.E., Rubin, B.M. und *Efran, J.S.* Systematic desensitization: Expectancy change or counterconditioning. Journal of Abnormal Psychology, (1969) **74,** 382–387.

Marks, I.M. Agoraphobic syndrome: Phobic anxiety state. Archives of General Psychiatry, (1970) **23,** 538–553.

Marks, I.M. und *Gelder, M.G.* Transvestism and fetishism: Clinical and psychological changes during faradic aversion. British Journal of Psychiatry, (1967) **113,** 711–729.

Marks, I., Gelder, M., und *Bancroft, J.* Sexual deviants two years after electric aversion. British Journal of Psychiatry, (1970) **117,** 173–185.

Marks, I.M., Gelder, M.G. und *Edwards, G.* Hypnosis and desensitization for phobias: A controlled prospective trial. British Journal of Psychiatry, (1968) **114,** 1263–1274.

Marks, I., Marset, P., Boulougouris, J., und *Huson, J.* Physiological accompaniments of neutral and phobic imagery. Psychological Medicine, (1971) **1,** 299–307.

Marks, I., Sonoda, B. und *Schalock, R.* Reinforcement vs. relationship therapy vor schizophrenics. Journal of Abnormal Psychology, (1968) **73,** 397–402.

Marsden, G. Content-analysis studies of therapeutic interviews: 1954–1964. Psychological Bulletin, (1965) **63,** 298–321.

Marston, A.R. und *McFall, R.M.* Comparison of behavior modification approaches to smoking reduction. Journal of Consulting and Clinical Psychology, (1971) **36,** 153–162.

Martinson, W.D. und *Zerface, J.P.* Comparison of individual counseling and a social program with nondaters. Journal of Counseling Psychology, (1970) **17,** 36–40.

Massimo, J.L. und *Shore, M.F.* Comprehensive vocationally oriented psychotherapy: A new treatment technique for lower-class adolescent delinquent boys. Psychiatry, (1967) **30,** 229–236.

Masters, W.H. und *Johnson, V.E.* Human sexual inadequacy. Boston: Little, Brown and Company, (1970).

May, P.R.A. Treatment of schizophrenia: New York: Science House, (1968).

May, P.R.A. und *Tuma, A.H.* Treatment of schizophrenia: An experimental study of five treatment methods. British Journal of Psychiatry, (1965) **111,** 503–510.

McCallum, R.N. The modification of cigarette smoking behavior: A comparison of treatment techniques. Dissertation Abstracts International, (1971) **31,** 6264.

McConaghy, N. und *Barr, R.F.* Classical, avoidance and backward conditioning treatments of homosexuality. British Journal of Psychiatry, (1973) **122,** 151–162.

McConaghy, N. Aversive therapy of homosexuality: Measures of efficacy. American Journal of Psychiatry, (1971) **127,** 1221–1224.
McFall, R. M. und *Hammen, C. L.* Motivation, structure, and self-monitoring: Role of nonspecific factors in smoking reduction. Journal of Consulting and Clinical Psychology, (1971) **37,** 80–86.
McFall, R. M. und *Lillesand, D. B.* Behavior rehearsal with modeling and coaching in assertion training. Journal of Abnormal Psychology, (1971) **77,** 313–323.
McFall, R. M. und *Marston, A. R.* An experimental investigation of behavior rehearsal in assertive training. Journal of Abnormal Psychology, (1970) **76,** 295–303.
McGuire, R. J. und *Vallance, M.* Aversion therapy vs. electric shock: A simple technique. British Medical Journal, (1964) **1,** 151–153.
McLachlan, J. F. C. Benefit from group therapy as a function of patient-therapist match on conceptual level. Psychotherapy: Theory, Research and Practice, (1972) **9,** 317–323.
McMahon, A. W. und *Shore, M. F.* Some psychological reactions to working with the poor. Archives of General Psychiatry, (1968) **18,** 562–568.
McMillan, J. R. und *Osterhouse, R. A.* Specific and generalized anxiety as determinants of outcome with desensitization of test anxiety. Journal of Counseling Psychology, (1972) **19,** 518–521.
McNair, D. M., Callahan, D. und *Lorr,* Therapist „type" and patient response to psychotherapy. Journal of Consulting and Clinical Psychology, (1962) **26,** 425–429.
McReynolds, W. T. und *Tori, C.* A further assessment of attention-placebo effects and demand characteristics in studies of systematic desensitization. Journal of Consulting and Clinical Psychology, (1972) **38,** 261–264.
Meichenbaum, D. H. Effects of social reinforcement on the level of abstraction in schizophrenics. Journal of Abnormal Psychology, (1966) **71,** 354–362.
Meichenbaum, D. H. Cognitive modification of test anxious college students. Journal of Consulting and Clinical Psychology, (1972) **39,** 370–380.
Meichenbaum, D. H., Bowers, K. S. und *Ross, R. R.* Modification of classroom behavior of institutionalized female adolescent offenders. Behaviour Research and Therapy, (1968) **6,** 343–353.
Meichenbaum, D., und *Cameron R.* Training schizophrenics to talk to themselves: A means of developing attentional controls. Behaviour Therapy, (1973) **4,** 515–534.
Mendel, W. und *Rapport, S.* Outpatient treatment for chronic schizophrenic patients. Archives of General Psychiatry, (1963) **8,** 190–196.
Meyer, A. E. Psychoanalytic versus behavior therapy of male homosexuals: A statistical evaluation of clinical outcome. Comprehensive Psychiatry, (1966) **7,** 110–117.
Meynen, G. E. A comparative study of three treatment approaches with the obese: Relaxation, covert sensitization, and modified systematic desensitization. Dissertation Abstracts International, (1970) **31,** 2998.
Miller, A. und *Gimpl, M.* Operant conditioning and self-control of smoking and studying. Journal of Genetic Psychology, (1971) **119,** 181–186.
Miller, L. C., Barrett, C. L., Hampe, E. und *Noble, H.* Comparison of reciprocal inhibition, psychotherapie, and waiting list control for phobic children. Journal of Abnormal Psychology, (1972) **79,** 269–279.
Mitchell, K. R. A psychological approach to the treatment of migraine. British Journal of Psychiatry, (1971a) **119,** 533–534.
Mitchell, K. R. Note on treatment of migraine using behavior therapy techniques. Psychological Reports, (1971b) **28,** 171–172.
Mitchell, K. R. und *Ng, K. T.* Effects of group counseling and behavior therapy on the academic achievement of test anxious students. Journal of Counseling Psychology, (1972) **19,** 491–497.
Moore, N. Behavior therapy in bronchial asthma: A controlled study. Journal of Psychosomatic Research, (1965) **9,** 257–276.
Moore, R. F., Albert, R. S., Manning, M. J. und *Glasser, B. A.* Explorations in alternatives to hospitalization. American Journal of Psychiatry, (1962) **119,** 560–569.
Moorefield, C. W. The use of hypnosis and behavior therapy in asthma. The American Journal of Clinical Hypnosis, (1971) **13,** 162–168.
Morgenstern, F. S., Pearce, J. F. und *Rees, W. L.* Predicting the outcome of behavior therapy by psychological tests. Behavior Research and Therapy, (1965) **2,** 191–200.

Morris, F. G. Anxiety reduction in schizophrenics through the use of systematic desensitization. Dissertation Abstracts International, (1968) **28,** 4297–4298.

Murray, D. C., und *Harrington, L. G.* Covert aversive sensitization in the treatment of obesity. Psychological Reports, (1972) **30,** 560.

Mylar, J. L., und *Clement, P. W.* Prediction and comparison of outcome in systematic desensitization and implosion. Behaviour Research and Therapy, (1972) **10,** 235–246.

Nicassio, P., und *Bootzin, R.* A comparison of progressive relaxation and autogenic training as treatments for insomnia. Journal of Abnormal Psychology, (1974) **83,** 253–260.

Ober, D. C. Modification of smoking behavior. Journal of Consulting and Clinical Psychology, (1968) **32,** 543–549.

O'Brien, R. M. Contingency factors in negative practice of smoking. Dissertation Abstracts International, (1972) **33,** 2352–2353.

O'Connor, J. F., Daniels, G., Karush, A., Moses, L., Flood, C. und *Stein, L.* The effects of psychotherapy on the course of ulcerative colitis – a preliminary report. American Journal of Psychiatry, (1964) **120,** 738–742.

Orne, M. I. und *Wender, P. H.* Anticipatory socialization for psychotherapy: Method and rationale. American Journal of Psychiatry, (1968) **124,** 1207–1212.

Orwin, A. Respiratory relief: A new and rapid method for the treatment of phobic states. British Journal of Psychiatry, (1971) **119,** 635–637.

Orwin, A. The running treatment: A preliminary communication on a new use for an old therapy (physical activity) in the agoraphobic syndrome. British Journal of Psychiatry, (1973) **122,** 175–179.

Osterhouse, R. A. Desensitization and study – skills training as treatment for two types of test anxious students. Journal of Counseling Psychology, (1972) **19,** 301–307.

Ovesey, L., Gaylin, W. und *Hendin, H.* Psychotherapy of male homosexuality. Archives of General Psychiatry, (1963) **9,** 19–31.

Parloff, M. B. Goals in psychotherapy: Mediating and ultimate. In A. R. Mahrer (Ed.), The goals of psychotherapy. New York: Appleton-Centary-Crofts, (1967) 5–19.

Paul, G. L. Insight vs. desensitization is psychotherapy: Two years after termination. Journal of Consulting Psychology, (1967) **31,** 333–348.

Paul, G. L. Behavior modification research: Design and tactics. In C. M. Franks (Ed.), Behavior therapy: Appraisal and status. New York: McGraw-Hill, (1969) 29–62.

Penick, S. B., Filion, R., Fox, S. und *Stunkard, A. J.* Behavior modification in the treatment of obesity. Psychosomatic Medicine, (1971) **33,** 49–55.

Pentony, J. F. A comparison of two techniques of behavior therapy. Dissertation Abstracts International, (1971) **31,** 6909.

Persons, R. W. Psychotherapy with sociopathic offenders: An empirical evaluation. Journal of Clinical Psychology, (1965) **21,** 205–207.

Persons, R. Psychological and behavioral change in delinquents following psychotherapy. Journal of Clinical Psychology, (1966) **22,** 337–340.

Phillip, R. L., Wilde, G. J. S. und *Day, J. H.* Suggestion and relaxation in asthmatics. Journal of Psychosomatic Research, (1972) **16,** 193–204.

Platt, E. S., Krassen, E. und *Mausner, B.* Individual variation in behavioral change following role playing. Psychological Reports, (1969) **24,** 155–170.

Powell, J. und *Azrin, N.* The effects of shock as a punisher for cigarette smoking. Journal of Applied Behavior Analysis, (1968) **1,** 63–71.

Powers, H. P. Psychotherapy for hysterical individuals. Social Casework, (1972) **33,** 435–440.

Prochaska, J. O. Symptom and dynamic cues in the implosive treatment of test anxiety. Journal of Abnormal Psychology, (1971) **77,** 133–142.

Pyke, S., Agnew, N. Mck. und *Kopperud, J.* Modification of an overlearned maladaptive response through a relearning program: A pilot study on smoking. Behaviour Research and Therapy, (1966) **4,** 197–203.

Rachman, S., Hodgson. R. und *Marks, M.* The treatment of chronic obsessivecompulsive neurosis, Behaviour, Reserach and Therapy, (1971) **9,** 232–247.

Rapaport, D. The structure of psychoanalytic theory: A systematizing attempt. In S. Koch (Ed.), Psychology: A study of a science Vol. 3. New York: McGraw-Hill, (1959) 55–183.
Razin, A.M. A-B variable in psychotherapy: A critical review. Psychological Bulletin, (1971) **75,** 1–21.
Rehm, L.P. und *Marston, A.R.* Reduction of social anxiety through modification of self-reinforcement: A instigation therapy technique. Journal of Consulting and Clinical Psychology, (1968) **32,** 565–574.
Reismann, J. Toward the integration of psychotherapy. New York: Wiley, (1971).
Resnick, J.H. The control of smoking behavior by stimulus satiation. Behaviour Research and Therapy. (1968a) **6,** 113–114.
Resnick, J.H. Effects of stimulus satiation on the overlearned maladaptive response of cigarette smoking. Journal of Consulting and Clinical Psychology, (1968b) **32,** 501–505.
Richardson. F.C. und *Suinn, R.M.* A comparison of traditional systematic desensitization, accelerated massed desensitization and anxiety management training in the treatment of mathematics anxiety. Behavior Therapy, (1973) **4,** 212–218.
Ritter, B. The use of contact desensitization, demonstration plus participation, and demonstration alone in the treatment of acrophobia. Behaviour Research and Therapy, (1969a), **7,** 157–164.
Ritter, B. Treatment of acrophobia with contact desensitization. Behaviour Research and Therapy, (1969b) **7,** 41–45.
Rogers, C.R. The necessary and sufficient conditions of therapeutic personality change. Journal of Consulting Pschology, (1957), **21,** 95–103.
Rogers, C.R. Gendlin, E.T. Keiser, D.J. und *Truax, C.B.* The therapeutic relationship and its impact: A study of psychotherapy with schizophrenics. Milwaukee, Wisconsin: University of Wisconsin Press, (1967).
Roos, P., Hayes, R., Marion, R. und *England, B.* Evaluation of remotivation with institutionalized psychotics. Journal of Clinical Psychology, (1963) **19,** 341–343.
Rosenthal, D. The heredity-environment issue in schizophrenia: A summary of the conference and present status of our knowledge. In D. Rosenthal und S. Kety (Eds.) The transmission of schizophrenia. New York: Pergamon Press, (1968).
Rubinstein, E.A., und *Parloff, M.B. (Eds),* Research in psychotherapy. Washington, D.C.: American Psychological Association, (1959).

Sachs, L.B., Bean, H. und *Morrow, J. E.,* Comparison of smoking treatments. Behavior Therapy, (1970) **1,** 465–472.
Sachs, L.B. und *Ingram, G.I.* Covert sensitization as a treatment for weight control. Psychological Reports, (1972), **30,** 971–974.
Sanua, V.D. Sociocultural aspects of psychotherapy and treatment. Progress in Clinical Psychology, (1966) **7,** 151–190.
Sarason, I.G. Verbal Learning, modeling, and juvenile delinquency. American Psychologist, (1968) **23,** 254–266.
Sargent, J.D., Green, E.E. und *Walters, E.D.* Preliminary report on the use of autogenic feedback training in the treatment of migraine and tension headaches. Psychosomatic Medicine, (1973) **35,** 129–135.
Schaefer, H.H. und *Martin, P.L.* Behavioral therapy for „apathy" of hospitalized schizophrenics. Psychological Reports, (1966) **19,** 1147–1158.
Schill, T., Rollo, C., Emanual, G., Chapin, J., Heisler, G., Green, V., Plopper, J. und *Oscos, A.* A comparison of the effectiveness of four psychotherapeutic approaches in treating public speaking anxiety. Unpublished manuscript, Southern Illinois University, (1974).
Schmahl, D.P., Lichtenstein, E. und *Harris, D.E.* Successful treatment of habitual smokers with warm, smoky air and rapid smoking. Journal of Consulting and Clinical Psychology, (1972) **38,** 105–111.
Schnore, M. Re-evaluation of an activity treatment programme with regressed schizophrenic patients, Canadian Psychiatric Association Journal, (1961) **6,** 158–161.
Schofield, W. Psychotherapy: The purchase of friendship, Englewood Cliffs, New Jersey: Prentice-Hall, (1964).
Schultz, J.H. und *Luthe, W.* Autogenic training: A psychophysiological approach in psychotherapy. New York: Grune and Stratton, (1959).

Schwitzgebel, R. L. Short term operant conditioning of adolescent offenders on socially relevant variables. Journal of Abnormal Psychology, (1967) **72,** 134–142.

Semans, J. H. Premature ejaculation: A New approach. Southern Medical Journal. (1956) **49,** 353–357.

Serber, M. und *Nelson, P.* The ineffectiveness of systematic desensitization and assertive training in hospitalized schizophrenics. Journal of Behavior Therapy and Experimental Psychiatry, (1971) **2,** 107–109.

Shapiro, D. Neurotic styles. New York: Basis Books, 1965.

Shapiro, D., Tursky, B. und *Schwartz, G. E.* Differentiation of heart rate and systolic blood pressure in man by operant conditioning. Psychosomatic Medicine, (1970) **32,** 417–423.

Sherman, A. R. Real-life exposure as a primary therapeutic factor in the desensitization treatment of fear. Journal of Abnormal Psychology, (1972) **79,** 19–28.

Shipley, C. R. und *Fazio, A. F.* Pilot study of a treatment for psychological depression. Journal of Abnormal Psychology, (1973) **82,** 372–376.

Sifneos, P. E. Psychonalytically oriented short-term dynamic or anxiety-provoking psychotherapy for mild obsessional neuroses. Psychiatric Quarterly, (1966) **40,** 271–282.

Sloane, R. B. Cristal, A. H., Pepenik, M. C. und *Staples, F. R.* Role preparation and expectation of improvement in psychotherapy. Journal of Nervous and Mental Disease (1970) **150,** 18–26.

Smith, R. E. und *Nye, S. L.* A comparison of implosive therapy and systematic desensitization in the treatment of test anxiety. Journal of Consulting and Clinical Psychology, (1973) **41,** 37–42.

Snider, J. G. und *Oetting, E. R.* Autogenic training and the treatment of examination anxiety in students. Journal of Clinical Psychology, (1966) **22,** 111–114.

Solyom, L. und *Miller, S. B.* Reciprocal inhibition by aversion relief in the treatment of phobias. Behaviour Research and Therapy, (1967) **5,** 313–324.

Solyom, L., Heseltine, G. F. D., McClure, D. J., Ledwidge, B. und *Kenny, F. A.* Comparative study of aversion relief and systematic desensitization in the treatment of phobias. British Journal of Psychiatry, (1971) **119,** 299–303.

Solyom, L., McClure, O. J., Heseltine, G. F. D., Ledwidge, B. und *Solyom, C.* Variables in the aversion relief therapy of phobias. Behavior Therapy, (1972) **3,** 21–28.

Solyom, L. und *Miller, S. A.* Differential conditioning procedure as the initial phase of the behavior therapy of homosexuality. Behaviour Research and Therapy, (1965) **3,** 147–160.

Steinmetz, D. K. The use of modeling and reinforcement to increase task orientation with State Hospital patients. Dissertation Abstracts International, (1971) **31,** 3356–3357.

Stephens, J. H. und *Astrup, C.* Treatment outcome in „process" and „nonprocess" schizophrenics treated by „A" and „B" types of therapists. Journal of Nervous and Mental Disease, (1965) **140,** 449–456.

Stern, R. Treatment of a case of obsessional neurosis using thought-stopping technique. British Journal of Psychiatry, (1970) **117,** 441–442.

Stevenson, E. W. und *Viney, L. L.* The effectiveness of nonprofessional therapists with chronic, psychotic patients – an experimental study. Journal of Nervous and Mental Disease, (1973) **156,** 38–46.

Stieper, D. R. und *Wiener, D. N.* Dimensions of psychotherapy: An experimental and clinical approach. Chicago: Aldine, (1965).

Stollak, G. E. Weight loss obtained under different experimental procedures, Psychotherapy: Theory, Research and Practice, (1967) **4,** 61–64.

Streltzer, N. E. und *Koch, G. V.* Influence of emotional role-playing on smoking habits and attitudes. Psychological Reports, (1968) **22,** 817–820.

Strupp, H. H. und *Bergin, A. E.* Some empirical and conceptual bases for coordinated research in psychotherapy: A critical review of issues, trends, and evidence. International Journal of Psychiatry, (1969) **7,** 18–90.

Strupp H. H. und *Bloxom, A. L.* Preparing the lower-class patient for psychotherapy. Development and evaluation of a role induction procedure. Unpublished manuscript. Vanderbilt University, (1971).

Strupp, H. H. und *Luborsky, L.* (Eds.) Research in psychotherapy. Vol. 2. Washington. D. C.: American Psychological Association, (1962).

Stuart, R. B. Behavioral control of overeating. Behaviour Research and Therapy, (1967) **5,** 357–365.

Stuart, R. B. A three-dimensional program for the treatment of obesity. Behaviour Research and Therapy, (1971) **9,** 177–186.

Stuart, R. B. und *Davis, B.* Slim chance in a fat world, Champaign, Illinois: Research Press, (1972).

Suinn, R. M. The desensitization of test-anxiety by group and individual treatment. Behaviour Research and Therapy, (1968) **6,** 385–387.

Suinn, R. M. und *Richardson, F.* Anxiety management training: A nonspecific behavior therapy program for anxiety control. Behavior Therapy, (1971) **2,** 498–510.

Sulzer, E. S. Reinforcement and the therapeutic contract. Journal of Counseling Psychology, (1962) **9,** 271–276.

Sushinsky, L. W. Expectation of future treatment, stimulus satiation, and smoking. Dissertation Abstracts International, (1972) **33,** 2825.

Swanson, D. W. und *Dinello, F. A.* Severe obesity as a habituation syndrome: Evidence during a starvation study. Archives of General Psychiatry, (1970) **22,** 120–127.

Szymanski, L. und *Fleming, A.* Juvenile delinquent and an adult prisoner: A therapeutic encounter? Journal of the American Academy of Child Psychiatry, (1971) **10,** 308–320.

Tanner, B. A. A comparison of automated aversive conditioning and a waiting list control in the modification of homosexual behavior in males. Behavior Therapy, (1974) **5,** 29–32.

Thorpe, J. G., Schmidt, E., Brown, P. T. und *Castel, D.* Aversion-relief therapy: A new method for general application. Behaviour Research and Therapy, (1964) **2,** 71–82.

Tourney, G., Senf, R., Dunham, H. W., Glen, R. und *Gottlieb, J.* The effect of resocialization techniques in chronic schizophrenic patients. American Journal of Psychiatry, (1960) **116,** 993–1000.

Trexler, L. D. und *Karst, T. O.* Rational-emotive therapy, placebo, and no-treatment effects on public speaking anxiety. Journal of Abnormal Psychology, (1972) **79,** 60–67.

Truax, C. B. Effective ingredients in psychotherapy: An approach to unraveling the patient therapist interaction. Journal of Counseling Psychology, (1963), **10,** 256–263.

Tyler, V. O. und *Brown, G. D.* The use of swift, brief isolation as a group control device for institutionalized delinquents. Behaviour Research and Therapy, (1967) **5,** 1–9.

Tyler, V. O., und *Straughan, J. H.* Coverant control and breathholding as techniques for the treatment of obesity. Psychological Record, (1970) **20,** 473–478.

Uhlenhuth, E. H., Lipman, R. S. und *Covi, L.* Combined pharmachotherapy and psychotherapy. Journal of Nervous and Mental Disease, (1969) **148,** 52–64.

Ullmann, L. P., Forsman, R. G, Kenny, J. W., McInnis, T. L., Unikel., I. P., und *Zeisset, R. M.* Selective reinforcement of schizophrenics' interview responses. Behaviour Research and Therapy, (1965) **2,** 205–212.

Upper, D. und *Meredith, L.* A stimulus control approach to the modification of smoking behavior. Proceedings of the Annual Convention of A. P. A., (1970) **5,** 739–740.

Victor, R. G. und *Krug, C. M.* „Paradoxical intention" in the treatment of compulsive gambling, American Journal of Psychotherapy, (1967) **21,** 804–814.

Wagner, M. K. und *Bragg, R. A.* Comparing behavior modification approaches to habit decrement – smoking. Journal of Consulting and Clinical Psychology. (1970) **34,** 258–263.

Watson, J. P. und *Marks, I. M.* Relevant and irrelevant fear in flooding – A crossover study of phobic patients. Behavior Therapy, (1971) **2,** 275–293.

Weil, G. und *Goldfried, M. R.* Treatment of insommnia in an eleven year old child through self-relaxation. Unpublished manuscript. SUNY at Stony Brook. (1972).

Weingaertner, A. H. The effects of self shock procedure on hallucinatory activity in hospitalized schizophrenics. Dissertation Abstracts International. (1970) **30,** 5704–5705.

Weinman, B., Gelbart, P., Wallace, M. und *Post, M.* Inducin assertive behavior in chronic schizophrenics: A comparison of socioenvironmental desensitization and relaxation therapies. Journal of Consulting and Clinical Psychology, (1972) **39,** 246–252.

Weinstock, H. J. Successful treatment of ulcerative colitis by psychoanalysis: A survey of 28 cases with follow-up. Journal of Psychosomatic Research, (1962) **6,** 243–249.

Weiss, J. H., Martin C. und *Riley, J.* Effects of suggestion on respiration in asthmatic children Psychosomatic Medicine, (1970) **32** 409–415.

Weissman, M. M., Klerman, G. L., Paykel, E. S., Prusoff, B. und *Hanson, B.* Treatment effects on the social adjustment of depressed patients. Archives of General Psychiatry, (1974) **30,** 771–778.
Weitzman, B. Behavior therapy and psychotherapy. Psychological Review, (1967) **74,** 300–317.
Whiteborn, J. C. und *Betz, B. J.* A study of psychotherapeutic realationships between physicians and schizophrenic patients. *American Journal of Psychiartry, (1954),* **111,** 321-331.
Whitehorn, J. C. und *Betz, B. J.* A study of psychotherapeutic relationships between physicians and schizophrenic patients when insulin is used alone. American Journal of Psychiatry, (1957) **113,** 901–910.
Whitehorn, J. C. und *Betz, B. J.* Further studies of the doctor as a crucial variable in the outcome of treatment with schizophrenic patients. American Journal of Psychiatry, (1960) **117,** 215–223.
Whitman, T. L. Modification of chronic smoking behavior: A comparison of three approaches, Behaviour Research and Therapy, (1969) **7,** 257–263.
Wilkins, W. Desensitization: Social and cognitive factors underlying the effectiveness of Wolpe's procedure. Psychological Bulletin, (1971) **76,** 311–317.
Wilson, F. S. und *Walters, R. H.* Modification of speech output of near-mute schizophrenics through social-learning procedures. Behaviour Research and Therapy, (1966) **4,** 59–67.
Wilson, G. T. und *Davison, G. C.* Aversion techniques in behavior therapy: Some theoretical and metatheoretical considerations. Journal of Consulting and Clinical Psychology, (1969) **33,** 327–329.
Wine, J. Test anxiety and direction of attention. Psychological Bulletin, (1971) **76,** 92–104.
Wolff, H. G. Headache and other head pain. Cambridge: Oxford University Press, (1948).
Wollersheim, J. P. Effectiveness of group therapy based upon learning principles in the treatment of overweight women. Journal of Abnormal Psychology, (1970) **76,** 462–474.
Wolman, B. B. Interactional psychotherapy with schizophrenics. Psychotherapy: Theory, Research and Practice, (1966) **3,** 61–70.
Wolpe, J. Psychotherapy by reciprocal inhibition. Stanfort: Stanfort University Press, (1958).
Woodward, M. The diagnosis and treatment of homosexual offenders. British Journal of Delinquency, (1958) **9,** 44–59.

Woody, R. H. Psychobehavioral counseling and therapy. New York: Appleton-Century-Crofts, (1971).
Woolson, A. M. und *Swanson, M. G.* The second time around: Psychotherapy with the „hysterical woman." Psychotherapy: Theory, Research and Practice, (1972) **9,** 168–175.

Yamamoto, J., James, Q. C., Bloombaum, M. und *Hatten, J.* Racial factors in patient selection. American Journal of Psychiatry, (1967) **124,** 630–636.
Yates, A. J. Behavior therapy. New York: Wiley, (1970).

Zax, M. und *Klein, A.* Measurement of personality and behavior changes following psychotherapy. Psychological Bulletin, (1960) **57,** 435–448.
Zechnich, R. Exhibitionism: Genesis, dynamics and treatment. Psychiatric Quarterly, (1971). **45,** 70–75.
Zeisset, R. M. Desensitization and relaxation in the modification of psychiatric patients' interview behavior. Journal of Abnormal Psychology, (1968) **73,** 18–24.

Autorenverzeichnis

Sachverzeichnis

GPSR Compliance

The European Union's (EU) General Product Safety Regulation (GPSR) is a set of rules that requires consumer products to be safe and our obligations to ensure this.

If you have any concerns about our products, you can contact us on ProductSafety@springernature.com

In case Publisher is established outside the EU, the EU authorized representative is:

Springer Nature Customer Service Center GmbH
Europaplatz 3
69115 Heidelberg, Germany

Batch number: 10809636

Printed by Printforce, the Netherlands